TOEIC® L&Rテスト Part 2 応答問題 でる600問

大里 秀介

ask

はじめに

2016年5月、TOEIC® L&R テストが新しくなってから、「Part 2 が難しくなった」という声をよく聞くようになりました。それはなぜなのか――受験するたびにいろいろ考えていくと、2つのことに気がつきました。

まず、多くの問題は「出題パターンをしっかり押さえれば解ける」ということ。そしてもうひとつは、ただ、そうした中でも数問、「今まで以上に自然な会話を意識して解答しなければならない」問題が出題されるようになったということです。

前者は、従来どおりの問題ということです。学習法も同じです。どんなパターンの問題があり、想定される応答は何なのか――ある程度決まったものをくり返し練習すれば対応できます。

問題は後者です。これまでも間接的な応答を選ばせる問題はありました。ただ、最近増えているのは、会話の背景にある文脈(コンテクスト)を、もう一歩深く読み取らなければ解けない問題です。

新形式になってから、スコアシートの Abilities Measured (項目別正答率) に「フレーズや文から話し手の目的や暗示されている意味が理解できる」という項目が追加されたのですが、まさにこれに該当する問題が出題されるようになったのです。

ただ、こうした問題も基本的には慣れで解決できます。多くの問題を解いて、文脈を読み取る感覚を磨いていけば、十分に対応可能です。そのため、本書では、従来の出題パターンを踏まえながら、文脈を意識しなければ解けない問題も多数収録しています。

計628問を最初から順に解いてもいいですし、苦手な分野から取り組むのもいいでしょう。ただし、聞き取れなかったり、意味を取れなかった表現があれば徹底的に復習してください。間違い選択肢も含めて、です。それにより Part 2 だけでなく、リスニング全般の強固な土台ができあがるでしょう。

本書の刊行にあたり、翻訳を手伝ってくださった渡邉真理子さん、和泉有香 (Joy) さんには、「感謝」のひと言に尽きます。おかげで素晴らしい本に仕上がりました。

そして、何より本書を手にとってくださったみなさんに、「ありがとう」を伝えたいと思います。読者のみなさんのスコアアップ、そしてその先にある夢の実現を少しでもお手伝いでればと願っています。

2018年3月吉日

大里 秀介

目次

はじめに ... 003
本書の使い方 ... 006
TOEIC® L&R テストの概要 ... 011
Part 2（応答問題）の全体像 ... 015

第1章　WH疑問文　019
《WH疑問文》の解き方 ... 020
トレーニング ... 028

第2章　Yes/No疑問文　129
《Yes/No疑問文》の解き方 ... 130
トレーニング ... 134

第3章　平叙文　181
《平叙文》の解き方 ... 182
トレーニング ... 184

第4章　否定・付加疑問文　215
《否定・付加疑問文》の解き方 ... 216
トレーニング ... 220

第5章　提案・依頼・勧誘・申し出　247
《提案・依頼・勧誘・申し出》の解き方 ... 248
トレーニング ... 252

第6章　選択疑問文　279
《選択疑問文》の解き方 ... 280
トレーニング ... 282

応答問題模試

セット1	299
セット2	309
セット3	319
セット4	329
セット5	339
セット6	349
セット7	359
セット8	369
セット9	379
セット10	389
マークシート	399

別冊付録

「応答問題628問ランダムチャレンジ！」

本冊に掲載した628問をラムダムに出題。スクリプトと正解を掲載しているので、別冊のみでの学習が可能です。通勤・通学中や、外出先でのスキマ時間学習に最適です（解説は本冊を参照してください）。

本書の使い方

本書は第1章から第6章までは、Part 2（応答問題）の問題タイプ別に学習し、そのあと、Part 2の模試（各25問×10セット）に挑戦します。

◉問題タイプ別の学習（第1章〜第6章）

❶問題の解き方

各章の冒頭でまず、問題タイプの概要、そして基本的な解き方を学習します。

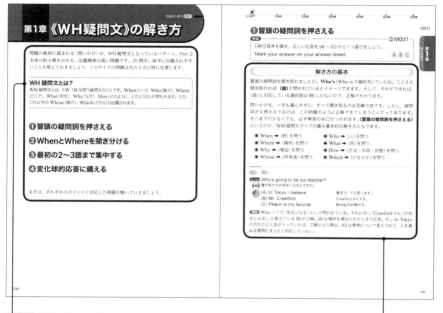

問題タイプ概要
問題タイプの特徴を解説

解き方の基本
例題を解きながら、基本的な解法を習得します。

❷トレーニング

大量の問題を解いていきます。❶で学んだことを繰り返し実践することで、確実に正解を選び抜く実力が身に付きます。「3問解いたら、解説を確認」というリズムで学習できるようレイアウトしていますが、もし問題をまとめて一気に解きたい場合には、巻末のマークシートに解答→あとから解説確認、というスタイルでも学習できます。

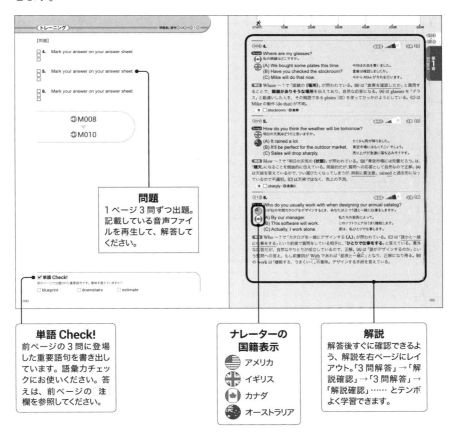

問題
1ページ3問ずつ出題。記載している音声ファイルを再生して、解答してください。

単語 Check!
前ページの3問に登場した重要語句を書き出しています。語彙力チェックにお使いください。答えは、前ページの注欄を参照してください。

ナレーターの国籍表示
- アメリカ
- イギリス
- カナダ
- オーストラリア

解説
解答後すぐに確認できるよう、解説を右ページにレイアウト。「3問解答」→「解説確認」→「3問解答」→「解説確認」……とテンポよく学習できます。

右ページ端の正解がどうしても気になる方は、カバーのソデ部分をかぶせながら、問題にチャレンジしてみてください。正解がうまく隠れるようになっています。

●応答問題模試 (25問×10セット)

最後の総仕上げを行います。〈応答問題模試〉では、巻末のマークシートを使ってください。扉に記載されている音声ファイルを連続再生させて、25問を一気に解答しましょう。

●音声ダウンロードについて

本書の問題音声はすべて無料でダウンロードできます。以下の3種類のダウンロード方法をご用意しています。お好きな方法をお選びください。

パソコンにダウンロードする

パソコンのウェブブラウザを使って、以下のサイトにアクセスしてください。本書用のダウンロードページを用意しています。音声ファイルは MP3 形式です。そのままパソコンで利用、あるいはミュージックプレーヤーやスマートフォンに同期させて再生することが可能です(※)。

https://www.ask-books.com/978-4-86639-142-7/

音声ファイルは**本冊(Main)用**と**別冊(Sub)用**を用意しています。

●本冊用音声ファイル

問題ごとにファイルが分かれています。本冊 (Main) を意味する M に続けて〈問題通し番号〉がファイル名に付いています。

🔊 M〈問題通し番号〉

〈問題通し番号〉とは、各問題の解説部分に記載している番号のこと→**390**

例) 🔊 M390：応答問題模試セット1の No. 12 の音声

●別冊用音声ファイル

別冊も同様に、1問1ファイルとなっています。別冊 (Sub) を意味する S に続けて、別冊内での出題順に番号が振られています。

🔊 S〈出題番号〉

※ミュージックプレーヤーやスマートフォンへの同期方法については、各メーカーにお問い合わせください。

スマートフォンにダウンロードする

以下の2種類のアプリを使ってダウンロードできます。どちらも無料、iOS & android 対応です。お好きな方をご利用ください。

❶ abceed(エービーシード)
株式会社 Globee が提供するサービス。

https://www.abceed.com/

❷ audiobook.jp(オーディオブック・ドット・ジェーピー)
株式会社オトバンクが提供する、オーディオブック配信サービス

https://audiobook.jp/exchange/ask-books

audiobook.jp ダウンロード用シリアルコード
ダウンロードする場合には、下記シリアルコードの入力が必要です。
91427

TOEIC® L&R テストの概要

1 TOEIC® L&R テストとは?

TOEIC(トイック/トーイック)は、Test of English for International Communication の略称で、アメリカにある世界最大の教育研究機関 Educational Testing Service が制作したテストです。日本では一般財団法人 国際ビジネスコミュニケーション協会 (IIBC) がライセンスを受けて実施しています。現在のところ、TOEIC には以下の3種類のテストがラインナップされています。

① TOEIC® Listening and Reading テスト

1979 年開始。「聞く」と「読む」英語力を測定するテスト。本書で取り扱っているのは、このテストの Part 2(応答問題)部分。

② TOEIC® Speaking and Writing テスト

2006 年開始。「話す」と「書く」英語力を測定するテスト。

③ TOEIC® Speaking テスト

②の Speaking 部分のみで構成されたテスト。「話す」英語力を測定。

これまで「TOEIC」あるいは「TOEIC テスト」と呼ぶ場合には、①のことを指していました(最初に始まったので)。しかし、2016 年 8 月より、その正式名称が TOEIC Listening and Reading に変更されました。本書では、基本的に略称の「TOEIC L&R」を用いています。

その TOEIC L&R ですが、楽天株式会社やユニクロ(株式会社ファーストリテイリング)など著名企業が、全社員に一定スコアの獲得を義務づけるなど、ビジネス英語運用能力を測る基準として定着しています。

2 スコアについて

TOEIC L&R には受験級というものはなく、したがって合否判定も行われません。テストの評価は、リスニング5〜495点、リーディング5〜495点、トータル**10〜990点のスコア**で行われます。

そのスコアですが、試験日から30日以内に郵送される、「公式認定証」に記載されています。インターネットで受験申込をし、「テスト結果インターネット表示」を「利用する」を選んでいれば、公式認定証よりも早く、ウェブ上でスコアを確認することが可能です。

3 問題構成について

TOEIC L&R はリスニングとリーディング、2つのセクションに分かれており、解答はすべてマークシートで行います。

所要時間は2時間で、問題数は200問！　浴びるように英語を聞いて、読んで、問題に答えなければいけません。英語を理解する力に加え、情報を素早く、的確に処理する能力が問われます。

	リスニング				リーディング		
	Part 1	Part 2	Part 3	Part 4	Part 5	Part 6	Part 7
問題タイプ	写真描写問題	応答問題	会話問題	説明文問題	短文穴埋め問題	長文穴埋め問題	読解問題
問題数	6	25	39	30	30	16	54
所要時間	約45分				75分		

4 公開テスト実施日・実施会場

公開テストは、現在、**年10回**（2月・8月を除く各月）実施されています。ちなみに〈**公開テスト**〉というのは、個人で申し込み、受験をするテストのことで、これとは別に企業や学校など、団体で受験をする〈**IPテスト**〉というものがあります。IPテストは、公開テストとは別に、申込団体の都合に合わせて、随時実施されます。

公開テストは、全国80都市での受験が可能ですが、受験地ごとに実施回が異なるので、特に地方在住の方は注意が必要です。IIBC の公式サイト (https://www.iibc-global.org/) に、「受験地別スケジュール」が掲載されているので、そちらで確認す

るようにしてください。

5 受験料

受験料は6,490円（税込）です。ただし、受験申込をした1年後の同月から3カ月間に実施される回（1回のみ）の受験料が5,846円（税込）になる「リピート受験割引サービス」があります。

6 申込方法

公開テストへの申込方法は現在、**〈インターネット申込〉**のみです。以前あった〈コンビニ端末申込〉は、2020年で終了しました。

〈インターネット申込〉

公式サイト（https://www.iibc-global.org/）で会員登録（無料）をし、ネット上で申し込みます。支払い方法は「クレジットカード」、「コンビニ支払い」、「楽天ペイ」の3種類。

試験当日必要なものリスト

□ 受験票	▪ 写真の貼付と署名欄への記入を忘れないこと。 ▪ 写真の大きさは、4×3 cm。白黒でも可。
□ 本人確認書類	▪ 写真付きの身分証明書。運転免許証、パスポート、学生証、住民基本台帳カード、外国人登録証明書など。
□ 腕時計	▪ 会場には時計がない場合も多いので必ず用意。携帯電話を時計代わりに使うことはできません。
□ 鉛筆2〜3本	▪ マークのしやすさから、鉛筆のほうがオススメ。必ず複数本持参すること。 ▪ シャープペンシルの場合は、替え芯を忘れずに！
□ 消しゴム	

Webサイト

◉ 国際ビジネスコミュニケーション協会（IIBC）公式サイト
https://www.iibc-global.org/

問い合わせ先

◉ **(一財)国際ビジネスコミュニケーション協会**
　IIBC試験運営センター

〒100-0014　東京都千代田区永田町2-14-2　山王グランドビル
TEL：03-5521-6033　FAX：03-3581-4783
（土・日・祝日・年末年始を除く10:00〜17:00）

◉ **名古屋事業所**

〒460-0003　名古屋市中区錦2-4-3　錦パークビル
TEL：052-220-0286
（土・日・祝日・年末年始を除く10:00〜17:00）

◉ **大阪事業所**

〒541-0059　大阪府大阪市中央区博労町3-6-1　御堂筋エスジービル
TEL：06-6258-0224
（土・日・祝日・年末年始を除く10:00〜17:00）

※以上の試験概要は2020年11月現在の情報に基づいています。最新情報は公式サイトをご確認ください。

Part 2（応答問題）の全体像

❶ Part 2（応答問題）とは？

Part 2ではまず、**〈問いかけ〉**（質問とはかぎらない）が読まれます。そして、それに対する (A) (B) (C)、**3つの応答**が読まれるので、そのなかから最も適切なものを選ぶ問題です。写真も文字もなく、音だけを頼りに回答しなければいけません。また、25問が次々と読み上げられていくので、最も集中力を要するパートと言えるでしょう。

2016年5月のテスト改訂では、Part 2の出題形式に変更はありませんでした。しかし、出題数が30問→25問に削減。それに伴い、出題傾向も次のようになりました（これはあくまで私が受験をして分析した数値であって、公式なデータではありません）。

問題タイプ	出題数
WH疑問文	10問前後
Yes/No疑問文	5問前後
平叙文	3問前後
否定・付加疑問文	3問前後
提案・依頼・勧誘・申し出	2問前後
選択疑問文	2問前後
合計	25問

（※問題タイプの詳細については、第1〜6章で解説）

❷ Part 2の最新傾向

「**Part 2が難しくなった**」という声を最近よく耳にします。これは、2016年のテスト改訂から、より**コンテクスト（＝文脈）を重視**するようになったことと関係していると思います。

Part 2の多くの問題は、意味さえ取れれば、深く考えずとも解答できます。たとえば、次のような問題です。

例1 飛行機のチケットを購入しましたか。
　　➡ いいえ、まだです。

考えるまでもありません。自然な応答です。しかし、次はどうでしょう。

例2 飛行機のチケットを購入しましたか。
→ 出張申請がまだ承認されていないんです。

一瞬、「ん？」となると思います。しかし、これも「2人は同僚で、出張のチケットについて話している」という文脈を捉えられれば、「出張が承認されていない」は、「チケットを購入できていないこと」を示唆する、論理的な応答だと判断できます。

このように、やりとりの背景にある**文脈を読み取って回答**しなければならない問題が増えているのです。

文脈を読み取り、**ロジカルな応答であるかどうかを判断**しなければならないため、この手の問題は解答に時間がかかります。秒数にすれば、1〜2秒でしょうが、時間に追われるPart 2では、大きなタイムロスです。それが焦りや迷いを生み、次の問題でのミスまで誘発します。

そうしたことも含めて、多くの人が「Part 2が難しくなった」と感じているようです。本書では、このように解答に時間のかかる問題も多数出題しています。十分対応できるようになるので、安心してください。

❸Part 2の解き方

いくつかの問題タイプがありますが、すべてに共通して、以下の4点を意識してください。

❶シーンをイメージする

〈問いかけ〉を聞き取ったら、まず**会話シーン**をイメージしましょう。

「書類はどこにあるの」という質問であれば、オフィスでの同僚同士の会話場面をイメージします。机、パソコン、書類棚、さらに、そこで働いている人々が思い浮かぶでしょう。そうすれば「誰かの机の上かな」、「引き出しのなかかな」と応答を予測できるはずです。

つまり、脳内のイメージが、**文脈の読み取り**や、次の**展開の予測**を手助けしてくれるのです。

❷ロジカルジャッジ

正解となる応答は、〈問いかけ〉に対して**論理的(ロジカル)**でなければいけません。多くの問題は、論理が明快で、深く考えなくても判断できます。

しかし、先に述べたように、そうでない問題が増えてきているので、答えを選ぶ際には、ロジカルな応答かどうか、よりわかりやすく言えば、自然な応答かどうかをジャッジしてください。

ただ、ピンポイントでジャッジできるとは限りません。その場合は、(A)→これは違う、(B)→ん、これは自信ないけど論理的かな、(C)→これは明らかに違う、よし！ だから(B)だ、というように、**選択肢を全部聞いてからいちばん可能性が高いものを選ぶ**ようにしましょう。

❸消去法

上で述べたように、最近、判断に迷う問題が目(耳?)につくようになってきました。ただ、その場合でも、3つの選択肢がすべて紛らわしい、というケースはまれです。だいたいは、すぐに誤答と判断できる選択肢が含まれています。まずそれらを除外し、少しでも可能性の高い選択肢を選ぶようにしましょう。

自信がない選択肢であっても、ほかの2つが明らかに間違いだと判断できるのであれば、その選択肢を迷わず選んでください。

❹あきらめる

消去法も活用できない場合は、適当にマークして次に進んでください。前の問題を引きずってしまい、次の問題で集中を欠くことだけは避けなければいけません。失点のリスクを広げてしまいます。リスクを最小限にするには、サッとあきらめて、気持ちを切り替えることが重要です。

❹Part 2の学習法

本書には628問の問題を収録していますが、それらを解くことは、もちろん重要です。しかし、それだけではもったいないので、次のような活用をしてみてください。

❶英文を聞き取れない場合

問題を解きながら、理解できない英文があったら、繰り返し音声を聞き、聞き取れていない個所を明らかにしましょう。具体的には、次の通りです。

① うまく聞き取れなかった英文音声を聞き、聞こえてきた単語分の空所を自分で作ります（下線でかまいません）

② 再び音声を聞き（できるまで何度も聞いてください）、①の空欄に、聞こえてきた音をカタカナで書き取ってみましょう。

③ さらに音声を聞き（ここでも何度も聞いてください）、②の下に、今度は英語で書き取りましょう。

④ そして最後、スクリプトを見て、ナレーターの話す音と自分の認識のズレを確認しましょう。

この訓練は、Part 2のような短いやりとりだからこそ、やりやすいですし、これを積み重ねると、Part 3や4の会話、トークを聞き取る力も身につきます。

❷ロジカルジャッジができない場合

ロジカルジャッジがうまくできない場合、英語というより、論理的思考そのものが苦手なケースがあります。その場合には、無理に英語で解くのではなく、まず訳文を見て、正解・不正解を選ぶところから始めてみましょう。

論理的かどうかを判断する力は、まず日本語で取り組んだ方が身につきやすいです。

さあ、それでは、いよいよ次のページから本編スタートです。

第1章

WH疑問文

Part 2 で最も出題率が高いのが、
この《WH 疑問文》タイプです。
25 問中 10 問前後出題されます。
大量の練習問題をこなして、
攻略のコツをつかみましょう。

問題数
154問

問題通し番号
001 ～ 154

第1章 《WH疑問文》の解き方

問題の最初に読まれる〈問いかけ〉が、WH疑問文となっているパターン。Part 2全体の約4割を占める、出題頻度の高い問題です。25問中、前半に出題されやすいことを覚えておきましょう。このタイプの問題は次の4点に特に注意します。

> **WH疑問文とは?**
> WH疑問文とは、5W 1Hを問う疑問文のことです。When（いつ）、Who（誰が）、Where（どこで）、What（何を）、Why（なぜ）、How（どのように、どのような）が問われます。ただ、これ以外のWhose（誰の）、Which（どちら）も出題されます。

❶ 冒頭の疑問詞を押さえる
❷ WhenとWhereを聞き分ける
❸ 最初の2～3語まで集中する
❹ 変化球的応答に備える

まずは、それぞれのポイントに対応した例題を解いていきましょう。

❶ 冒頭の疑問詞を押さえる

例題 1 　　　　　　　　　　　　　　　　　　　🔊 M001

(001) 音声を聞き、正しい応答を (A) ～ (C) から 1 つ選びましょう。

Mark your answer on your answer sheet.　　　Ⓐ Ⓑ Ⓒ

解き方の基本

冒頭の疑問詞を聞き取れましたか。**Who's**（Who is の縮約形）でしたね。ここさえ聞き取れれば、〈誰〉が問われているとイメージできます。そして、それができれば、〈誰〉に対応している選択肢は (B) しかないので、正解がわかります。

問いかけを、一字も漏らさずに、すべて聞き取るのは至難の技です。しかし、疑問詞さえ押さえておけば、この例題のように正解できてしまうことだってあります。そこまで行かなくても、必ず解答の糸口がつかめます。**〈冒頭の疑問詞を押さえる〉**というのが、WH 疑問文タイプの最も基本的な解き方となります。

- When ➡ 〈時〉を問う
- Where ➡ 〈場所〉を問う
- Why ➡ 〈理由〉を問う
- Whose ➡ 〈所有者〉を問う
- Who ➡ 〈人〉を問う
- What ➡ 〈何〉を問う
- How ➡ 〈方法・手段・状態〉を問う
- Which ➡ 〈どちらか〉を問う

正解 (B)

Script Who's going to be our teacher?
　誰が私たちの先生になるんですか。

(A) In Tokyo, I believe.　　　東京で、だと思います。
(B) Mr. Crawford.　　　Crawford さんです。
(C) Peach is my favorite.　　　桃は私の好物です。

解説 Who ～ ? で「先生になる〈人〉」が問われている。それに対し「Crawford さん（が先生になる）」と答えている (B) が正解。(A) は場所を尋ねられたときの応答。もし In Tokyo の代わりに人名が入っていれば、正解となり得る。(C) は果物について答えており、人を尋ねる質問にまったく対応していない。

❷ WhenとWhereを聞き分ける

例題❷　　　　　　　　　　　　　　　　　　　　　M002

(002) 音声を聞き、正しい応答を (A) 〜 (C) から1つ選びましょう。

Mark your answer on your answer sheet.　　　Ⓐ Ⓑ Ⓒ

解き方の基本

冒頭の疑問詞を聞き取れましたか。When と Where で迷いませんでしたか。この2つは発音が似ている上に、そのまま入れ替えても、自然な英文として成立することが多いです。そのため、聞き分けを試す問題がよく出題されます。

今回は Where でしたが、When であっても自然な疑問文になります。

Where will the art exhibition take place? （その美術展はどこで行われますか）
When will the art exhibition take place? （その美術展はいつ行われますか）

さらに、When だった場合に正解となる選択肢 (B) Next Monday も用意してあります。なので、When と Where を聞き分けられない、あるいは聞き逃してしまうと、確信を持って回答できない仕組みになっているのです。

When は「ホウェ・ン」、Where は「ホウェ・ア」のように、語尾の「ン」と「ア」が異なります。聞き分けられなかった人は、ここを意識しましょう。

聞き分けられた人も、連続で英文が読まれる本番では、一瞬気を抜いただけで、「あれ？どっちだったっけ？」となります。問題間のインターバルは約5秒です。解答後にひと息つくのは構いません。しかし、次の問題の番号が読み上げられたら、問題の冒頭に全神経を集中させてください。

正解　**(A)**

Script Where will the art exhibition take place?
　その美術展はどこで行われますか。

(A) The same place as last year.　　昨年と同じ場所です。
(B) Next Monday.　　　　　　　　　来週の月曜日です。
(C) Please bring your portfolio.　　　あなたの作品集を持ってきてください。

解説　Where 〜 ? で「美術展が開催される〈場所〉」が問われている。(A) は、昨年と同じ会場ということ。場所を答えているので、これが正解。(B) は疑問詞が When だった場合の応答。(C) は art exhibition に関連した portfolio でひっかけをねらっている。

❸ 最初の2～3語まで集中する

例題 ❸ 🔊 M003

(003) 音声を聞き、正しい応答を (A) ～ (C) から1つ選びましょう。
Mark your answer on your answer sheet. Ⓐ Ⓑ Ⓒ

解き方の基本

まず、最初の1語をしっかりチェックしましょう。How でした。しかし、それだけで安心してはいけません。How の場合は、直後に形容詞や副詞を伴って、「どれくらい～？」と、さまざまな程度を質問します。

- How much → 量・程度・価格
- How often [frequently] → 頻度
- How far → 距離
- How old → 年齢
- How well → 程度（どれくらいよく）
- How many → 数
- How long → 距離・期間
- How soon → 時
- How late → 遅れ

この問題では、How soon でした。How だけだと、手段・方法、状態を問いますが、soon が付くと「あとどのくらいで」と期間を問うことになります。

ほかに、What と Which にも注意が必要です。後ろに名詞を伴い、What kind of (何の種類)、What time (何時)、What color (何色)、What size (何サイズ)、Which department (どの部署)、Which office (どのオフィス) など異なる内容について質問します。

冒頭の1語だけでなく、2～3語まで意識を集中させるようにしましょう。

正解 (C)

Script How soon can I get some refreshments?
あとどのくらいで軽食を食べられますか。

(A) We'll get some comments soon.　　すぐにコメントをもらえるでしょう。
(B) They're complimentary.　　それらは無料です。
(C) Right after the session.　　会合のすぐあとで。

解説 How soon ～？で「軽食をもらえるまでの〈期間〉」が問われている。それに対して (C) は「会合の終了直後」というタイミングを答えている。これは厳密には「いつ？」に対する応答だが、「あとどのくらいか」という質問に対しても文意は通る。(A) は軽食ではなく、コメントを入手するという内容。(B) の complimentary は「無料の」という意味。「軽食は無料だ」となるので How much ～？に対する応答。

❹ 変化球的応答に備える

例題 4　　　　　　　　　　　　　　　　　　　　🔊 M004

(004) 音声を聞き、正しい応答を (A) 〜 (C) から１つ選びましょう。

Mark your answer on your answer sheet.　　　　Ⓐ Ⓑ Ⓒ

解き方の基本

WH 疑問文だけでなく、すべての出題パターンに関係することですが、正解選択肢は２種類に大別できます。１つは、問いかけで質問されていることに、**ストレート**に答えるパターン。もう１つは、質問されていることに間接的に答える、**変化球**パターンです。

この例題を解いてみて、「正解がない！」と思った人はいませんか。この例題は、変化球的応答が正解になっています。

Debbie made the reservation. （Debbie が予約しました）

は、音を聞き取るのも、意味を取るのも、それほど難しくはないはずです。しかし、「誰がホテルの情報を持っていますか」という問いに対し、「<u>Debbie が持っている</u>」とストレートに答えているわけではありません。そのため…

Debbie が（ホテルを）予約した
　　　↓　だから…
Debbie がホテルの情報を持っているはず　◁ ほんとうに伝えたいこと

というように、発言の奥にある、**ほんとうの意図**を読みとらなければいけません。そして、それが問いかけに対し、論理的な（ロジカルな）応答であるかをジャッジする必要があります。その時間と手間がかかる分、変化球応答は、難しい問題になります。

こうすれば正答できる、というわかりやすい解法テクニックはありません。論理的な応答かどうか、ということは、**質問に違和感なくつながるかどうか**ということです。質問と選択肢のセットで、「**自然な会話が成立しているかな**」ということを強く意識しながら解答しましょう。

正解 (A)

Script Who has the hotel information?
誰がホテルに関する情報を持っていますか。

(A) Debbie made the reservation.　Debbie が予約しました。
(B) The items have been replaced.　その商品は交換されました。
(C) It was very informative.　それはとても参考になりました。

解説 Who 〜 ? で「ホテルの情報を知っている〈人〉」が問われている。(A) は一瞬、誤答と感じるかもしれない。しかし、「Debbie が（ホテルを）予約した」の裏には、だから「彼女がホテルに関する情報を持っているはず」という意図が隠されている。これが正解。(B) は無関係な内容。(C) は「It（= the hotel information）が参考になった」となるが、そもそもその情報を探しているわけなので、不適切。

変化球応答のパターン

① 知らないパターン
問われたことに対して「（その質問の答えは）知らない、わからない」と応答する。

例 When will Mr. King do it?　(King さんは、いつそれをやるんですか)
→ **I don't know.**　(わかりません)
(= I'm not sure. ／ I have no idea.)

② 確認パターン
問われたことに対して「確認する」と応答する。

例 When will Mr. King do it?
→ **I'll check his schedule.**　(彼のスケジュールを確認します)
(= Let me check his schedule.)

③ 人に聞けパターン
問われたことに対して「（自分は知らないので）ほかの人に聞いて」と指示する。

例 When will Mr. King do it?
→ **Cathy would know.**　(キャシーが知ってるでしょう)

④ 誘導・促しパターン

問われたことに対して、答えを入手する手段を教える。

例 When will the event take place? （そのイベントはいつやるんですか）
→ **There is the schedule on the bulletin board.**
（掲示板にスケジュールがあるよ）

⑤ 未決定パターン

問われたことに対して「まだ決まっていない」と答える。

例 When will the event take place?
→ **That hasn't been decided yet.** （まだ決まっていないんです）

⑥ 質問返しパターン

問われたことに対して質問で返す。

例 When will Mr. Martin retire? （Martinさんはいつ退職するんですか）
→ **How did you know?** （どうやって知ったんですか）

ほかにも、思いがけない変化球が投げられることもありますが、代表的な球種として、まずはこの6パターンを押さえておきましょう。WH疑問文以外にも、これらのパターンがあてはまります。

Yes/Noで応答する選択肢について

WH疑問文に対して、YesもしくはNoで答えている選択肢は、ほぼ100％誤答です。「いつ」、「誰」、「どこ」と質問されて、「はい／いいえ」と答えるのは、論理的に考えて不自然だからです。ただ、「ほぼ」としているのは、以下のようなケースがあるためです。

例 Who knows the new manager? （誰が新しいマネージャーを知っているの）
→ <u>No</u> one knows yet. （まだ誰も知らない）

ただ、このケースでも、Noを「いいえ」という意味で用いているわけではありません。「ひとりも〜ない」という意味になっています。音がまったく一緒ですので、注意してください。

音トリックと連想トリック

Part 2 で用いられる、**〈音トリック〉**と**〈連想トリック〉**という2つのひっかけの仕組みについても理解しておいてください。まず〈音トリック〉ですが、例題の4問目に仕込まれていました。

Who has the hotel **information**? （誰がホテルに関する情報を持っていますか）
→ (C) It was very **informative**. （それはとても参考になりました）

問いかけの information と (C) の informative は、語尾が異なるものの、それ以外は同じ音です。全体の意味をうまく取れなかった場合には、どうしても**同じ音が聞こえてきた選択肢**に意識が向いてしまいます。なんとなく「正解っぽいな」と感じてしまうのです。その心理を利用したひっかけが、この〈音トリック〉です。

これは逆に言うと、同じ音を含む選択肢は誤答の可能性が高いということです。ただ、これは絶対ではないので、どうしても答えをしぼり切れない場合の、最後の判断基準として覚えておいてください。

もう1つ、意味のひっかけである〈連想トリック〉を見てみましょう。

Where will the **art exhibition** take place? （その美術展はどこで行われますか）
→ (C) Please bring your **portfolio**. （あなたの作品集を持ってきてください）

例題の2問目です。art exhibition（美術展）と (C) の portfolio（作品集）には意味的な関連性がありますね。そうすると、ここだけ理解できた場合に「美術展に参加するために作品集を持ってくるという話かも」と勝手なストーリーを作って、(C) を選んでしまいがちです。このように関連した語句を利用して、**誤った連想を引き出す**のが〈連想トリック〉です。

以降の練習問題では、これらのひっかけをひとつひとつ指摘しているので、「ここがトリックだったか！」というのを体感してください。それが本番でひっかからない対応力につながります。

次ページからは練習問題です。ここで学んだ解き方を実践してみましょう。

問題通し番号 005 ～ 007

トレーニング
《WH疑問文》を攻略する150問

【問題】音声を聞き、正しい応答を (A) ～ (C) から 1 つ選びましょう。

☐ **1.** Mark your answer on your answer sheet.
☐
☐

☐ **2.** Mark your answer on your answer sheet.
☐
☐

☐ **3.** Mark your answer on your answer sheet.
☐
☐

🔊 M005
▼
🔊 M007

3問ずつ解いていきましょう。まとめて解きたい場合は、巻末のマークシートを利用し、音声ファイル〈M005〉→〈M154〉を再生してください。

(005) 1.　　　　　　　　　　　　　　　　　　　　　　　難易度 難　　正解 (B)

Script What is the price of these pants?
このズボンの価格はいくらですか。

(A) They should be cleaned soon.　すぐに洗わないと。
(B) Let me see the list.　一覧表を見てみます。
(C) Slice the meat.　その肉をスライスしてください。

解説 What 〜 ? で「ズボンの価格が**〈どれ〉**くらいか」を尋ねている。(B) は「(価格が掲載されている) **一覧表を見る**」と申し出ている。価格を知らない、あるいは正確に回答したい場合の応答として、自然なので、これが正解。(A) は They (= these pants：このズボン) の洗濯に関して答えており、質問とかみ合っていない。ちなみに pants は複数扱いのため、代名詞 they で受けることを覚えておこう。(C) は slice が price に対する音トリックとなっている。

---

(006) 2.　　　　　　　　　　　　　　　　　　　　　　　難易度 難　　正解 (C)

Script When will I be informed of the details of the blueprint?
設計図の詳細はいつ私に知らせてもらえますか。

(A) Just keep the information.　とにかくその情報を持っておいてください。
(B) The print shop is downstairs.　印刷店は階下にあります。
(C) I think you've already been.　もうあなたに知らされていると思います。

解説 When 〜 ? の形。inform X of Y (X に Y を知らせる) の受け身形となっており、「設計図の詳細について知らされる**〈時〉**」を尋ねている。(C) は I think you've already been informed of the details of the blueprint. の省略形で、「(設計図の詳細について) **すでに知らされていると思う**」と言っている。質問者の「まだ知らされていない」という勘違いを指摘しており、自然な応答。(A) は information が informed に、(B) は print が blueprint に対する音トリックになっている。

注　□ blueprint：**名** 設計図　□ downstairs：**副** 階下にある

---

(007) 3.　　　　　　　　　　　　　　　　　　　　　　　難易度 　　正解 (B)

Script How much will it cost to replace the machine?
機械を取り換えるのにいくらかかるでしょうか。

(A) Do you place it on your desk?　それを机の上に置くんですか。
(B) I'll get you an estimate.　見積書を入手してあげますよ。
(C) On the second floor.　2 階です。

解説 How much 〜 ? で「機械を交換するための**〈金額〉**」が問われている。(B) の estimate (見積書) には、ふつう商品やサービスの金額が記載されている。したがって、(B) は**見積書を入手すれば、金額がわかる**」ということを伝えており、自然な応答になっている。(A) は place が replace に対する音トリック。(C) は、金額とは無関係な場所の応答。

注　□ estimate：**名** 見積もり

| トレーニング | 問題通し番号 008 ~ 010 |

【問題】

- **4.** Mark your answer on your answer sheet.

- **5.** Mark your answer on your answer sheet.

- **6.** Mark your answer on your answer sheet.

🔊 M008
▼
🔊 M010

✔ 単語 Check!
前のページで出題された重要語句です。意味を覚えていますか？

- [ ] blueprint
- [ ] downstairs
- [ ] estimate

(008) 4.

Script Where are my glasses?
私の眼鏡はどこですか。

(A) We bought some plates this time. 　今回はお皿を買いました。
(B) Have you checked the stockroom? 　倉庫は確認しましたか。
(C) Mike will do that now. 　今から Mike がそれを行います。

解説 Where ～？で「眼鏡の**〈場所〉**」が問われている。(B) は「倉庫を確認したか」と質問することで、**眼鏡がありそうな場所**を伝えており、自然な応答になる。(A) は glasses を「グラス」と勘違いした人を、その類語である plates（皿）を使ってひっかけようとしている。(C) は Mike の動作（do that）が何をするのか不明。

注　☐ stockroom：❷倉庫

(009) 5.

Script How do you think the weather will be tomorrow?
明日の天気はどうだと思いますか。

(A) It rained a lot. 　たくさん雨が降りました。
(B) It'll be perfect for the outdoor market. 　青空市場にはもってこいでしょう。
(C) Sales will drop sharply. 　売り上げが急激に落ち込みそうです。

解説 How ～？で「明日の天気の**〈状態〉**」が問われている。(B)「青空市場には完璧だろう」は、つまり**晴天**になるということ。間接的に天候を答えており、自然な応答となっている。(A) は天候を答えているので、つい選びたくなってしまうが、時制に要注意。rained と過去形になっているので不適切。(C) は天候ではなく、売上の予測。

注　☐ sharply：❹急激に

(010) 6.

Script Who do you usually work with when designing our annual catalog?
わが社の年間カタログをデザインするとき、あなたはふつう誰と一緒に仕事をしますか。

(A) By our manager. 　私たちの部長によって。
(B) This software will work. 　このソフトウェアはうまく機能します。
(C) Actually, I work alone. 　実は、私ひとりで仕事します。

解説 Who ～？で「カタログを一緒にデザインする**〈人〉**」が問われている。(C) は「誰かと一緒に作業する」という前提で質問をしている相手に、「**ひとりで仕事をする**」と答えている。意外な応答だが、自然なやりとりが成立しているので、正解。(A) は「誰によってデザインされるのか」という質問への答えになっている。もし前置詞が With であれば「部長と一緒に」となり、本問の正解になり得る。(B) の work は「機能する、うまくいく」の意味。デザインする手段を答えている。

(トレーニング) 問題通し番号 ⑪〜⑬

【問題】

☐ **7.** Mark your answer on your answer sheet.
☐
☐

☐ **8.** Mark your answer on your answer sheet.
☐
☐

☐ **9.** Mark your answer on your answer sheet.
☐
☐

🔊 M011
▼
🔊 M013

✔ **単語 Check!**
前のページで出題された重要語句です。意味を覚えていますか？

☐ stockroom   ☐ sharply

7.

Script How often do you buy office supplies?
どのくらいの頻度で事務用品を購入しますか。

(A) At the entrance. 入り口で。
(B) On a monthly basis. 月に1回です。
(C) Twenty pencils, please. 鉛筆を20本、お願いします。

解説 How often ~?で「事務用品の購入《頻度》」が問われている。それに対して「**月に1回**」と頻度を答えている (B) が正解。on a monthly basis は、下線部を weekly（毎週、週1回）や daily（毎日、日に1回）に入れ替えた形でも頻出。(A) は場所の応答。(C) は office supplies から連想される「鉛筆」を注文する表現でひっかけをねらっている。

注　□ office supply：事務用品

8.

Script When does the last bus depart?
最終バスはいつ出発しますか。

(A) In front of Gordon Station. Gordon 駅の前に。
(B) There's the timetable in the station. 駅に時刻表がありますよ。
(C) You need a deposit on it. それには頭金が必要です。

解説 When ~?で「バスが出発する《時》」が問われている。(B)「駅に時刻表がある」は、それを見ればわかるということ。**答えを知る手段**を伝えている。応答者が答えを知っているとは限らない。その場合に、その答えを入手する手段を代わりに教えることは、自然な応答となる。(A) は、問いかけの When を Where と勘違いしてしまった人をねらっている。(C) の deposit は「頭金」という意味。質問には無関係な内容となっている。

注　□ timetable：❸時刻表　□ deposit：❸保証金、頭金

9.

Script When are you leaving for Brazil?
いつブラジルに出発するんですか。

(A) By plane. 飛行機で。
(B) Please sweep up the leaves. 落ち葉をほうきで掃き集めてください。
(C) Ronald is going instead. 代わりに Ronald が行くんです。

解説 When ~?で「相手がブラジルに向けて出発する《時》」を尋ねている。それに対して、(C)「Ronald が代わりに行く」は、「**私は行かない**」ということ。ブラジルに行くこと自体を間接的に否定している。応答として自然なので、これが正解。(A) はブラジルへの移動手段を連想させる応答。(B) の sweep up X は「X を掃き集める」。leaves（leaf の複数形）が leaving に対する音トリックになっている。

注　□ sweep up X：X を掃き集める

(トレーニング) 問題通し番号 (014)〜(016)

【問題】

☐ **10.** Mark your answer on your answer sheet.
☐
☐

☐ **11.** Mark your answer on your answer sheet.
☐
☐

☐ **12.** Mark your answer on your answer sheet.
☐
☐

🔊 M014
▼
🔊 M016

✔ 単語 Check!
前のページで出題された重要語句です。意味を覚えていますか?

☐ office supply ☐ timetable ☐ deposit ☐ sweep up *X*

(014) 10.

Script Why are we out of notebooks?
なぜノートを切らしているんですか。

(A) Someone forgot to order more. 誰かがもっと注文するのを忘れたんです。
(B) Could you take notes this time? 今回はあなたがメモを取ってもらえますか。
(C) Just keep it safe. それを保護してください。

解説 Why ～？で「ノートのストックがなくなっている**《理由》**」を尋ねている。(A) の「誰かが発注を忘れた」は、ノートのストックが切れてしまった理由として妥当なので、これが正解。(B) の notes は「(講義などの) 記録」。notebooks に対する、内容と音、両面でのひっかけとなっている。(C) は keep it(O) safe(C) の形で「O (それ) を C (安全に) しておく」。質問に無関係な指示となっている。

(015) 11.

Script Where are you going for dinner after the sports convention?
スポーツ大会のあと、夕食はどこに行くんですか。

(A) I think Jane was there. Jane がそこにいたと思います。
(B) Any recommendations? お勧めはありますか。
(C) Once you've been promoted. あなたが昇進したらすぐに。

解説 Where ～？で「夕食に行く**《場所》**」が問われている。(B) はフレーズだけの応答だが、昇り調子で読まれているので、「おすすめ (の場所) ある？」と質問している。「**どこに行くかまだ決めていない**」ということを間接的に伝えており、これが正解。(A) は、スポーツ大会も夕食も未来のことなのに、過去のことを答えているので不適切。(C) の Once は「～するとすぐに」という意味。タイミングを答えており、質問に対応していない。

注 □ convention：名大会　□ recommendation：名お勧め　□ promote：動～を昇進させる

(016) 12.

Script When's the next train leaving?
次の列車はいつ出発するんですか。

(A) What's your destination? 目的地はどこですか。
(B) It's a good training for Mr. Lee. Lee さんにとって、それはよい訓練です。
(C) At the next stage. 次の段階で。

解説 When ～？で「次の列車が出発する**《時》**」を尋ねている。(A) は destination (目的地) を尋ね返している。場所に関連した応答なので、誤答のように思えるが、これが正解。たくさんの列車があって、その中で「どこ行きの**次の列車なのか**」を確認していると考えられる。このように、明示されていない状況を推測して答えなければいけない問題も出題される。(B) は training が train に対する音トリック。(C) は next でひっかけをねらっている。

注 □ destination：名目的地

トレーニング

問題通し番号 017〜019

【問題】

☐ **13.** Mark your answer on your answer sheet.

☐ **14.** Mark your answer on your answer sheet.

☐ **15.** Mark your answer on your answer sheet.

🔊 M017
▼
🔊 M019

✔ 単語 Check!
前のページで出題された重要語句です。意味を覚えていますか？

☐ convention   ☐ recommendation
☐ promote   ☐ destination

(017) 13. 正解 (B)

Script How did the speech go yesterday?
昨日のスピーチはどうでしたか。

(A) Yes, I like the fruit. ええ、私は果物が好きです。
(B) The audience was so excited. 聴衆は盛り上がっていましたよ。
(C) We need to speed up. スピードを上げる必要がありますね。

解説 How 〜？で「昨日のスピーチの《感想》」が問われている。それに対して、(B)「聴衆がみんな興奮していた」は、**スピーチが素晴らしかった**ことを間接的に伝えている。感想を答えているので、正解。(A) は How に Yes で応じている上に、果物について答えている。これは、問いかけの speech を peach（桃）と聞き取ってしまった人をねらったひっかけ。(C) は speed が speech に対する音トリックになっている。

(018) 14. 正解 (B)

Script When are you scheduled to join the fitness club?
いつフィットネスクラブに入会する予定ですか。

(A) Let's reschedule the appointment. アポを再調整しましょう。
(B) I did it already. すでにしました。
(C) It fits very well. それはとてもよくフィットします。

解説 When 〜？で「フィットネスクラブに入会する《時》」が問われている。(B) の did it は joined the fitness club を意味しており、「**すでにフィットネスクラブに入会した**」と答えている。これから入会すると思い込んでいる相手に、意外な応答を返している。これが正解。(A) は reschedule が scheduled に対する音トリック。(C) の fit は自動詞で「合う」という意味。fitness に対するひっかけとなっている。

注 □ reschedule：動〜のスケジュールを変更する

(019) 15. 正解 (C)

Script Betty, where's the washing machine?
Betty、洗濯機はどこですか。

(A) I'm not in the mood. 今、そういう気分ではありません。
(B) I'd like mashed potatoes. マッシュポテトをください。
(C) It's being repaired. 修理中なんです。

解説 Where 〜？で「洗濯機の《場所》」が問われている。(C) は受身の進行形（〜されているところだ）で、「それ（＝洗濯機）は修理中だ」と言っている。これは、「**だから今ここにはない、今は使えない**」ということを示唆している。場所を答えてはいないが、自然なやりとりが成立するので正解。(A) の in the mood は「気分が乗って」という意味。(B) の I'd like 〜は、お店で何か欲しい物があったときなどに用いる表現。後ろにその物を続けて「〜をください」となる。

注 □ in the mood：気分が乗っていて

トレーニング

問題通し番号 (020)〜(022)

【問題】

☐ **16.** Mark your answer on your answer sheet.

☐ **17.** Mark your answer on your answer sheet.

☐ **18.** Mark your answer on your answer sheet.

🔊 M020
▼
🔊 M022

✔ 単語 Check!
前のページで出題された重要語句です。意味を覚えていますか？

☐ reschedule　　☐ in the mood

(020) 16.　　　　　　　　　　　　　　　　　　　　　　　　難易度　難　正解 (C)

Script How was the graduation party last night?
昨夜の卒業パーティーはどうだった？

(A) We'll congratulate him tomorrow.　　　私たちは明日彼をお祝いします。
(B) Did it last about three hours?　　　　それは3時間くらい続いたの？
(C) I wasn't there, actually.　　　　　　　実は、出席しなかったんです。

解説　How ～ ? で「昨晩の卒業パーティーの**〈感想〉**」を尋ねている。それに対して、(C)「そこにいなかった」は、「**出席しなかったので答えられない**」ということを伝えている。感想を答えてはいないが、自然な応答。(A) は him が誰を指すのか不明なのと、未来の話をしており、質問とは時制がズレている。(B) は自分が質問されているパーティーのことについて尋ね返しており、会話がかみ合っていない。last に釣られないように。

注　□ graduation：图卒業　□ congratulate：働〜を祝う

(021) 17.　　　　　　　　　　　　　　　　　　　　　　　　難易度　難　正解 (A)

Script Why has the new-employee orientation been delayed?
なぜ新入社員オリエンテーションが遅れているんですか。

(A) The weather was inclement.　　　天候が荒れていたので。
(B) I think it should be good.　　　　それはよいはずだと思います。
(C) Please record it onto DVD.　　　DVD に記録してください。

解説　Why ～ ? で「オリエンテーションの開始が遅れている**〈理由〉**」を尋ねている。それに対して、(A)「**天候が悪かった**」は、遅れの理由として妥当。これが正解。(B) は it = the new-employee orientation と解釈した場合、「オリエンテーションはよいはず」となるが、それでは遅れの理由にならない。(C) はオリエンテーションの録画を指示していると考えられるが、質問には無関係な内容。

注　□ inclement：圏荒れ模様の

(022) 18.　　　　　　　　　　　　　　　　　　　　　　　　難易度　難　正解 (C)

Script Where is the new tablet?
新しいタブレット PC はどこですか。

(A) Just put it over there.　　　　　　　　ちょっとそこに置いておいて。
(B) The crew will be here in a minute.　　乗組員はすぐにここにやってきます。
(C) Maggie is using it now.　　　　　　　Maggie が今、使用中です。

解説　Where ～ ? で「タブレット PC の**〈場所〉**」が問われている。「Maggie が今、使っている」と答えている (C) は、「タブレット PC は **Maggie の所にある**」ことを示唆している。間接的に場所を答えており、自然な応答。このように、物の所在については、「誰かが使用している」という正解パターンがあることを押さえておこう。(A) は所在のわからないタブレット PC を「そこに置いておいて」と指示している。over there は「あそこに、向こうに」の意味。(B) も場所を示す表現を含むが、釣られて選ばないように。

トレーニング

【問題】

□ **19.** Mark your answer on your answer sheet.
□
□

□ **20.** Mark your answer on your answer sheet.
□
□

□ **21.** Mark your answer on your answer sheet.
□
□

🔊 M023
▼
🔊 M025

✔ 単語 Check!
前のページで出題された重要語句です。意味を覚えていますか？

□ graduation   □ congratulate   □ inclement

(023) 19. 正解 (C)

Script Why is Nancy leading the training session?
なぜ Nancy が研修を行っているんですか。

(A) It's great reading material. — それは素晴らしい読み物です。
(B) Some trainees said so. — 研修生の一部がそう言いました。
(C) Ted is on vacation. — Ted が休暇中なんです。

解説 Why 〜 ? で「Nancy が研修を指導している**〈理由〉**」を尋ねている。(C) の「Ted が休暇だ」は、だから**代わりに Nancy が指導している**ということを示唆しており、理由として適当。これが正解。(A) は、It が the training session を指すとすると、「その研修＝素晴らしい読み物」となり、意味をなさない。(B) の trainee は「訓練を受ける人」のこと。training に対する音トリックになっている。

注 □ trainee：⑧研修生

(024) 20. 正解 (B)

Script How can I take part in the trade show in Hong Kong?
どうすれば香港での展示会に参加できますか。

(A) You could change your flight. — フライトを変更できます。
(B) I'm afraid it's finished. — あいにくそれは終了しました。
(C) Are you thinking of moving somewhere? — どこかに引っ越しを考えているんですか。

解説 How 〜 ? で「香港の展示会への参加**〈方法〉**」が問われている。(B) の it は the trade show を指しており、「**あいにくその展示会は終了した**」と答えている。つまり「もう参加出来ない」ことを伝えており、質問に自然につながる。(A) は香港への移動方法を答えているようにも思えるが、いきなり「フライトの変更」に言及しており、質問とかみ合わない。(C) は香港から連想される「引っ越し」の話題でひっかけをねらっている。

注 □ trade show：展示会、見本市

(025) 21. 正解 (A)

Script Who'll teach the English class after Patricia leaves?
Patricia が去ったあと、誰が英語のクラスを教えるんですか。

(A) She decided not to resign. — 彼女は辞めないことに決めました。
(B) You and I are taking the class, right? — あなたと私はその授業を取っていますよね。
(C) He sweeps leaves every morning. — 彼は毎朝、落ち葉をほうきで掃いています。

解説 Who 〜 ? で「Patricia が辞めたあとに英語を教える**〈人〉**」が問われている。(A) の resign は「辞職する」という意味。「彼女 (= Patricia) は辞めないことに決めた」と言っており、「辞職するのをやめて、**Patricia が引き続き教える**」ことを示唆している。正解。かなりヒネりのきいた応答だが、対応できるようにしておきたい。(B) は class (授業) から連想される内容でひっかけをねらっている。(C) の leaves は、名詞 leaf (葉) の複数形で、問いかけの方は、動詞 leave (〜を去る) の 3 人称単数現在形。音だけでなく、意味をしっかりとらえるように。

注 □ resign：⑩辞職する、辞任する

トレーニング

問題通し番号 026〜028

【問題】

☐ **22.** Mark your answer on your answer sheet.

☐ **23.** Mark your answer on your answer sheet.

☐ **24.** Mark your answer on your answer sheet.

🔊 M026
▼
🔊 M028

✔ 単語 Check!
前のページで出題された重要語句です。意味を覚えていますか?

☐ trainee ☐ trade show ☐ resign

(026) 22.

Script What time does the maintenance shop open?
そのメンテナンス店は何時に開店しますか。

(A) They're also offering a car washing service. そこでは洗車サービスも提供しています。
(B) I think it's been closed permanently. その店は廃業したと思います。
(C) The estimate will be issued tomorrow. 見積もりは明日、発行されます。

解説 What time 〜 ? で「メンテナンス店の始業**〈時刻〉**」を尋ねている。(B)「**廃業している**」は、だから「**始業時刻は答えられない**」ということ。時刻を答えてはいないが、自然なやりとりになるので、正解。(A) は maintenance shop から連想されるサービス内容でひっかけをねらっている。(C) は tomorrow という時の表現を含むが、そのときに行われる動作（見積りの発行）が質問に無関係。

注　☐ maintenance：图 メンテナンス、維持管理　☐ permanently：副 永久に、恒久的に
☐ issue：動 〜を発行する、支給する

(027) 23.

Script When are you supposed to have a meeting next week?
来週、あなたはいつ会議をすることになっていますか。

(A) It will be announced soon. 間もなく発表されます。
(B) Mmm, I can manage to do it. うーん、私はなんとかそれをできます。
(C) In the usual location. いつもの場所で。

解説 When 〜 ? で「来週の会議の**〈時〉**」が問われている。「もうすぐ発表される（**そうすればわかる**）」と、間接的に答えている (A) が正解。(B) の manage to do は「なんとか〜する」。it が meeting を指すと解釈した場合、意味をなさない。(C) は会議の場所を答えている。問いかけ冒頭の 1 語（When）を聞き逃すと、これを誤答として除外できなくなる。冒頭の聞き取りの重要性を示す 1 問になっている。

注　☐ be supposed to do：〜することになっている、予定である

(028) 24.

Script Where is the most famous touring attraction in town?
町で最も有名な観光名所はどこですか。

(A) Let me get a map for you. 地図をお渡ししますね。
(B) The chocolate factory will be relocated. チョコレート工場は移転されます。
(C) Yes, it's the best in town. ええ、それが町で一番です。

解説 Where 〜 ? で「観光名所の**〈場所〉**」が問われている。これに対して、(A) はその**観光地が載っている地図の提供**を申し出ている。これは、答えそのものではなく、答えを知る手段を教えるパターンの一種。正解。(B) の「チョコレート工場」には観光名所である可能性があるが、いきなり移転の話をするのは不自然。たとえば、The chocolate factory downtown. であれば、正解になり得る。(C) は、問いかけでも用いられている最上級と in town でひっかけをねらっている。

注　☐ touring attraction：観光名所　☐ relocate：動 〜を移転させる

トレーニング

問題通し番号 (029)〜(031)

【問題】

☐ **25.** Mark your answer on your answer sheet.

☐ **26.** Mark your answer on your answer sheet.

☐ **27.** Mark your answer on your answer sheet.

🔊 M029
▼
🔊 M031

✔ 単語 Check!
前のページで出題された重要語句です。意味を覚えていますか?

☐ maintenance ☐ permanently ☐ issue
☐ *be* supposed to *do* ☐ touring attraction ☐ relocate

(029) 25. 正解 (C)

Script Why did Kevin come to our studio this morning?
今朝、Kevin はなぜ私たちのスタジオにやって来たんですか。

(A) Please use my study. 　　私の書斎を使ってください。
(B) It lasts until the afternoon. 　　それは午後まで続きます。
(C) That's what I'm wondering. 　　私もそれを不思議に思っています。

解説 Why ～ ? で「Kevin が今朝スタジオに来た《理由》」を尋ねている。それに対して「私も不思議に思っている」と、同調している (C) が自然な応答。質問に対して、自分も同じような疑問を感じているときに、この表現を用いる。(A) の study は名詞「書斎、勉強部屋」。studio に対する音トリックになっている。(B) は It = our studio とすると、継続を表す述語動詞 lasts と意味が合わなくなる。

注　□ study：書斎

(030) 26. 正解 (C)

Script When will you send an invitation card to Mr. King?
King さんへの招待状をいつ送るつもりですか。

(A) I've been invited, too. 　　私も招待されています。
(B) In our laboratory. 　　わが社の研究所内で。
(C) Haven't you sent it out yet? 　　まだ送っていなかったんですか。

解説 When ～ ? で「相手が招待状を送付する《時》」が問われている。それに対して「あなたはまだ送っていなかったのか」と聞き返している (C) は、「**質問者がすでに送ったと思っていた**」ということを伝えている。お互いに相手が送付すると思い込んでいた（その結果、まだ送付されていない）状況。これが正解。(A) は invitation の動詞形 invite(d) がひっかけ。(B) は場所を答えており、質問に対して文意が通らない。

注　□ invitation：招待(状)　□ laboratory：研究所、実験室

(031) 27. 正解 (C)

Script What's the fastest way to get to the town hall?
町役場に行くのに最も早い方法は何ですか。

(A) I'm on my way. 　　私は向かっているところです。
(B) Take the test first. 　　まずテストを受けるように。
(C) By subway. 　　地下鉄です。

解説 What ～ ? で「役場への最速の移動手段は《何》か」を尋ねている。これに対し (C) は、手段を表す前置詞 **By** を使って、**乗り物の種類**（地下鉄）を答えている。これが正解。(A) は話者の今の状況を答えており、文意が通らない。(B) はテストに関する指示を述べており、質問とかみあっていない。ただ、動詞 take には後ろに乗り物を伴い「～に乗って行く」という意味もあるため、そこに釣られないように。また、first が fastest に対する音トリックになっている。

注　□ town hall：町役場

トレーニング

問題通し番号 032 ～ 034

【問題】

☐ **28.** Mark your answer on your answer sheet.
☐
☐

☐ **29.** Mark your answer on your answer sheet.
☐
☐

☐ **30.** Mark your answer on your answer sheet.
☐
☐

🔊 M032

🔊 M034

✔ **単語 Check!**
前のページで出題された重要語句です。意味を覚えていますか？

☐ study　　　☐ invitation　　　☐ laboratory　　　☐ town hall

(032) 28.

正解 (C)

Script Why has Andrew canceled the competition?
Andrew は、なぜ大会を取りやめたんですか。

(A) Based on his competency.　　彼の能力に基づいて。
(B) Is there another cancellation fee?　　またキャンセル料が発生するんですか。
(C) There was an urgent matter.　　緊急の問題があったんです。

解説 Why ～？で「Andrew が大会を中止した《理由》」が問われている。(C)「**緊急事態があった**」は、大会中止の理由として妥当なので、正解。(A) の competency は「能力」。「Andrew の能力に基づいて、大会を中止する」とは考えにくいため、不適切。(B) は「キャンセル料」という関連した内容になっているが、質問には答えていない。

注 □ competency：名能力　□ urgent：形緊急の

(033) 29.

正解 (C)

Script Who has been working under your supervision?
誰があなたの監督下で働いていますか。

(A) A television set was installed.　　テレビが設置されました。
(B) It's beyond repair.　　それは修理不可能です。
(C) William's team.　　William のチームです。

解説 Who ～？で「あなたの下で働いている《人》」を尋ねている。under your supervision（あなたの監督下で）を聞いて、「あなた（=応答者）」が指導的立場にあることを把握しよう。これに対し、**チーム名**を答えている (C) が正解。William と一緒に働いているチームのメンバーが、応答者の監督下にあるということ。(A) は television が supervision に対する音トリック。(B) の beyond repair は「修理の限界を越えた」、つまり「修理できない」という意味。質問に無関係な内容となっている。

注 □ supervision：名監督　□ install：動〜を設置する　□ beyond repair：修理不可能

(034) 30.

正解 (A)

Script What are your business hours?
御社の営業時間は?

(A) From nine to five.　　9 時から 5 時です。
(B) I'm an engineer.　　私はエンジニアです。
(C) I just changed careers.　　私は転職したばかりなんです。

解説 What ～？の形だが、「営業時間はどうなっているか」と《時》を尋ねている。(A) の nine と five には A.M./P.M. や o'clock が付いていないが、文脈から、時刻を表していることは明らか。from X to Y（X から Y まで）を用いて、**時間範囲**を伝えている。営業時間を的確に答えているので、これが正解。(B) は職業を答えており、What do you do?（ご職業は何ですか）に対する応答。(C) は business に関連した「転職」について話しているが、質問への答えになっていない。

注 □ career：名職業、経歴

(トレーニング)　　　問題通し番号 (035)～(037)

【問題】

- **31.** Mark your answer on your answer sheet.

- **32.** Mark your answer on your answer sheet.

- **33.** Mark your answer on your answer sheet.

🔊 M035
▼
🔊 M037

✔ 単語 Check!
前のページで出題された重要語句です。意味を覚えていますか？

- competency
- urgent
- supervision
- install
- beyond repair
- career

31.

Script When should I write the prescription for medication?
　私はいつ薬の処方箋を書くべきですか。

(A) Can you do it today?　　　今日できますか。
(B) Let's develop a new plan.　新たな計画を立てましょう。
(C) No, we shouldn't.　　　　いいえ、私たちはそうすべきではありません。

解説 When 〜 ? の形。prescription は「処方箋」、medication は「薬」という意味。「処方箋を書くべき**〈時〉**」を尋ねている。(A) の do it は、問いかけの write the prescription を受けている。つまり「**今日、処方箋を書けるか**」と依頼している。時を答えており、正解。(B) は質問に無関係な内容。(C) は WH 疑問文に No で回答しており不適切。should(n't) に釣られて選ばないように。

注　□ prescription：❷処方箋　□ medication：❷薬

32.

Script Why hasn't the sales projection been prepared?
　なぜ売上予測が用意されていないんですか。

(A) The data is not ready yet.　データがまだ準備できていないんです。
(B) It's finally been bought.　それはようやく購入されました。
(C) Yes, I'd like some beans.　ええ、豆をいただきます。

解説 Why 〜 ? の形。projection は「予測、見通し」という意味で、「売上予測が準備されていない**〈理由〉**」を尋ねている。それに対して「データがまだそろっていない」と、**妥当な理由**を述べている (A) が正解。(B) は It = the sales projection と解釈できなくはないが、売上予測に購入されるようなものではない。(C) は WH 疑問文に Yes と応じている上に、以降の内容も質問とかみ合っていない。beans が been に対する音トリックになっている。

注　□ sales projection：売上予測

33.

Script How much will we need for the retirement party?
　退職パーティーにいくら必要でしょうか。

(A) There's a growing need for it.　それへの必要性が高まっています。
(B) I'm not involved.　　　　　　私は関わっていないんです。
(C) Oh, are you tired?　　　　　あっ、お疲れですか。

解説 How much 〜 ? で「退職パーティーに必要な**〈金額〉**」が問われている。(B) の involved は「〜に参加して、関係して」という意味。「(退職パーティーに) 私は関係していない」と答えているが、これは、だから「**いくら必要なのかわからない**」ということを間接的に伝えている。(B) が正解。(A) は need でひっかけをねらっている。(C) は tired が retirement に対する音トリック。

注　□ involved：❸参加して、関係して

トレーニング

問題通し番号 (038)～(040)

【問題】

☐ **34.** Mark your answer on your answer sheet.
☐
☐

☐ **35.** Mark your answer on your answer sheet.
☐
☐

☐ **36.** Mark your answer on your answer sheet.
☐
☐

🔊 M038
▼
🔊 M040

✔ 単語 Check!
前のページで出題された重要語句です。意味を覚えていますか？

☐ prescription ☐ medication ☐ sales projection ☐ involved

(038) 34.

Script What should I put on for the party?
そのパーティーには何を着ていくべきですか。

(A) There is a dress code. 　　　　　　　服装規定がありますよ。
(B) The invoice must have been delivered. 　請求書は配達されたに違いありません。
(C) Next to the fitting room. 　　　　　　試着室の隣に。

解説 What 〜 ? で「パーティーに**〈何〉**を着ていくか」が問われている。それに対して「dress code（服装規定）がある」と答えている (A) は、「**服装規定に従えばいい**」ということを示唆している。間接的にアドバイスをしている自然な応答。(B) は請求書の配達という無関係な内容。(C) は服装に関連した fitting room（試着室）でひっかけをねらっている。

注 □ dress code：服装規定　□ invoice：❷請求書　□ deliver：❶〜を配達する

(039) 35.

Script How many manuals should we print for the new employees?
新入社員のために、マニュアルを何冊印刷すべきですか。

(A) Only for the renewal charge. 　　　　更新料のみです。
(B) You can print from the Web site. 　　ウェブサイトから印刷できますよ。
(C) I don't know the exact number. 　　正確な数がわからないんです。

解説 How many 〜 ? で「新入社員用のマニュアルの必要部**〈数〉**」が問われている。それに対して「(何部必要か) **正確な数がわからない**」と応答している (C) が正解。(A) の料金についての応答は、質問に無関係。(B) は印刷する手段を答えており、How 〜 ?（どうやって〜？）に対する応答になっている。How 疑問文の場合は、冒頭1語ではなく、2〜3語をしっかり聞き取ろう。

注 □ renewal charge：更新料

(040) 36.

Script Who's going to give the presentation tomorrow?
明日、誰がプレゼンするんですか。

(A) I'll show you the gift. 　　　　　　贈り物をお見せしましょう。
(B) Please count me in. 　　　　　　　 私も仲間に入れてください。
(C) Could I ask you to do it? 　　　　　あなたにお願いしてもいいでしょうか。

解説 Who 〜 ? で「プレゼンを行う**〈人〉**」が問われている。それに対して「**あなたにお願いできるか**」と、依頼をしている (C) が正解。「まだやる人が決まっていない」「やる予定だった人ができなくなった」などの事情があるのだろうと考えられる。そうした、**やりとりの背後にある文脈をイメージ**する必要がある。(A) は、問いかけの presentation を present と勘違いしてしまった人向けのひっかけ。(B) の count me in は「私を数に含めて」という意味。何かのイベントや会合に参加したいときに用いる。

注 □ count X in：X を仲間に入れる

トレーニング

問題通し番号 (041)〜(043)

【問題】

- **37.** Mark your answer on your answer sheet.

- **38.** Mark your answer on your answer sheet.

- **39.** Mark your answer on your answer sheet.

🔊 M041
▼
🔊 M043

✔ 単語 Check!
前のページで出題された重要語句です。意味を覚えていますか?

- ☐ dress code
- ☐ invoice
- ☐ deliver
- ☐ renewal charge
- ☐ count X in

(041) 37.

Script Why is this item out of stock?
この商品はなぜ在庫切れなんですか。

(A) It's very affordable.　　　　　とてもお手頃価格なんですよ。
(B) They've stacked the boxes.　　彼らは箱を積み重ねました。
(C) Let's get out of here.　　　　ここから出ましょう。

解説 Why 〜 ? で「商品の品切れの《**理由**》」が問われている。それに対して **affordable**（価格が手頃な）を使って、「価格が手頃（なので売り切れた）」と**妥当な理由**を答えている(A)が正解。(B)は主語 They が誰を指すのか不明。stacked が stock に対する音トリックになっている。(C)は「この場から出ていこう」という提案で、質問に無関係だが、out of に釣られて選ばないように。

注　□ affordable：形手ごろな　□ stack：動〜を積み重ねる

(042) 38.

Script What time does the final performance end?
最終公演は何時に終演しますか。

(A) We performed it last night.　　私たちは昨夜、公演しました。
(B) I'll tell you later.　　　　　　あとで教えます。
(C) It's just a start.　　　　　　　それは始まりにすぎません。

解説 What time 〜 ? で「最終公演の終了《**時刻**》」が問われている。(B)の「（時刻を）あとで教える」は、「**今はわからない、答えられない**」ということを示唆する自然な応答。(A)の perform(ed) は、問いかけの performance（上演、公演）の動詞形で「〜を上演する」という意味。(C)の start は名詞なので、「始まりにすぎない」となる。しかし、これを It has just started.（公演は始まったばかり）と聞き取ってしまうと、魅力的な選択肢となってしまう。

(043) 39.

Script Who was the guest speaker at the dinner party?
ディナーパーティでのゲストスピーカーは誰でしたか。

(A) A party of three, please.　　　3人でお願いします。
(B) A select member.　　　　　　　厳選されたメンバーでした。
(C) I spoke with him on Friday.　　彼と金曜日に話しました。

解説 Who 〜 ? で「ゲストスピーカーだった《**人**》」が問われている。正解は(B)。**select** が動詞（〜を選ぶ）ではなく、形容詞「**より抜きの**」という意味で用いられている点に気付けるかがポイント。(A)は団体の人数を述べているが、これはレストランなどで席の用意をお願いするときの表現。(C)は I spoke だけなら、「私が話した（＝ゲストスピーカーだった）」と解釈できる。しかし、後ろに続く with him の him が誰なのかわからないため、質問につながらない。

注　□ select：形厳選された

トレーニング

問題通し番号 044 〜 046

【問題】

☐ **40.** Mark your answer on your answer sheet.
☐
☐

☐ **41.** Mark your answer on your answer sheet.
☐
☐

☐ **42.** Mark your answer on your answer sheet.
☐
☐

🔊 M044
▼
🔊 M046

✔ 単語 Check!
前のページで出題された重要語句です。意味を覚えていますか？

☐ affordable   ☐ stack   ☐ select

(044) 40. 正解 (B)

Script Where is the updated online request form?
最新のオンライン申請フォームはどこですか。

(A) Near the reception desk. 受付デスクの近くに。
(B) I'll send you the link. そのリンクを送りますね。
(C) Yes, you can do it online. ええ、オンラインでそれができますよ。

解説 Where ～? で「オンライン申請フォームの**〈場所〉**」が問われている。この **online request form** とは、「インターネット上にある申請フォームのページ」のこと。「(そのページがある URL の)**リンクを送る**」と答えている (B) が正解。(A) は、「ネット上の場所」が問われているのに対して、物理的な場所を答えているので不適切。(C) は WH 疑問文に Yes と答えている上に、何ができるのか不明。

注 □ update：動 ～を更新する、最新にする　□ request form：申請フォーム　□ reception：名 受付

(045) 41. 正解 (C)

Script How long will the panel discussion last?
パネルディスカッションはどのくらい続きますか。

(A) This cushion can be bought here. このクッションはここで買えます。
(B) The piece of wood must be removed. その木片を取り除かなければなりません。
(C) You should read the program. プログラムを見てください。

解説 How long ～? で「パネルディスカッションが続く**〈期間〉**」を尋ねている。(C)「プログラムを見てください」は、「**プログラムに時間が載っている**」ことを示唆している。**答えを入手する手段**を伝える自然な応答。(A) は This cushion が discussion に対する音トリック。(B) の「木片除去が必須」は、質問に無関係な内容。

注 □ remove：動 ～を取り除く

(046) 42. 正解 (A)

Script What kind of food should we order for the annual luncheon?
毎年恒例の昼食会にはどんな種類の食べ物を注文すべきですか。

(A) Who did it last year? 昨年は誰が注文したんですか。
(B) There is no plate in the cupboard. 食器棚に皿がありません。
(C) Why don't we have the picture printed? その写真を印刷してもらいませんか。

解説 What kind of ～? で「毎年の昼食会用に注文すべき料理の**〈種類〉**」を尋ねている。(A) の it は「料理を注文すること」を指しており、昨年、注文した人を尋ね返している。この質問の裏には「**その人に聞けばヒントが得られるはず**」という意図がある。**答えを得る手段を伝える**パターンに当てはまるので、これが正解。(B) は料理に関連した plate や cupboard (※発音注意 /kʌ́bərd/) でひっかけをねらっている。(C) は質問に関係のない写真の印刷に関する応答。

注 □ luncheon：名 昼食会　□ cupboard：名 食器棚　□ 〈have+O+過去分詞〉：O を～してもらう

トレーニング

問題通し番号 (047)〜(049)

【問題】

☐ **43.** Mark your answer on your answer sheet.
☐
☐

☐ **44.** Mark your answer on your answer sheet.
☐
☐

☐ **45.** Mark your answer on your answer sheet.
☐
☐

🔊 M047
▼
🔊 M049

✔ 単語 Check!
前のページで出題された重要語句です。意味を覚えていますか?

☐ update　　　☐ request form　　　☐ reception　　　☐ remove
☐ luncheon　　☐ cupboard　　　　☐ 〈have + O + 過去分詞〉

43. 正解 (A)

Script Where can I see the details of the shipment?
出荷の詳細はどこで見ることができますか。

(A) Didn't I specify them on the order form?
私は注文書に詳細を明記していませんでしたか。
(B) Let me get the bill.
請求書を持ってきますね。
(C) See you next time.
また今度お会いしましょう。

解説 Where ～ ? で「出荷の詳細情報を得られる《場所》」が問われている。(A)「注文書に明記していなかったっけ」は、**注文書を見て**ということを遠回しに伝えている。specify は「～を具体的に述べる、書く」。(B) は Let me get まではいいが、最後の the bill（請求書）のせいで文意が通らない。例えば、ここが the order form や the contact list（住所録）であれば、正解になり得る。(C) は問いかけにもある See をくり返すひっかけ。

注　□ specify：動 ～を明記する　□ bill：名 請求書

44. 正解 (B)

Script What region is the company building a new factory in?
会社はどの地域に新工場を建設しているんですか。

(A) There were some buildings.
ビルがいくつかありました。
(B) In a less populated area.
人口の少ない地域に。
(C) Can't you tell me the reason?
私に理由を教えてくれないんですか。

解説 What region ～ ? で「新工場を建設する《地域》」が問われている。(B) の populated は「人の住む」という意味の形容詞。less があるので、「人がより少なく住んでいる地域に→**人口の少ない地域に**」と答えている。これが正解。問いかけの region を area と言い換えている点に注目。(A) は問いかけにもある building(s) に釣られないように。(C) は reason が region に対する音トリックとなっている。

注　□ region：名 地域　□ populated：形 人口の多い

45. 正解 (A)

Script How did your sales go last month?
先月の売上はどうでしたか。

(A) They couldn't have gone better.
これ以上ないほどよかったです。
(B) In the marketing department.
マーケティング部で。
(C) It'll last until next year.
それは来年まで続きます。

解説 How ～ ? で「先月の売上の《状態》」が問われている。(A) は、**仮定法過去完了** could not have gone better を用いて、「それよりもよくなることはあり得なかっただろう」と言っている。つまり「**最高だった**」という状態を答えており、これが正解。(B) は sales から連想される会社の部署を答えている。(C) の last は、問いかけの last（形容詞）と異なり、「続く」という意味の動詞。何かが未来まで継続すると答えているが、質問にはつながらない。

トレーニング

問題通し番号 (050) ~ (052)

【問題】

☐ **46.** Mark your answer on your answer sheet.
☐
☐

☐ **47.** Mark your answer on your answer sheet.
☐
☐

☐ **48.** Mark your answer on your answer sheet.
☐
☐

🔊 M050
　▼
🔊 M052

✔ 単語 Check!
前のページで出題された重要語句です。意味を覚えていますか？

☐ specify　　☐ bill　　☐ region　　☐ populated

(050) 46.

Script Who negotiated the contract at the client's office?
顧客のオフィスで、誰が契約交渉をしたんですか。

(A) Isn't it still ongoing?　　　　　それはまだ継続中ではないんですか。
(B) A basic study is being conducted.　基礎研究が行われているところです。
(C) Send it to the recipient.　　　　それを受賞者に送ってください。

解説 Who〜? で「契約交渉をした**〈人〉**」が問われている。過去形 negotiated を用いているので、質問者は交渉がすでに終わったと考えている。それに対し、(A) は「**(交渉は)まだ続いているのでは**」と聞き返している。人を答えてはいないが、自然なやりとりが成立するので、正解。(B) は無関係な「基礎研究」の状況を答えている。(C) は it = the contract（契約書）の送付を指示しており、質問とかみ合っていない。

注 □contract：名契約(書)　□ongoing：形進行中の、継続中の　□recipient：名受賞者

(051) 47.

Script What's the weather forecast for next week?
来週の天気予報はどうなっていますか。

(A) It was very crowded.　　　　　とても混雑していました。
(B) I heard it's supposed to rain.　　雨が降るだろうとのことでした。
(C) At the next forecast meeting.　　次の予測会議で。

解説 What〜? で「来週の天気予報の内容」を尋ねている。これに be supposed to do（〜するはずである）を用いて、**雨の予報**だったことを伝えている (B) だと自然な応答になる。(A) は crowded を cloudy（曇った）と聞き間違うと危険。ただ、その場合でも、過去形になっているので、来週のことを聞いている質問に対して不適切だと判断できる。(C) は問いかけにもある forecast をくり返すことでひっかけをねらっている。

(052) 48.

Script How far away is the location of the social event?
その交流イベントの場所はどのくらい遠いんですか。

(A) I've never been there.　　　　　そこへ行ったことがないんです。
(B) The social activity will cost a lot.　社会活動には多くの費用がかかるでしょう。
(C) You should use caution here.　　ここでは注意してください。

解説 How far〜? で「交流イベント会場までの**〈距離〉**」が問われている。(A) の「そこに行ったことがない」は、だから「**知らない**」ということを間接的に伝えている。これが正解。(B) は social event に関連した social activity を含むが、費用の話をしており、質問にはつながらない。(C) の use caution は「用心する、警戒する」。

注 □use caution：用心する、警戒する

トレーニング

問題通し番号 (053)～(055)

【問題】

☐ **49.** Mark your answer on your answer sheet.
☐
☐

☐ **50.** Mark your answer on your answer sheet.
☐
☐

☐ **51.** Mark your answer on your answer sheet.
☐
☐

🔊 M053
▼
🔊 M055

✔ 単語 Check!
前のページで出題された重要語句です。意味を覚えていますか？

☐ contract　　☐ ongoing　　☐ recipient　　☐ use caution

(053) **49.**

Script What is the advantage of this credit card?
このクレジットカードの利点は何ですか。

(A) Some discounts are available.　割引をいくつか受けられます。
(B) You can stay in touch.　連絡を取り合うことができます。
(C) Do you have another car key?　車の鍵をもう 1 つ持っていますか。

解説 What 〜？で「クレジットカードの利点が**《何》**か」を尋ねている。それに対して「**割引を利用できる**」という、**具体的なメリット**を答えている (A) が正解。(B) の「stay in touch（連絡を取り合う）ことができる」は、カードの利点として、具体的にどのようなことを意味するのかよくわからない。(C) は car が card に対する音トリックになっている。

注　☐ stay in touch：連絡を取り合う

(054) **50.**

Script What's the problem with the new music player?
新しい音楽プレーヤーの問題点は何ですか。

(A) There's an issue with that.　それには問題点があります。
(B) Some of the buttons don't work.　ボタンのいくつかが機能しないんです。
(C) That's why I chose a pink one.　だから私はピンクのものを選びました。

解説 What 〜？で「音楽プレーヤーの**《何》**が問題か」を尋ねている。「**ボタンが機能しない**」という症状を答えている (B) が正解。問いかけの内容から、2 人の間には「音楽プレーヤーに問題がある」という共通認識がすでにあると推測できる。それなのに「issue（問題点）がある」とくり返している (A) はちぐはぐな応答。problem の類語である issue に釣られて選ばないように。(C) はプレーヤーの色に関する応答になっており、問題点とは無関係。

注　☐ issue：❷問題、課題

(055) **51.**

Script Where do we keep the revised document?
改訂した書類はどこに保管するんですか。

(A) Housekeeping.　客室清掃部です。
(B) I'm not sure.　わかりません。
(C) I just realized that.　私はちょうどそれに気付きました。

解説 Where 〜？で「書類の保管**《場所》**」が問われている。それに対して **I'm not sure.**（わからない）と応答している (B) が正解。形容詞 sure は「確信している」という意味だが、not sure で「確信していない→**わからない**」となる。I don't know. と共に定番フレーズである。(A) は書類の保管場所として不自然。keep に対する音トリックに注意。(C) は何に気づいたのかが不明。realized が revised に対する音トリックになっている。

注　☐ revise：⓿〜を修正する、見直す　☐ housekeeping：❷客室係

トレーニング

問題通し番号 (056)〜(058)

【問題】

☐ **52.** Mark your answer on your answer sheet.
☐
☐

☐ **53.** Mark your answer on your answer sheet.
☐
☐

☐ **54.** Mark your answer on your answer sheet.
☐
☐

🔊 M056
▼
🔊 M058

✔ 単語 Check!
前のページで出題された重要語句です。意味を覚えていますか？

☐ stay in touch   ☐ issue   ☐ revise   ☐ housekeeping

(056) 52.

Script How long did the candidate work at the retail store?
その求職者は小売店でどのくらい働いていたんですか。

(A) Her résumé is in that cabinet.　彼女の履歴書がキャビネットに入っていますよ。
(B) I often work out at the gym.　私はよくジムでトレーニングします。
(C) You can decide the date of use.　利用日を決められます。

解説 How long ~？で「求職者が小売店で働いていた**〈期間〉**」を尋ねている。(A) の「履歴書がキャビネットに入っている」は、一瞬誤答のように思えるが、履歴書には必ず職歴が掲載されている。つまり、「**履歴書(の職歴)を見ればわかる**」ということを示唆しており、質問への答えとなっている。(B) の work out は「体を鍛える」。work に釣られて選ばないように。(C) は can decide が candidate に対する音トリック。

注 □ retail：⦿小売の　□ work out：運動する、トレーニングする

(057) 53.

Script What does Mr. Jones do for a living?
Jones さんの仕事は何ですか。

(A) He's a famous chef.　彼は有名なシェフです。
(B) George should join your team.　George はあなたのチームに加わるべきです。
(C) No, he already left.　いいえ、彼はすでに出発しました。

解説 この問いかけは、相手の職業を問う定型表現。What ~？で「Jones さんの職業が**〈何〉**か」を尋ねている。a (famous) chef と**職業名**を答えている (A) が正解。(B) の George は、Mr. Jones と同一人物 (George Jones) と考えることもできるが、その場合でも、内容的に不適切。(C) は he = Mr. Jones と考えられるが、職業に無関係な内容。

(058) 54.

Script Who will be the backup speaker if Kathy is sick?
もし Kathy が病気になったら、予備の話し手は誰ですか。

(A) I've seen it many times.　それを何度も見たことがあります。
(B) We'd postpone the presentation.　プレゼンを延期することになるでしょう。
(C) Sure, just take a look at it.　もちろん。軽く目を通してください。

解説 Who ~？で「Kathy の代わりになる**〈人〉**」が問われている。(B)「(Kathy が病気なら) プレゼンを延期するだろう」は、「**Kathy の代わりはいない**」ということを示唆している。自然なやりとりが成立するので、正解。問いかけだけだと何の speaker (話し手) なのかわからないが、(B) の presentation を聞いた瞬間に、「プレゼンの話し手」のことだな、と文脈をつなげられるかがポイント。(A) は無関係な内容。(C) は、「誰か」を問う質問に対して Sure (もちろん) と答えており、不適切。

注 □ postpone：⦿~を延期する

(トレーニング)　問題通し番号 (059)～(061)

【問題】

- **55.** Mark your answer on your answer sheet.

- **56.** Mark your answer on your answer sheet.

- **57.** Mark your answer on your answer sheet.

🔊 M059
▼
🔊 M061

✔ 単語 Check!
前のページで出題された重要語句です。意味を覚えていますか？

- retail
- work out
- postpone

(059) 55.

Script Why did we make the modification to the design?
私たちはなぜデザインを修正したんですか。

(A) It was a request from the client.　顧客からの要請だったんです。
(B) The advertising agency. 　広告代理店です。
(C) I'll take the minutes of the meeting. 　私が会議の議事録を取ります。

解説 Why 〜 ? で「デザインを修正した**〈理由〉**」を尋ねている。(A) の It は the modification を指しており、「**修正は顧客の要望だった**」と説明している。妥当な理由を答えているので、正解。(B) は、問いかけの design から連想される企業(広告代理店)を答えている。(C) の minutes は「議事録」。デザイン修正と無関係な内容である上に、過去ついて尋ねている質問に対して、時制がズレている。

(060) 56.

Script Who's taking over Ms. Chen's position?
誰が Chen さんの仕事を引き継ぐんですか。

(A) Oh, don't bother her. 　あっ、彼女の邪魔をしないで。
(B) Mr. Powell, the quality assurance director. 　品質保証部長の Powell さんです。
(C) Always on Saturdays. 　必ず毎土曜日に。

解説 Who 〜 ? で「Chen さんの後継者となる**〈人〉**」が問われている。これに「**〈人名〉, 〈役職〉**」の形で答えている (B) が正解。カンマでつながれた Mr. Powell と the quality assurance director は同格の関係にある。(A) は her = Ms. Chen と解釈可能だが、質問に対して文意が通らない。(C) は、何かをするタイミングを答えている。

注 □ take over X : X を引き継ぐ　□ assurance : **②** 確約、保証

(061) 57.

Script How do I organize the annual fund-raising party?
年に1度の資金集めパーティーをどうやって運営したらいいですか。

(A) The registration fee is getting higher. 　登録料が値上がりしています。
(B) Who coordinated it last year? 　昨年は誰がそれを手配しましたか。
(C) At the community center. 　コミュニティセンターで。

解説 How 〜 ? で「毎年の資金集めパーティーの運営**〈方法〉**」が問われている。(B) の coordinate(d) は問いかけの organize の言い換え。「昨年(パーティーを)運営したのは誰か」と聞き返している。これは「**その人に聞けばわかるはず**」という提案を含んでおり、質問への答えとなっている。これが正解。(A) の「登録料の値上がり」は、質問に無関係。(C) は場所の応答。問いかけの How を Where と勘違いしてしまうと、魅力的な選択肢となってしまう。

注 □ registration : **②** 登録　□ coordinate : **⑩** 〜を調整する、手配する

(トレーニング)   問題通し番号 (062)〜(064)

【問題】

□ **58.** Mark your answer on your answer sheet.
□
□

□ **59.** Mark your answer on your answer sheet.
□
□

□ **60.** Mark your answer on your answer sheet.
□
□

🔊 M062
▼
🔊 M064

✔ **単語 Check!**
前のページで出題された重要語句です。意味を覚えていますか？

□ take over X　　□ assurance　　□ registration　　□ coordinate

(062) 58.

Script What is the pile of paper on the table?
テーブルの上にある紙の山は何ですか。

(A) Some staff will do it later.　スタッフがあとでやります。
(B) It seems to be some data.　何かのデータのようですね。
(C) It's in a black box.　黒い箱の中にあります。

解説 What ～ ? で「テーブル上にある紙の山は《何》か」を尋ねている。「**何かのデータのようだ**」と推測している (B) が自然な応答となる。**seem**（～らしい）、**some**（ある、何かの）を用いて明言を避けている。このように不明確なことについて、推測で回答することは日常会話でもよくある。(A) は it = the pile of paper と考えると、「スタッフが紙の山をする」となり意味をなさない。(C) は場所を答えている。

---

(063) 59.

Script When should we put together the second quarterly report?
私たちは第2四半期報告書をいつまとめたらよいでしょうか。

(A) On the third floor.　3階で。
(B) As soon as you receive the figures.　数字を受け取ったらすぐに。
(C) In the meeting room.　会議室内で。

解説 When ～ ? で「第2四半期報告書をまとめる《時》」が問われている。**quarterly report** は企業の経営状況を示す資料のことで、そこには売上や経費などの数値が載っている。(B) は、そうした「figures（数値）を受け取ったらすぐに（まとめるように）」ということ。**まとめるタイミング**を答えており、これが正解。(A) (C) は、問いかけの When を Where に取り替えると、正解になり得る。

注　□ put together X : X をまとめる　□ quarterly : 圏 年に 4 回の、四半期ごとの

---

(064) 60.

Script When will the training workshop start?
研修ワークショップはいつ始まりますか。

(A) It's going on now.　今、実施中です。
(B) The store's open until eight.　その店は 8 時まで開いています。
(C) Will the company start its new policy?　その会社は新しい方針を実施するんですか。

解説 When ～ ? で「研修が始まる《時》」が問われている。質問者は研修はこれから始まると思い込んでいるが、「今、実施中だ（＝**すでに始まっている**）」と意外な応答をしている (A) が正解。(B) は時の応答だが、答えているのは時の終点。しかも、研修ではなく、お店について答えているので不適切。(C) は問いかけにもある start を含めてひっかけをねらっている。

【トレーニング】 問題通し番号 065〜067

【問題】

- **61.** Mark your answer on your answer sheet.

- **62.** Mark your answer on your answer sheet.

- **63.** Mark your answer on your answer sheet.

🔊 M065
▼
🔊 M067

✔ 単語 Check!
前のページで出題された重要語句です。意味を覚えていますか?

- put together X
- quarterly

61.

Script Where shall we get a bite to eat tonight?
今夜はどこで軽く食事をしましょうか。

(A) I couldn't eat another bite.　　私はもうひと口も食べられませんでした。
(B) What about a new Korean restaurant?　新しい韓国料理店はどうですか。
(C) We went there last Friday.　　私たちはそこに先週金曜日に行きました。

解説 Where 〜?の形。get a bite to eat は「ちょっと（ひと口）食べにいく」という意味のカジュアルな表現。「食事をする**〈場所〉**」が問われている。(B) の **What about** は、後ろに名詞相当語句を続けて、何かを提案する表現。ここでは **a new Korean restaurant を提案**しているが、食事をする場所として適当なので、正解。(A) は、これからのことを尋ねている質問に対し、過去形で応答しているので不適切。bite に釣られないように。(C) も過去のことを答えている。

注 □ get a bite to eat：軽く食事をする

62.

Script What time is Dr. Santos supposed to check out?
Santos 博士は何時にチェックアウト予定ですか。

(A) His assistant has the itinerary.　彼のアシスタントが旅程表を持っていますよ。
(B) Do you accept this credit card?　このクレジットカードは使えますか。
(C) It's been opposed.　　　　　　それはずっと反対されてきました。

解説 What time 〜? で「チェックアウト**〈時刻〉**」を尋ねている。(A)「助手が itinerary（旅程表）を持っている」は、だから「**助手に確認するといい**」と間接的に勧めている。答えそのものではなく、**答えを入手する手段**を伝えることで会話を成立させている。(B) は check out から連想される支払い方法に言及することでひっかけをねらっている。(C) は「it（サントス博士のチェックアウト時刻）が反対された」という意味の通らない応答。opposed が supposed に対する音トリックになっている。

注 □ itinerary：⦿旅程表　□ oppose：⦿〜に反対する

63.

Script Who sent out the package?
誰がその小包を発送したんですか。

(A) It's for advertising.　　　それは広告用です。
(B) We should unpack it.　　私たちは荷ほどきをすべきですね。
(C) I think you did.　　　　あなたがしたんだと思うよ。

解説 Who 〜? で「荷物を発送した**〈人〉**」が問われている。(C) の did は sent out (the package) を受けており、「あなた（=質問者）が発送したと思う」と答えている。**質問者の勘違いを指摘**している自然な応答。代動詞 did の意味を瞬時に理解できるかどうかがポイント。(A) は It = the package と捉えると、その用途を答えていると考えられるが、質問に対応していない。(B) は package（小包）から連想される unpack（〜を荷ほどきする）を用いたひっかけ。

注 □ unpack：⦿〜の荷をほどく

トレーニング

問題通し番号 068～070

【問題】

☐ **64.** Mark your answer on your answer sheet.

☐ **65.** Mark your answer on your answer sheet.

☐ **66.** Mark your answer on your answer sheet.

◉ M068
▼
◉ M070

✔ 単語 Check!
前のページで出題された重要語句です。意味を覚えていますか？

☐ get a bite to eat ☐ itinerary ☐ oppose ☐ unpack

(068) 64.

正解 (B)

Script When do I have to pick up Dorothy from the airport?
私はいつ Dorothy を空港まで車で迎えに行くべきですか。

(A) Near city hall. 市役所の近くに。
(B) Her flight has been changed. 彼女の飛行便は変更になりました。
(C) I do have some time. 私は本当に時間があるんです。

解説 When ～ ? の形。pick up X は「X を車で迎えに行く」の意味で、「Dorothy を車で迎えにいく〈時〉」が問われている。(B)「彼女の便が変更になった」には、だから**「いつ迎えに行けばよいか即答できない」**という意図が含まれている。質問に答えてはいないが、自然なやりとりが成立するので、これが正解。(A) は場所の応答。(C) の do は直後の一般動詞 (have) を「確かに、本当に」と強調している。

---

(069) 65.

正解 (A)

Script Who designed this sculpture for the company's celebration?
誰がその会社の祝賀用彫像をデザインしたんですか。

(A) Is there a problem? 問題でもありますか。
(B) Congratulations on your success. 成功おめでとう。
(C) Sam was asked to visit the office. Sam はそのオフィスを訪問するよう、頼まれました。

解説 Who ～ ? で「sclpture（彫像）をデザインした〈人〉」が問われている。それに対して、(A) は「（彫像のデザインに）何か問題があるのか」と尋ね返している。**質問そのものに疑問を呈する形**でやりとりが成立しているので、正解。(B) は相手の成功を祝福。(C) は人名を答えているが、「オフィスを訪問する」というデザインとは関係のない動作を依頼されているので、不適切。

注 □ sculpture：名彫刻、彫像　□ celebration：名お祝い、祝賀

---

(070) 66.

正解 (C)

Script Who'll be the new vice president of operations?
新しい業務担当副社長は誰になるんですか。

(A) The change would be nice. その変更はいいですね。
(B) Yes, he is operating a machine. ええ、彼は機械を操作中です。
(C) John will be promoted. John が昇進するでしょう。

解説 Who ～ ? で「副社長になる〈人〉」が問われている。これに**「John が昇進するだろう」**と答えている (C) が正解。(A) は、人を尋ねる質問にまったく対応していない。ただ、nice が問いかけの vice と発音が似ており、音トリックとなっている点に注意。(B) は WH 疑問文に対して Yes で返答している。「誰？→はい」となっており、論理的な応答ではない。また、代名詞 he が誰を指すのかも不明。問いかけの operation(s) の動詞形 operate に釣られないように。

注 □ vice president：副社長（※実際には部門長を指すことが多い）　□ operation：名業務、活動
　□ promote：動～を昇進させる

（トレーニング） 問題通し番号 (071)～(073)

【問題】

□ **67.** Mark your answer on your answer sheet.
□
□

□ **68.** Mark your answer on your answer sheet.
□
□

□ **69.** Mark your answer on your answer sheet.
□
□

🔊 M071
▼
🔊 M073

✔ **単語 Check!**
前のページで出題された重要語句です。意味を覚えていますか?

□ sculpture □ celebration □ vice president □ operation
□ promote

(071) 67.

Script Why has the audition been delayed?
なぜオーディションが遅れたんですか。

(A) Please lay it down. — それを横にしてください。
(B) Some singers weren't there. — 歌手が数名、いなかったんです。
(C) Anytime from nine to five. — 9時から5時までの間ならいつでも。

解説 Why ～？で「オーディションが遅れた《理由》」が問われている。オーディションとは、歌手や俳優などを選出する審査のこと。したがって、(B) の「**何人かの歌手がいなかった**」は遅延の理由として妥当。これが正解。(A) は lay が delayed に対する音トリック。(C) は都合のよい時間帯を答えており、質問につながらない。

(072) 68.

Script What do you need for your break?
休憩中に必要なものは何ですか。

(A) Yes, it broke down. — ええ、それは故障しました。
(B) It's not necessary this time. — 今回それは不要です。
(C) Get me some tomato juice. — 私にトマトジュースを買ってきて。

解説 What ～？で「休憩中に《何》が必要か」を尋ねている。(C) の Get は、S get O₁ O₂ の形で（ここでは命令文のためSを省略）、「O₁ のために O₂ を買う、入手する」という意味になる。「**私のために、トマトジュースを買ってきて**」と必要なものを述べており、自然な応答。(A) の broke は動詞 break の過去形。問いかけの break は名詞で「休憩」の意。(B) は not necessary（必要ない）と応答しているが、主語 It が何を指すのか不明。これを「何も必要ない」と言っていると誤解しないように。

(073) 69.

Script Where should I obtain a parking permit?
どこで駐車許可証を入手すべきですか。

(A) Talk to the person in charge. — 担当者と話をしてください。
(B) It has to be paid only in cash. — それは現金払いのみとなります。
(C) It's open 24 hours a day. — それは24時間営業しています。

解説 Where ～？で「駐車許可証をもらえる《場所》」が問われている。(A) の in charge は「担当して、責任を負って」。後ろから the person を修飾し、「**担当者**」という意味になる。その「担当者と話すように」と勧めている (A) は、「**担当者と話せばわかる**」あるいは「**担当者が発行してくれる**」ということを示唆している。これが正解。(B) は駐車許可証から連想されるその購入方法を、(C) は parking から連想される駐車場の営業時間を答えている。

注　□ permit：⑧許可証

トレーニング

問題通し番号 074〜076

【問題】

☐ **70.** Mark your answer on your answer sheet.

☐ **71.** Mark your answer on your answer sheet.

☐ **72.** Mark your answer on your answer sheet.

🔊 M074
▼
🔊 M076

✔ 単語 Check!
前のページで出題された重要語句です。意味を覚えていますか？

☐ permit

(074) 70.

Script What are your plans for your vacation time?
休暇の予定はどうなっているんですか。

(A) Please wait to be seated.　　　お席にご案内するまでお待ちください。
(B) Maybe some other time.　　　また別の時にしましょう。
(C) Nothing particular so far.　　　今のところ、特に何もありません。

解説 What ～？で「休暇の予定は《何》か」を尋ねている。それに対して「(予定は)**特にない**」と応答している(C)が正解。形容詞 particular が Nothing を後置修飾している。(A)はレストランなどで店員が客に言う定型表現。(B)は「今回はダメだが、別の機会だったら」とやんわり断りを入れる際に用いる。質問者は何かに誘っているわけではないので不適切。

注　□ particular：彫特定の

(075) 71.

Script How are you going to get to the concert hall?
コンサートホールにどうやって行くつもりですか。

(A) Could you give me a lift?　　　車で送ってくれますか。
(B) To arrange some of the songs.　曲のいくつかをアレンジするために。
(C) We're certain he would come.　私たちは彼が来ると確信しています。

解説 How ～？で「相手のコンサート会場への移動《方法》」を尋ねている。(A)の lift は「(自動車などに)乗せること」。「**あなたの車に乗せてもらえないか**」と依頼しており、自然なやりとりが成立している。これが正解。(B)は concert から連想される歌の話題でひっかけをねらっている。(C)は he が誰を指すのか不明。

注　□ lift：图 (車などに)乗せること　□ certain：彫確信している

(076) 72.

Script Where do I pay for this black T-shirt?
この黒いTシャツの代金はどこで支払うんですか。

(A) The tag says it's medium.　　　タグにMサイズだと書いてあります。
(B) You'd better not change the color.　色は変えないほうがいいですよ。
(C) How would you like to pay?　　支払い方法はどうなさいますか。

解説 Where ～？で「Tシャツの支払いをする《場所》」が問われている。この問いかけを聞いた瞬間に、店頭をイメージし、店員の応答を待ち伏せできれば正答しやすくなる。(C)は How を使って、支払方法を尋ね返している。これは、場所を答えてはいないが、**客にレジの場所を聞かれた店員の応答として自然**。正解となる。(A)の say は「～と書いてある」という意味。紙などに記された内容を描写する際にも say を用いることを覚えておこう。(B)は、問いかけの black から連想される色についての応答でひっかけようとしている。

注　□ had better not do：～しないほうがよい

| トレーニング | 問題通し番号 (077)～(079) |

【問題】

☐ **73.** Mark your answer on your answer sheet.
☐
☐

☐ **74.** Mark your answer on your answer sheet.
☐
☐

☐ **75.** Mark your answer on your answer sheet.
☐
☐

🔊 M077
▼
🔊 M079

✔ 単語 Check!
前のページで出題された重要語句です。意味を覚えていますか？

☐ particular　　☐ lift　　☐ certain　　☐ had better not *do*

73.

Script When will you come back from your trip?
あなたは旅行からいつ戻ってきますか。

(A) Here is the technical report. 技術報告書をどうぞ。
(B) I'm going back to my office. 私はオフィスに戻ります。
(C) After my presentation's finished. 私のプレゼンが終わったら。

解説 When 〜？で「旅行から戻ってくる**《時》**」が問われている。「自分のプレゼン終了後に」と**タイミング**を答えている (C) が正解。問いかけと重複する部分 I will come back from my trip が省略されている。(A) は質問にまったく対応していない。(B) は、問いかけの When を Where と勘違いしてしまうと、魅力的な選択肢となる。

74.

Script When is the assignment due?
その仕事はいつが期限ですか。

(A) Please sign your name. あなたの署名をお願いします。
(B) You can find it very easy. それがとても簡単だとわかりますよ。
(C) By the end of the month. 今月末までです。

解説 When 〜？の形。due は形容詞で「期限がきて」という意味。「仕事の**《期限》**」が問われている。これに By（〜までに）を使って答えている (C) が正解。(A) は sign が assignment に対する音トリック。(B) は find [O] [C] の形で、「O (it) が C (very easy) であると気づく」となっている。これがもし You can find it very easily. となっていれば、「それを簡単に見つけられる」となり、正解の可能性がでてくる。

注　□ assignment：❷任務、割り当て、課題　□ due：❸期限がきて

75.

Script How many plates do we need for the cooking class?
料理クラスのために、何枚のお皿が必要ですか。

(A) I'm vegetarian. 私はベジタリアンです。
(B) There're plenty in the kitchen. キッチンに沢山ありますよ。
(C) Where are you going? どこに行くんですか。

解説 How many 〜？で「料理クラスに必要な皿の**《数》**」が問われている。(B) の「台所にたくさんある」は、だから「**皿の数を心配しなくていい**」ということを間接的に伝えている。自然なやりとりが成立するので、これが正解。(A) は料理に関連する内容だが、質問にはつながらない。(C) は質問者の行き先を聞き返しているが、まったくかみ合わない。

トレーニング

問題通し番号 (080)～(082)

【問題】

☐ **76.** Mark your answer on your answer sheet.

☐ **77.** Mark your answer on your answer sheet.

☐ **78.** Mark your answer on your answer sheet.

🔊 M080
▼
🔊 M082

✔ 単語 Check!
前のページで出題された重要語句です。意味を覚えていますか？

☐ assignment   ☐ due

(080) **76.**　　　　　　　　　　　　　　　　　　　　　正解 (C)

Script Why was the store closed?
なぜその店は閉まっていたんですか。

(A) A number of openings.　　　　　たくさんの求人。
(B) Just close your eyes.　　　　　　ちょっと目を閉じてください。
(C) It's being renovated.　　　　　　改装工事中なんです。

解説 Why ～? で「店が閉まっていた**《理由》**」を尋ねている。過去形なので、以前に訪問したときのことを聞いていると考えられる。これに対し「**改装中だから**」と、妥当な理由を答えている (C) が正解。受け身の現在進行形になっているので、「今も改装している」ということ。(A) の opening(s) は「(仕事の) 空き、欠員」という意味だが、closed (閉店の) とは反対の「営業中」という意味だと勘違いさせて、ひっかけようとしている。(B) は close が closed に対する音トリック。

注　□ renovate：動 ～を改装する

---

(081) **77.**　　　　　　　　　　　　　　　　　　　　　正解 (B)

Script Why did Angela decline the offer?
Angela はなぜオファーを断ったんですか。

(A) When's the offering date?　　　　　　　　売出日はいつですか。
(B) She's not interested in changing careers.　彼女は転職することに興味がないんです。
(C) Climb all the way to the top.　　　　　　頂点まで登り詰めてください。

解説 Why ～? で「Angela がオファーを断った**《理由》**」を尋ねている。この時点では何のオファーなのかわからない。ただし、(B) と組み合わせると、採用のオファーがあったが「**Angela は転職に興味がない (ので断った)**」という状況が成立する。よって (B) が正解。(A) は offering date (提示日) がいつかという質問。(C) は問いかけの decline を「減少する、下落する」と誤解した人を、その対義語となる Climb (上がる、上昇する) でひっかけようとしている。

注　□ decline：動 ～を断る

---

(082) **78.**　　　　　　　　　　　　　　　　　　　　　正解 (B)

Script Where is Donald now?
Donald は今、どこにいますか。

(A) He likes that movie.　　　　　彼はその映画が好きです。
(B) He's left for the day.　　　　 彼はもう帰りました。
(C) It doesn't take so long.　　　 それほど長くはかかりませんよ。

解説 Where ～? で「Donald がいる**《場所》**」を尋ねている。(B) の **leave for the day** は「仕事が終わって退社する」という慣用表現。「彼 (= Donald) は帰った」は、「**Donald はここにはいない**」ということを伝えており、自然な応答。(A) は that movie がどの映画のことなのか不明で、質問につながらない。(C) は所用時間を答えており、質問に無関係。

トレーニング

問題通し番号 083 ~ 085

【問題】

☐ **79.** Mark your answer on your answer sheet.

☐ **80.** Mark your answer on your answer sheet.

☐ **81.** Mark your answer on your answer sheet.

🔊 M083
▼
🔊 M085

✔ 単語 Check!
前のページで出題された重要語句です。意味を覚えていますか？

☐ renovate　　　☐ decline

(083) 79.

Script What did you ask about in the job interview?
就職面接では何を質問したんですか。

(A) Let's ask Charles for that.　Charles にそれをくれるよう頼みましょう。
(B) Yes, I'm new here.　ええ、私はここの新入りです。
(C) His previous job experience.　彼の以前の職務経験です。

解説 What 〜？で「就職面接で**〈何〉**を質問したか」が問われている。つまり、you（＝応答者）は面接官だったと推察できる。(C)「**彼の以前の職歴**」は、就職面接で質問する内容として妥当。これが正解。His が誰なのか明示されていないが、文脈から面接を受けた人だと判断できる。(A) は第三者である Charles に何かをくれと頼もうとしており、質問につながらない。(B) は WH 疑問文に対して、Yes で応答している上に、あとに続く内容も質問に無関係。

注　□ previous：形前の、以前の

(084) 80.

Script What part of the information do we have to revise?
資料のどの部分を手直ししなければいけないんですか。

(A) Please keep me informed.　私に絶えず連絡をください。
(B) That's what I need to know.　それこそ私が知りたいことです。
(C) Yes, it's always with ice.　ええ、常に氷が入っています。

解説 What part of 〜？で「資料の修正すべき**〈部分〉**」を尋ねている。(B) は「**私も知らない**」ということを間接的に伝えている。これが正解。(A) は keep ◯ ◯（O を C にしておく）の形。「私を informed（知識のある）状態にしておく→常に知らせてください、連絡ください」という意味になる。質問に無関係な内容。(C) は ice が revise に対する音トリック。

(085) 81.

Script When can we contact Ms. White?
White さんといつ連絡を取れますか。

(A) Her flight will arrive at 10 A.M.　彼女の便は午前 10 時に到着します。
(B) We need another contract.　わが社はもう 1 つ契約が必要です。
(C) What about the airport gate?　空港の搭乗ゲートはどうですか。

解説 When 〜？で「White さんと連絡を取れる**〈時〉**」が問われている。それに対して (A)「**彼女の便は 10 時に着く**」は、「**それ以降、連絡できる**」ということを示唆している。間接的に時を答えており、これが正解。(B) は contract（契約）が contact（〜と連絡をとる）に対する音トリックになっている。(C) は場所の提案。問いかけの When を Where と勘違いした人をねらっている。

注　□ contact：動〜に連絡する

トレーニング

問題通し番号 086 〜 088

【問題】

82. Mark your answer on your answer sheet.

83. Mark your answer on your answer sheet.

84. Mark your answer on your answer sheet.

🔊 M086
▼
🔊 M088

✔ 単語 Check!
前のページで出題された重要語句です。意味を覚えていますか？

☐ previous　　　☐ contact

(086) 82.

Script Where is the best café in town?
町で最高のカフェはどこですか。

(A) In the cabinet.　　　　　　　　　キャビネットの中に。
(B) The café is ver cozy for me.　　そのカフェは、私にはとても居心地がいいんです。
(C) The one in Mary's Shopping Mall.　Mary ショッピングモールの中の店です。

解説 Where 〜 ? で「街いちばんのカフェの〈場所〉」を尋ねている。(C) の one は café を受けており、「Mary ショッピングモールのなかのカフェ」と、**場所を具体的に答えている**。これが正解。(A) も場所を答えているが、カフェの所在地になりえない。キャビネットの中にあるのは書類やファイルなど。(B) は、まだ最高のカフェについて答えていないのに、「そのカフェは…」と話を進めてしまっている。(C) を答えたあとに続くような内容になっている。

注　□ cozy：形 居心地のよい

(087) 83.

Script Who's assigned to the new setup?
この新しい配置には誰が割り当てられたんですか。

(A) A sign should be here.　　　　　看板がここにあるべきです。
(B) Barbara is one of the members.　Barbara はメンバーの 1 人ですね。
(C) A record profit will be projected.　過去最高益が予測されています。

解説 Who 〜 ? で「割り当てられた〈人〉」が問われている。(B) は「(割り当てられた人が複数いて) **その 1 人が Barbara だ**」と答えている。これが正解。このように関わっている全員ではなく、一部を答える応答もあり得る。(A) は A sign が問いかけの assigned と類似していることを利用した音トリックになっている。(C) は無関係な内容。project の動詞用法「〜を見積もる、予測する」に注目。

注　□ assign：動 〜を割り当てる、〜に任命する　□ setup：名 配置　□ project：動 〜を予測する

(088) 84.

Script When will the floor of the lobby be cleaned?
ロビーの床はいつ掃除されるんですか。

(A) I thought you did it.　　　　　　あなたがやったと思っていました。
(B) The legal department.　　　　　　法務部です。
(C) On the second floor.　　　　　　2 階に。

解説 When 〜 ? で「床を掃除する〈時〉」が問われている。(A) の you は質問者のこと。did it は cleaned the floor of the lobby を意味しており、「**あなた (＝質問者) が掃除したと思っていた**」と言っている。**勘違いしていたこと**を伝えており、自然なやりとりになる。(B) が答えているのは部署名、(C) は場所の応答。floor でひっかけをねらっている。

(トレーニング)　　　　　　　　問題通し番号 (089)～(091)

【問題】

☐ **85.** Mark your answer on your answer sheet.
☐
☐

☐ **86.** Mark your answer on your answer sheet.
☐
☐

☐ **87.** Mark your answer on your answer sheet.
☐
☐

🔊 M089
▼
🔊 M091

✔ 単語 Check!
前のページで出題された重要語句です。意味を覚えていますか？

☐ cozy　　　　　☐ assign　　　　　☐ setup　　　　　☐ project

(089) 85. 正解 (C)

Script How much did you spend on the company training course?
会社の研修にいくら費やしましたか。

(A) One year contract. 1年契約です。
(B) Near the vending machine. 自動販売機の近くです。
(C) Here's the expense report. これが経費報告書です。

解説 How much 〜? で「研修に使った《金額》」が問われている。(C) の **Here's 〜 .** は、「〜」にくるものを「はいどうぞ」と手渡す際の表現。ここでは expense report（経費報告書）を手渡している。そこには当然、研修を含めたもろもろの費用が載っているはずなので、「**研修費用は、この経費報告書を見てほしい**」ということを伝えている。これが正解。(A) は契約年数に関する応答。(B) は vending が spend に対する音トリック。

注 □ vending machine：自動販売機　□ expense report：経費報告書

(090) 86. 正解 (A)

Script What field are you familiar with?
あなたはどの分野にお詳しいんですか。

(A) My main background is sales. 私の主な経歴は営業です。
(B) I lived in Japan for two years. 日本に2年間住んでいました。
(C) His friends and family. 彼の友人と家族です。

解説 What field 〜? で「精通している《分野》」が問われている。(A) の「主な経歴は営業」は、「ずっと営業の仕事をやってきた」ということ。「**営業に精通している**」ことを間接的に伝えており、これが正解。(B) は日本に住んでいたという事実を伝えているが、質問への答えになっていない。(C) は family が familiar に対する音トリックとなっている。

注 □ background：名経歴、背景

(091) 87. 正解 (C)

Script When will the travel expense be reimbursed?
旅行経費はいつ払い戻しされますか。

(A) I always keep the receipts. 私はいつも領収証をとっています。
(B) The travel agency will refund your money. その旅行代理店はあなたのお金を返金するでしょう。
(C) You need approval from your manager. あなたの部長の承認が必要です。

解説 When 〜? で「旅行経費が払い戻される《時》」を聞いている。(C) は、払い戻しの時期を明確にするには、まず「**部長の承認をもらうように**」と助言をしている。時を答えてはいないが、払い戻しを受ける条件を伝えることで、自然なやりとりを成立させている。(A) は「領収書の保管」という払い戻しに必要なことを述べているが、質問にはつながらない。(B) は代金の返金の話で、経費の払い戻しとは、微妙に話題が異なる。

注 □ reimburse：動〜を払い戻す　□ refund：動〜を返金する　□ approval：名承認

トレーニング

問題通し番号 (092)〜(094)

【問題】

- [ ] **88.** Mark your answer on your answer sheet.
- [ ] **89.** Mark your answer on your answer sheet.
- [ ] **90.** Mark your answer on your answer sheet.

🔊 M092
▼
🔊 M094

✔ 単語 Check!
前のページで出題された重要語句です。意味を覚えていますか？

- [ ] vending machine
- [ ] expense report
- [ ] background
- [ ] reimburse
- [ ] refund
- [ ] approval

(092) **88.**　　　　　　　　　　　　　　　　　　　難易度 ▲　正解 (C)

Script　When do I need to go to the reception room?
　　　私はいつ応接間に行けばいいですか。

(A) Mr. Goto needs a copy of it.　　ゴトウさんはそれのコピーが必要です。
(B) Please keep the receipt.　　　　領収証をとっておいてください。
(C) As soon as possible.　　　　　　できるだけ早く。

解説　When 〜? で「応接室に行く《時》」が問われている。(C) は (You need to go to the reception room) as soon as possible. を省略した形。**急いで移動すべき**ことを伝えており正解。(A) は Goto が go to、needs が need に対するひっかけ。この Goto のように固有名詞の音トリックもたまに出題されるので要注意。(B) は receipt が reception に対する音トリック。
注　□ receipt：名領収書

(093) **89.**　　　　　　　　　　　　　　　　　　　難易度 ▲難　正解 (B)

Script　Who's going to inspect the telephone system?
　　　誰が電話システムを検査するんですか。

(A) Try not to use them today.　　　　今日はそれを使わないように。
(B) You'll be surprised to hear the name.　名前を聞いたら驚きますよ。
(C) There's an additional charge.　　　追加料金がかかります。

解説　Who 〜? で「電話システムを検査する《人》」が問われている。「名前を聞いたら驚くだろう」と答えている (B) は、「**意外な人物が担当すること**」を示している。答え (検査する人の名前) を述べる1つ前の発言として、質問に自然につながる。(A) は、何を指すのかわからない them を使わないよう指示している。(C) は「(検査に) 追加料金がかかる」と解釈できるが、質問に対する答えになっていない。
注　□ inspect：動〜を検査する　□ additional：形追加の

(094) **90.**　　　　　　　　　　　　　　　　　　　難易度 ▲難　正解 (C)

Script　Who'll make the final presentation then?
　　　じゃあ、誰が最終プレゼンを行うんですか。

(A) OK, you keep it.　　　　　　　　　わかりました。あなたが保管しておいてください。
(B) I have a list of questions.　　　　私は質問リストを持っています。
(C) That hasn't been decided yet.　　まだ決定していないんです。

解説　Who 〜? で「最終プレゼンをする《人》」が問われている。(C) の That は「最終プレゼンをする人」を指しており、**それがまだ決まっていない**と述べている。人を答えてはいないが、自然なやりとりが成立するので、これが正解。(A) は presentation を present と聞き取ってしまった人をねらったひっかけ。(B) は「リスト (一覧) を持っている」という正解パターンがあることを利用したワナ。a list of presenters (発表者のリスト) であれば正解になり得る。

トレーニング

問題通し番号 (095)〜(097)

【問題】

91. Mark your answer on your answer sheet.

92. Mark your answer on your answer sheet.

93. Mark your answer on your answer sheet.

M095
▼
M097

✔ 単語 Check!
前のページで出題された重要語句です。意味を覚えていますか？

- receipt
- inspect
- additional

(095) 91.　正解 (B)

Script Where will this document be delivered?
この書類はどこに配達されるんですか。

(A) By Friday at the latest.　　遅くとも金曜日までに。
(B) To the client's office.　　顧客のオフィスへ。
(C) Be sure to keep this file.　　このファイルは必ず保管してください。

解説 Where ～ ? で「文書が送られる**〈場所〉**」が問われている。これに、**To**（～へ）を使って**送付先**をシンプルに伝えている (B) が正解。(A) は By ～ で期限を答えている。at the latest は「遅くとも」。その反対の at the earliest（早くても）と一緒に覚えておこう。(C) は document（書類）から連想される file（ファイル）や keep（～を保管する）でひっかけをねらっている。

---

(096) 92.　正解 (B)

Script How long do you think the reception will last?
その宴会はどのくらい続くと思いますか。

(A) Think back over the last five years.　　この 5 年間のことを考えてみよう。
(B) It's been canceled.　　それは中止になったんです。
(C) Please check the receiver carefully.　　受話器をよく確認してください。

解説 How long ～ ? で「宴会が続く**〈期間〉**」を尋ねている。(B) の It は the reception を指しており、「**宴会が中止になった（ので、答えられない）**」ということ。これが正解。(A) は「過去 5 年間」という期間を含むが、質問の答えになっていない。(C) は「受話器を確認するように」という指示で、質問に無関係。

注　□ reception：❷パーティ、歓迎会　□ think over X：X のことをよく考える　□ receiver：❷受話器

---

(097) 93.　正解 (C)

Script Who wrote these minutes of the meeting?
誰が会議の議事録を書いたんですか。

(A) In a few minutes.　　数分後に。
(B) Could we take this route?　　このルートをとっていいですか。
(C) I think Maria did.　　Maria がしたと思います。

解説 Who ～ ? で「議事録を書いた**〈人〉**」が問われている。(C) の **did** は代動詞で、問いかけの wrote (these minutes of the meeting) を受けている。I think を使った推測になっているが、「**Maria が書いた**」と人を答えており、これが正解。問いかけと (A) の両方に含まれる minute(s) は、前者は「議事録」、後者は「（時間の）分」を表す。(B) は route が wrote に対する音トリックとなっている。

注　□ minutes：❷議事録

(トレーニング)　　　　　　　　問題通し番号 098 ～ 100

【問題】

☐ **94.** Mark your answer on your answer sheet.
☐
☐

☐ **95.** Mark your answer on your answer sheet.
☐
☐

☐ **96.** Mark your answer on your answer sheet.
☐
☐

🔊 M098
▼
🔊 M100

✔ 単語 Check!
前のページで出題された重要語句です。意味を覚えていますか？

☐ reception　　　☐ think over X　　　☐ receiver　　　☐ minutes

94. 正解 (A)

Script Why did you meet with the new director, Ms. Rodriguez?
あなたはなぜ新理事の Rodriguez さんに会ったんですか。

(A) To talk about her special assignment. 彼女の特別任務について話をするためです。
(B) You should follow the directions. あなたは指示に従うべきです。
(C) It's the old version. それは旧版です。

解説 Why ～? で「新しい理事に会った**〈理由〉**」が問われている。それに対して「特別任務について話すため」と、to 不定詞で**目的**を答えている (A) が正解。(B) は directions が director に対する音トリックになっている。(C) は It (= the old version) に該当するものが問いかけに見当たらない。問いかけの最後の部分、the new director と Ms. Rodriguez は、カンマでつながれた同格の関係になっていることに注目。

注 □ direction：**名** 指示

95. 正解 (C)

Script Why are we running out of copy paper?
なぜコピー用紙が切れかけているんですか。

(A) It breaks down a lot lately. それは最近よく故障します。
(B) It's beyond repair. それは修理不可能です。
(C) There should be some in the supply cabinet. 備品棚にいくらかあるはずです。

解説 Why ～? で「コピー用紙がなくなりそうな**〈理由〉**」を尋ねている。(C) の some は some copy paper の省略形。「**備品棚に (コピー用紙が) 少しあるはずだ**」と、質問者が把握していなかった所在場所を答えている。質問者の**誤解を正す**応答になっており、質問に自然につながる。(A) はコピー機の故障について質問していると勘違いした人をねらっている。(B) も同様。

96. 正解 (A)

Script Where should I get a copy of the schedule?
どこで予定表をもらえますか。

(A) I'll print one out. 私がプリントアウトしましょう。
(B) At the end of this week. 今週末に。
(C) In a few minutes. 数分後に。

解説 Where ～? で「予定表を入手できる**〈場所〉**」が問われている。(A) の one は a copy of the schedule を受けており、「予定表を 1 部印刷しましょう」という意味。これは「**印刷してお渡しします**」という申し出と理解できるので、正解となる。(B) と (C) はどちらも時を答えており、問いかけの Where を When と勘違いしてしまうと、誤って選ぶことになってしまう。

(トレーニング)　　　問題通し番号 (101)～(103)

【問題】

- **97.** Mark your answer on your answer sheet.

- **98.** Mark your answer on your answer sheet.

- **99.** Mark your answer on your answer sheet.

🔊 M101
▼
🔊 M103

✔ 単語 Check!
前のページで出題された重要語句です。意味を覚えていますか？

- direction

97.

Script What color uniform should we order?
何色のユニフォームを注文すべきでしょうか。

(A) Did you order already?　　もう注文しましたか。
(B) It was much older.　　それは、はるかに古かったのです。
(C) Blue looks nice.　　青がかっこいいですね。

解説 What color ~ ? で「注文すべき《色》」を尋ねている。(C) は、S look C. の形で、「青が素晴らしく見える」と言っている。**自分がよいと思う色を伝える**ことで、質問に的確に答えている。(A) は「もう注文したか」と尋ね返しているが、問いかけの内容から、まだ注文していないことは明らか。ちぐはぐな応答。(B) は older が order に対する音トリックになっている。

98.

Script Who's taking part in the regional sales meeting?
誰が地域営業会議に出席しますか。

(A) I have a list of the members.　　私がメンバー表を持っています。
(B) I've never been to the region.　　その地域には行ったことないですね。
(C) The sales are declining these days.　　最近は売上が落ちています。

解説 Who ~ ? で「地域営業会議に出席する《人》」が問われている。(A) の a list of the members とは、「会議に出席するメンバーの一覧表」のこと。その「**一覧表を持っている（ので、見ればわかる）**」という応答。答えを知る手段を伝えており、自然な応答になっている。「出席者は何人か」という質問に対しても、この「list（一覧表）を持っている」というのはよくある正解パターン。(B) は region が regional に対する音トリック。(C) は問いかけにある sales をくり返して、ひっかけをねらっている。

注　□ region：名地域　□ decline：動下降する

99.

Script Who'll be the project leader next year?
来年は誰がプロジェクトリーダーになるんですか。

(A) Yes, the project leader should be decided.
　　ええ、プロジェクトリーダーを決めるべきです。
(B) Dr. Davis will, as long as she's approved.
　　承認さえされれば、Davis 博士でしょう。
(C) It was rejected after all.　　それは結局、却下されました。

解説 Who ~ ? で「来年プロジェクトリーダーになる《人》」が問われている。(B) の **as long as ~** は「~しさえすれば」という条件を表す。「**承認されれば、Davis 博士が（リーダーに）なる**」と、条件付きだが質問に答えており、正解。as long as ~ を理解できるかがポイント。(A) は WH 疑問文に Yes で応じているうえに、具体的な誰かを答えていない。the project leader に釣られないように。(C) は It が何を指すか不明。

注　□ approve：動（公式に）~を承認する　□ reject：動~を拒否する

トレーニング

問題通し番号 104 ～ 106

【問題】

☐ **100.** Mark your answer on your answer sheet.
☐
☐

☐ **101.** Mark your answer on your answer sheet.
☐
☐

☐ **102.** Mark your answer on your answer sheet.
☐
☐

🔊 M104
▼
🔊 M106

✔ 単語 Check!
前のページで出題された重要語句です。意味を覚えていますか？

☐ region　　　☐ decline　　　☐ approve　　　☐ reject

(104) **100.**　　　　　　　　　　　　　　　　　　　難易度 　難　　正解 (C)

Script Where is the closest bank?
いちばん近い銀行はどこですか。

(A) It starts from 9 A.M.　　　　　午前 9 時から始まります。
(B) Check the closet.　　　　　　クローゼットを確認してみて。
(C) There's one on Lincoln Street.　Lincoln 通りにあります。

解説 Where 〜 ? で「最寄りの銀行の**《場所》**」が問われている。(C) の one は a bank を意味しており、「**Lincoln 通りに銀行がある**」と言っている。銀行の所在地を答えており、これが正解。(A) は、問いかけの疑問詞 Where を When と聞き間違う人が多いことを想定した選択肢。(B) は closest に対する音トリック closet でひっかけをねらっている。

---

(105) **101.**　　　　　　　　　　　　　　　　　　　難易度 　難　　正解 (C)

Script When will Mr. Woods be back in the office?
Woods さんはいつオフィスに戻りますか。

(A) Please come to my office.　　　私のオフィスまで来てください。
(B) Every piece of wood.　　　　　すべての木片です。
(C) Not until 3 P.M.　　　　　　　午後 3 時まで戻りません。

解説 When 〜 ? で「Woods さんが帰社する**《時》**」を尋ねている。(C) の **Not until 〜**は、前の内容（ここでは「オフィスに戻る」）を受けて「〜までしない」という意味。「**3 時までオフィスに戻らない**」となり、質問に適切に答えている。これが正解。(A) は、問いかけの When を Where と聞き取った人をねらった選択肢。(B) は wood が Woods に対する音トリックになっている。

---

(106) **102.**　　　　　　　　　　　　　　　　　　　難易度 　難　　正解 (C)

Script How often do you submit reports to your mentor?
どのくらいの頻度で指導教官に報告書を提出していますか。

(A) I did it yesterday.　　　　　　昨日しました。
(B) Just leave it on my desk.　　　私の机の上に置いておいてください。
(C) Every other week.　　　　　　隔週です。

解説 How often 〜 ? で「報告書の提出**《頻度》**」を尋ねている。(C) の **Every other 〜**は「1 つおきの〜」という意味。week を続けると「**隔週**（2 週間に 1 回）」となり、頻度を答えているので、これが正解。(A) が答えているのは、頻度ではなく、何かを行ったタイミング。(B) は場所の応答。報告書の提出場所が問われていると勘違いさせるための選択肢。

注　☐ submit：動〜を提出する　☐ mentor：名指導・相談役

トレーニング

問題通し番号 107〜109

【問題】

☐ **103.** Mark your answer on your answer sheet.
☐
☐

☐ **104.** Mark your answer on your answer sheet.
☐
☐

☐ **105.** Mark your answer on your answer sheet.
☐
☐

🔊 M107
▼
🔊 M109

✔ 単語 Check!
前のページで出題された重要語句です。意味を覚えていますか？

☐ submit   ☐ mentor

103. 正解 (B)

Script What would you like to drink?
何を飲みたいですか。

(A) Mike will send you the drill.　Mike があなたあてにドリルを送ります。
(B) Didn't you order any yet?　まだ何も注文していないんですか。
(C) There'll be enough ink.　十分なインクがあるはずです。

解説 What 〜？で「飲みたいものは《何》か」が問われている。(B) は「(飲み物を) まだ注文していないのか」と質問を返している。否定疑問文で「**すでに何か頼んでくれていると思っていたのに**」という驚きを表しており、自然な応答。(A) は drill が drink に対する音トリックになっている。(C) は ink (インク) について答えているが、ここを drink と聞き取ってしまうと、「飲み物は十分にあるでしょう」と解釈でき、魅力的な選択肢となる。

注 □ drill : 名 ドリル

---

104. 正解 (C)

Script Why were you at the station this morning?
今朝、あなたはなぜ駅にいたんですか。

(A) The airport service would be better.　空港業務の方がいいですね。
(B) I've cleaned the workstation.　私は仕事場を掃除しました。
(C) To meet some new employees.　新入社員に会うためです。

解説 Why 〜？で「今朝駅にいた《理由》」が問われている。(C) は to 不定詞を使って「〜するために」という目的を答えている。「**新入社員に会うため**」は、駅にいた理由として妥当なので、これが正解。(A) は station に関連した airport でひっかけをねらっている。(B) 「仕事場を掃除した」は、常識的に考えて駅にいた理由にならない。さらに、現在完了形なので、「今朝」という過去についての質問と時制がズレている。workstaion は TOEIC L&R では「仕事場、仕事机」の意味で出題されることを押さえておこう。

注 □ workstation : 名 仕事場

---

105. 正解 (B)

Script What kind of ink cartridges should we get?
どの種類のインクカートリッジを手に入れるべきですか。

(A) Do you know my phone number?　私の電話番号を知っていますか。
(B) We're running out of black.　黒が切れかかっています。
(C) Put the food item on the cart.　その食品をカートに入れてください。

解説 What kind of 〜？で「購入すべきインクカートリッジの《種類》」を尋ねている。(B) は run out of 〜 (〜を使い果たす) を使って、「黒 (のインク) が切れかかっている」と言っている。これは「**だから黒のインクカートリッジを購入すべき**」ということを間接的に伝えており、自然な応答。(A) は質問に無関係な内容。(C) は cart が cartridges に対する音トリック

注 □ run out of X : X が切れる、X を使い果たす

(トレーニング)　　　問題通し番号 110 ~ 112

【問題】

☐ **106.** Mark your answer on your answer sheet.
☐
☐

☐ **107.** Mark your answer on your answer sheet.
☐
☐

☐ **108.** Mark your answer on your answer sheet.
☐
☐

◉ M110
▼
◉ M112

✔ **単語 Check!**
前のページで出題された重要語句です。意味を覚えていますか？

☐ drill　　　　☐ workstation　　　☐ run out of X

106.

Script What do you think about Mr. Jones's résumé?
Jones さんの履歴書についてどう思いますか。

(A) I will be out of the office. 　　私はオフィスにはいません。
(B) It's pleasant to walk in the sand. 　砂の上を歩くのは楽しいですね。
(C) He's highly qualified. 　　　彼は十分適任ですね。

解説 What ～ ? で「Jones さんの履歴書の**〈感想〉**」を尋ねている。それに対し (C) は、形容詞 qualified（資格を有する、ふさわしい）を使って、「**十分適任だ**」と答えている。履歴書ではなく、Jones さん本人についての感想となっているが、自然なやりとりが成立している。(A) は、I（私）の未来の不在予定を述べ、(B) 砂の上を歩くことが楽しい、という感想を述べているが、どちらも質問に答えていない。

注 □ pleasant : 形 楽しい

107.

Script Where is the financial summary I made this morning?
私が今朝作成した財務概要書はどこですか。

(A) We cut down on the expense. 　私たちは経費を削減しました。
(B) I handed it to my manager. 　私の部長に渡しましたよ。
(C) I think it's on a weekly basis. 　それは 1 週間単位だと思います。

解説 Where ～ ? で「財務概要書の**〈場所〉**」を尋ねている。それに対して、(B)「部長に渡した」は、「**部長が持っている**」ということを示唆している。場所を問う質問に対して、人を答える形になっているが、このようなパターンもあることを押さえておこう。(A) は financial から連想される「コスト削減の話題」でひっかけようとしている。(C) の on a weekly basis は、on a daily basis（毎日）、on a monthly basis（毎月）としても頻出。

注 □ summary : 名 概要、要約

108.

Script Why are you checking the estimate again?
なぜ見積書を再確認しているんですか。

(A) Cathy found a wrong number. 　Cathy が間違った数値を見つけたんです。
(B) Gain a brilliant success. 　大成功をおさめてください。
(C) You mean, my checking account? 　つまり、私の当座預金口座のことですか。

解説 Why ～ ? で「見積書を再確認している**〈理由〉**」が問われている。(A)「Cathy が間違った数値を見つけた」は、だから「**ほかにも間違いがないか再確認している**」ということを示唆している。見積書を再確認する理由として妥当なので、正解。(B) は Gain が again に対する音トリック。(C) は、問いかけにもある checking でひっかけをねらっている。また、You mean は、会話でよく用いる表現。前の発言内容を受けて、「つまり（あなたの言っていることは）～」という意味で、会話のつなぎによく使われる。

トレーニング

問題通し番号 113～115

【問題】

☐ **109.** Mark your answer on your answer sheet.

☐ **110.** Mark your answer on your answer sheet.

☐ **111.** Mark your answer on your answer sheet.

M113
▼
M115

✔ 単語 Check!
前のページで出題された重要語句です。意味を覚えていますか？

☐ pleasant　　　☐ summary

109.

Script Why is Terry traveling to New York?
なぜTerryはニューヨークに旅行中なんですか。

(A) It's not available today. — 今日は利用できません。
(B) To spend time with his relatives. — 親戚と一緒に過ごすためです。
(C) Tell me your new findings. — あなたが新たに発見したことを教えてください。

解説 Why 〜？で「Terryがニューヨークに旅行している**〈理由〉**」を尋ねている。to 不定詞を用いて、「親戚と時間を過ごすため」と**目的**を答えている (B) が正解。relative（親戚、身内）は頻出なので、押さえておこう。(A) は It が何を指すか不明確。(C) の findings は「（調査・研究で）明らかになったこと」という意味。質問に無関係な内容。Tell が Terry に対する音トリックになっている。

注 □ relative：❷親戚

110.

Script Where should we discard the documents after the project?
プロジェクトが終わったあと、書類はどこに捨てるべきですか。

(A) Please sign this card. — このカードに署名してください。
(B) You should do it within a week. — 1週間以内にそれをすべきです。
(C) That's Martin's responsibility. — それは Martin の責務です。

解説 Where 〜？の形。discard は「〜を捨てる」という意味。「書類を廃棄する**〈場所〉**」が問われている。廃棄場所を尋ねているのは、書類を捨てようとしているからだと考えられるが、その相手に、「それは Martin の仕事だ（＝**あなたは捨てなくていい**）」と応じている (C) が正解。(A) は card が discard に対する音トリック。(B) は「1週間以内に書類を捨てるべき」と解釈できるが、これは、問いかけの Where が When だった場合の応答。

注 □ discard：⑩〜を捨てる □ responsibility：❷責任、責務

111.

Script When do we start drafting the new safety standards?
いつ新しい安全基準の草案を書き始めますか。

(A) There's a locksmith near here. — この近くに鍵屋があります。
(B) How long do you think it will take? — それにはどれくらい時間がかかると思いますか。
(C) It should be safer. — それはより安全なはずです。

解説 When 〜？の形。draft は「〜の下書きを書く」という意味。「安全基準の下書きを開始する**〈時〉**」が問われている。(B) の it は drafting the new safety standards を指しており、「下書きに要する時間」を質問し返している。**開始時期を決めるために、まず所要時間を確認している**と考えられるので、自然な応答。(A) の locksmith（鍵屋）は TOEIC L&R にまれに登場する職業。(C) は safety standards に関連した内容でひっかけをねらっている。

注 □ draft：⑩〜の下書きを書く □ locksmith：❷鍵屋

トレーニング

問題通し番号 116〜118

【問題】

☐ **112.** Mark your answer on your answer sheet.
☐
☐

☐ **113.** Mark your answer on your answer sheet.
☐
☐

☐ **114.** Mark your answer on your answer sheet.
☐
☐

🔊 M116
▼
🔊 M118

✔ 単語 Check!
前のページで出題された重要語句です。意味を覚えていますか?

☐ relative   ☐ discard   ☐ responsibility   ☐ draft
☐ locksmith

112.

Script How should I keep you informed?
どうやって情報をお伝えすればよいですか。

(A) Just keep it until the next meeting. 次の会議までそれを持っていてください。
(B) Some information has been provided. いくつかの情報が提供されています。
(C) Would the online chat work for you? オンラインチャットでいいですか。

解説 How ～？で「情報を伝達する**〈方法〉**」が問われている。keep you(O) informed(C) の形で、「あなたを informed（情報に通じている）状態に保つ→あなたに情報を伝え続ける」という意味になる。この問いかけに対し、伝達手段として**オンラインチャット**を提案している (C) が正解。ここでの **work** は「うまくいく、都合がいい」の意味。(A) の keep は問いかけと異なり「～を持ち続ける」という意味。it が何を指すのか不明。(B) は informed の名詞形 information（情報）でひっかけをねらっている。

113.

Script What is in the packet?
その小包の中に何が入っているんですか。

(A) Pack them all. すべて詰め込んでください。
(B) I haven't opened it. まだ開けていなくて。
(C) There is no pocket on it. それにはポケットがありません。

解説 What ～？で「小包に**〈何〉**が入っているか」を尋ねている。(B)「まだ開けていない」は、**何が入っているかわからない**ということを間接的に伝えている。自然なやりとりとなるので、これが正解。(A) は代名詞 them が何を受けているか不明。かつ「荷物を詰めるように」という指示になっており、質問につながらない。(C) は it（= the packet）と考えると、「小包にポケットは付いていない」という不自然な英文になる。両選択肢とも packet に対する Pack、pocket の音トリックに注意。

注 □ packet：图小包

114.

Script How far is the botanical garden from here?
ここから植物園までどのくらいの距離がありますか。

(A) It's far bigger than I expected. 期待していたよりはるかに大きいです。
(B) Just a few minutes walk away. 徒歩でほんの数分のところです。
(C) We were stopped by the border guard. 国境警備隊に止められました。

解説 How far ～？で「植物園までの**〈距離〉**」が問われている。(B)「徒歩で 2、3 分離れたところ（にある）」は、所要時間を示すことで、**どのくらいの距離か**を答えている。これが正解。(A) は距離ではなく、大きさについて述べている。far（ここでは比較級を修飾している）を含んでいることもあり、紛らわしい選択肢。(C) は border が botanical に、guard が garden に対する音トリックとなっている。

注 □ botanical：形植物の

トレーニング　　　問題通し番号 119〜121

【問題】

☐ **115.** Mark your answer on your answer sheet.
☐
☐

☐ **116.** Mark your answer on your answer sheet.
☐
☐

☐ **117.** Mark your answer on your answer sheet.
☐
☐

🔊 M119
▼
🔊 M121

✔ **単語 Check!**
前のページで出題された重要語句です。意味を覚えていますか？

☐ packet　　　☐ botanical

115.

Script Why did Paul stop visiting Italy for the exposition?
Paul はなぜ展示会のためにイタリアを訪れることをやめたんですか。

(A) He's reconsidering it now. 　　彼はそれについて考え直しているところです。
(B) But I'm going to Germany. 　　しかし私はドイツに行きます。
(C) In a relatively good position. 　比較的よいポジションで。

解説 Why ～ ? で「Paul がイタリア行きを中止した《理由》」を尋ねている。(A) の reconsider は「～を再考する」。「Paul はそれ（＝イタリア行きを中止したこと）を再考している」と言っている。理由を答えてはいないが、**状況が変わったことを伝えて、会話を成立させている**。これが正解。(B) は主語が **he**（＝ Paul）なら正解になり得る。(C) は位置に関する応答。position が exposition に対する音トリックとなっている。

注 □ exposition：名展示会　□ reconsider：動～を再考する　□ relatively：副比較的

116.

Script Who should I contact to lease the mower?
芝刈り機をリースするには、誰に連絡すべきでしょうか。

(A) Ed usually does it. 　　　　　　通常、Ed がそれをやっています。
(B) The order will arrive soon. 　　注文品は間もなく届くでしょう。
(C) Feel free to have this voucher.　この割引券を自由にお持ちください。

解説 Who ～ ? で「mower（草刈り機）を借りるために連絡を取るべき《人》」を尋ねている。(A)「Ed が通常それをやっている」は、だから**彼に聞いてみるといい**ということを間接的にアドバイスしている。これが正解。does it が lease the mower を受けている。(B) は「The order ＝リースした芝刈り機」と考えられなくはないが、そうだとしても質問に答えていない。(C) は割引券を自由に持っていくように呼び掛けている。

注 □ mower：名芝刈り機　□ handout：名配布資料

117.

Script How soon will the opening ceremony start?
開会式はあとどのくらいで始まるんですか。

(A) Can I join it? 　　　　　　　　　参加していいですか。
(B) Not too much longer, I think. 　そんなにかからないと思いますよ。
(C) At the eating area. 　　　　　　飲食エリアで。

解説 How soon ～ ? で「開会式典が始まるまでの《期間》」を尋ねている。それに対して、(B) の「**そんなに長くない**」は、あいまいだが、開始までにかかる時間を答えているので正解。比較級の longer が用いられているのは、「あなたが思っているよりも長くないだろう（＝ It's not too much longer than you expect.）」を省略した形だからだと考えられる。(A) は開会式への参加の許可を求めている。(C) は食べる場所の応答。

注 □ opening ceremony：開会式

(トレーニング)　　　　　　　　問題通し番号 122 〜 124

【問題】

☐ **118.** Mark your answer on your answer sheet.
☐
☐

☐ **119.** Mark your answer on your answer sheet.
☐
☐

☐ **120.** Mark your answer on your answer sheet.
☐
☐

🔊 M122
▼
🔊 M124

✔ 単語 Check!
前のページで出題された重要語句です。意味を覚えていますか？

☐ exposition　　☐ reconsider　　☐ relatively　　☐ mower
☐ handout　　☐ opening ceremony

118.

Script How many people will appear at the city event?
市のイベントに何人来るでしょうか。

(A) Please wait at the pier. 桟橋でお待ちください。
(B) Ms. Moreno should let us know tomorrow. 明日、Morenoさんが知らせてくれるはずです。
(C) The mayor didn't show up after all. 市長は結局現れませんでした。

解説 How many ~? で「イベントに来るだろう人《数》」が問われている。それに対して、(B)「Morenoさんが明日教えてくれる」は、**答えを知る方法**を伝える自然な応答になっている。(A)は待ち合わせの指示。at the pier が appear に対する音トリックになっている。(C)は city → mayor、appear → show up というように、問いかけから連想される内容でひっかけをねらっている。

注 □ pier：❷桟橋

119.

Script When's the teacher coming back?
先生はいつ帰ってきますか。

(A) She doesn't come here today. 彼女は今日ここに来ません。
(B) She's highly recognized for the job. 彼女はその仕事で高く評価されています。
(C) It's taught by Dr. Davidson. それはDavidson博士によって教えられています。

解説 When ~? で「先生が帰ってくる《時》」を尋ねている。(A)は the teacher を She で受け、「先生は今日ここに来ない」と言っている。これは**「先生は明日以降に来る」**ということを間接的に伝えており、自然な応答となる。(B)の recognize は受け身形で用いて「評価される」という意味。「教師として高く評価されている」と解釈できるが、質問にはつながらない。(C)は teacher から連想される、taught（teach の過去分詞）や Dr. Davidson でひっかけをねらっている。

注 □ recognize：⑩~を評価する、認める

120.

Script Why were you in Chicago?
あなたはなぜシカゴにいたんですか。

(A) To enroll at a college. 大学に入るためです。
(B) Where have you been? あなたはどこにいたんですか。
(C) Yes, I like the play. ええ、私はその芝居が好きです。

解説 Why ~? で「シカゴにいた《理由》」が問われている。to不定詞を使って「ある大学に入学するため」という**目的**を答えている(A)だと、自然なやりとりとなる。(B)は質問者の居場所を問い返しているが、質問とかみ合わない。(C)を「芝居全般が好きだから」と誤解してしまうと、正当な理由に思えるかもしれない。しかし、実際には Why に Yes と答えているのに加え、the play（ある特定の芝居）が好きと言っており、不適切。

注 □ enroll：⑩~に入学する

（トレーニング）　問題通し番号 125〜127

【問題】

□ **121.** Mark your answer on your answer sheet.
□
□

□ **122.** Mark your answer on your answer sheet.
□
□

□ **123.** Mark your answer on your answer sheet.
□
□

🔊 M125
▼
🔊 M127

✔ **単語 Check!**
前のページで出題された重要語句です。意味を覚えていますか？

□ pier　　　□ recognize　　　□ enroll

121.

Script How can I attend today's session?
どうすれば今日の集まりに参加できますか。

(A) Attendance is mandatory. 出席は必須です。
(B) No advance booking is necessary. 事前予約は必要ありません。
(C) Ms. Henderson said so. Henderson さんがそう言いました。

解説 How ～? で「集会への参加《方法》」が問われている。(B)「事前予約は必要ない」は、**特に何もすることはなく、そのまま来ればよい**」ということを伝えている。質問に適切に答えているので、正解。(A) は attend の名詞形 Attendance を用いて、音・意味の両面でひっかけようとしている。mandatory (強制的な、必須の) は頻出なので押さえておこう。(C) は (B) の後ろに続ければ、自然な内容。

注 □ session：⊛集まり　□ attendance：⊛出席　□ mandatory：⊛義務の、強制的な
　　□ advance：⊛事前の

122.

Script Who does the new recruit report to?
その新入社員は誰の監督下にありますか。

(A) Some products stay at the port. 一部の製品は港に留め置かれています。
(B) Mr. Batista, director of operations. 運営部長の Batista さんです。
(C) I'll call the recruiting agency. 人材あっせん会社に電話します。

解説 Who ～? の形。report to X は「X の監督下にある」という意味。「新入社員を監督する《人》」が問われている。**人名とその役職**を答えている (B) が正解。人名と役職の間にカンマがあり、同格の表現となっている点に注目。(A) は製品がどこにあるか、場所を答えている。(C) は recruiting agency が内容・音ともに new recruit に関連・類似していることを利用したひっかけ。

注 □ recruit：⊛新人、新入社員　□ report to X：X の監督下にある、X に報告する

123.

Script Who'll be able to deal with the malfunction?
誰がこの不具合を解決できますか。

(A) Multiple items will be needed. 多様な商品が必要になるでしょう。
(B) I'll call the technician for you. 技術者に電話してあげますよ。
(C) Oh, ahead of schedule? えっ、予定より早くですか。

解説 Who ～? で「故障に対処できる《人》」が問われている。(B)「技術者に電話する」は、**対処できる人を教えるだけでなく、その人との連絡まで申し出ている**。質問に的確に答えており、これが正解。不具合対応の話題では、「専門家に連絡する」はよくある正解パターン。(A) は最初の音 Multiple が malfunction に似ているからといって飛びつかないように。(C) は最後、昇り調子で読まれているので、予定が前倒しになったことを質問している。

注 □ malfunction：⊛故障　□ multiple：⊛複数の、多様な

トレーニング

問題通し番号 128 ～ 130

【問題】

☐ **124.** Mark your answer on your answer sheet.

☐ **125.** Mark your answer on your answer sheet.

☐ **126.** Mark your answer on your answer sheet.

🔊 M128
　▼
🔊 M130

✔ 単語 Check!

前のページで出題された重要語句です。意味を覚えていますか？

☐ session　　　☐ attendance　　　☐ mandatory　　　☐ advance
☐ recruit　　　☐ report to X　　　☐ malfunction　　　☐ multiple

124.

Script Why are there so many changes to the program?
なぜプログラムにこんなにたくさんの変更があるんですか。

(A) It's out of stock right now. — それは今現在、在庫切れです。
(B) Please count the number. — 数を数えてください。
(C) Some managers asked for them. — 何人かの部長が変更を要請したんです。

解説 Why 〜？で「プログラムに多くの変更が加えられた《理由》」を尋ねている。(C) の them は、問いかけの many changes を指しており、「**部長たちがたくさんの変更をお願いした**」と言っている。プログラムを修正した理由として、妥当なので、正解。(A) は在庫切れを報告し、(B) は数のカウントを指示している。どちらも質問に対して文意が通らず不適切。

125.

Script Who is cleaning the cafeteria?
誰がカフェテリアの掃除をしているんですか。

(A) I'm leaving in a few minutes. — 私は数分後に出かけます。
(B) It's mine, thank you. — 私のです。ありがとう。
(C) Our team already did it. — 私たちのチームがすでに済ませました。

解説 Who 〜？で「(今) カフェテリアの掃除をしている《人》」が問われている。(C) は、did it が cleaned the cafeteria を指すので、「私たちのチームがすでに掃除した」と、**もう掃除が終っている**ことを伝えている。これが正解。「いま掃除している人、これから掃除する人」を応答として期待してしまうが、その裏をかいた問題になっている。(A) は動詞を cleaning と勘違いしてしまうと、選んでしまうことになる。(B) は所有者を答えており、質問に無関係。

126.

Script When will the renovation of the building be approved?
そのビルの改装はいつ承認されますか。

(A) We have a proven supplier. — 私たちには実績のある供給業者がいます。
(B) The proposal is still under review. — その提案はまだ再検討中です。
(C) A great innovation. — 素晴らしい技術革新です。

解説 When 〜？で「改装が承認される《時》」を尋ねている。(B) の **under 〜**は「〜中で」と動作の過程にあることを示す。ここでは「(改装) 提案は再検討中」ということで、「**改装がいつ行われるか未決定**」であることを伝えている。これが正解。(A) の proven は「折り紙つきの」。approved に対するひっかけをねらっている。(C) は innovation (革新) が renovation に対する音トリックとなっている。

注 □ proven：⑱実績のある □ proposal：⑧提案 □ innovation：⑧技術革新

トレーニング

【問題】

127. Mark your answer on your answer sheet.

128. Mark your answer on your answer sheet.

129. Mark your answer on your answer sheet.

◉M131
▼
◉M133

✔ 単語 Check!
前のページで出題された重要語句です。意味を覚えていますか？

☐ proven ☐ proposal ☐ innovation

(131) 127.

Script What do I need to bring for the next gathering?
次の集まりには何を持って行けばよいですか。

(A) Yes, it's a national holiday.　　　ええ、国民の祝日です。
(B) Just your portfolios.　　　あなたの作品見本集だけです。
(C) Margaret will work at home next week.　Margaret は来週、家で仕事をします。

解説 What ～ ? で「次の集まりに**〈何〉**を持っていくか」が問われている。この段階ではどのような集まりか定かでないが、(B) の「**portfolios（作品見本集）だけです**」と考え合わせると、写真家やデザイナー、建築家の集まりについてのやりとりだとわかる。これが正解。(A) は WH 疑問文に Yes で応答している上に、以降の内容も無関係。(C) も質問に関係のない Margaret という第三者の予定を答えている。

注　□ gathering：⑧集まり、集会　□ portfolio：⑧作品(見本)集

(132) 128.

Script When will the music concert be held?
その音楽コンサートはいつ行われますか。

(A) In the city auditorium.　　　市立ホールで。
(B) Please keep in mind.　　　心に留めておいてください。
(C) Check it on the calendar.　　カレンダーで確認してください。

解説 When ～ ? で「コンサートが行われる**〈時〉**」を尋ねている。それに対して「カレンダーでそれを確認して」と、**答えを知る手段**を提示している (C) が正解。(A) の auditorium は「音楽堂」で、場所を答えている。問いかけの When を Where に置き換えても質問は成立するので、冒頭1語を聞き逃すだけで、この選択肢を除外できなくなってしまう。(B) は何を keep in mind すればよいのか不明。

注　□ auditorium：⑧音楽堂、講堂

(133) 129.

Script How do we visit the Royal Museum?
王立博物館までどうやって行きますか。

(A) Please change your appointment.　　会う約束を変更してください。
(B) Carpooling would be ideal.　　相乗りが理想的でしょう。
(C) To the dentist office.　　歯科医院へ。

解説 How ～ ? で「博物館への移動**〈方法〉**」が問われている。(B) の **carpool** は「相乗りで行く」という動詞。「**相乗りで行くことが理想的**」と、質問に対して最善の方法を答えている。これが正解。(A) はアポの変更依頼、(C) は場所 (移動先) の応答になっているが、どちらも質問に対して文意が通らず不適切。

注　□ carpool：⑩相乗りする

トレーニング

問題通し番号 134 ~ 136

【問題】

- [ ] **130.** Mark your answer on your answer sheet.
- [ ] **131.** Mark your answer on your answer sheet.
- [ ] **132.** Mark your answer on your answer sheet.

◉ M134
▼
◉ M136

✔ 単語 Check!
前のページで出題された重要語句です。意味を覚えていますか？

- [ ] gathering
- [ ] portfolio
- [ ] auditorium
- [ ] carpool

130.

Script Why has the vice president decided to retire?
副社長はなぜ引退を決意したんですか。

(A) How did you know about that? — それをどうやって知ったんですか。
(B) They're sitting side by side. — 彼らは隣同士で座っています。
(C) I'm not tired. — 私は疲れていません。

解説 Why 〜 ? で「副社長が引退を決めた《理由》」が問われている。(A) は、that が「副社長が引退を決めたこと」を指しており、**副社長が引退を決めたことをどうやって知ったのか**」と、驚いて聞き返している。理由を答えてはいないが、自然なやりとりが成立しているので、正解。(B) は座っている位置の描写で、質問に無関係。(C) は tired が retire に対する音トリックになっている。

131.

Script When will this fitness center close?
フィットネスセンターはいつ閉まりますか。

(A) Buy the clothes online. — インターネットで服を買ってください。
(B) How did they all fit together? — どうやってそれらはうまく調和したんですか。
(C) You should stop by the information center. — 案内所に立ち寄ってください。

解説 When 〜 ? で「フィットネスセンターが閉まる《時》」を尋ねている。それに対して (C)「案内所に立ち寄るといい」は、「**そうすればいつ閉まるかわかる**」ということを示唆している。**答えを知る手段**を伝えており、応答として自然。これが正解。(A) の clothes は、問いかけの close と同音 /klóuz/ であることを利用したひっかけ。(B) の fit together は「調和する、整合する」という意味。

注 ☐ fit together：調和する、整合する

132.

Script Who'll be getting the old heater fixed?
誰がその古いヒーターを修理してもらうんですか。

(A) Will there be an additional charge? — 追加料金がかかりますか。
(B) The oil price is rising. — 石油価格が上昇している。
(C) A new one has been bought. — 新しいものを購入しました。

解説 Who 〜 ? で「ヒーターを修理してもらおうとしている《人》」が問われている。それに対して「新しいものを購入した」、つまり**誰も修理しない**（購入に切り替えた）と答えている (C) が正解。(A) の additional charge は何に対する「追加料金」なのかが不明。(B) は修理代金を連想させる price（価格）を含むが、「石油価格」は無関係な内容。

注 ☐〈get + O + 過去分詞〉：O を〜してもらう ☐ additional：追加の ☐ charge：料金

トレーニング

問題通し番号 137〜139

【問題】

☐ **133.** Mark your answer on your answer sheet.
☐
☐

☐ **134.** Mark your answer on your answer sheet.
☐
☐

☐ **135.** Mark your answer on your answer sheet.
☐
☐

🔊 M137
▼
🔊 M139

✔ 単語 Check!
前のページで出題された重要語句です。意味を覚えていますか？

☐ fit together ☐ 〈get+O+過去分詞〉 ☐ additional ☐ charge

(137) 133.

Script How can we communicate with each other?
どうしたら連絡を取り合えますか。

(A) Yes, they're complicated.　　ええ、それらは複雑です。
(B) The Internet service is very slow.　そのインターネットサービスはとても遅いです。
(C) Call me at my extension number.　私の内線番号に電話してください。

解説 How 〜 ? で「連絡を取り合う**《方法》**」が問われている。それに対して、「内線番号に電話して」と**具体的な手段**を答えている(C)が正解。(A)は「どうやって？」にYesと答えているのに加え、それ以降の内容も質問に無関係。(B)は「連絡方法」から連想されるInternetでひっかけをねらっている。

注　□complicated：形複雑である　□extension：名内線

(138) 134.

Script Where is the request form I received yesterday?
私が昨日受け取った申請用紙はどこですか。

(A) Didn't you give it to me?　　あなたは私にそれを渡しませんでしたか。
(B) A new advertising campaign.　新しい広告キャンペーンです。
(C) Are you still holding the receiver?　あなたはまだその受話器を持っているのですか。

解説 Where 〜 ? で「申請用紙の**《場所》**」を尋ねている。(A)のitはthe request formを指しており、否定疑問文で「私に申請用紙を渡さなかったっけ」と問い返している。これは**応答者が申請用紙を持っていること**を暗に示しており、質問への答えになっている。これが正解。(B)は質問に無関係な内容、(C)のreceiverは「受話器」のこと。問いかけのreceivedに対する音トリックとなっている。

注　□request form：申請フォーム

(139) 135.

Script Where is the microscope?
顕微鏡はどこにありますか。

(A) The microwave oven is sold out.　その電子レンジは売り切れです。
(B) By Tuesday.　火曜日までに。
(C) In the meeting room.　会議室内に。

解説 Where 〜 ? で「顕微鏡の**《場所》**」が問われている。「会議室に（ある）」と**具体的な場所**を答えている(C)が正解。(A)のmicrowave ovenは「電子レンジ」のこと。同じmicroで始まるmicroscopeとの音トリックになっている。ちなみにmicrowaveには、動詞「〜を電子レンジにかける」としての用法もあることを押さえておこう。(B)のByは後ろに時の表現を伴って「〜までに」と期限を表す。

注　□microscope：名顕微鏡　□microwave oven：電子レンジ

トレーニング

問題通し番号 140 〜 142

【問題】

☐ **136.** Mark your answer on your answer sheet.
☐
☐

☐ **137.** Mark your answer on your answer sheet.
☐
☐

☐ **138.** Mark your answer on your answer sheet.
☐
☐

▼

✔ 単語 Check!
前のページで出題された重要語句です。意味を覚えていますか？

☐ complicated   ☐ extension   ☐ request form   ☐ microscope
☐ microwave oven

(140) 136.

Script Where were you while in Okinawa?
沖縄に滞在中、どこにいたんですか。

(A) On a cold night. ある寒い夜に。
(B) An aisle seat would be nice for me. 通路側の席がありがたいです。
(C) With my cousin. いとこと一緒にいました。

解説 Where 〜 ? で「沖縄滞在中にいた《場所》」が問われている。(C)「いとこと一緒に」は、「**いとこのところにいた**」ということを含意している。場所の応答になっているので、これが正解。(A) は問いかけの Where を When と勘違いしてしまった人をねらったひっかけ。(B) は乗り物の座席希望を伝えており、無関係な内容。aisle は発音 /áɪl/ に要注意。

注 □ aisle：图通路　□ cousin：图いとこ

(141) 137.

Script Where are you going to stay when you go to Boston for the trade show?
ボストンに見本市に行くときにはどこに滞在するつもりですか。

(A) The baseball game will be interesting. その野球の試合はおもしろいでしょうね。
(B) My trip was canceled. 旅行はキャンセルになりました。
(C) Could you trade seats? 席を換わってくれませんか。

解説 Where 〜 ? で「ボストン出張中に滞在する《場所》」を尋ねている。(B) の **My trip** は「ボストンに行くこと」の言い換え。それが「キャンセルされた」ということは、**ボストンへの滞在そのものがなくなった**、ということになる。自然なやりとりとなるので、これが正解。(A) は野球の試合に寄せる期待。(C) は trade seats が trade show に対する音トリックになっている。

注 □ trade show：見本市　□ trade：動〜を交換する

(142) 138.

Script What kind of bread do you want?
どんな種類のパンがほしいですか。

(A) Is it free? 無料ですか。
(B) Bread and butter. パンとバターです。
(C) I read it before. 私は以前、それを読みました。

解説 What kind of 〜 ? で「ほしいパンの《種類》」が問われている。それに対して、種類を答える前に、まず「(そのパンは) **無料なのか**」と確認している (A) が正解。「無料であればほしいけど」というニュアンスを含んでいる。(B) は Bread に釣られて選びたくなるが、パンの種類を聞かれているのに、「パン (とバター) がほしい」ではかみ合わない。(C) は it が bread を指すと考えると、おかしな文になってしまう。read /réd/ が bread に対する音トリック。

トレーニング

問題通し番号 143～145

【問題】

□ **139.** Mark your answer on your answer sheet.
□
□

□ **140.** Mark your answer on your answer sheet.
□
□

□ **141.** Mark your answer on your answer sheet.
□
□

🔊 M143
▼
🔊 M145

✔ 単語 Check!
前のページで出題された重要語句です。意味を覚えていますか？

□ aisle　　　□ cousin　　　□ trade show　　　□ trade

139.

Script Who won the contract to build the bridge?
誰がその橋の建設契約を勝ち取ったんですか。

(A) Near city hall?　　　　　　　　市役所の近くですか。
(B) With a load of bricks.　　　　　大量のレンガで。
(C) It's still under consideration.　まだ検討中です。

解説 Who 〜 ? で「契約を勝ち取った《人》」が問われている。これに「まだ under consideration（検討中）です」と答えている (C) は、**誰も契約を取っていない**ことを間接的に伝えている。質問に適切に答えており、これが正解。「まだ検討中です」は、決定事項を尋ねる質問への正解パターンの1つ。(A) は昇り調子で読まれているので、質問になっている。(B) の前置詞 With は「〜で」と材料や成分を表す。「大量のレンガで」と、橋の材質を連想させる内容でひっかけをねらっている。

注 □ city hall：市役所　□ brick：レンガ　□ under consideration：検討中

140.

Script Who helped Ms. Garcia with the fund-raising campaign?
資金調達キャンペーンで、誰が Garcia さんを手伝いましたか。

(A) Organic food is terrific.　　　オーガニック食品は素晴らしいですね。
(B) Didn't you see the e-mail?　　メールを見ていないんですか。
(C) The pain is getting worse.　　痛みがひどくなってきています。

解説 Who 〜 ? で「Garcia さんを手伝った《人》」を尋ねている。(B)「メールを見ていないのか」は、「**送付済みのメールを見れば誰が手伝ったかわかる**」ことを示唆している。質問の**答えを知る手段**を伝えており、正解。このような間接応答は、直接応答と比べ、質問との間に距離があるため難しく感じる人が多い。(A) は無関係な内容。(C) は pain が、問いかけの campaign と音が似ていることを利用した音トリックとなっている。

注 □ terrific：すごくよい

141.

Script Why are you going to take tomorrow off?
あなたはどうして明日、休みを取るんですか。

(A) Take off your shoes at the entrance.　入口で靴を脱いでください。
(B) Could I try them on now?　　　　　　今、それらを試着してもいいですか。
(C) I've been invited to a party.　　　　　パーティーに招待されているんです。

解説 Why 〜 ? の形。take X off は「X（ある期間）を休暇として取る」なので、「休暇を取る《**理由**》」を尋ねている。(C) の「パーティーに招待されている」は、**休暇をとる理由として妥当**なので正解。(A) の take off X は「X を脱ぐ」という意味。(B) は、直前の (A) の shoes に関連している。次々に英文が読まれ、混乱しやすい Part 2 では、このようなちょっとした関連性に釣られてしまうこともあるので要注意。

注 □ take X off：X（ある期間）を休暇として取る

トレーニング

問題通し番号 (146)〜(148)

【問題】

□ **142.** Mark your answer on your answer sheet.
□
□

□ **143.** Mark your answer on your answer sheet.
□
□

□ **144.** Mark your answer on your answer sheet.
□
□

◀) M146
▼
◀) M148

✔ 単語 Check!
前のページで出題された重要語句です。意味を覚えていますか？

□ city hall　　　　□ brick　　　　□ under consideration　　□ terrific
□ take X off

142.

Script Who'll be reserving the baseball tickets?
誰が野球のチケットを予約しますか。

(A) I'm going to do it.　　　　私がするつもりです。
(B) Send it by e-mail.　　　　メールで送って。
(C) I'd like two, please.　　　2枚お願いします。

解説 Who 〜? で「チケットを予約する《人》」が問われている。それに対して「**私が(チケットの予約を)する**」と応答している (A) が正解。do it が reserve the baseball tickets を意味している。(B) は送付方法の指示で、質問につながらない。(C) はチケットの希望枚数を答えている。問いかけの冒頭 Who'll を聞き逃してしまうと、選んでしまいたくなるかもしれない。

注　□ reserve：動 〜を予約する

143.

Script Why has the deadline been extended?
なぜ締め切りが延長されたんですか。

(A) It's still tomorrow.　　　　それは明日のままです。
(B) Try my extension number.　　私の内線番号にかけてみてください。
(C) Here are today's headlines.　これが今日のトップニュースです。

解説 Why 〜? で「締め切りがのびた《理由》」が問われている。(A) の It は the deadline を指しており、「締め切りは依然として明日だ」と答えている。つまり、「締め切りが延長された」というのは、**質問者の勘違い**であることを指摘している。これが正解。(B) の extension number は「内線番号」。extended に対する音トリックになっている。(C) は本日の主要ニュースを紹介する表現。headlines が deadline に対する音トリックとなる。

注　□ extend：動 〜を延長する　□ headlines：名 トップニュース、大見出し

144.

Script When will you be able to talk with me tomorrow?
明日のいつ、私と話ができますか。

(A) Anytime after eleven.　　11時以降ならいつでも。
(B) Just send it to me.　　　それを私に送ってください。
(C) About the summary.　　　要約について。

解説 When 〜? で「明日、話すことができる《時》」が問われている。(A) は〈anytime after ＋ 時刻〉の形で、「11時以降ならいつでも (話すことができる)」と**会話が可能な時間帯**を答えている。質問に適切に答えているので、これが正解。(B) は it が何を指すのか不明で、何を送ればよいのかわからない。(C) の summary は「要約」。話題を尋ねられた場合の応答になっている。

(トレーニング)　　　　　　　　問題通し番号 (149)～(151)

【問題】

☐ **145.** Mark your answer on your answer sheet.
☐
☐

☐ **146.** Mark your answer on your answer sheet.
☐
☐

☐ **147.** Mark your answer on your answer sheet.
☐
☐

🔊 M149
▼
🔊 M151

✔ 単語 Check!
前のページで出題された重要語句です。意味を覚えていますか？

☐ reserve　　　☐ extend　　　☐ headlines

(149) 145.

Script What is the opening time of Penny's Flower Shop on Thursdays?
Penny 花店の毎木曜日の開店時間は何時ですか。

(A) It's closing soon.　　　間もなく閉店です。
(B) Do you run a new shop?　　新しいお店を経営しているんですか。
(C) Same as the weekends.　　週末と同じです。

正解 (C)

解説 What 〜？で「木曜日の花屋の開店《時刻》」を尋ねている。それに対して (C) は、「**週末と同じ (開店時刻) だ**」と答えている。これが正解。(A) が答えているのは、開店ではなく「閉店」について。It's opening soon. であれば正解になり得る。(B) は shop に釣られないように。run (〜を経営する) の用法に注目。

注　□ run：⑩〜を経営する、運営する

(150) 146.

Script Where are you visiting for your next trip?
次の旅行ではどこを訪問しますか。

(A) That's something to consider.　　それこそよく考えなきゃいけないことですね。
(B) Starting next year.　　来年から。
(C) You'll be busy at that time.　　その時にはあなたは忙しくなるでしょう。

正解 (A)

解説 Where 〜？で「次回、旅行に行く《場所》」を尋ねている。「考えないといけない」と言っている (A) は、「**まだ決めていない**」ということを示唆している。自然なやりとりが成立するので、これが正解。It hasn't been decided yet. の変化パターンと言える。(B) の Starting は前置詞的に用いる。後ろに時間を伴い「〜から」という意味。(C) は主語が I であれば、正解の可能性がでてくる。しかし「You (=質問者) が忙しい」では質問とかみ合わない。

(151) 147.

Script Where can the attendees of the event get programs?
イベント参加者はどこでプログラムをもらえるんですか。

(A) Shall I call the organizer?　　主催者に電話しましょうか。
(B) After I speak to my director.　　私が部長と話をしたあとで。
(C) Attendance is optional.　　出席は任意です。

正解 (A)

解説 Where 〜？で「プログラムを入手可能な《場所》」が問われている。(A) の Shall I 〜？は「〜しましょうか」と申し出る表現。「主催者に電話しましょうか」は、「**私はわからないので、主催者に聞いてみましょうか**」という意図が含まれている。自然なやりとりになるので、これが正解。(B) はタイミングを答えている。問いかけの Where を When と聞き取った人をねらった選択肢。(C) は、attendee (出席者) と関連した attendance (出席、出席者数) でひっかけをねらっている。

注　□ attendee：⑧出席者、参加者　□ organizer：⑧主催者　□ optional：⑯任意の、強制ではない

【問題】

☐ **148.** Mark your answer on your answer sheet.
☐
☐

☐ **149.** Mark your answer on your answer sheet.
☐
☐

☐ **150.** Mark your answer on your answer sheet.
☐
☐

🔊 M152
▼
🔊 M154

✔ 単語 Check!
前のページで出題された重要語句です。意味を覚えていますか？

☐ run   ☐ attendee   ☐ organizer   ☐ optional

(152) 148.

Script How did the new play this afternoon go?
今日の午後の新しい公演はどうでしたか。

(A) Some of the actors were nervous. — 緊張している役者もいましたね。
(B) Did you buy the present? — プレゼントは買いましたか。
(C) Pamela did. — Pamela がやりました。

正解 (A)

解説 How 〜? で「新しい芝居の**《感想》**」を尋ねている。(A)「**何人かの役者は緊張していた**」は、芝居そのものではなく劇中の役者にフォーカスしているが、感想としては自然なもの。これが正解。(B) のプレゼントの購入は、質問に無関係。(C) は人を答えている。

注 □ nervous：形 緊張している

---

(153) 149.

Script How many copies do you need?
何部必要ですか。

(A) I'll make double-sided copies. — 両面コピーします。
(B) A wide variety of items. — さまざまな商品です。
(C) Five ought to do it. — 5 部で十分です。

正解 (C)

解説 How many 〜? で「本・書類の必要な部**《数》**」が問われている。**ought to** は動詞の原形を伴い「〜のはずだ」という意味。また **do it** には「うまくいく」という意味があるので、(C) は「5 部でうまくいくはずだ→**5 部で十分足りるはずだ**」と言っている。質問に適切に答えているので、正解。(A) の double-sided は「両面使用の」という意味で、コピーの種類を答えている。copies に釣られないように。(B) は商品の豊富さに関する応答で、質問に無関係。

注 □ double-sided：形 両面の　□ ought to do：〜する義務がある

---

(154) 150.

Script Who knows the status of the merger negotiation?
誰が合併交渉の状況を知っているんですか。

(A) At the maximum level. — 最大レベルで。
(B) I heard the plan fell apart. — その計画はつぶれたと聞きましたよ。
(C) Every state has its own income. — どの州も独自収入を得ています。

正解 (B)

解説 Who 〜? で「合併交渉の状況を知っている**《人》**」が問われている。(B) の the plan は the merger negotiation の言い換え。**交渉そのものがなくなってしまった**ことを伝えている。質問に自然につながるのでこれが正解。(A) は何かの程度に言及しているが、交渉状況を「最大レベルで」とは形容しない。(C) は「州の独自収入」という無関係な内容。state が status に対する音トリックとなっている。

注 □ merger：名 合併、統合　□ fall apart：白紙に戻る、ばらばらになる　□ income：名 収入

第1章　●正答一覧●

No.	ANSWER	No.	ANSWER	No.	ANSWER	No.	ANSWER	No.	ANSWER
1	B	16	A	31	A	46	A	61	B
2	C	17	A	32	A	47	A	62	A
3	B	18	C	33	B	48	A	63	C
4	B	19	C	34	C	49	A	64	A
5	B	20	B	35	B	50	A	65	A
6	C	21	A	36	B	51	A	66	C
7	B	22	A	37	B	52	A	67	C
8	A	23	A	38	B	53	A	68	C
9	C	24	A	39	B	54	A	69	A
10	A	25	C	40	B	55	A	70	C
11	B	26	C	41	B	56	A	71	A
12	A	27	C	42	A	57	A	72	C
13	A	28	C	43	A	58	A	73	C
14	B	29	B	44	B	59	A	74	A
15	C	30	A	45	A	60	A	75	B

No.	ANSWER	No.	ANSWER	No.	ANSWER	No.	ANSWER	No.	ANSWER
76	C	91	B	106	C	121	B	136	C
77	C	92	C	107	B	122	B	137	B
78	C	93	C	108	A	123	B	138	A
79	A	94	A	109	A	124	C	139	C
80	B	95	B	110	C	125	C	140	B
81	A	96	A	111	B	126	B	141	C
82	C	97	C	112	C	127	B	142	A
83	B	98	A	113	B	128	C	143	C
84	A	99	B	114	B	129	B	144	A
85	C	100	C	115	A	130	A	145	C
86	A	101	C	116	A	131	C	146	A
87	C	102	A	117	B	132	C	147	A
88	C	103	B	118	B	133	C	148	A
89	B	104	C	119	A	134	A	149	C
90	C	105	B	120	A	135	C	150	B

✔ 単語 Check!

前のページで出題された重要語句です。意味を覚えていますか？

☐ nervous　　☐ double-sided　　☐ ought to *do*　　☐ merger
☐ fall apart　　☐ income

第2章

Yes/No疑問文

問いかけが《Yes/No 疑問文》
(一般疑問文)となっているタイプ。
WH 疑問文に次いで出題数が多い問題です。
応答の Yes と No が意味する内容を
正確に捉えるくせを身につけましょう。

問題数
71問

問題通し番号
155 ～ 225

第2章 《Yes/No疑問文》の解き方

〈問いかけ〉が、Do you ～?、Are you ～?、Have you ～? のように、Yes もしくは No で答えられる疑問文になっているタイプ。「～（する／した）のかどうか」が問われます。この《Yes/No 疑問文》タイプは、25 問中 5 問前後出題されます。このタイプでは次の 2 点に注意しましょう。

❶応答内の矛盾をチェック

Yes/No 疑問文に対する最もオーソドックスな応答は、当然ながら、Yes または No で応じる形です。

なので、Yes/No で始まる選択肢に飛びつきたくなります。しかし、その心理を利用したひっかけが仕込まれていることがよくあります。

例1 Did you get the ticket yesterday? （昨日チケットを受け取りましたか）
➡ **Yes, I'll receive it tomorrow afternoon.**
（はい、明日の午後受け取ります。）

この応答は **Yes**（＝昨日受け取った）と言いつつ、その後ろで**「明日の午後受け取る」**と言っています。矛盾していますね。

Yes/No は「はい／いいえ」と解釈するのではなく、質問に対して、具体的に何を意味するのかを考えましょう。例1であれば、次のようになります。

Yes ＝昨日チケットを受け取った
No ＝昨日チケットを受け取らなかった

そして、その内容と、後ろに続く内容とに矛盾がないかを必ずチェックしてから解答してください。

❷内容を重視

Yes/No 疑問文の応答は、必ずしも Yes/No になるわけではありません。

例2　Did you get the ticket yesterday?
➡　① **It was sent by mail.**　（郵送されました）
　　② **I'm still waiting.**　（まだ待っています）

①②は、どちらも直接 Yes/No を言っていませんが、内容的には① Yes、② No の応答になっています。

このように重要となるのは、応答の内容そのものです。

それでは、次のページから例題を2つ解いていきましょう。

❶ 応答内の矛盾をチェック

例題 1 　　　　　　　　　　　　　　　　　　　　🔊 M155

(155) 音声を聞き、正しい応答を (A) 〜 (C) から 1 つ選びましょう。

Mark your answer on your answer sheet.　　　　Ⓐ Ⓑ Ⓒ

解き方の基本

問いかけは、助動詞 Will が主語の前に出た Yes/No 疑問文でした。

(A) でさっそく Yes と言っているので、これを選びたくなります。しかし、その後ろに続くのは I will stay in this office. の省略形です。

Yes,　　　　　　I will (stay in this office).
彼はこの事務所に残る ←── × ──→ 私がこの事務所に残る

カンマを挟んで「**彼は残る**」、「**私が残る**」と言っており、整合性がとれていません。一方、(B) は……

No,　　　　　　he'll be transferred.
彼はこの事務所に残らない ←── ○ ──→ 彼は転勤する

と言っていました。No の後ろに、**彼が事務所に残らない理由**が続いており、前後が**矛盾なく**つながっています。

このように Yes/No 疑問文においては、Yes/No が意味する内容と、その後ろに続く内容との間に矛盾がないかどうかを精査することが重要です。

正解 (B)

Script Will Scott stay in this office?
　Scott はこの事務所に残るんですか。

　(A) Yes, I will.　　　　　　　　　ええ、私はそのつもりです。
　(B) No, he'll be transferred.　　　いいえ、彼は転勤します。
　(C) Just in front of the table.　　テーブルのすぐ前です。

解説 Yes/No 疑問文で「Scott がオフィスに残るかどうか」が問われている。それに対して (B) は、No (=残らない) と応じ、「異動する」と、その理由を続けている。矛盾なく質問に答えているので、正解。(A) は Yes まではいいが、その後ろの主語が I なので「私が残る」となり不適切。(C) は場所の応答。

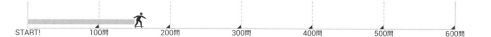

❷ 内容を重視

例題 ❷ 　🔊 M156

(156) 音声を聞き、正しい応答を (A) ～ (C) から 1 つ選びましょう。
Mark your answer on your answer sheet.　Ⓐ Ⓑ Ⓒ

解き方の基本

冒頭が Do you ～ ? なので、Yes/No 疑問文の形になっていますが、後ろに where I can find the manual という WH 疑問が含まれています。このような**間接疑問文**も出題されることを覚えておいてください。

間接疑問には Yes/No で応答することも可能ですが、問われているのは「知っているかどうか」よりも、「**マニュアルがどこにあるか**」です。

(B) には Yes/No は含まれていません。しかし「マニュアルがある場所」を答えているので、正解となります。Yes/No の応答にこだわるのではなく、選択肢の**内容全体**で、正しい応答になっているかを意識してください。

正解 (B)

Script Do you know where I can find the manual?
マニュアルがどこにあるかわかりますか。

(A) Yes, I am.　　　　　　　　　　　はい、そうです。
(B) It should be in the top drawer.　いちばん上の引き出しにあるはずです。
(C) Gerald gave me a ride this morning.　今朝は Gerald が車で送ってくれました。

解説 間接疑問文 Do you know where ～ ? の形。「マニュアルがある〈場所〉」が問われている。「いちばん上の引き出しにある」と具体的な場所を挙げている (B) は、Yes と答えていることになる。これが正解。(A) は Yes（＝わかる）と答えつつ、以降が何を伝えるのかわからない。Yes, I do.（はい、わかります）なら、正解となる。(C) が答えているのは通勤方法で、質問には関係ない。

次ページからは練習問題です。ここで学んだ解き方を実践してみましょう。

問題通し番号 157〜159

トレーニング
《Yes/No疑問文》を攻略する69問

【問題】音声を聞き、正しい応答を (A) 〜 (C) から1つ選びましょう。

☐ **1.** Mark your answer on your answer sheet.

☐ **2.** Mark your answer on your answer sheet.

☐ **3.** Mark your answer on your answer sheet.

🔊 M157
▼
🔊 M159

3問ずつ解いていきましょう。まとめて解きたい場合は、巻末のマークシートを利用し、音声ファイル〈M157〉→〈M225〉を再生してください。

(157) 1. 　　　　　　　　　　　　　　　　　難易度 難　正解 (C)

Script Are you traveling to Paris for your vacation?
休暇でパリに旅行するんですか。

(A) The agency's not being relocated.　　その代理店は移転しようとしていません。
(B) Travel time is important.　　　　　　　移動時間は重要です。
(C) No, to Nairobi.　　　　　　　　　　　　いいえ、ナイロビです。

解説「休暇中にパリに旅行するかどうか」が問われている。これに No (＝パリに旅行しない) と応じ、「ナイロビへ (旅行する)」と続けている (C) が正解。パリには行かずに、ナイロビに行くということ。(A) は agency (旅行代理店を連想させる)、(B) は Travel time が旅行から連想される内容でひっかけをねらっている。

注　□ relocate：動〜を移転させる

(158) 2. 　　　　　　　　　　　　　　　　　難易度 難　正解 (C)

Script Are you coming to the annual charity marathon?
毎年恒例のチャリティマラソンにいらっしゃいますか。

(A) The city hosts the event annually.　　市が毎年イベントを開催しています。
(B) The winner should get an award.　　　勝者は表彰されるべきです。
(C) I wish I could.　　　　　　　　　　　　行けたらいいんですけどね。

解説「毎年恒例のマラソン大会に参加するかどうか」が問われている。(C) の I wish I could. は仮定法過去で「**できたらいいんだけど (実際はできない)**」という実現困難な願望を表す。ここでは「参加したいけど、できない」ということで、これが正解。(A) は、問いかけで annual charity marathon と言っているのに、同じこと (毎年開催する) をくり返しており、ちぐはぐな応答。(B) は marathon から連想される winner、award でひっかけをねらっている。

注　□ host：動〜を主催する、開催する　□ award：名賞

(159) 3. 　　　　　　　　　　　　　　　　　難易度 難　正解 (B)

Script Are you putting a new addition on your premises?
あなたの土地で新たに増築をしているんですか。

(A) Putting on a mask is prohibited here.　　ここでのマスク着用は禁じられています。
(B) Yes, it will be done next year.　　　　　ええ、来年に完成します。
(C) It's very conveniently located.　　　　　それはとても便利な場所にあります。

解説「敷地内で増築しているのかどうか」が問われている。premises は「土地、敷地」という意味で、発音にも注目。(B) は Yes (＝**増築している**) と応じ、**完成時期**を続けている。カンマ前後で矛盾なく、質問にも的確に答えているので、これが正解。(A) は Putting でひっかけをねらっている。(C) は立地のよさを答えている。「増築」、「敷地」から連想される内容ではあるが、質問とは微妙にズレているため不適切。

注　□ addition：名増築、追加　□ premises：名敷地　□ prohibit：動〜を禁止する

トレーニング

問題通し番号 (160)〜(162)

【問題】

☐ **4.** Mark your answer on your answer sheet.
☐
☐

☐ **5.** Mark your answer on your answer sheet.
☐
☐

☐ **6.** Mark your answer on your answer sheet.
☐
☐

🔊 M160
▼
🔊 M162

✔ 単語 Check!
前のページで出題された重要語句です。意味を覚えていますか？

☐ relocate　　☐ host　　☐ award　　☐ addition
☐ premises　　☐ prohibit

(160) 4. 正解 (A)

Script Did you look at the results of the research?
調査結果を見ましたか。

(A) About what? — 何についての調査ですか。
(B) Some search engines. — 検索エンジンです。
(C) When will we meet? — いつ会いましょうか。

解説 「調査結果を見たかどうか」が問われている。それに対して、「何についてか」と質問している (A) は、**どの調査結果について話しているのか**を確認している。質問に答えてはいないが、そのための情報を集める応答になっており、自然なやりとりが成立する。これが正解。(B) は search が research に対する音トリック。(C) は会う時を尋ね返しており、質問につながらない。

(161) 5. 正解 (C)

Script Do you play volleyball often?
よくバレーボールをしますか。

(A) The court's clean. — そのコートはきれいです。
(B) Use new bike lanes. — 新しい自転車レーンを使ってください。
(C) I used to. — 昔はやっていました。

解説 「バレーボールをよくするかどうか」が問われている。(C) は **I used to play volleyball often.** を省略した形で、「**以前はよくバレーボールをしていた**」と答えている。つまり No (=今はしていない) と答えているので、正解。(A) は volleyball から連想される court でひっかけをねらっている。(B) は質問に無関係な内容。

(162) 6. 正解 (A)

Script Did you hear that our president is going to be interviewed tonight?
ウチの社長が今夜、インタビューを受けると聞きましたか。

(A) Yes. Do you know when it is? — ええ。何時なのか知っていますか。
(B) Let's look at the view. — 景色を見てみましょう。
(C) Usually on weekends. — 通常は週末に。

解説 「社長が今晩インタビューを受けることを聞いたかどうか」を尋ねている。それに対して **Yes** (=聞いた) と肯定し、**具体的な時間を質問**し返している (A) が自然な応答。(B) は view が interviewed に対する音トリック。(C) はタイミングを答えているが、問いかけでインタビューを受けるのは tonight と言っており、文意が通らない。

【問題】

- **7.** Mark your answer on your answer sheet.

- **8.** Mark your answer on your answer sheet.

- **9.** Mark your answer on your answer sheet.

🔊 M163
▼
🔊 M165

(163) 7. 　　　　　　　　　　　　　　　　　　　　　　難易度 ▲　　正解 (C)

Script Are there any comments or opinions about the new magazine?
新しい雑誌について、何かコメントや意見がありますか。

(A) What a nice compliment!　　　なんてうれしいお言葉でしょう！
(B) Both of the magazines.　　　両方の雑誌です。
(C) Generally very positive.　　　おおむねとても肯定的です。

解説「新しい雑誌についてコメントや意見があるかどうか」が問われている。(C)「一般的にとても肯定的だ」は、コメントや意見の内容を伝えている。内容を伝えられるということは、**Yes**（＝コメントや意見があった）ということであり、自然な応答となっている。(A) の What は「なんという」という意味で、感嘆を表す。新しい雑誌を賞賛するコメントが述べられた場合に、返す言葉になっている。(B) は問いかけにもある magazine(s) でひっかけをねらっている。

注　□ compliment：❷褒め言葉

(164) 8. 　　　　　　　　　　　　　　　　　　　　　　難易度 ▲　　正解 (C)

Script Has the place for our dinner been decided yet?
われわれのディナー会場はもう決まりましたか。

(A) Mainly for an advertisement.　　主に宣伝用です。
(B) It's a special in town.　　　　　それは町の名物料理です。
(C) It's still to be determined.　　　まだ決まっていません。

解説「ディナー会場を決めたかどうか」が問われている。(C) の It は the place for our dinner を指しており、「ディナー会場はまだ決められることになっている→**まだ決められていない**」と述べている。つまり、**No** と答えているので、これが正解。be to do で「～することになっている」と予定を表す（ここでは do 部分が受動態になっている）。(A) は何の用途を答えているのか不明。(B) は dinner から連想される special（名物料理）でひっかけをねらっている。

注　□ mainly：❶主に　□ still to be determined：まだ決まっていない

(165) 9. 　　　　　　　　　　　　　　　　　　　　　　難易度 ▲　　正解 (A)

Script Excuse me, is this chair available?
すみません、この椅子は空いていますか。

(A) My friend's coming soon.　　　　　友達がもうすぐ来るんです。
(B) The chairman will talk in a few minutes.　議長は数分後に話します。
(C) Every morning.　　　　　　　　　　毎朝です。

解説「席が空いているかどうか」を尋ねている。(A)「友人が間もなく来る」は、「**その友人がその席に座る予定**」ということを示唆している。間接的に **No**（＝空いていない）と答えており、正解。(B) は chairman が chair に対する音トリックとなっている。(C) が答えているのは頻度。

注　□ chairman：❷議長

トレーニング

問題通し番号 166 ～ 168

【問題】

☐ **10.** Mark your answer on your answer sheet.

☐ **11.** Mark your answer on your answer sheet.

☐ **12.** Mark your answer on your answer sheet.

🔊 M166
▼
🔊 M168

✔ 単語 Check!
前のページで出題された重要語句です。意味を覚えていますか？

☐ compliment ☐ mainly ☐ still to be determined
☐ chairman

(166) 10.

Script Do you know where the nearest post office is?
最寄りの郵便局がどこにあるか知っていますか。

(A) Buy some stamps, first.　　　まず切手を何枚か買ってください。
(B) Nothing around here, sorry.　　この周辺にはないんです、残念ながら。
(C) Yes, you are.　　　　　　　　ええ、あなたはそうです。

解説 間接疑問文。「最寄りの郵便局の**《場所》**」が質問のポイント。これに「**この近くに郵便局は1つもない**」と答えている (B) が自然な応答。(A) は post office から連想される内容でひっかけをねらっている。(C) は Yes の後ろの主語と動詞がおかしい。Do you know ~ ? と質問されているので、肯定する場合には、Yes, I do. とするのが基本。

(167) 11.

Script Should I get a new monitor for the presentation?
プレゼン用の新しいモニターを購入すべきでしょうか。

(A) The current one was bought last month.
　　今のを先月、買ったばかりですよ。
(B) Present your ID at the security desk.
　　警備デスクで身分証明証を提示してください。
(C) He'll register by himself.
　　彼は自分で登録するでしょう。

解説 Should I ~ ? で「新しいモニターを買うべきかどうか」を尋ねている。(A) の The current one は「いま使っているモニター」のこと。それを「先月買った」と言っている。これには「**今のモニターも十分に新しいので、買わなくていい**」という意図が込められている。**間接的な No** を答えており、これが正解。(B) は Present が presentation に対する音トリック。(C) は He が誰を指すのか不明。

注　□ present：動 ~を提示する

(168) 12.

Script Have you examined the final edition of the magazine?
その雑誌の最終版を調べましたか。

(A) I just tried to add it.　　　　それを加えようとしただけです。
(B) Always keep proof of purchase.　常に購入証明書をとっておくように。
(C) I have. Here you are.　　　　調べました。これです。

解説「その雑誌の最終版を調べたかどうか」が問われている。(C) の I have. は **I have examined the final edition of the magazine.** を省略した形。「**調べました**」と言っている。そして、Here you are.（これです）で、その**成果物を手渡そうとしている**。これが正解。(A) は it が何を指すか不明確（「雑誌の最終版」を指すと考えると、文意が通らない）。(B) の「購入証明書」は無関係な内容。

注　□ examine：動 ~を調べる　□ proof：名 証明書

トレーニング

問題通し番号 169〜171

【問題】

☐ **13.** Mark your answer on your answer sheet.

☐ **14.** Mark your answer on your answer sheet.

☐ **15.** Mark your answer on your answer sheet.

🔊 M169
▼
🔊 M171

✔ 単語 Check!
前のページで出題された重要語句です。意味を覚えていますか？

☐ present   ☐ examine   ☐ proof

(169) 13.　　　　　　　　　　　　　　　　　難易度　難　正解 (A)

Script Did you try to get the flight ticket through the Internet?
インターネットで飛行機のチケットを購入しようとしてみましたか。

(A) Yes, it wasn't complicated.　　　ええ、簡単でしたね。
(B) Order a new one.　　　　　　新しいものを注文してください。
(C) The online ticket is available now.　今、オンラインチケットが利用できます。

解説「インターネットでチケットを購入しようとしたかどうか」が問われている。(A) は **Yes**（＝購入しようとした）と応じ、「複雑ではなかった→**簡単だった**」と、その**手続きの感想**を続けている。矛盾なく質問に答えているので、正解。(B) の one は flight ticket を意味することになるので、新しい航空券の注文を指示しており、質問とかみ合わない。(C) は online や ticket など、関連した内容でひっかけようとしている。

---

(170) 14.　　　　　　　　　　　　　　　　　難易度　難　正解 (C)

Script Are you going to swim with your colleagues this Saturday?
今週の土曜日、同僚と泳ぎに行きますか。

(A) They need to get in shape.　　　彼らは体を鍛える必要があります。
(B) Not as good as I used to.　　　以前ほどよくありません。
(C) I'll do it on Sunday.　　　　　日曜日に行きます。

解説「土曜日に同僚と一緒に泳ぎに行くのかどうか」が問われている。(C) の「日曜日に行く」は、**行くこと自体は否定していない**ものの、**別の日に行く**ことを伝えている。これが正解。(A) の They は my colleagues を意味し、同僚のことについて述べている。しかし、質問のキーである「あなた（＝応答者自身）」について答えていないため、文意が通らない。(B) は過去の何かの状態を答えており、質問に無関係。

注　□ get in shape：体を鍛える

---

(171) 15.　　　　　　　　　　　　　　　　　難易度　難　正解 (B)

Script Do you want to give your presentation first?
あなたは最初にプレゼンしたいですか。

(A) For a few seconds.　　　　　　2、3秒の間。
(B) I'd rather do it later.　　　　あとのほうがいいです。
(C) Here's my identification badge.　これが私の ID バッジです。

解説「最初にプレゼンしたいかどうか」が問われている。(B) の would rather do は「むしろ～したい、～したほうがいい」と願望を伝える表現。そして do it は give my presentation を意味するので、「**あとでプレゼンするほうがいい**」と言っている。つまり **No** と答えており、これが正解。(A) が答えているのは期間。(C) は身分証明バッジを提示している。どちらも質問とは関係のない内容。

(トレーニング)   問題通し番号 (172)～(174)

【問題】

☐ **16.** Mark your answer on your answer sheet.

☐ **17.** Mark your answer on your answer sheet.

☐ **18.** Mark your answer on your answer sheet.

🔊 M172
▼
🔊 M174

✔ 単語 Check!
前のページで出題された重要語句です。意味を覚えていますか?

☐ get in shape

(172) 16. 正解 (B)

Script Do you sell batteries here?
こちらで電池を売っていますか。

(A) I can buy it now. 私は今それを購入できます。
(B) We don't have any more in stock. もう在庫がございません。
(C) Your credit card seems to have been accepted. あなたのクレジットカードは使えたようです。

解説「電池を売っているかどうか」が問われている。問いかけを聞いた瞬間に、店頭で質問している場面をイメージできると、店員の応答を待ち構えられるので、正答しやすくなる。(B) の any more は any more batteries を意味している。「電池の在庫がもうない」は「売っていたが、売り切れてしまった」ということ。つまり No と答えているので、これが正解。(A) は主語が You であれば、正解となる可能性がある。(C) は買い物に関連するクレジットカードでひっかけをねらっている。

注 □ battery：名 電池

(173) 17. 正解 (C)

Script Are tickets for the workshop still available?
ワークショップのチケットはまだ買えますか。

(A) It worked a lot. とてもうまくいきました。
(B) Please send it to me. それを私に送ってください。
(C) It concluded this morning. 今朝締め切ったんです。

解説「ワークショップのチケットを購入可能かどうか」が問われている。(C) の conclude は「終了する」なので、「It (=チケットの販売) は終わった」と言っている。つまり No (=購入できない) と答えており、正解。(A) は It = the workshop と考えられるが、過去のワークショップの感想となり、質問にはつながらない。(B) を「チケットを送ってください」と解釈すると正解のようにも見えるが、送り先が逆。チケットを欲しがっているのは、質問者の方。

注 □ conclude：動 終わる、結論を出す

(174) 18. 正解 (C)

Script Should we buy more color toner for the photocopier?
コピー機のカラートナーをもっと買ったほうがよいですか。

(A) Bye for now. じゃあまた。
(B) The paper craft is great. そのペーパークラフトは素晴らしいです。
(C) There's plenty at the moment. 今のところ十分にあります。

解説「カラートナーをもっと購入すべきかどうか」が問われている。(C) の「今は十分にある」は、だから「購入する必要はない」ということを示唆している。間接的に No と答えており、正解。(A) は bye が buy に対する音トリック。(B) は、コピー機から連想される paper でひっかけようとしている。

トレーニング

問題通し番号 175 ～ 177

【問題】

- [ ] **19.** Mark your answer on your answer sheet.
- [ ] **20.** Mark your answer on your answer sheet.
- [ ] **21.** Mark your answer on your answer sheet.

🔊 M175
▼
🔊 M177

✔ 単語 Check!
前のページで出題された重要語句です。意味を覚えていますか？

- [ ] battery
- [ ] conclude

(175) 19.   難易度 正解 (C)

Script Do I have to donate money here now?
今ここでお金を寄付しなければいけませんか。

(A) Yes, we'll sell them nationwide.　　ええ、それらを全国で販売します。
(B) The information needs to be kept confidential.
　　　　　　　　　　　　　　　　その情報は内密にしておく必要があります。
(C) You can do it electronically.　　電子的に寄付できますよ。

解説「今ここで寄付すべきかどうか」が問われている。(C) の do it は donate money を受けており、「**電子的にお金を寄付できる**」と言っている。つまり **No**（＝今ここで寄付しなくてもいい）ということを間接的に伝えており、自然な応答。(A) は Yes（＝今ここで寄付しなければならない）のあと、「全国で何かを売る」と言っており、文意が通らない。(B) は The information が何を指しているのか不明。「今ここで寄付すべきかどうか」ということを information で言い換えているとは考えにくい。

注　□ donate：動 〜を寄付する　□ confidential：形 機密の、秘密の　□ electronically：副 電子的に

(176) 20.   難易度 正解 (B)

Script Does anyone want to help Mr. Becker return these tables?
Becker さんがこれらのテーブルを返却するのを、誰か手伝ってくれませんか。

(A) The one by the window.　　窓際のやつです。
(B) Our team has some time.　　私たちのチームは時間が取れますよ。
(C) I appreciate that.　　ありがたいです。

解説「Becker さんがテーブルを返却するのを手伝ってくれる人がいるかどうか」が問われている。(B)「私たちのチームは時間が取れる」は、**時間的な余裕がある**ことを述べ、**手伝う意思**を示している。間接的な **Yes** を答えており、正解。(A) は「窓際の人（あるいはテーブル）」を意味するが、手伝うかどうかの答えになっていない。(C) は誰が手伝うのか確定していないのに、感謝の念を述べており、ちぐはぐな応答。

(177) 21.   難易度 正解 (C)

Script Do you like the sushi shop across the street?
通りの向かいの寿司店は好きですか。

(A) Please cut in half.　　半分に切ってください。
(B) Let's do it ourselves.　　自分たちでやりましょう。
(C) How about you?　　あなたはどうですか。

解説「向かいの寿司店が好きかどうか」が問われている。(C) の **How about 〜?** は提案・勧誘の際にも用いるが、How about you? とした場合には「あなたはどう思うか」と、**相手の意見を求める表現**になる。ここでは「**あなたはその寿司店が好きか**」と問い返していることになる。好きかどうかには答えていないが、自然なやりとりが成立するので、これが正解。(A)(B) はいずれも質問に無関係な内容。

トレーニング

問題通し番号 (178)〜(180)

【問題】

☐ **22.** Mark your answer on your answer sheet.

☐ **23.** Mark your answer on your answer sheet.

☐ **24.** Mark your answer on your answer sheet.

🔊 M178
▼
🔊 M180

✔ 単語 Check!
前のページで出題された重要語句です。意味を覚えていますか？

☐ donate　　　☐ confidential　　　☐ electronically

(178) 22.

Script Are you in charge of the marketing promotion?
あなたがマーケティングプロモーションの責任者ですか。

(A) Please return it to me. — それを私に返してください。
(B) We need more paper to print. — 印刷用の紙がもっと必要です。
(C) No, Eduardo is. — いいえ、Eduardo です。

正解 (C)

解説 「相手がマーケティングプロモーションの責任者かどうか」を尋ねている。これに対し、(C) は **No**（＝私は責任者ではない）と応じ、**Eduardo is** (in charge of the marketing promotion). と続けている。自分ではないと否定したあと、実際の責任者 (Eduardo) を伝える的確な応答。(A) は it が何を指すのか不明。(B) は質問に無関係な応答。

注 □ in charge of X：X を担当して

(179) 23.

Script Is Ms. James retiring next week?
James さんは来週、退職するんですか。

(A) You should give it a try. — 試しにやってみるべきです。
(B) She's already left. — 彼女はもう辞めましたよ。
(C) Next to my room. — 私の部屋の隣です。

正解 (B)

解説 「James さんが来週、退職するのかどうか」が問われている。(B) の leave (left) は「辞める」という意味で、問いかけの retire を言い換えている。「彼女はもう辞めた」は、James さんはこれから退職するという**質問者の思い込みを否定**している。自然なやりとりとなるので、これが正解。(A) の give it a try は「試しにやってみる」だが、ここでは何を試すのか不明。(C) は場所の応答。Next に釣られて選ばないように。

注 □ give it a try：試しにやってみる

(180) 24.

Script Do you have more plates for food?
料理用のお皿はもっとありますか。

(A) Should we have more? — まだ必要ですか。
(B) Food for a healthy diet. — 健康的な食生活のための食品です。
(C) I'd like some salad please. — サラダをください。

正解 (A)

解説 「料理用の皿がもっとあるかどうか」が問われている。それに「(皿が) もっと必要なのか」と疑問を呈している (A) は、「**もういらないだろう**」ということを間接的に伝えている。「あるかどうか」に答えてはいないが、自然なやりとりが成立するので、これが正解。(B) は食品の種類を答えており、(C) は料理を注文している。どちらも food から連想される内容でひっかけをねらっている。

トレーニング 問題通し番号 (181)～(183)

【問題】

☐ **25.** Mark your answer on your answer sheet.

☐ **26.** Mark your answer on your answer sheet.

☐ **27.** Mark your answer on your answer sheet.

◉M181
▼
◉M183

✔ 単語 Check!
前のページで出題された重要語句です。意味を覚えていますか？

☐ in charge of X   ☐ give it a try

(181) 25.

Script Have you posted the notice about the library renovation?
図書館の改装についての掲示を貼り出しましたか。

(A) Haven't you taken a look at it? 　見ていないんですか。
(B) The poster must be replaced. 　ポスターは交換しなければいけません。
(C) I think that's a good deal. 　お買い得だと思います。

解説「図書館改装に関する掲示を貼り出したかどうか」が問われている。(A) の it は the notice を受けており、「掲示を（まだ）見ていないのか」と尋ね返している。これは「**すでに貼り出してある**」、つまり **Yes** ということを間接的に答えており、自然な応答。(B) は post(ed) に関連した poster でひっかけをねらっている。(C) の good deal は「お買い得」という意味だが、問いかけにそれに該当するものが見当たらない。

注　□ good deal：お買い得

(182) 26.

Script Do you think we can make it in time for the monthly meeting?
月例会議に間に合うと思いますか。

(A) In a timely manner. 　タイミングよく。
(B) Why don't we catch a taxi? 　タクシーに乗りませんか。
(C) The meeting should start on time. 　会議は時間通りに始まるべきです。

解説 Do you think ～？の形だが、質問のポイントは「会議に間に合うかどうか」。(B) の「タクシーに乗りましょう」は、「**そうすれば間に合うだろう**」ということを間接的に伝えている。これが正解。(A) は「タイミングよく」という意味。in time（間に合うように）とは意味が異なる。(C) は問いかけに関連した内容 meeting、on time（時間通りに）でひっかけをねらっている。

注　□ make it：(時間に) 間にあう　□ in time for X：X に間に合うように
　　□ in a timely manner：タイミングよく　□ on time：時間通りに

(183) 27.

Script Are you having any problems with your new computer?
新しいコンピュータに何か不具合がありますか。

(A) How much is the newest version? 　その最新バージョンはいくらですか。
(B) Some basic software hasn't been installed.
　　いくつかの基本的なソフトがインストールされていないんです。
(C) It's not going to be easy. 　簡単にはいきません。

解説「コンピュータに問題があるかどうか」が問われている。(B) の「基本的なソフトがインストールされていない」は、具体的な**問題点に言及**しており、これが正解。(A) は new(est) に釣られないように。(C) は問題の有無ではなく、「あることが簡単かどうか」に対する返答になっており、ここでは無関係。

トレーニング

問題通し番号 (184)～(186)

【問題】

☐ **28.** Mark your answer on your answer sheet.
☐
☐

☐ **29.** Mark your answer on your answer sheet.
☐
☐

☐ **30.** Mark your answer on your answer sheet.
☐
☐

M184
▼
M186

✔ 単語 Check!
前のページで出題された重要語句です。意味を覚えていますか？

☐ good deal　　☐ make it　　☐ in time for X　　☐ in a timely manner
☐ on time

(184) 28.

Script Do you have some time now?
今、ちょっと時間ありますか。

(A) Sometime next week. 　　　来週のいつか。
(B) OK, see you around. 　　　うん、じゃあまた。
(C) I'm available in the afternoon. 　午後なら空いてますよ。

解説　「いま時間があるかどうか」が問われている。(C) の available は「(手が空いていて) 会うことができる」という意味で、「午後なら空いている」と言っている。これは **No** (＝今は時間がない) ということを間接的に伝えており、正解。(A) は「今」についての質問に対して、「来週のいつか」では間があきすぎている。(B) は別れ際の挨拶。問いかけ→ (C) → (B) の流れであれば、自然な会話となる。

---

(185) 29.

Script Have you heard about the new internship program?
新しいインターンシッププログラムについて聞きましたか。

(A) The manager told me about it. 　部長が私に教えてくれました。
(B) In the telephone directory. 　　電話帳に。
(C) No, I didn't make them. 　　　いいえ、私はそれらを作りませんでした。

解説　「インターンシッププログラムについて聞いたかどうか」が問われている。(A) の it は the new internship program を受けており、**部長が私にインターンシッププログラムのことを話した**と答えている。つまり、**Yes** (＝聞いた) ということなので、これが正解。(B) が答えているのは場所。(C) は **No** (＝聞いていない) まではよいが、make them の them が何を指すのか不明。

注　□ telephone directory：電話帳

---

(186) 30.

Script Do you have extra forms for other attendees?
ほかの参加者のための書式を余分に持っていますか。

(A) Yes, you can. 　　　　　ええ、あなたならできます。
(B) It's on the Internet. 　　インターネット上にありますよ。
(C) Shall I revise them? 　　それらを修正しましょうか。

解説　「余分な書式を持っているかどうか」が問われている。(B) の「インターネット上にある」は、「**書式のデータファイルがネット上にある** (だからそれを印刷すればいい)」ということを示唆している。自分が持っていないので、**入手できる場所**を答えている。(A) は Yes まではよいが、主語が you なので、質問者のことを答えていることになる。(C) は them ＝ forms となり、書式の改訂を申し出ているが、質問に答えていない。

注　□ extra：余分な　□ attendee：出席者、参加者

(トレーニング)　　　　問題通し番号 187 ～ 189

【問題】

31. Mark your answer on your answer sheet.

32. Mark your answer on your answer sheet.

33. Mark your answer on your answer sheet.

🔊 M187
▼
🔊 M189

✔ 単語 Check!
前のページで出題された重要語句です。意味を覚えていますか？

☐ telephone directory　　　☐ extra　　　☐ attendee

(187) 31. 難易度 難 正解 (A)

Script Do you sell mobile phones?
携帯電話を売っていますか。

(A) What type are you looking for?　　どのようなタイプをお探しですか。
(B) He moved to another branch.　　彼は別の支店へ移りました。
(C) I can give you a lift.　　車で送りますよ。

解説「携帯電話を売っているかどうか」が問われている。(A)「どんな種類を探しているのか」は、Yes（＝携帯電話を売っている）ということ。売っているけれども、具体的にどの携帯電話が欲しいのかを尋ね返している。これが正解。(B) は He が誰を指すのか不明。(C) の lift は「（車などに）乗せること」。質問に無関係な内容。

注　□ branch：⑧支店　□ lift：⑧（車などに）乗せること

(188) 32. 難易度 難 正解 (A)

Script Do you think it would take less time if we used the courier service?
宅急便を利用するなら、より時間がかからないと思いますか。

(A) Our budget is very tight, I'm afraid.　　予算がかなり厳しいんです、残念ながら。
(B) A taxi is the fastest option.　　タクシーが最も早い選択肢です。
(C) The service will be extended next year.　　サービスは来年延長されるでしょう。

解説「宅急便を利用すれば配達時間の短縮になるかどうか」が問われている。(A)「予算が厳しい」は、配達時間とは関係のない応答のように感じられる。しかし、その裏には**配達時間は短くなるが、予算が厳しいので、宅急便は使用できない**という意図が隠されており、自然な応答になっている。これが正解。(B) は、配送方法ではなく、移動方法の早さについて答えている。(C) は service に釣られないように。

注　□ courier：⑧宅配便

(189) 33. 難易度 難 正解 (A)

Script Is there anything I can get for you?
何か買ってきましょうか。

(A) Where are you going?　　どこに行くんですか。
(B) I think I can get some.　　いくつか獲得できると思います。
(C) All that she wants is some food.　　彼女が欲しがっているのは食べ物だけです。

解説「何か買ってきてほしいものがあるかどうか」が問われている。(A)「どこに行くのか」は、**どの店にいくのか**を尋ねている。行く店によって、Yes か No か（買い物を頼むかどうか）が変わる可能性があるので、まずその確認をしていると考えられる。自然なやりとりとなるので、正解。(B) は、応答者自身が「何かを手に入れる」と言っており、ちぐはぐな応答。(C) は she 部分がおかしい。質問は you（＝応答者）について尋ねているので、All that I want is ... ならば、正解になり得る。

トレーニング

問題通し番号 (190)〜(192)

【問題】

☐ **34.** Mark your answer on your answer sheet.

☐ **35.** Mark your answer on your answer sheet.

☐ **36.** Mark your answer on your answer sheet.

🔊 M190
▼
🔊 M192

✔ 単語 Check!
前のページで出題された重要語句です。意味を覚えていますか？

☐ branch　　　☐ lift　　　☐ courier

(190) **34.**　　　　　　　　　　　　　　　　　　　難易度 難　　正解 (B)

Script Are the tables and chairs in the storeroom?
テーブルとイスは物置にありますか。

(A) That's what I really wanted.　　それがまさに欲しかったんです。
(B) I returned them a few days ago.　　2、3日前に戻しましたよ。
(C) Yes, by the store.　　ええ、お店のそばに。

解説「物置にテーブルとイスがあるかどうか」が問われている。(B) の them は the tables and chairs を受けており、「2、3日前にテーブルとイスを（物置に）戻した」と言っている。これは、だから**今も物置にあるはず**ということを示唆している。間接的に **Yes** と答えており、自然な応答。これが正解。(A) はテーブルとイスを指して「まさに欲しかった」と言っていると解釈すると、正解のように思えるが、それらを欲しているのは質問者の方。(C) は Yes（＝物置にある）と言いながら、後ろが「店のそばに」なので、矛盾している。store が storeroom に対する音トリック。

注　□ storeroom：名物置

---

(191) **35.**　　　　　　　　　　　　　　　　　　　難易度 易　　正解 (C)

Script Do I have to carry out a safety inspection?
安全検査を実施すべきですか。

(A) Just the way you are.　　ありのままのあなたで。
(B) He was an authorized inspector.　　彼は公認検査官でした。
(C) It's mandatory.　　それは必須です。

解説「安全検査をすべきかどうか」が問われている。(C) の mandatory は「強制的な、必須の」という意味。**検査は必ず実施しなければならない**ことを伝えている。質問に **Yes** と応じていることになるので、正解。(A) は歌の歌詞によく登場するセリフで、「あなたはそのままでいい」と伝えたいときに用いる。(B) は safety inspection から連想される inspector（検査官）でひっかけをねらっている。

注　□ carry out X：X を実行する　□ authorized：形公認の　□ mandatory：形義務の、強制的な

---

(192) **36.**　　　　　　　　　　　　　　　　　　　難易度 難　　正解 (A)

Script Do you have this sweater in black?
このセーターで黒色のものはありますか。

(A) We don't carry any.　　ウチには置いていません。
(B) Yes, we have it in a larger size.　　ええ、より大きなサイズのものがあります。
(C) It's cold outside.　　外は寒いです。

解説「このセーターの黒色があるかどうか」を尋ねている。(A) の carry は「（商品など）を置いている、扱っている」という意味。**（そのセーターの黒色を）1つも置いていない**と言っている。つまり **No** と答えており、これが正解。(B) は in a larger size（大きいサイズの）とあるように、色ではなく、サイズについて答えている。(C) は sweater から連想される「寒い」という内容でひっかけをねらっている。

トレーニング

【問題】

☐ **37.** Mark your answer on your answer sheet.

☐ **38.** Mark your answer on your answer sheet.

☐ **39.** Mark your answer on your answer sheet.

🔊 M193
▼
🔊 M195

✔ 単語 Check!
前のページで出題された重要語句です。意味を覚えていますか?

☐ storeroom　　☐ carry out X　　☐ authorized　　☐ mandatory

(193) 37. 正解 (B)

Script Do you know when the lecture will start?
講義がいつ始まるか知っていますか。

(A) The lecturer was a little late. 　講師が少し遅れてきました。
(B) It's from half past ten. 　10時30分からです。
(C) At a room facing the sea. 　海に面した部屋で。

解説 間接疑問文 Do you know when 〜 ? の形。「講義が始まる**〈時〉**」が質問のポイントになっている。それに対して「10時30分から」と、素直に**時刻**を返答している (B) が正解。half past 〜は、「〜」から1時間の半分が過ぎた「○時半」を意味する（※「〜」には時刻が入る）。(A) は、主語 lecturer（講演者）に釣られないように。過去形で答えているために、質問とかみ合わない。(C) は講義の場所が問われていると勘違いした人をねらった選択肢。

注 □ lecturer：名講師

(194) 38. 正解 (B)

Script Did Everett visit your office to take measurements yesterday?
昨日、寸法を測りに Everett はそちらの事務所を訪問しましたか。

(A) He said he wanted to make it wider. 　彼はそれをより幅広くしたいと言いました。
(B) His assistant did. 　彼のアシスタントがいらっしゃいました。
(C) More light bulbs would be needed. 　もっと多くの電球が必要です。

解説 「Everett が寸法を測りに来たかどうか」が問われている。(B) の did は visited our office to take measurements を意味しており、「アシスタントが寸法を測りに来た」と言っている。**Everett は来なかったが、彼のアシスタントが来た**、ということで、質問に自然につながるので、正解。(A) は measurements（寸法）から連想される make it wider（幅広くする）でひっかけをねらっている。(C) の light bulb（電球）は質問に無関係。

注 □ measurements：名寸法　□ light bulb：電球

(195) 39. 正解 (C)

Script Do you know if Mr. Burns will come to the party?
Burns さんがパーティーに来るかご存知ですか。

(A) Yes, I'm good at dancing. 　ええ、私はダンスが得意です。
(B) He had trouble coming to my office. 　彼は私の事務所に来るのに苦労しました。
(C) All of us are expecting him. 　私たちはみな、彼が来ると予想しています。

解説 間接疑問文 Do you know if 〜 ? の形。「Burns さんがパーティーに来るかどうか」が質問のポイントになっている。(C) の expect は「〜が来るだろうと思う」という意味で、「**私たちは Burns さんがパーティーに来るだろうと思っている**」と答えている。推測を交えてはいるが、「来るかどうか」にきちんと答えているので、これが正解。(A) は Yes まではよいが、カンマ以降が質問に無関係。(B) は過去形で答えており、質問とは時制がズレている。coming に釣られないように。

注 □ expect：動（多分そうだろうと）思う

トレーニング

問題通し番号 196〜198

【問題】

40. Mark your answer on your answer sheet.

41. Mark your answer on your answer sheet.

42. Mark your answer on your answer sheet.

🔊 M196
▼
🔊 M198

✔ 単語 Check!

前のページで出題された重要語句です。意味を覚えていますか？

☐ lecturer　　☐ measurements　　☐ light bulb　　☐ expect

(196) 40. 　　　　　　　　　　　　難易度 　　　難　　正解 (A)

Script Do you think Ms. Barnes would like the French restaurant by the water?
Barnes さんは水辺のあのフレンチレストランがいいかな。

(A) I'm afraid that's been closed. 　　　残念ながらあそこは閉まってるよ。
(B) I haven't reserved any tables yet. 　まだ席を予約していません。
(C) She's watering the plants. 　　　　彼女は植物に水をやっています。

解説「Barnes さんがあのフレンチレストランを好むと思うかどうか」が問われている。(A) の that は the French restaurant を受けており、「あのフレンチレストランは閉店になった」と答えている。これは**「Barnes さんが好むかどうかにかかわらず、閉店で訪問できない」**という情報を伝えている。質問に答えてはいないが、自然なやりとりが成立するので、正解。(B) は restaurant から連想される内容だが、「席を予約する」ところまでまだ話は進んでいない。(C) は water(ing) に釣られないように。

注 ☐ water：動 〜に水をやる

(197) 41. 　　　　　　　　　　　　難易度 　　　難　　正解 (C)

Script Did you already finish writing the article for tomorrow's newspaper?
明日の新聞用の記事をもう書き終えましたか。

(A) No, you should complete the deal. 　いいえ、あなたは契約をまとめるべきです。
(B) I missed looking at the art collection. 私はその美術品コレクションを見逃しました。
(C) I'm still working on it. 　　　　　　まだ書いているところなんです。

解説「明日の記事を書き終えたかどうか」が問われている。(C) の work on X は「X に取り組む」という意味。「まだそれ (＝記事) に取り組んでいる」、つまり**「書き終えていない」**と言っている。間接的に No と答えており、自然な応答。これが正解。(A) は No (＝書き終えていない) のあと、you (質問者) のことを話しており不適切。you が I なら、記事を書き終えていない理由を述べていると解釈できるので、正解の可能性がでてくる。(B) は質問に無関係な内容。

注 ☐ deal：名 契約

(198) 42. 　　　　　　　　　　　　難易度 　　　難　　正解 (C)

Script Will this envelope fit into your inside pocket?
この封筒はあなたの内ポケットに入りますか。

(A) Use this rope for it. 　　　　　　そのためにこのロープを使ってください。
(B) In a fitting room. 　　　　　　　試着室で。
(C) Let me see if it does. 　　　　　入るか試してみます。

解説「この封筒が相手の内ポケットに入るかどうか」を尋ねている。(C)「入るかどうか試してみる」は、**「内ポケットに入るかどうかわからないので確認してみる」**ということ。質問に答えてはいないが、自然なやりとりが成立するので、これが正解。(A) は rope が envelope に対する、(B) は fitting が fit into に対する音トリックになっている。

トレーニング

問題通し番号 (199)〜(201)

【問題】

☐ **43.** Mark your answer on your answer sheet.
☐
☐

☐ **44.** Mark your answer on your answer sheet.
☐
☐

☐ **45.** Mark your answer on your answer sheet.
☐
☐

🔊 M199
▼
🔊 M201

✔ 単語 Check!
前のページで出題された重要語句です。意味を覚えていますか？

☐ water   ☐ deal

(199) 43. 正解 (C)

Script Have you seen my stapler?
私のホッチキスを見ましたか。

(A) When did you submit them?　いつそれらを提出したんですか。
(B) I've never seen the new client.　その新しい顧客に会ったことがありません。
(C) I think Joe was using it.　Joe が使っていたと思いますよ。

解説「質問者のホッチキスを見たかどうか」が問われている。(C) の it は your stapler を指しており、「**Joe があなたのホッチキスを使っていたと思う**」と答えている。間接的に **Yes**（＝見た）と答えており、これが正解。(A) は them が何を指すのか不明（my stapler は単数なので、them では受けられない）。(B) の「顧客に会う」ことは質問に無関係。問いかけと同じ see の現在完了形に釣られて選ばないように。

注　☐ stapler：❷ホッチキス

(200) 44. 正解 (B)

Script Do you have more copies of the newsletter?
ニュースレターをあと何部か持っていますか。

(A) The news will cover that topic.　ニュースでその話題を取り上げます。
(B) How many do you need?　何部必要なんですか。
(C) Can you do it yourself?　自分でできますか。

解説「ニュースレターをさらにいくつか持っているかどうか」が問われている。(B) の「何部必要なのか」という質問は、**ニュースレターをまだ持っていること**を示唆している。そして、**部数次第では、提供可能であること**も伝えている。自然なやりとりとなるので、正解。(A) に news が newsletter に対する音トリックになっている。(C) は問いかけが、ニュースレターのコピー（複写）を依頼していると勘違いした人をねらった選択肢。

(201) 45. 正解 (A)

Script Did Dr. Griffin join the dinner last night?
Griffin 博士は昨夜の夕食会に参加しましたか。

(A) We had a great time together.　私たちは一緒に素晴らしい時間を過ごしました。
(B) There's something wrong with the oven.　オーブンに何か不具合があります。
(C) All of us will be there by six.　われわれ全員 6 時までにそこへ行きます。

解説「Griffin 博士が昨夜、夕食会に参加したかどうか」を尋ねている。(A) は「Griffin 博士が夕食会に参加した」とは明言していない。しかし、「私たちは一緒に素晴らしい時間を過ごした」から、**参加しただろうことは十分に推察できる**ので、正解となる。(B) の「オーブンの故障」は質問に無関係。(C) は dinner から連想される、集合時間を答えている。

トレーニング

問題通し番号 202〜204

【問題】

☐ **46.** Mark your answer on your answer sheet.
☐
☐

☐ **47.** Mark your answer on your answer sheet.
☐
☐

☐ **48.** Mark your answer on your answer sheet.
☐
☐

🔊 M202
▼
🔊 M204

✔ 単語 Check!
前のページで出題された重要語句です。意味を覚えていますか？

☐ stapler

(202) 46.

Script Is Mr. Fox traveling to New York next week?
Fox さんは来週ニューヨークに旅行しますか。

(A) That's not what I heard.　　　　それは私が聞いたことと違いますね。
(B) At the stadium.　　　　　　　　スタジアムで。
(C) Does he have your number?　　彼はあなたの電話番号を知っていますか。

解説 「Fox さんがニューヨークに旅行するかどうか」が問われている。それに対して「それは私が聞いたことではない」、つまり **No**（＝ニューヨークに行かない）と否定している (A) が正解。ちなみに、逆の That's what I heard.（その通りです）でも正解となる。(B) が答えているのは場所。(C) の電話番号は、質問に無関係。

(203) 47.

Script Are you returning to your office now?
いま職場に戻っているところですか。

(A) Just turn left at the corner.　　　　あの角を左に曲がってください。
(B) I need to talk to the client first.　先に顧客と話す必要があります。
(C) Thirty liters will be fine.　　　　　30 リットルでいいです。

解説 「いま職場に戻っている最中なのかどうか」が問われている。(B)「まず顧客と話さなければならない」は、優先すべきことを述べて、職場ではなく**顧客のところに向かっている**ことを示唆している。間接的な **No** を伝えているので、これが正解。(A) は道案内をしている。turn が returning に対する音トリック。(C) は液体の量を答えており、質問に無関係。

(204) 48.

Script Will the monthly inspection happen this Wednesday?
月次検査があるのは今週の水曜日ですか。

(A) Every other week.　　　　隔週です。
(B) Yes, at 10 A.M.　　　　　ええ、午前 10 時ですね。
(C) Nice to meet you.　　　　はじめまして。

解説 「月次検査が今週水曜日に行われるかどうか」が問われている。それに対して (B) は、Yes（＝行われる）と応じ、「午前 10 時に」と実施される時刻を続けている。矛盾なく質問に答えているので、正解。(A) が答えているのは頻度。問われているのは「monthly inspection かどうか」ではないため、不適切。(C) は初対面のあいさつで、質問には無関係。

注　□ inspection：**検査**　□ every other X：1 つおきの X

トレーニング　　　　　　　　　　　　　　問題通し番号 205 〜 207

【問題】

☐ **49.** Mark your answer on your answer sheet.
☐
☐

☐ **50.** Mark your answer on your answer sheet.
☐
☐

☐ **51.** Mark your answer on your answer sheet.
☐
☐

🔊 M205
▼
🔊 M207

✔ **単語 Check!**
前のページで出題された重要語句です。意味を覚えていますか？

☐ inspection　　　☐ every other X

(205) 49. 正解 (A)

Script Are you coming to today's workshop?
今日のワークショップに来ますか。

(A) I'll be on a trip then.　　　その時間は出かけているんです。
(B) Yes, you are.　　　ええ、あなたはそうです。
(C) Please come to my office.　　　私の事務所に来てください。

解説「今日のワークショップに来るかどうか」が問われている。(A) の then（そのとき）はワークショップの時間を指しており、「**ワークショップが行われる時間には出かけている**」と述べている。これは、間接的な **No**（＝行かない）になっているので、正解。(B) は you are なので、「あなた（＝質問者）が行く」となり、質問に対してちぐはぐな応答。(C) も命令文なので、come という動作をするのは質問者のほうとなり、質問とかみ合わない。

(206) 50. 正解 (B)

Script Sonia, is this your coat?
Sonia、これはあなたのコートですか。

(A) Yoko is in our office.　　　Yoko は私たちのオフィスにいます。
(B) I didn't bring mine.　　　私は持ってきていないんです。
(C) An autumn festival.　　　秋祭りです。

解説「あなた（＝応答者[Sonia]）のコートかどうか」が問われている。(B) の mine は my coat のこと。「私は自分のコートを持ってきていない」と言っており、「**それは私のコートではない**」ということを示唆している。間接的に **No** と答えており、自然な応答。これが正解。(A) は Yoko が your coat に対する音トリックになっている。(C) は coat から連想される autumn を含むが、質問には無関係な内容。

(207) 51. 正解 (C)

Script Have you ever operated this machine?
この機械を操作したことがありますか。

(A) It's in good condition.　　　それはいい状態です。
(B) No, you don't.　　　いいえ、あなたはしていません。
(C) I'm new here.　　　私はここの新人なんです。

解説「この機械を操作したことがあるかどうか」が問われている。(C) の new は「新入りの」という意味。「私は新入社員だ」は、だから「**その機械を操作したことがない**」ということを示唆している。間接的に **No** と答えており、自然な応答となる。これが正解。(A) の be in good condition は「好調である、いい状態である」という意味。機械の状態について述べていると考えられるが、質問には無関係。(B) は No まではいいが、その後ろの主語が you なので、質問者のことを答えている。No, I haven't であれば、正解になり得る。

注　□ operate : 働 ～を操作する

トレーニング

問題通し番号 (208)〜(210)

【問題】

☐ **52.** Mark your answer on your answer sheet.

☐ **53.** Mark your answer on your answer sheet.

☐ **54.** Mark your answer on your answer sheet.

🔊 M208
▼
🔊 M210

✔ 単語 Check!
前のページで出題された重要語句です。意味を覚えていますか？

☐ operate

(208) 52.

Script Will there be a company banquet this year?
今年は会社の宴会はあるんですか。

(A) He was accompanied by his secretary. 彼は秘書に付き添われていました。
(B) Yes, I've been there many times. ええ、そこには何度も行ったことがあります。
(C) I was asked to lead it. 私はそれを主導するよう依頼されました。

解説 「今年は会社の宴会があるのかどうか」が問われている。(C) の lead は「～を指揮する」という意味。「私は、それ (＝会社の宴会) を指揮するよう依頼された」は、宴会の手配を任されたということなので、**今年も開催される**ことを示唆している。間接的に **Yes** と答えており、正解。(A) は accompanied が company に対する音トリック。(B) は「Yes (＝宴会はある)、会社の宴会に何度もでたことがある」と解釈できるが、内容に整合性がないので不適切。

注 □ banquet：名宴会　□ accompany：動～に同行する　□ lead：動～を率いる、指揮する

(209) 53.

Script Is Mr. Wells leaving our firm next month?
Wells さんは来月この会社を辞めるんですか。

(A) Let's go to the farm. 農場に行きましょう。
(B) Yes, he'll be missed. ええ、寂しくなりますね。
(C) Tomorrow would be better. 明日の方がいいでしょう。

解説 「Wells さんが来月退社するかどうか」が問われている。それに **Yes** (＝退社する) と応じて、「**寂しくなる**」という感想を続けている (B) が正解。miss は「～がいなくて寂しい」という意味。したがって、受け身形の場合、「S は寂しく思われる」となり、寂しがるのは主語(S)以外の人。主語は寂しく思われる対象となる (ここでは he = Mr. Wells)。(A) は farm (農場) が firm (会社) に対する音トリック。(C) が答えているのは、何かの都合。

注 □ miss：動～がないのをさびしく思う

(210) 54.

Script Have you applied for the restaurant supervisory position?
レストランの支配人職に応募したことはありますか。

(A) You'd better take some fruit. 果物を食べた方がいいですよ。
(B) We need to order some plates. 皿を何枚か注文しましょう。
(C) I'm about to do it. まさに今しようとしているところです。

解説 「レストランの支配人職に応募したことがあるかどうか」が問われている。(C) の *be* about to *do* は「今まさに～しようとする」という意味。また、do it は apply for the restaurant supervisory position を受けているので、**ちょうど支配人職に応募しようとしている**と言っている。Yes/No を用いてはいないが、質問に答えているので、これが正解。(A) の果物と、(B) の皿は、どちらも restaurant に関連した内容でひっかけをねらっている。

注 □ supervisory：形監督の　□ had better *do*：～したほうがよい
　□ *be* about to *do*：～しようとしているところだ

(トレーニング)　　　　　　　　　　問題通し番号 (211)～(213)

【問題】

☐ **55.** Mark your answer on your answer sheet.
☐
☐

☐ **56.** Mark your answer on your answer sheet.
☐
☐

☐ **57.** Mark your answer on your answer sheet.
☐
☐

🔊 M211
▼
🔊 M213

✔ 単語 Check!
前のページで出題された重要語句です。意味を覚えていますか？

☐ banquet　　　☐ accompany　　　☐ lead　　　☐ miss
☐ supervisory　☐ had better do　☐ be about to do

(211) 55.

Script Do you have time to review the screenplay?
脚本を見直す時間はありますか。

(A) I'm going to have a conference call.　電話会議があるんです。
(B) There's a nice view of the ocean.　海の素晴らしい景色が見えます。
(C) Do you also need a projector?　プロジェクターも必要ですか。

解説「脚本を見直す時間があるかどうか」が問われている。(A) の「電話会議がある」は、**「今は忙しくて見直す時間はない」**ということを示唆している。婉曲的に **No** を伝えており、これが正解。(B) は view が review に対する音トリック。(C) は、問いかけが Do you have〜? で「(モノ) を持っているか」と質問していると勘違いした場合には魅力的な選択肢となる。

注　□ screenplay：❷脚本　□ conference call：電話会議

(212) 56.

Script Have you made a decision about your vacation?
休暇について決めましたか。

(A) At the right hand corner.　右側の角です。
(B) The travel agent will e-mail you.　旅行代理店があなたにメールするでしょう。
(C) I'm considering it now.　いま考え中です。

解説「休暇について決心したのかどうか」が問われている。それに対して「現在検討中」と、**まだ決定していない**ことを伝えている (C) が正解。(A) が答えているのは、場所。(B) は vacation から連想される、travel agent (旅行代理店) を含めて、ひっかけをねらっている。

(213) 57.

Script Did that new DVD get good reviews?
新しい DVD はよい批評を受けましたか。

(A) I didn't make it online.　私はインターネットでは上手くできませんでした。
(B) Please get a new copy.　新しい写しを入手してください。
(C) Most are favorable.　大半は好意的ですね。

解説「新しい DVD がよい批評を得られているかどうか」を尋ねている。(C) の Most は Most of the reviews ということ。**「批評の大半が好意的」**と言っており、間接的に **Yes** と答えている。自然な応答になっているので、これが正解。問いかけの good を favorable (好意的な) と言い換えていることに気付けるかがポイント。(A) は「ネットレビューはよくなかった」という意味だと勘違いさせようとしているが、主語が I なので、その意味にはならない。(B) は get に釣られないように。

注　□ review：❷批評　□ favorable：❸好意的な

トレーニング

問題通し番号 214～216

【問題】

☐ **58.** Mark your answer on your answer sheet.

☐ **59.** Mark your answer on your answer sheet.

☐ **60.** Mark your answer on your answer sheet.

🔊 M214
▼
🔊 M216

✔ 単語 Check!
前のページで出題された重要語句です。意味を覚えていますか？

☐ screenplay ☐ conference call ☐ review ☐ favorable

(214) **58.**　　　　　　　　　　　　　　　　　　　　　　　　正解 (C)

Script Did you get a ticket for your next business trip?
次の出張のためのチケットは入手しましたか。

(A) She's a business partner.　　　　彼女はビジネスパートナーです。
(B) A meal coupon will be provided.　　食券が提供されます。
(C) Yes, I'm traveling starting next week.　ええ、来週から行ってきます。

解説「出張用のチケットを入手したかどうか」が問われている。(C) は **Yes**（＝入手した）と応じ、**「来週から行く」**という補足情報を続けている。質問に的確に答えているので、これが正解。(A) は、問いかけにも含まれる business に釣られないように。(B) は ticket に関連した meal coupon がひっかけ。

---

(215) **59.**　　　　　　　　　　　　　　　　　　　　　　　　正解 (A)

Script Will the council election be held next week?
評議会選挙は来週行われるんですか。

(A) It's the day after tomorrow.　　明後日ですよ。
(B) Don't mention it.　　　　　　どういたしまして。
(C) Are you finished?　　　　　　終わりましたか。

解説「評議会選挙が来週行われるかどうか」が問われている。これに対して「明後日です」と**実施日**をピンポイントで答えている (A) が正解。この会話をしているのが金・土曜日であれば Yes、それ以外であれば No と伝えていることになる。(B) はお礼を言われた際に返す定番表現。(C) は質問者に何かを終了したかどうかを確認している。finished から「選挙は終わった」という応答だと勘違いしないように。

注　□ council：⊜評議会、議会　□ election：⊜選挙　□ Don't mention it.：どういたしまして

---

(216) **60.**　　　　　　　　　　　　　　　　　　　　　　　　正解 (B)

Script Do you feel like going to a Thai restaurant tonight?
今夜タイ料理レストランに行きませんか。

(A) The soup and appetizer.　　　スープと前菜です。
(B) I went there for lunch today.　今日ランチで行きました。
(C) Those machines work a lot.　それらの機械は生産性が高いです。

解説「今晩、タイ料理レストランに行きたいかどうか」が問われている。(B) の there は a Thai restaurant を受けており、「今日ランチで、タイ料理レストランに行った」と言っている。これは**「昼間に行ったから、夜はタイ料理レストランに行きたくない」**ということを示唆している。婉曲的に **No** と答えており、正解。(A) は restaurant から連想される内容でひっかけをねらっている。(C) の Those machines は何の機械のことなのか不明。

トレーニング

問題通し番号 217〜219

【問題】

☐ **61.** Mark your answer on your answer sheet.

☐ **62.** Mark your answer on your answer sheet.

☐ **63.** Mark your answer on your answer sheet.

🔊 M217
▼
🔊 M219

✔ 単語 Check!
前のページで出題された重要語句です。意味を覚えていますか？

☐ council　　☐ election　　☐ Don't mention it.

61.

Script Do you think Charlotte did her best in time for the deadline?
Charlotte は締め切りに間に合うよう最善を尽くしたんでしょうか。

(A) Her works are very popular. 彼女の作品はとても人気があります。
(B) It won't take long. 長くはかかりません。
(C) She was too busy to do it. 彼女は忙しすぎてできなかったんです。

解説 「Charlotte が最善を尽くしたかどうか」が問われている。(C) の do it は do her best を意味しており、**「彼女は忙しすぎてベストを尽くせなかった」**、つまり **No** と答えている。これが正解。(A) の「彼女の作品の人気」は質問に無関係。(B) は何に時間がかからないのか不明。

62.

Script Do you know how long it will take to Johnson Airport from here?
ここから Johnson 空港までどのくらい時間がかかるかご存知ですか。

(A) Twenty minutes by car. 車で 20 分です。
(B) Most people should do it. ほとんどの人はそれをするべきです。
(C) Along this street. この通りに沿って。

解説 間接疑問文 Do you know how long 〜 ? の形。「Johnson 空港までの**〈所要時間〉**」が質問のポイントとなっている。これに対し、「車で 20 分」と、**交通手段**と**所要時間**をシンプルに答えている (A) が正解。(B) は do が know を受けているとすると、「ほとんどの人がそれ (＝所要時間) を知るべき」となるが、質問には答えていない。(C) は Along が long に対する音トリック。

63.

Script Is this seat taken?
この席には、どなたかいらっしゃいますか。

(A) As far as I know, no one. 私の知る限りでは、誰も。
(B) Everyone's using the vehicle. 誰もがその乗り物を利用しています。
(C) Yes, you can eat one. ええ、おひとつお召し上がりください。

解説 「席を誰かが取っているのかどうか」が問われている。(A) の As far as 〜は「〜の限りでは」。「私の知る限りでは」という条件をつけて、**no one** is taking this seat (誰もこの席を取っていない) と答えている (A) が正解。(B) は問いかけの seat を車の座席と考えて、その関連から選んでしまった人がいるかもしれない。(C) は Yes (＝取っている) まではよいが、その後ろが何かを食べる話になっており、文意が通らない。

注 □ as far as 〜 :〜の限りでは □ vehicle：乗り物

トレーニング

問題通し番号 220〜222

【問題】

☐ **64.** Mark your answer on your answer sheet.

☐ **65.** Mark your answer on your answer sheet.

☐ **66.** Mark your answer on your answer sheet.

🔊 M220
▼
🔊 M222

✔ 単語 Check!
前のページで出題された重要語句です。意味を覚えていますか？

☐ as far as 〜　　☐ vehicle

(220) 64.

Script Did you read the article on Frank's concert?
Frank のコンサートに関する記事を読みましたか。

(A) In a business journal. ビジネス誌に。
(B) His advertisement is amazing. 彼の広告は素晴らしいですね。
(C) I think I missed it. 見逃したみたい。

解説「Frank のコンサート記事を読んだかどうか」が問われている。(C)「それ (= Frank のコンサート記事) を見逃したと思う」は、**読んでいない**と答えており、正解。(A) が答えているのは、記事の掲載場所。(B) は、記事でも、Frank のコンサート内容でもなく、「広告」を賞賛している。

(221) 65.

Script Has the training report already been sent?
研修報告書はもう送りましたか。

(A) I think you received the e-mail. あなたはメールを受け取っていると思いますよ。
(B) In the auditorium. 講堂で。
(C) It's practical, isn't it? 実用的ですよね。

解説「研修報告書を送付済みかどうか」が問われている。(A)「あなたはメールを受け取っていると思う」は、**そのメールで研修報告書が送られている**ことを示唆している。つまり、**Yes**（= もう送付済み）を間接的に答えている。これが正解。(B) は場所の応答。(C) は「(その研修報告書は) 実用的だよね」と確認していると解釈できるが、まだ中身を見ていないことが明らかな質問者に向かって言うのは不自然。

注 □ auditorium：**名**講堂　□ practical：**形**実務の、実際の、実用的な

(222) 66.

Script Is there anything I can do for you?
何か私にできることはありますか。

(A) Should it be done by the deadline?
それは締め切りまでに済ませるべきですか。
(B) Everything we need has been arranged.
必要なことはすべて手配済みなんですよ。
(C) On the back of the table.
テーブルの後ろ側に。

解説「あなた (=応答者) のためにできることがあるかどうか」を尋ねているが、その裏には「何かお手伝いしましょうか」という意図を含んでいる。それに対して、(B)「必要なことはすべて手配済だ」は、**できることは何もない**と答えている。**手伝いの申し出を婉曲的に断る**自然な応答。これが正解。(A) は締め切りについて質問しているが、それは何かを手伝うことが決まってからの話。(C) は場所の応答。Is there 〜？で何か具体的な物があるかどうかを尋ねていると勘違いした人をねらった選択肢。

(トレーニング)　　　問題通し番号 223 〜 225

【問題】

- ☐ **67.** Mark your answer on your answer sheet.
- ☐ **68.** Mark your answer on your answer sheet.
- ☐ **69.** Mark your answer on your answer sheet.

🔊 M223
▼
🔊 M225

✔ **単語 Check!**
前のページで出題された重要語句です。意味を覚えていますか？

☐ auditorium　　☐ practical

(223) 67.

Script Do you have any suggestions for this contract?
この契約書について何か提案はありますか。

(A) The contractor will come tomorrow.　請負業者は明日やって来ます。
(B) Did you have some experts proofread it?　専門家に校正してもらいましたか。
(C) The reporter suggests it will be improved.　その記者は、それが改善されると示唆しています。

解説「契約書に対して提言があるかどうか」が問われている。(B) の have は使役動詞。have O do (原型不定詞) で「O に〜してもらう」という意味。「専門家に契約書を校正してもらったのか」という質問になっているが、これは**「そうでなければ、専門家に校正してもらったほうがいい」**という**提案**になっている。これが正解。(A) は contractor が、(C) は suggests が、それぞれ contract、suggestions に関連しており、ひっかけになっている。

注　□ suggestion：图提案　□ contractor：图請負業者　□ proofread：動〜を校正する

(224) 68.

Script Do you usually go to the gym after work?
いつも仕事のあとはジムに通っているんですか。

(A) It depends on how busy I am.　どのくらい忙しいかによりますね。
(B) It worked out perfectly.　完璧にできました。
(C) Please ask the manager.　マネージャーに聞いてください。

解説「就業後、いつもジムに行くのかどうか」が問われている。(A) の depend on X は「X 次第だ」という意味で、「どれくらい忙しいか次第だ」と答えている。これは**「ジムに行くかどうかは状況次第だ (=いつもではない)」**ということで、間接的な **No** を答えている。これが正解。(B) の work は「うまくいく」という意味の動詞。問いかけにも work (こちらは名詞の「仕事」) があるので釣られて選ばないように。(C) は「ジム通い」という個人的なことなのに、「マネージャーに聞いて」は不自然。

注　□ work out：うまくいく

(225) 69.

Script Are you going to use this copy machine?
このコピー機を使おうとしていますか。

(A) Nothing on the ground.　地面には何もありません。
(B) Yes, but I can wait.　ええ、でも待ちますよ。
(C) Can you buy it now?　あなたは今それを買えますか。

解説「コピー機を使用するかどうか」が問われている。それに **Yes** (=使用する) と応じたあと、**but** (しかし) でつないで、**「待てる」**と答えている (B) が正解。逆説の接続詞 but がポイント。これがないと、前後が矛盾した内容となる。(A) は質問に無関係。(C) は it が this copy machine を指すと解釈すると、コピー機の購入について尋ね返していることになるが、質問にはつながらない。

第2章 ●正答一覧●

No.	ANSWER	No.	ANSWER	No.	ANSWER	No.	ANSWER	No.	ANSWER
1	C	16	B	31	A	46	A	61	C
2	C	17	C	32	B	47	B	62	A
3	A	18	C	33	A	48	A	63	A
4	A	19	C	34	B	49	A	64	C
5	C	20	B	35	C	50	B	65	A
6	A	21	B	36	A	51	C	66	B
7	C	22	C	37	B	52	C	67	A
8	C	23	B	38	B	53	B	68	A
9	A	24	A	39	C	54	C	69	B
10	B	25	A	40	A	55	A		
11	A	26	A	41	C	56	C		
12	C	27	B	42	C	57	C		
13	A	28	C	43	C	58	C		
14	C	29	A	44	B	59	A		
15	B	30	B	45	A	60	B		

✔ 単語 Check!

前のページで出題された重要語句です。意味を覚えていますか?

- ☐ suggestion
- ☐ contractor
- ☐ proofread
- ☐ work out

第3章

平叙文

問いかけが《平叙文》となっているタイプ。
発言の意図をくみ取る必要があるので、
難しくなる傾向があります。
自然につながる応答を
選び抜く感覚を磨きましょう。

問題数
46問

問題通し番号
226〜271

第3章 《平叙文》の解き方

〈問いかけ〉が、疑問文になっていないタイプ。「昨夜の映画は素晴らしかった」といった意見・感想を伝えたり、「道が混んでいる」といった状況説明だったり、「鍵を忘れた」などの独り言のようなものもあります。25問中3問前後出題されます。このタイプで意識しなければならないのは、次の2点です。

❶ 意図を受け止める

具体的な質問をしているわけではありません。しかし、発言をしているということは「**何かを伝えたい**」、そして「**何らかの反応を期待している**」わけです。その「何か」（意図）を受け止めて、応答を選ぶのが《平叙文》問題のポイントです。

❷ 自然かどうか

「Where ～？であれば〈場所〉の応答」というように、WH疑問文やYes/No疑問文には、応答に一定の法則性がありました。しかし、平叙文にはそれがありません。具体的な何かを質問しているわけではないからです。

正しい応答かどうかを判断する基準は、「自然かどうか」。それだけです。自然なやりとりが成立するかどうか。そのことを強く意識して解答してください。

それでは、例題を解いてみましょう。

START!　　100問　　200問　　300問　　400問　　500問　　600問

例題
(226) 音声を聞き、正しい応答を (A) 〜 (C) から1つ選びましょう。
Mark your answer on your answer sheet.　　Ⓐ Ⓑ Ⓒ

M226　(226)

解き方の基本

問いかけの始まりが I don't know ... だったので、平叙文ですね。まず、その発言の意図を探ります。

「〜を知らない」と言っています。知らないことを、わざわざ声に出して言っている**意図**は何でしょうか。

「〜を知らない」は
↓　つまり……
「〜を知りたい」、「〜を教えてほしい」

ということです。このように**発言の裏にあるメッセージ**をしっかり受け止めてください。

それがわかれば、あとは、自然につながる応答を選ぶだけです。「〜を教えてほしい」に対しては、素直に「答えを教える」、「○○に聞いて」、あとは「私も知らない」などが考えられます。

正解 (C)

Script I don't know how to get to the nearest station from here.
ここから最寄り駅へ行くにはどうしたらいいのかわからなくて。

(A) At the gas station.　　　　　　　　　　ガソリンスタンドで。
(B) The target date is approaching.　　目標の期日が近づいています。
(C) I'll show you on the map.　　　　　　地図で教えましょう。

解説 平叙文。「最寄り駅への行き方」を尋ねる内容になっている。これに「地図で教える」と提案している (C) が自然な応答。手元にある地図、あるいは近くの案内地図を見ながら説明するということ。(A) は「移動」に関連した内容だが、質問に答えていない。(B) は「期日が迫っている」という内容で、質問に無関係。

次ページからは練習問題です。ここで学んだ解き方を実践してみましょう。

問題通し番号 227 ～ 229

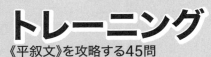

トレーニング
《平叙文》を攻略する45問

【問題】音声を聞き、正しい応答を (A) ～ (C) から１つ選びましょう。

☐☐☐ **1.** Mark your answer on your answer sheet.

☐☐☐ **2.** Mark your answer on your answer sheet.

☐☐☐ **3.** Mark your answer on your answer sheet.

🔊 M227
▼
🔊 M229

3 問ずつ解いていきましょう。まとめて解きたい場合は、巻末のマークシートを利用し、音声ファイル〈M227〉→〈M271〉を再生してください。

(227) 1.

Script I need to set a time and place for a meeting.

私は会議の時間と場所を設定する必要があります。

(A) Who's made them? 誰がそれらを作ったんですか。
(B) I'm excited to watch the race. そのレースを見るなんてワクワクします。
(C) I hope everything goes smoothly. すべてスムーズに進むといいですね。

解説「会議の時間と場所を設定しなければならない」と状況を説明している。(C) の go は、物理的な移動ではなく、「(物事が) 進行する」という意味。「**(会議の手配の) すべてがうまく進むことを願っている**」と答えており、自然なやりとりが成立する。これが正解。(A) の them に該当するものは a time and place しかないが、そうだとすると「時間と場所を作ったのは誰」となり、意味をなさない。(B) は race が place に対する音トリックになっている。

---

(228) 2.

Script Our recording will take place in the new studio.

私たちの録音は新スタジオで行われるでしょう。

(A) Show me the music player. 音楽プレイヤーを見せてください。
(B) When will that be finished? それはいつ終わりますか。
(C) It broke the previous sales record. それは以前の売上記録を破りました。

解説「録音は新しいスタジオで行われる」という予定を伝えている。それを聞き、「**それ (=録音) はいつ終わるのか**」と終了時間を質問している (B) だと、自然なやりとりが成立する。これが正解。(A) は recording や studio と関連のある music を含めて、ひっかけをねらっている。(C) は record（記録）が recording に対するひっかけになっている。

注 □ previous : 形 以前の

---

(229) 3.

Script I left my jacket in the locker of the gym I usually use.

いつも使っているジムのロッカーにジャケットを置き忘れてしまいました。

(A) It's good exercise, isn't it? それはいい運動ですよね。
(B) Don't forget to lock it. 鍵を掛けるのを忘れないで。
(C) Why don't you call them? 電話したらどうですか。

解説「ジャケットをジムのロッカーに置き忘れた」という状況を伝えている。(C) の them は「ジム (の人たち)」を指しており、「**ジムに電話してみたら**」と**解決策**を提案している。問いかけに自然につながるので、これが正解。(A) は gym から連想される内容だが、問いかけにはつながらない。(B) は lock が locker に対する音・意味両面でのひっかけになっている。

トレーニング

問題通し番号 230 〜 232

【問題】

☐ **4.** Mark your answer on your answer sheet.

☐ **5.** Mark your answer on your answer sheet.

☐ **6.** Mark your answer on your answer sheet.

🔊 M230
▼
🔊 M232

✔ 単語 Check!
前のページで出題された重要語句です。意味を覚えていますか？

☐ previous

(230) 4.

正解 (C)

Script It looks like many employees have been stuck for hours in a traffic jam.
多くの従業員が、渋滞で何時間も身動きとれないみたいです。

(A) Look at the other picture. ほかの写真を見てください。
(B) They are being hired. 彼らは雇用されています。
(C) That's why attendance is low. だから出席者が少ないんですね。

解説「多くの従業員が交通渋滞にハマっている」という状況を述べている。(C) はそれを受けて、**「だから出席者が少ないのか」**と納得している。おそらく会議などの、社内イベントに人が集まっていない状況での会話。(A) は問いかけにもある Look でひっかけをねらっている。(B) の They は many employees を指すことになるが、employees (従業員) ということは、すでに雇用されていることは明らか。そのことをあえて、ここで述べる必要性はない。

注 □ stuck：⑱身動きが取れない □ attendance：❷出席者(数)

(231) 5.

正解 (B)

Script I'll contact some advertising agencies to set up job interviews.
就職面接を取りつけるために、いくつかの広告代理店に連絡するつもりです。

(A) Could you set the table? テーブルの準備をしてくれますか。
(B) I don't think they are hiring now. 彼らは今、採用をしていないと思いますよ。
(C) It'll be a good promotion. それはよい宣伝になりますね。

解説「就職面接のため広告代理店に連絡する」という意思を表明している。(B) の they に advertising agencies を指しており、「広告代理店は今、採用しているとは思わない」と言っている。これは、だから**「連絡しても無駄だ」**ということを暗に伝えている。自然なやりとりとなるので、正解。(A) は問いかけにある set をくり返して、ひっかけをねらっている。(C) は「就職面接の電話をすることは、いい宣伝になる」となるが、常識的に考えておかしな内容。

(232) 6.

正解 (C)

Script There seems to be a leaky faucet in the kitchen.
キッチンの蛇口が水漏れしているようです。

(A) Have you seen the hose? そのホースを見かけましたか。
(B) We have to enhance the security system. セキュリティシステムを強化する必要があります。
(C) Should I contact a plumber? 配管工に連絡を取りましょうか。

解説「キッチンの蛇口が水漏れしている」という状況を伝えている。(C) の plumber は「配管工」という意味。水漏れを修理してもらうために**「配管工に連絡したほうがいいか」**と申し出ている。自然な会話となるので、これが正解。**leaky**、**faucet**、**plumber** (※発音注意 /plʌ́mər/) は Part 3、4 でも出題されることがあるので、押さえておこう。(A) は水に関連する hose (※発音注意 /hóuz/) でひっかけようとしている。(B) の「セキュリティシステムの強化」は無関係な内容。

注 □ leaky：⑱漏れがある □ faucet：❷蛇口 □ plumber：❷配管工

(トレーニング) 問題通し番号 233 〜 235

【問題】

☐ **7.** Mark your answer on your answer sheet.

☐ **8.** Mark your answer on your answer sheet.

☐ **9.** Mark your answer on your answer sheet.

◀))M233
▼
◀))M235

✔ **単語 Check!**
前のページで出題された重要語句です。意味を覚えていますか?

☐ stuck　　　☐ attendance　　　☐ leaky　　　☐ faucet
☐ plumber

7.

Script I wonder what kind of food Dr. Owens likes.
Owens 博士はどんな食べ物が好きなんだろう。

(A) It's near the restaurant. — そのレストランのそばです。
(B) I asked him to write an article. — 彼に記事の執筆を頼みました。
(C) Why not touch base with his secretary? — 彼の秘書に連絡をとったらどうですか。

解説 平叙文だが、I wonder what ～（～は何だろうかと思う）を使って、「Owens 博士が好きな食べ物」を尋ねている。(C) の touch base with ～は「～に連絡する」。「彼（= Owens 博士）の秘書に連絡してみたら」は、**答えを知る手段**を提案しており、自然なやりとりとなる。これが正解。**Why not ～ ?** は Why don't you ～ ? と同じで、何かを勧める表現。(A) は food から連想される restaurant でひっかけようとしている。(B) の「記事の執筆」は無関係な内容。

注 □ touch base with X：X と連絡をとる

8.

Script Mr. Cole arranged for the travel request form.
Cole さんが旅行依頼書を用意しました。

(A) The range is not so wide. — 範囲はそれほど広くありません。
(B) He's already been reimbursed. — 彼はすでに払い戻しを受けています。
(C) Could I see it? — 見せてもらっていいですか。

解説「Cole さんが旅行依頼書を用意した」という報告をしている。(C) の it は the travel request form を指しており、「**その旅行依頼書を見てもいいか**」と申し出ている。おそらく上司・同僚が、書類をチェックしようとしている状況。これが正解。(A) は range が arranged に対する音トリック。(B) は travel（出張）から連想される reimbursed でひっかけをねらっている。

注 □ reimburse：動 ～を払い戻す

9.

Script The company's elevators are being inspected.
その会社のエレベーターは点検中です。

(A) Who's working on it? — 誰が作業をしているんですか。
(B) Through the main exit. — メイン出口を通って。
(C) Everyone was present. — 全員出席でした。

解説「エレベーターが点検中」という状況を伝えている。(A) の it は「エレベーターの点検」を指しており、「**誰がそのエレベーターの点検をしているのか**」と、作業者を質問している。自然なやりとりが成立するので、正解。(B) は道案内。(C) は過去の事実を述べており、どちらも問いかけにつながらない。

注 □ inspect：動 ～を検査する

トレーニング

問題通し番号 (236)〜(238)

【問題】

☐ **10.** Mark your answer on your answer sheet.
☐
☐

☐ **11.** Mark your answer on your answer sheet.
☐
☐

☐ **12.** Mark your answer on your answer sheet.
☐
☐

🔊 M236
▼
🔊 M238

✔ 単語 Check!
前のページで出題された重要語句です。意味を覚えていますか？

☐ touch base with X ☐ reimburse ☐ inspect

(236) **10.**　　　　　　　　　　　　　　　　　　　　難易度　難　正解 (C)

Script We need to take inventory by the end of today.
今日中に棚卸しをする必要があります。

(A) It's an innovative invention.　　それは革新的な発明です。
(B) Let me check the backyard.　　私が裏庭を確認します。
(C) Then, we must focus on that.　　ではそれに集中しましょう。

解説　「今日中に棚卸しをしなくてはいけない」という状況を伝えている。(C) の that は「棚卸しをすること」を指しており、**「では棚卸しに集中しなければ」**と提案している。これが正解。(A) は invention が inventory に対する音トリック。(B) の backyard は「裏庭」という意味。日本語だとバックヤードは「倉庫、在庫置場」という意味で用いるが、英語には本来、その意味はない。

注　□ take inventory：棚卸しをする　□ invention：❷発明

---

(237) **11.**　　　　　　　　　　　　　　　　　　　　難易度　難　正解 (B)

Script It looks like all the copies of the book are gone.
その本のすべての写しがなくなってしまったようです。

(A) Mr. Ghosn came here to talk to us.　　Ghosn さんが話をしに、ここに来ました。
(B) Do you really need them now?　　今それが本当に必要ですか。
(C) A new route should be taken.　　新しいルートにすべきです。

解説　「ある本がすべてなくなった」という状況を伝えている。それに対し、「今、本当にその本が必要なのか」と確認をしている (B) は、問いかけの裏に**「その本が必要なのに**（なくなってしまってた）」という意図があることを察知した上での応答。問いかけに自然につながるので、これが正解。(A) は Ghosn（ゴーン）という人名が gone に対する音トリック。(C) は道順を答えており、質問に無関係。

---

(238) **12.**　　　　　　　　　　　　　　　　　　　　難易度　難　正解 (A)

Script The landscape company will be here at 3 P.M.
造園業者が午後 3 時にここに来ます。

(A) We need to finish this meeting by then.
　　それまでにこの会議を終える必要がありますね。
(B) I found my broken watch.　　壊れた腕時計を見つけました。
(C) Why did you change careers?　　あなたはなぜ転職したんですか。

解説　「造園業者が午後 3 時に到着する」という今後の予定を伝えている。(A) の by then は、その「3 時までに」ということ。「3 時までに会議を終える必要がある」は、**造園業者が来るまでにやっておくべきこと**を述べている。問いかけに自然につながるので、これが正解。(B) の「壊れた腕時計を見つけた」ことと、(C) の「転職」は、問いかけに無関係。

トレーニング

問題通し番号 (239)～(241)

【問題】

☐ **13.** Mark your answer on your answer sheet.

☐ **14.** Mark your answer on your answer sheet.

☐ **15.** Mark your answer on your answer sheet.

🔊 M239
▼
🔊 M241

✔ 単語 Check!

前のページで出題された重要語句です。意味を覚えていますか？

☐ take inventory   ☐ invention

(239) 13.

Script It's getting colder these days.
最近は寒くなってきましたね。

(A) Same as yours. あなたのものと同じです。
(B) I brought my sweater today. 私は今日、セーターを持ってきました。
(C) The old one was better. 古い方がよかったですね。

解説「最近寒くなってきた」という感想を述べている。これに「今日セーターを持ってきた」と答えている (B) は、**寒さ対策をしている**ということ。間接的に**相手への同意**を示しており、自然なやりとりになる。これが正解。「寒い」場合は、「暖房をつける」、「窓を閉める」、「上着を着る」といった対策が正解になることが多い。逆に「暑い」ときは、「窓を開ける」、「エアコンをつける」などが有力。(A) が同意を表していると勘違いしないように。「yours (あなたのもの) と同じ」と言っているので、問いかけに対する同意にはならない。(C) は old が colder に対する音トリック。

(240) 14.

Script You got a message from Mr. Kelly while you were out.
あなたの外出中に Kelly さんからの伝言がありました。

(A) Yes, this is a memo for you. ええ、これがあなた用のメモです。
(B) Where is it? どこにありますか。
(C) I'll make some charts then. では私が表を作ります。

解説「外出中に、Kelly さんからの伝言があった」という報告をしている。(B) の it は a message from Mr. Kelly を指しており、「**Kelly さんからの伝言はどこ**」と質問している。報告を受けて、さっそく伝言を確認しようとしている状況。これが正解。(A) は、質問者と応答者の立場が逆になったような発言。(C) の表作成の申し出は、問いかけに無関係。

(241) 15.

Script I think I lost my car key.
自動車の鍵をなくしたようです。

(A) I saw it in the garage. 車庫で見かけましたよ。
(B) For the keynote speaker. 基調講演者のため。
(C) He's the door repairman. 彼はドアの修理工です。

解説「車の鍵をなくした」という状況を伝えている。(A) の it は your car key を意味しており、「**あなたの車の鍵を車庫で見た**」と答えている。**鍵の所在**を教えており、自然な会話が成り立つ。これが正解。(B) は keynote が key に対する音トリック。(C) は He が誰を指すのか不明で、car あるいは key から連想される door repairman という職業名でひっかけをねらっている。

注 □ keynote speaker：基調講演者

(トレーニング)　問題通し番号 (242)〜(244)

【問題】

- **16.** Mark your answer on your answer sheet.

- **17.** Mark your answer on your answer sheet.

- **18.** Mark your answer on your answer sheet.

🔊 M242
▼
🔊 M244

✔ 単語 Check!
前のページで出題された重要語句です。意味を覚えていますか？

- [ ] keynote speaker

(242) 16.

Script I'd like to see the results of the negotiation about the union's demands.
労働組合の要求に関する交渉結果を知りたいです。

(A) So would I. 　　　　　　　私も知りたいです。
(B) Me neither. 　　　　　　　私もそうではありません。
(C) Is that a roundabout? 　　　それは環状交差点ですか。

解説「組合の要求に関する交渉結果を知りたい」と要望している。(A) は So Ⅴ S. の形。これは前の内容を受けて「S もそうだ」という意味になる。ここでは「**私も交渉結果を知りたい**」となり、**相手への同調**を表している。これが正解。(B) も同調を表す表現だが、(A) とは逆に、前に話されていることが「～ではない」と否定の内容だった場合に用いる。問いかけは肯定文なので、ここでは不自然な応答となる。(C) は roundabout が about に対する音トリックになっている。

注　□ union：⑧労働組合　□ demand：⑧要求、要望　□ roundabout：⑧環状交差点

(243) 17.

Script I'll talk to Ms. Wagner about reorganizing the filing system.
ファイリングシステムの再編成について Wagner さんと話してみます。

(A) Can I ask her for the organization? 　彼女にその組織について尋ねていいですか。
(B) She's away on a business trip. 　　　彼女は出張中で不在ですよ。
(C) In chronological order. 　　　　　　時系列で。

解説「Wagner さんとファイリング方式の見直しについて話してみる」と申し出ている。(B) の She は Ms. Wagner を指している。「Wagner さんは出張中でいない」は、だから「**今すぐは話せない**」ということを知らせている。自然なやりとりとなるので、正解。(A) は organization が reorganizing に対する音トリック。(C) は順番を答えており、質問とは無関係。

注　□ chronological：⑱時系列の、年代順の

(244) 18.

Script Our rival company has acquired a favorable reputation in Mumbai.
わが社のライバル企業が、ムンバイでよい評判を得ています。

(A) It's my favorite leisure activity. 　　それは私の好きな余暇活動です。
(B) I read about that online. 　　　　　　それについてはインターネットで読みました。
(C) You can do it tomorrow. 　　　　　　明日できますよ。

解説「ライバル企業がムンバイでよい評判を得ている」という事実を述べている。(B) の that は問いかけの内容全体を指しており、それを「インターネットで読んだ」と答えている。これは「**自分もそのことは知っている**」ということを伝えようとしている。自然なやりとりが成立するので、正解。(A) は favorite が favorable に対する音トリック。(C) は「明日、それ(＝ムンバイでのよい評判を得ること)ができる」と解釈できるが、企業の評判というのは通常、時間をかけて築きあげるもの。非現実的な応答なので、不適切。

注　□ acquire：⑩～を獲得する　□ favorable：⑱好意的な　□ reputation：⑧評判

トレーニング

問題通し番号 245 〜 247

【問題】

☐ **19.** Mark your answer on your answer sheet.
☐
☐

☐ **20.** Mark your answer on your answer sheet.
☐
☐

☐ **21.** Mark your answer on your answer sheet.
☐
☐

🔊 M245
▼
🔊 M247

✔ 単語 Check!
前のページで出題された重要語句です。意味を覚えていますか?

☐ union   ☐ demand   ☐ roundabout   ☐ chronological
☐ acquire ☐ favorable ☐ reputation

(245) 19.

Script The flight to Denver has already left.
デンバー行きの便はすでに出発しました。

(A) I'm ready to leave now. 　　今、出発できます。
(B) Yes, he is a dentist. 　　ええ、彼は歯医者です。
(C) When is the next one? 　　次の便はいつですか。

解説「デンバー行きの飛行機が飛び去った」という状況を述べている。(C) の the next one は the next flight to Denver を意味しており、「**次のデンバー行きの便はいつか**」と質問している。飛行機に乗り遅れた場合、次の便について尋ねるのは自然な流れなので、これが正解。(A) は問いかけにある動詞 left（過去分詞）の原形 leave で引っ掛けようとしている。(B) は he が誰なのか不明で、dentist（歯医者）という内容も問いかけに無関係。

(246) 20.

Script My company announced plans to close its facility in Indonesia.
わが社は、インドネシアの施設を閉鎖する計画を発表しました。

(A) Yes, it's time to plant a garden. 　　ええ、庭に植物を植える時期です。
(B) Ms. Kinsley let us know about that. 　　Kinsley さんがそれを教えてくれました。
(C) They'll need some new clothes. 　　彼らは新しい服が必要になりますね。

解説「会社がインドネシアの施設の閉鎖を発表した」と報告している。(B) の that は問いかけの内容全体を指しており、そのことについて「Kinsley さんが教えてくれた」と答えている。これは「**閉鎖についてすでに知っていた**」ということ。問いかけに自然につながるので、正解。ちなみに let は、過去形・過去分詞も表記・発音は変わらないので、文脈から時制を判断する。(A) は plant が plans に対する、(C) は clothes が close に対する音トリック。

注 □ facility：名施設

(247) 21.

Script The negotiations are taking longer than initially anticipated.
交渉は当初の予測より時間がかかっています。

(A) Why is that? 　　それはなぜですか。
(B) So am I. 　　私もそうです。
(C) You could? 　　あなたはできたんですか。

解説「交渉が想定よりも長引いている」と報告している。これに対し、(A) の that は問いかけの内容全体を指しており、「**交渉が長引いているのはなぜ**」と、その**理由を尋ね返している**。自然なやりとりが成立するので、正解。(B) は「私もそうだ」と同意する応答だが、問いかけには同意できるような内容は見当たらない。(C) も同様に、could のあとに省略されている内容を問いかけから推測できない。

注 □ initially：副当初は、初めに　□ anticipate：動〜を予測する

トレーニング

問題通し番号 248〜250

【問題】

☐ **22.** Mark your answer on your answer sheet.

☐ **23.** Mark your answer on your answer sheet.

☐ **24.** Mark your answer on your answer sheet.

🔊 M248
▼
🔊 M250

✔ 単語 Check!
前のページで出題された重要語句です。意味を覚えていますか？

☐ facility　　☐ initially　　☐ anticipate

(248) 22.　　　　　　　　　　　　　　　　　　　難易度　易　正解 (C)

Script The restaurant doesn't serve onion soup anymore.
そのレストランでは玉ねぎスープはもう提供していません。

(A) Please cut it in half then.　　　　　　　ではそれを半分に切ってください。
(B) They'll open at nine starting next month.　その店は来月から9時開店となります。
(C) Has the chef gone somewhere else?　　　シェフがどこか別の店に行ったんですか。

解説「レストランが玉ねぎスープを出さなくなった」という事実を伝えている。(C)「シェフが別の店に行ってしまったのか」は、**スープが提供されなくなった理由**を推測し、質問している。問いかけに自然につながるので、これが正解。(A) は onion から連想される内容（半分に切る）でひっかけをねらっている。(B) は restaurant から連想される「開店時間」を答えているが、問いかけには無関係。

(249) 23.　　　　　　　　　　　　　　　　　　　難易度　難　正解 (C)

Script The broken equipment will be replaced this weekend.
壊れた装置は今週末に取り替えられます。

(A) In the automobile race course.　　　　　自動車レース場で。
(B) It's fully functional.　　　　　　　　　それは完全に機能します。
(C) Who will be working at that time?　　　その時間には誰が勤務中ですか。

解説「今週末、壊れた装置が交換される」という予定を述べている。(C) の at that time は「壊れた装置が交換されるとき」を指している。「**交換されるときに、誰が勤務中か**」は、交換に**誰が立ち会うのか**を質問していると考えられる。自然なやりとりが成立するので、これが正解。(A) が答えているのは場所。(B) は「It（＝壊れた装置）は完全に機能する」となり、矛盾した内容になっている。

(250) 24.　　　　　　　　　　　　　　　　　　　難易度　易　正解 (A)

Script It looks like we're out of paper for the printer.
プリンター用の紙が切れているようですね。

(A) What should we do then?　　　　　　　　ではどうすればよいですか。
(B) I'm going out of town.　　　　　　　　　私は町の外に出掛けます。
(C) Toners are in stock.　　　　　　　　　　トナーを在庫しています。

解説「プリンターの紙を切らしている」と報告している。これに対して、どうしてよいかわからず、**対処法を質問**している (A) が自然な応答。(B) は out of でひっかけをねらっている。(C) は、紙ではなく「トナーが在庫としてある」と答えており、不適切。

注　☐ in stock : 在庫がある

トレーニング

問題通し番号 251〜253

【問題】

☐ **25.** Mark your answer on your answer sheet.
☐
☐

☐ **26.** Mark your answer on your answer sheet.
☐
☐

☐ **27.** Mark your answer on your answer sheet.
☐
☐

🔊 M251
▼
🔊 M253

✔ 単語 Check!
前のページで出題された重要語句です。意味を覚えていますか？

☐ in stock

(251) 25.

Script I can't find the document I wrote this morning.
今朝書いた文書が見つかりません。

(A) I'm still working on it. 　　私はまだそれに取り組んでいます。
(B) Did you check around your desk? 　机の回りを調べましたか。
(C) Could you write another story? 　別のお話を書いてくださいませんか。

解説 「今朝書いた文書がない」という状況を伝えている。(B) の「机の回りを調べたか」は、**文書がありそうな場所**を指摘しており、質問に自然につながる。これが正解。(A) は document から連想される「まだそれ（その文書）に取り組んでいる」という内容でひっかけをねらっている。(C) は「（今朝の文書とは）別の話」の執筆を依頼しているが、探している文書の所在が明らかになっていないのに、このような依頼をするのは唐突すぎる。

(252) 26.

Script Our lunch break is approaching.
お昼休みが近づいてきましたね。

(A) Why don't I call a caterer? 　　仕出し業者に電話しましょうか。
(B) Yeah, let's go. 　　　　　　　ええ、行きましょう。
(C) No, try this shirt instead. 　　いいえ、代わりにこのシャツを試着してみて。

解説 「昼食休憩が近づいている」という事実を伝えている。(A) の caterer は「仕出し業者」。つまり、**食事を作って持ってきてくれる店に電話すること**を申し出ている。これは問いかけと組み合わせると、昼休みに食べる昼食を手配しようとしている状況が浮かび上がってくる。自然なやりとりになるので、これが正解。(B) はどこへ行くのかがわからない。(C) は試着を促しており、関係のない応答。

注　□ caterer：❷仕出し業者

(253) 27.

Script I'm going to the International Game Expo in Sydney next month.
来月、シドニーでの国際ゲームエキスポに行くつもりです。

(A) Could you share a ride instead? 　代わりに相乗りしてもらえますか。
(B) Let's switch seats then. 　　　　では席を交換しましょう。
(C) I didn't know about that event. 　そのイベントのことは知りませんでした。

解説 「来月シドニーの国際ゲームエキスポに行く」という予定を述べている。(C) は、**国際ゲームエキスポがあること自体を知らなかった**と言っている。意外な応答だが、問いかけに自然につながるので、正解。(A) を、国際ゲームエキスポへの移動方法（相乗り）の相談と考え、選んだ人もいるかもしれない。しかし、instead（その代わりに）が余計。問いかけでは、「相乗り」と対比されるような移動手段は述べられていない。(C) は「座席交換」を申し出ているが、ゲームエキスポのような展示会で席を交換するというのは考えにくい。

注　□ ride：❷（車などに）乗ること

トレーニング

問題通し番号 254〜256

【問題】

- **28.** Mark your answer on your answer sheet.

- **29.** Mark your answer on your answer sheet.

- **30.** Mark your answer on your answer sheet.

M254
▼
M256

✔ 単語 Check!
前のページで出題された重要語句です。意味を覚えていますか？

- caterer
- ride

(254) 28.

難易度: 難　　**正解**: (B)

Script I'm here to meet with Ms. Austin at 2 P.M.
Austin さんと午後 2 時の約束で参りました。

(A) The meat's been sold out.　　お肉は完売です。
(B) Well, just go straight down that hallway.
　　　それでは、その廊下を真っ直ぐお進みください。
(C) Here they are.　　はいどうぞ。

解説 「Austin さんとの午後 2 時の約束のために来た」と来訪の目的を告げている。それに対して、(B) は「廊下を真っ直ぐ進んで」と指示している。このやりとりから、Austin さんとのアポで来訪した**客**と、それを案内している**受付係**の様子が浮かび上がってくる。これが正解。(A) は meat が meet に対する音トリック。(C) は何か（複数のもの）を手渡す際の表現だが、ここでは唐突すぎて、何を手渡しているのが推察できない。

(255) 29.

難易度: 難　　**正解**: (A)

Script I won't renew my newspaper subscription this time.
今回、新聞購読を更新しないつもりです。

(A) Any problems with our content?　　新聞の内容に何か問題がありますか。
(B) Do you need another bike?　　自転車がもう 1 台必要ですか。
(C) The number is increasing.　　数が増えています。

解説 「今回新聞購読を更新しない」と自分の考えを伝えている。この問いかけを聞いた瞬間に、新聞を購読している客と新聞社との会話であることをイメージできるかどうかがポイント。それができれば、(A) の our content が「**新聞の内容**」を意味するとわかる。そして「新聞の内容に問題があるのか」という質問が、**購読を更新しない理由**を探っていることも理解できるはず。この選択肢は、冒頭の Are there が省略されている。(B) の「もう 1 台の自転車」は質問に無関係。(C) は何の数について述べているのか不明。

注　□ subscription：名購読　□ content：名内容

(256) 30.

難易度: 難　　**正解**: (B)

Script The manuscript for the movie was really impressive.
その映画の草稿は本当に感動的でした。

(A) He worked at a manufacturing company.　　彼は製造会社で働きました。
(B) I haven't read it yet.　　私はまだ読んでいないんです。
(C) That's OK. I'll take the camera.　　大丈夫です。そのカメラを買います。

解説 「その映画の草稿は感動的だった」と感想を述べている。(B) の it は the manuscript for the movie を指しており、「**その映画の草稿をまだ読んでいない**」と答えている。相手の感想に対して、具体的な反応ができないことを伝えており、自然な応答になっている。(A) は manufacturing が manuscript に対する音トリック。(C) の「カメラを買う」は、無関係な内容。

注　□ manuscript：名草稿、原稿　□ manufacturing：名製造

(トレーニング)　　　問題通し番号 257 ～ 259

【問題】

31. Mark your answer on your answer sheet.

32. Mark your answer on your answer sheet.

33. Mark your answer on your answer sheet.

🔊 M257
▼
🔊 M259

✔ **単語 Check!**
前のページで出題された重要語句です。意味を覚えていますか？

☐ subscription　　☐ content　　☐ manuscript　　☐ manufacturing

(257) 31.　正解 (B)

Script Tonight's swimming class has been canceled.
今夜の水泳教室は中止になりました。

(A) I'm about to do that now.　今それをしようとしているところです。
(B) How can I get a refund?　どうやって返金してもらえばいいんですか。
(C) I wanted to win the contract.　その契約を取りたかったです。

解説　「今夜の水泳教室が中止になった」という事実を伝えている。(B) の refund（返金）は「キャンセルになった分の授業料の返金」を意味している。それがわかれば、クラスの中止を受けて、**授業料の返金方法を質問**している場面をイメージでき、(B) が正解とわかる。(A) は「今、私が教室を中止にしようとしている」となり、問いかけとかみ合わない。(C) は無関係な内容。日本語では「契約を勝ち取る」と言うが、英語でも contract に対して動詞 win を用いることに注目。

(258) 32.　正解 (C)

Script Our vice president is stepping down next year.
ウチの副社長は来年辞任する予定です。

(A) Yes, let's keep the price down.　ええ、価格は下げたままでおきましょう。
(B) Please stay alert at all times.　常に警戒していてください。
(C) It's hard to be replaced, isn't it?　後任を見つけるのが大変でしょうね。

解説　「来年、副社長が辞任する」という予定を伝えている。(C) の replace は「〈人〉を取り替える、〈人〉の後任を見つける」という意味。副社長が辞任すると、**その後任を見つける必要があり、それが難しい**、と言っている。自然なやりとりが成立するので、これが正解。(A) は、問いかけにもある down でひっかけようとしている。(B) の「警戒するように」は、何を警戒するのか不明。

注　□ step down：辞任する　□ stay alert：気を抜かない、常に注意する

(259) 33.　正解 (B)

Script Our plans to improve the advertisement have been approved.
私たちの広告改善プランは承認されました。

(A) Just turn down the volume.　ちょっと音量を下げてください。
(B) Let's talk to our agent soon.　すぐに代理店と話をしましょう。
(C) You will need your manager's approval first.　まずあなたのマネージャーの承認が必要でしょう。

解説　「広告改善プランが認められた」と報告している。それに対して、(B) は「すぐに agent と話をしよう」と提案しているが、ここでの agent とは「広告代理店」を指すと推測できる。つまり、広告改善計画が承認されたことを受け、**関係者（広告代理店）との相談を始めよう**と提案している。自然なやりとりが成立するので、これが正解。(A) は、turn down X に「X（音量など）を下げる」以外に「X を断る」という意味があることを利用して、approve と関連しているように見せかけている。(C) は approve の名詞形 approval でひっかけをねらっている。

注　□ approval：❷承認

(トレーニング)　　　　　　　問題通し番号 (260)〜(262)

【問題】

☐ **34.** Mark your answer on your answer sheet.

☐ **35.** Mark your answer on your answer sheet.

☐ **36.** Mark your answer on your answer sheet.

🔊 M260
　▼
🔊 M262

✔ **単語 Check!**
前のページで出題された重要語句です。意味を覚えていますか？

☐ step down　　☐ stay alert　　☐ approval

(260) 34.

Script Mr. Watkins is being promoted to division director.

Watkins さんが部長に昇格する予定です。

(A) Please input a promotion code.　キャンペーンコードを入力してください。
(B) I wonder who told you that.　誰があなたにその話をしたんでしょうか。
(C) There'll be a meeting tomorrow.　明日、会議があります。

解説「Watkins さんが部長に昇格する」という予定を伝えている。(B) の that は問いかけの内容全体を指しており、「**誰が Watkins さんの昇格をあなたに話したのか**」と不思議がっている。これは、まだ内密のはずの情報を相手が知っていることに驚き、疑問に感じている応答。問いかけに自然につながるので、これが正解。(A) は promotion が promoted に対する音トリック。(C) の「会議」は質問に無関係。

注　☐ promote：動 ～を昇進させる

---

(261) 35.

Script The special mission seems a bit complicated.

その特別任務はちょっと複雑そうですね。

(A) Please sign in at the front desk.　フロントで署名してお入りください。
(B) Some documents have been missed.　いくつかの書類が見落とされています。
(C) Much easier than I thought.　思っていたよりもはるかに簡単ですよ。

解説「その特別任務は複雑そうだ」と感想を述べている。(C) は The special mission is **much easier than I thought.** の省略形。「**特別任務は思っていたより簡単だ**」と反対意見を述べている。特別任務を遂行している様子を見た質問者が、「複雑そうだ」と話しかけたところ、応答者が「自分も始めそう思ったが、いざやってみると簡単だった」と答えている場面。(A) は無関係な内容。(B) は missed が mission に対する音トリックになっている。

注　☐ a bit：少し、ちょっと

---

(262) 36.

Script The food festival is scheduled to start soon.

フードフェスティバルがまもなく始まる予定です。

(A) We need to take Claire Street, then.　それなら、Claire 通りを通らないと。
(B) Many people will go see the movie.　多くの人がその映画を見に行きます。
(C) At the supermarket.　スーパーマーケットで。

解説「フードフェスティバルがまもなく始まる」という状況を伝えている。これに対して、(A) は「それなら、Claire 通りを通る必要がある」と応答している。これは、イベントが開催されることで道が混雑するので、迂回する (Claire 通りを通る) 必要がある、ということ。自然な会話が成り立つので、これが正解。(B) は目的語の the movie (映画) が不適切。もしここが the event などであれば、正解になり得る。(C) は場所を答えているが、フードフェスティバルの開催地が話題になっているわけではない。

トレーニング

【問題】

☐ **37.** Mark your answer on your answer sheet.

☐ **38.** Mark your answer on your answer sheet.

☐ **39.** Mark your answer on your answer sheet.

🔊 M263
▼
🔊 M265

✔ 単語 Check!
前のページで出題された重要語句です。意味を覚えていますか？

☐ promote　　☐ a bit

(263) 37. 正解 (C)

Script The cooking program was really helpful.
その料理番組は本当に役立ちました。

(A) That man is resourceful.　　その男性は才覚があります。
(B) I'll need to get some help.　　私は手伝いを頼む必要がありそうです。
(C) Oh, was it?　　へえ、そうだったんですか。

解説「その料理番組は役に立った」と感想を述べている。(C) は Oh, was it really helpful? の省略形で、「本当に役に立ったのか」と聞き返している。ただし、本気で質問しているというより、「そうなんだ」と相づち的な応答になっている。これが正解。(A) は That man が誰を指すのか不明。(B) は helpful に関連した help でひっかけをねらっている。

注　□ resourceful：形 才覚がある

(264) 38. 正解 (B)

Script I want to wait a bit before we order a new refrigerator.
新しい冷蔵庫を買うのは少し待ちましょう。

(A) It's hard to read.　　読みづらいです。
(B) I think that's smarter.　　その方が賢明だと思います。
(C) A generator can be bought here.　　発電機はここで購入できます。

解説「新しい冷蔵庫を買うのは少し待ちたい」という意見を述べている。(B) の「そのほうが賢明だ」は、**相手の意見に賛同**する発言となっている。これが正解。(A) は、何が読みにくいかが不明。(C) は generator が refrigerator と少し発音が似ていることと、order に関連した bought でひっかけようとしている。

(265) 39. 正解 (B)

Script I heard there's a coffee shop nearby.
近くにコーヒーショップがあると聞きました。

(A) You should shop at the store.　　あなたはそのお店で買うべきです。
(B) Yes, I'm the owner.　　ええ、私がオーナーです。
(C) Is the size correct?　　サイズは正しいですか。

解説「近くにコーヒーショップがあると聞いた」と伝聞情報を伝えている。それに対し (B) は、**Yes**（＝コーヒーショップがある）と肯定したあと、「**自分がその店主だ**」という追加情報を続けている。思いがけない応答だが、自然なやりとりとなるので、正解。(A) の shop は、問いかけと異なり「買い物をする」という動詞。釣られて選ばないように。(C) はサイズについての質問で、問いかけとまったくかみ合っていない。

トレーニング

問題通し番号 266〜268

【問題】

☐ **40.** Mark your answer on your answer sheet.

☐ **41.** Mark your answer on your answer sheet.

☐ **42.** Mark your answer on your answer sheet.

🔊 M266
▼
🔊 M268

✔ 単語 Check!
前のページで出題された重要語句です。意味を覚えていますか？

☐ resourceful

(266) **40.**　　　　　　　　　　　　　　　　　　　　　難易度 [　] 正解 (B)

Script It looks like some trains have not yet resumed operations.
いくつかの列車はまだ運行再開していないようですね。

(A) Did you look at his résumé?　　　彼の履歴書を見ましたか。
(B) It's due to a signal problem.　　　信号トラブルのせいなんです。
(C) It's a long training course.　　　それは長期間の研修コースです。

解説「いくつかの列車はまだ運転を再開していない」という状況を述べている。それに対して (B) は、due to X（X が原因で）を使って、**運行していない理由**を説明している。自然なやりとりとなるので、これが正解。due to X は TOEIC L&R に頻出。because of X と同じだと考え、しっかり押さえておきたい。(A) は résumé が resumed に、(C) は training が trains に対する音トリックになっている。

注　□ resume：動 〜を再開する　□ operation：名 運行、運転　□ due to X：X が原因で

(267) **41.**　　　　　　　　　　　　　　　　　　　　　難易度 [　] 正解 (A)

Script Our assistant director should've stopped the production line.
部長補佐は生産ラインを止めるべきでした。

(A) She didn't know what to do.　　　彼女はどうすればいいのかわからなかったんです。
(B) The proper assistance is important.　　　適切な支援が重要です。
(C) Why don't we buy one?　　　私たちは 1 つ買いませんか。

解説「部長補佐は生産ラインを止めるべきだった」と指摘している。(A) の She は Our assistant director を受けており、「部長補佐はどうすべきかわからなかったのだ」と言っている。これは、**部長補佐が事態にうまく対処できなかった理由**を述べており、自然なやりとりとなる。(B) は「適切な支援が重要だ」と現在形で答えているので、問いかけとは時制がズレている。The proper assistance was important. なら正解になり得る。(C) は何かの購入を提案しているが、その何か（one）が**不明**。

注　□ production line：生産ライン　□ proper：形 適切な

(268) **42.**　　　　　　　　　　　　　　　　　　　　　難易度 [　] 正解 (A)

Script I've learned how to use the software.
そのソフトの使い方を学びました。

(A) Oh, are you familiar with it?　　　へえ、そのソフトについて詳しいんですか。
(B) Look at the hardware store.　　　あの工具店を見てください。
(C) Where did you install it?　　　どこにインストールしたんですか。

解説「そのソフトウェアの使い方を学んだ」という事実を伝えている。(A) の it は the software を指しており、「(じゃあ) **そのソフトの使い方に詳しいのか**」と尋ね返している。問いかけに自然につながるので、これが正解。(B) は software と対になる hardware でひっかけをねらっている。(C) はソフトをインストールした場所を尋ねているが、ここではインストール場所は関係ない。

注　□ be familiar with X：X をよく知っている　□ hardware store：工具店

トレーニング

問題通し番号 269〜271

【問題】

☐ **43.** Mark your answer on your answer sheet.
☐
☐

☐ **44.** Mark your answer on your answer sheet.
☐
☐

☐ **45.** Mark your answer on your answer sheet.
☐
☐

🔊 M269
▼
🔊 M271

✔ 単語 Check!
前のページで出題された重要語句です。意味を覚えていますか？

☐ resume   ☐ operation   ☐ due to X   ☐ production line
☐ proper   ☐ be familiar with X
☐ hardware store

(269) 43.

Script The work crew has gathered on the second floor.
作業員が2階に集まりました。

(A) Install the carpet, then. — ではカーペットを設置しましょう。
(B) When is the assignment due? — その仕事の締め切りはいつですか。
(C) Some social gathering activities. — 社会的な集まりの活動。

解説「作業員たちが2階に集まった」という状況を報告している。(A) の「それならカーペットを設置しよう」は、作業員が集まったという報告を受けて、**作業の開始を指示**している。これが正解。(B) は仕事の締め切りを質問しているが、問いかけではまだ仕事内容は指示されていない。指示をしているのは (A) の応答。(C) の gathering（集会）は、問いかけの動詞 gather(ed) の名詞形。そこに釣られて、この選択肢を選ばないように。

注 □ defect : 图 欠陥

(270) 44.

Script The new tables and chairs have arrived.
新しいテーブルと椅子が到着しました。

(A) OK. I'll order them. — わかりました。それらを注文します。
(B) Where should we put them? — どこに置きましょうか。
(C) They're still alive. — それらはまだ生きています。

解説「新しいテーブルと椅子が届いた」と報告している。それに対して、(B) の them は The new tables and chairs を指すので、新しく届いたテーブルと椅子の置き場所を問い返している。自然なやりとりとなるので、これが正解。(A) は、すでに物が届いているのに、これから注文するというのはおかしい。(C) も「テーブルと椅子が生きている」と、現実的にありえない応答なので、不適切。

(271) 45.

Script Ms. Schmidt has been promoted to store manager.
Schmidt さんは店長に昇進しました。

(A) It's getting better. — よくなってきています。
(B) In a minute. — すぐに。
(C) We'll see. — 様子を見てみよう。

解説「Schmidt さんが店長に昇格した」という事実を伝えている。(C) の **We'll see.** は、「**いずれわかるよ、どうなるか様子を見てみよう**」といった意味の定型表現。ここでは、Schmidt さんの昇進の是非については、しばらく様子を見る必要がある、と言っている。We'll see. の意味を知らなければ答えられない問題だが、過去に出題例がある表現なので、ここでしっかり覚えておきたい。(A) は状況が好転していることを述べているが、何が好転しているのか不明。(B) は字句通りであれば、「1分後に」だが、慣用的に「すぐに」という意味で用いられる。

第3章　●正答一覧●

No.	ANSWER			No.	ANSWER			No.	ANSWER		
	A	B	C		A	B	C		A	B	C
1	A	B	**C**	16	**A**	B	C	31	A	**B**	C
2	A	**B**	C	17	A	**B**	C	32	A	B	**C**
3	A	B	**C**	18	A	**B**	C	33	A	B	**C**
4	A	B	**C**	19	A	B	**C**	34	A	**B**	C
5	A	**B**	C	20	A	**B**	C	35	A	B	**C**
6	A	B	**C**	21	**A**	B	C	36	**A**	B	C
7	A	**B**	C	22	A	B	**C**	37	A	B	**C**
8	A	B	**C**	23	A	B	**C**	38	A	B	**C**
9	**A**	B	C	24	**A**	B	C	39	A	**B**	C
10	A	B	**C**	25	A	**B**	C	40	A	**B**	C
11	A	**B**	C	26	**A**	B	C	41	**A**	B	C
12	**A**	B	C	27	A	B	**C**	42	**A**	B	C
13	A	**B**	C	28	A	**B**	C	43	**A**	B	C
14	A	**B**	C	29	**A**	B	C	44	A	**B**	C
15	**A**	B	C	30	A	**B**	C	45	A	B	**C**

✔ 単語 Check!

前のページで出題された重要語句です。意味を覚えていますか？

☐ defect

第4章

否定・付加疑問文

問いかけが《否定疑問文・付加疑問文》
となっているタイプ。
本番での出題数は多くありませんが、
日本人が間違いやすいポイントを突いた問題が
出題されるので、要注意です。

問題数
41問

問題通し番号
272〜312

第4章 《否定・付加疑問文》の解き方

はじめの〈問いかけ〉が《否定疑問文》と《付加疑問文》になるタイプ。両方合わせて3問前後と、出題数は多くありませんが、間違いやすい問題タイプなので、しっかり演習を積んでおきましょう。解答の際、注意したいポイントは、基本的に Yes/No 疑問文と同じです。ただ、それに追加して、右のポイントを意識しましょう。

否定疑問文とは？

否定疑問文は、Yes/No 疑問文の一種。ただ、文頭の be 動詞、助動詞、do が Aren't you 〜 ?、Haven't you 〜 ?、Don't you 〜 ? のように否定形となります。

付加疑問文とは？

付加疑問文は、平叙文と命令文の最後に、〜 , aren't you?、〜 , haven't you? という疑問形を付加した疑問文のこと。肯定文には否定の、否定文には肯定の付加疑問が付きます。質問というより、「〜ですよね」と確認する意味合いが強い疑問文です。

Yes/No 疑問文のポイント（☞ pp. 130 〜 131 参照）

❶ 応答内の矛盾をチェック
❷ 内容を重視

通常のYes/No疑問文と同様に考える

否定疑問文は、多くの日本人がつまずいてしまう点です。これは否定疑問文に対するYesと「はい」、Noと「いいえ」が、それぞれ反対のことを意味するからです。

例 朝ごはんを食べなかったんですか。 ➡ **はい**（＝食べなかった）
　　　　　　　　　　　　　　　　　　　　　いいえ（＝食べた）
　　　Didn't you have breakfast? ➡ **Yes**（＝食べた）
　　　　　　　　　　　　　　　　　　　　　No（＝食べなかった）

このせいで多くの学習者が混乱してしまいます。この問題の解決方は、実はシンプルです。否定疑問文は通常のYes/No疑問文と同じだと考えましょう。

Didn't you have breakfast?
Did you have breakfast? ➡ 「朝食を食べたかどうか」を尋ねている

どちらも「**朝食を食べたかどうか**」を尋ねている。そう考えれば、**Yes**は「食べた」を意味し、**No**は「食べなかった」を意味するとスムーズに理解できるはずです。

これは付加疑問文（特に否定文に付加疑問が付いている場合）についても同様で、You didn't have breakfast, did you?（朝食を食べなかったんですよね）は「朝食を食べたかどうか」を確認していると考えましょう。

それでは、次のページから、否定疑問文と付加疑問文の例題をそれぞれ解いてみましょう。

否定疑問文の例題

例題 1 　　　　　　　　　　　　　　　　　　　　M272

(272) 音声を聞き、正しい応答を (A) 〜 (C) から1つ選びましょう。

Mark your answer on your answer sheet. 　　　Ⓐ Ⓑ Ⓒ

解き方の基本

冒頭が Hasn't the medical plan ... となっている否定疑問文でした。これを「医療計画は承認されていないのか」と字面どおりに解釈するのは面倒です。

シンプルに「**医療計画は承認されたのかどうか**」が問われていると解釈しましょう。そうすれば、日本語との混同は発生しません。「Yes =承認された」、「No =承認されていない」だとスムーズに理解できるはずです。

(A) の **No** は「**承認されていない**」で、後ろには、その**理由**が続いています。Yes/No 疑問文のポイント❶「応答内の矛盾をチェック」と照らし合わせても、問題ないので、これが正解と判断できます。

このように否定疑問文は、通常の Yes/No 疑問文と同じように解く！を鉄則にしましょう。

正解 (A)

Script Hasn't the medical plan been approved already?
その医療計画はすでに承認されてはいないんですか。

(A) No, it has to be slightly altered.
いいえ（されてません）、少し変更しなければいけないんです。

(B) It's a proven clinic, so there's no problem.
実績のあるクリニックですから、問題ないですよ。

(C) I have a dentist appointment.
歯医者の予約があります。

解説 否定疑問文なので、通常の疑問文と同様に考える。「医療計画は承認されたかどうか」が問われている。(A) は No（＝承認されていない）と応じ、「変更しなければならない」と承認されていない理由を述べている。矛盾なく質問に答えているので、これが正解。(B) は医療計画に関連した clinic（診療所）がひっかけ。(C) も同様に dentist appointment（歯医者の予約）でひっかけようとしている。

付加疑問文の例題

例題 ❷ 🔊 M273

(273) 音声を聞き、正しい応答を (A) ～ (C) から 1 つ選びましょう。

Mark your answer on your answer sheet.　　Ⓐ Ⓑ Ⓒ

解き方の基本

文末の haven't you? で、付加疑問文であることを把握できましたか。

これは肯定文に付加疑問が付いている形なので、Yes/No で混乱することはないと思いますが（否定文に付加疑問が付く場合は、否定疑問文と同様、混乱しやすい）、否定疑問文と付加疑問文はまとめて、通常の Yes/No 疑問文と同じだと考えるようにした方がラクです。

「**Hoffman 先生にあったことがあるかどうか**」が問われていると考えましょう。

これに対して、Yes/No 疑問文のポイント❷「内容を重視」に照らし合わせて、(B) が正解だと判断します。直接 No とは言っていませんが、応答全体でそのことを伝えています。

正解 (B)

Script You have met Dr. Hoffman, haven't you?
　　Hoffman 先生に会ったことありますよね。

(A) Always wear your helmet here.　　ここではいつもヘルメットを着用してください。
(B) I don't think we've met before.　　前に会ったことはないと思います。
(C) Can you come with me?　　私と来ていただけますか。

解説 付加疑問文で「Hoffman 博士と会ったことがあるかどうか」を確認している。(B) の we は Hoffman 博士と応答者本人を指す。「Hoffman 博士と私は会ったことがあると思わない (＝会ったことはないと思う)」、つまり No と答えているので、これが正解。(A) は helmet が met に対する音トリック。(C) は質問と無関係な内容。

次ページからは練習問題です。ここで学んだ解き方を実践してみましょう。

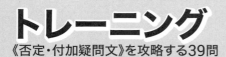

トレーニング
《否定・付加疑問文》を攻略する39問

問題通し番号 274 〜 276

【問題】音声を聞き、正しい応答を (A) 〜 (C) から1つ選びましょう。

☐ **1.** Mark your answer on your answer sheet.
☐
☐

☐ **2.** Mark your answer on your answer sheet.
☐
☐

☐ **3.** Mark your answer on your answer sheet.
☐
☐

🔊 M274
▼
🔊 M276

3問ずつ解いていきましょう。まとめて解きたい場合は、巻末のマークシートを利用し、音声ファイル〈M274〉→〈M312〉を再生してください。

(274) 1.

Script All of the presentations were really informative, weren't they?
どのプレゼンも本当に有益でしたよね。

(A) We learned a lot from them. 　多くのことを学びましたね。
(B) I'll speak first instead. 　代わりに、私が最初に話します。
(C) Yes, it was. 　ええ、それはそうでした。

解説 付加疑問文で「プレゼンが役に立ったかどうか」を確認している。(A) の them は All of the presentations を指しており、「**プレゼンから多くのことを学んだ**」と述べている。質問者に**同意**しており、自然な応答。これが正解。(B) はプレゼンの順番についての会話だと勘違いさせようとしている。(C) は主語の it が質問とズレている。All of the presentations を受けるには複数でなければならない。したがって、Yes, they were. なら正解になり得る。

注 □ informative：形 有益な

(275) 2.

Script Aren't you going to call a taxi for the client?
お客様のためにタクシーを呼ばないんですか。

(A) Did you have a good time? 　楽しく過ごしましたか。
(B) Please keep the appointment. 　アポを守ってください。
(C) She said she's going to walk to the theater.
　劇場まで歩いていくと、彼女はおっしゃったんです。

解説 否定疑問文は、通常の疑問文と同様に考えるとよい。ここでも「顧客のためにタクシーを呼ぶかどうか」が問われていると考える。(C) の主語 She は the client を指している。よって「顧客は劇場まで歩くと言った」となる。これは、だから「**タクシーは呼ばない**」ということ。間接的に **No** と答えており、これが正解となる。(A) と (B) はどちらも質問に無関係な内容。

(276) 3.

Script You've operated this power tool before, haven't you?
あなたはこれまでに、この電動工具を使ったことがありますよね。

(A) I have, but not recently. 　ありますが、最近は使っていません。
(B) All of the operators know how it works.
　操作技師は全員、それがどう機能するかを知っています。
(C) Power was restored in about two hours. 　電力は約 2 時後に復旧しました。

解説 付加疑問文で「電動工具の使用経験があるかどうか」を確認している。(A) のカンマの前は **I have** operated that power tool before の省略形。「**使ったことがある**」と言っている。その後ろの but not recently（しかし最近は使っていない）が返答内容を限定しているが、それでも、**使用経験があることに変わりはない**。これが正解。(B) の All of the operators に応答者本人が含まれるかどうかは不明。仮に含まれたとしても、「それがどう機能するか知っている」は「使用したことがある」とイコールではない。... know how to use it. であれば、正解になり得る。(C) のように Power には「電力、電気」の意味もあることを押さえておこう。

注 □ restore：動 〜を復旧させる

トレーニング

問題通し番号 277 〜 279

【問題】

☐ **4.** Mark your answer on your answer sheet.

☐ **5.** Mark your answer on your answer sheet.

☐ **6.** Mark your answer on your answer sheet.

🔊 M277
▼
🔊 M279

✔ 単語 Check!
前のページで出題された重要語句です。意味を覚えていますか？

☐ informative　　☐ restore

(277) 4. 正解 (B)

Script Aren't the new cars being delivered to our garage?
新車がガレージに届けられているところではありませんか。

(A) They're on vacation. 彼らは休暇中です。
(B) Yes, every worker's excited. ええ、従業員はみな興奮しています。
(C) An overnight delivery. 翌日配達です。

解説 否定疑問文。通常の疑問文と同様に、「新車が届けられるところかどうか」が問われていると考えよう。(B) は Yes (＝届けられるところだ) に続けて、「従業員はみな興奮している」と新車が届くことへの喜びを伝えている。矛盾なく質問に答えているので、これが正解。(A) は They が誰を指すのか不明。(C) は問いかけの deliver(ed) の名詞形 delivery でひっかけをねらっている。

---

(278) 5. 正解 (C)

Script Haven't you finished writing the second quarterly financial report?
第 2 四半期の財務報告書を書き終えていないんですか。

(A) Please call me after work. 仕事のあとに電話してください。
(B) The form is available online. その用紙はインターネットで手に入りますよ。
(C) I'm waiting for some figures. いくつかの数値を待っているんです。

解説 否定疑問文。通常の疑問文と同様に「第 2 四半期の財務報告書を書き終えたかどうか」が問われていると考える。(C) の some figures とは、財務報告書に必要な**売上や経費などのデータ**を指すと推測できる。それらを待っているということは、まだ**財務報告書を書き終えていない**ということ。間接的な **No** になっており、これが正解。(A) の電話するようにという指示と、(B) の用紙の入手方法は、いずれも質問に無関係。

注 □ quarterly : 📖 年に 4 回の、四半期ごとの　□ figures : 🅰 数字、数値

---

(279) 6. 正解 (B)

Script You are sending the letter to Florence, aren't you?
あなたは Florence に手紙を送るんですよね。

(A) Please send me a ladder. はしごを送ってください。
(B) No, Silvia is. いいえ、Silvia が送ります。
(C) Ahead of schedule. 予定より早く。

解説 付加疑問文で「あなたが Florence に手紙を出すのかどうか」を確認している。これに **No**(＝私は出さない)と応じたあと、**実際に出す人**を答えている(B)が自然な応答。カンマ以降は、**Silvia is** sending the letter to Florence. の省略形。(A) は ladder (はしご) が letter に対する音トリック。(C) の「予定より早く」は、手紙を出すタイミングを話していると勘違いさせようとしている。

注 □ ladder : 🅰 はしご　□ ahead of X : X より前に、早く

トレーニング

問題通し番号 (280)～(282)

【問題】

☐ **7.** Mark your answer on your answer sheet.
☐
☐

☐ **8.** Mark your answer on your answer sheet.
☐
☐

☐ **9.** Mark your answer on your answer sheet.
☐
☐

🔊 M280
▼
🔊 M282

✔ 単語 Check!
前のページで出題された重要語句です。意味を覚えていますか？

☐ quarterly   ☐ figures   ☐ ladder   ☐ ahead of *X*

(280) 7.　　　　　　　　　　　　　　　　　　　　　難易度　難　正解 (C)

Script We should wear formal attire while at the ceremony, right?
式典中はフォーマルな服装をすべきですよね。

(A) The prize is formally awarded.　　　その賞が公式に授与されます。
(B) He's a suitable person, I believe.　　彼はふさわしい人物だと私は信じています。
(C) Isn't casual dress accepted?　　　　カジュアルな服装は認められないんですか。

解説 文末に **right?** を加えて、付加疑問と同じように「式典中、正装すべきかどうか」を確認している。(C) の casual dress は、formal attire の対になる服装。「**カジュアルな服装は受け入れられないのか**」と、問いかけの内容に驚き、質問を返している。自然なやりとりが成立しているので、これが正解。(A) は ceremony から連想される「賞の授与」の話でひっかけようとしている。(B) は He が誰なのか不明。

注　☐ attire : 名服装

(281) 8.　　　　　　　　　　　　　　　　　　　　　難易度　難　正解 (B)

Script Why haven't they received a copy of the report?
彼らはなぜ報告書の写しをまだ受け取っていないんですか。

(A) The receipt should be processed.　　領収証は処理されるべきです。
(B) They have, actually.　　　　　　　　実際のところ、彼らは受け取っています。
(C) See you at the port.　　　　　　　　港でお会いしましょう。

解説 Why 〜 ? の形での否定疑問文。「彼らが報告書の写しを受け取っていない《理由》」が問われている。(B) は **They have** received a copy of the report, **actually.** の省略形で、「**彼らは報告書の写しを受け取っている**」という本当の情報を伝えている。理由を答えてはいないが、質問者の誤解を正す自然な応答となっている。(A) は問いかけの received の関連語 receipt でひっかけをねらっている。(C) は port が report に対する音トリックとなっている。

注　☐ process : 動〜を処理する

(282) 9.　　　　　　　　　　　　　　　　　　　　　難易度　難　正解 (B)

Script Why hasn't Mr. Wade finished putting together all of the data?
Wade さんは、なぜすべてのデータをまとめあげていないんですか。

(A) At your earliest convenience.　　　あなたの都合がよい最も早いときに。
(B) Some figures appeared vague.　　　一部の数値が不確かだったようです。
(C) Could you follow the instruction?　指示に従っていただけますか。

解説 Why 〜 ? の形での否定疑問文。「Wade さんがデータをまとめていない《理由》」が問われている。(B) の appeared は、⑤ appear ⓒ の形で「S は C のようだ」という意味。「いくつかの数値が不確かだった」と言っている。これは、**データをまとめられなかった理由**になっているので、正解。vague は「不確実な」という意味。また問いかけの data を figures と言い換えている点にも注目。(A) は時の応答。(C) は、何の指示なのかが不明。

注　☐ put together X : X をまとめる　☐ at your earliest convenience : あなたの都合がつき次第
　　☐ vague : 形あいまいな、不明確な

トレーニング　　　問題通し番号 283〜285

【問題】

☐ **10.** Mark your answer on your answer sheet.

☐ **11.** Mark your answer on your answer sheet.

☐ **12.** Mark your answer on your answer sheet.

🔊 M283
▼
🔊 M285

✔ 単語 Check!
前のページで出題された重要語句です。意味を覚えていますか？

☐ attire　　　☐ process　　　☐ put together X
☐ at your earliest convenience　　　☐ vague

(283) **10.**　　　　　　　　　　　　　　　　　　　　難易度　　　　正解 (B)

Script Why can't I access this computer?
どうしてこのコンピュータにアクセスできないんですか。

(A) Here's the assessment data.　　　これが査定データです。
(B) Didn't you receive the new password?　　新しいパスワードを受け取っていないの?
(C) In the IT department.　　IT部門です。

解説 Why 〜 ? の形での否定疑問文。「コンピュータにアクセスできない〈**理由**〉」が問われている。(B)「新しいパスワードを受け取っていないのか」は、コンピュータの**パスワードが変更になった**こと、そして、その**変更後の新しいパスワードを使用していない**ことが、アクセスできない理由であると示唆している。これが正解。(A) の「査定データ」は無関係。(C) が答えているのは、部署。

(284) **11.**　　　　　　　　　　　　　　　　　　　　難易度　　　　正解 (B)

Script You'll be interviewed by the hotel clerk next week, won't you?
来週、そのホテル従業員による面接を受けるんですよね。

(A) Are you checking out now?　　　今チェックアウトなさいますか。
(B) I'm meeting him today.　　　彼とは今日会うんです。
(C) A great internship program.　　素晴らしいインターンシップ・プログラムです。

解説 付加疑問文で「来週、ホテルの従業員と面接するのかどうか」を確認している。(B) の him は the hotel clerk のこと。「**そのホテル従業員と今日会う**」は、**No**（＝来週ではない）を間接的に伝えており、自然な応答。これが正解。(A) は hotel から連想される「チェックアウト」でひっかけようとしている。(C) の「インターンシップ・プログラム」は、質問には無関係。

注　□ internship：名インターンシップ

(285) **12.**　　　　　　　　　　　　　　　　　　　　難易度　　　　正解 (C)

Script There's enough information in this year's fashion show pamphlet, isn't there?
今年のファッションショーのパンフレットには、十分な情報が載っていますよね。

(A) I can show you around.　　　ご案内できますよ。
(B) There's plenty of time.　　　十分な時間があります。
(C) It was useful.　　　それは役に立ちました。

解説 付加疑問文で「今年のパンフレットに十分な情報が載っている」ことを確認している。(C) の「役に立った」は、「**十分な情報が載っていて**役に立った」ということ。質問者に**同意**しており、自然な応答。質問の現在形に対し、過去形になっているが、これは応答者がすでにパンフレットに目を通したあとだから。これが正解。(A) は何に案内するのかが、はっきりしない。「ファッションショーを案内する」と解釈したとしても、質問にはつながらない。(B) は、情報ではなく「時間がたくさんある」と言っている。time が information であれば、正解になり得る。

| トレーニング | 問題通し番号 286 〜 288 |

【問題】

☐ **13.** Mark your answer on your answer sheet.
☐
☐

☐ **14.** Mark your answer on your answer sheet.
☐
☐

☐ **15.** Mark your answer on your answer sheet.
☐
☐

🔊 M286
▼
🔊 M288

✔ **単語 Check!**
前のページで出題された重要語句です。意味を覚えていますか？

☐ internship

(286) 13.

Script: The employee handbook is helpful for new recruits, isn't it?
社員手帳は、新入社員にとって、役に立ちますよね。

(A) You did? あなたがやったんですか。
(B) Sure is. 確かにそうですね。
(C) For now. 今のところ。

解説 付加疑問文で「社員手帳が役に立つかどうか」を確認している。(B) の Sure is. は、It sure is helpful. を省略したもの。sure は副詞で「確かに、本当に」。「確かに役に立つ」と、質問者に強く**同意**しており、自然な応答となる。同意の定番表現として覚えておこう。(A) は最後、昇り調子で読まれているので質問になっている。ただし did の内容が不明。(C) は「今のところ」と言うのみで、肯定も否定もしていないため不適切。

注 □ employee handbook：従業員手帳

(287) 14.

Script: Why doesn't Michael agree to speak at the banquet?
Michael は、なぜ晩餐会で話をすることに同意しないんですか。

(A) He's tied up in a press conference. 彼は記者会見で忙しいんですよ。
(B) You should use blue and green. 青色と緑色を使うべきです。
(C) At the peak of the rush. 混雑時間のピークに。

解説 Why ~ ? の形での否定疑問文。「Michael がスピーチに応じない**〈理由〉**」が問われている。(A) の be tied up to X は「X で忙しくて手が離せない」という意味。「Michael は記者会見で忙しい」は、だから「**スピーチできない**」ということを示唆している。間接的に理由を答えているので、正解。(B) が答えているのは色。(C) は peak が speak に対する音トリックになっている。

注 □ banquet：❷夕食会、晩餐会 □ be tied up：(忙しくて)手が離せない
□ press conference：記者会見

(288) 15.

Script: Weren't you excited with his presentation?
彼のプレゼンにワクワクしませんでしたか。

(A) I like that kind of music. 私はそういう音楽が好きです。
(B) There was nothing new. 目新しいことは何もなかったかな。
(C) I'll give a presentation next month. 来月プレゼンをします。

解説 否定疑問文。通常の疑問文と同じように「彼のプレゼンに興奮したかどうか」が問われていると考えよう。(B) の「目新しいことはなかった」は、**No**（=興奮しなかった）ということ。質問に的確に答えているので、これが正解。(A) は音楽の好みを答えており、質問に無関係。(C) は自分のプレゼン予定を答えている。presentation に釣られないように。

トレーニング

問題通し番号 289 〜 291

【問題】

☐ **16.** Mark your answer on your answer sheet.

☐ **17.** Mark your answer on your answer sheet.

☐ **18.** Mark your answer on your answer sheet.

🔊 M289
▼
🔊 M291

✔ 単語 Check!
前のページで出題された重要語句です。意味を覚えていますか？

☐ employee handbook ☐ banquet ☐ *be* tied up
☐ press conference

(289) 16. 正解 (B)

Script MIC Electronics will close their branch in Zurich next year, won't they?
来年、MIC Electronics 社はチューリッヒ支社を閉鎖するんですよね。

(A) Yes, it's closed on Sundays. ええ、日曜日は閉まっています。
(B) How did you know about that? どうやってそれを知ったんですか。
(C) They're not going for lunch today. 彼らは今日、昼食に行かないでしょう。

解説 付加疑問文で「MIC Electronics 社はチューリッヒ支社を閉鎖するかどうか」を確認している。(B) の that は「MIC Electronics 社がチューリッヒ支社を閉鎖すること」を指しており、それを知った方法を問い返している。これは内密のはずの情報を相手が知っていることに驚いているわけだが、間接的に**「チューリッヒ支社の閉鎖」を認めている**。これが正解。(A) は Yes (= チューリッヒ支社を閉鎖する) まではよいが、後ろに続いているのは閉店日。(C) は昼食の話題で、質問に無関係。

(290) 17. 正解 (A)

Script There are a lot of supermarkets in this area, aren't there?
この地域にはたくさんのスーパーマーケットがありますよね。

(A) There is a growing need for them. それらへのニーズが高まっているんです。
(B) It's still vacant. まだ空きがあります。
(C) It's been closed for five years. 5年間閉まっています。

解説 付加疑問文で「この地域にスーパーがたくさんあること」を確認している。(A) の them は a lot of supermarkets を指しており、「**スーパーへの増大するニーズがある**」と言っている。これは、スーパーが多いことの**理由**になっており、間接的に**質問内容を肯定**している。これが正解。(B) は It が何を指すか不明確 (supermarkets は複数なので It では受けられない)。(C) は「スーパーが5年間閉まっている」と勘違いさせようとしているが、これも主語が It なので、そのように解釈することはできない。

注 □ growing：形高まる、強まる　□ vacant：形空いている

(291) 18. 正解 (B)

Script Why isn't the Chinese restaurant open?
なぜその中華料理店は開いていないんですか。

(A) For all departments. 全部門向けです。
(B) It's moved to Linden Street. Linden 通りに移転しました。
(C) Let's go to China. 中国に行きましょう。

解説 Why ～？の形での否定疑問文。「中華料理店が開店していない《理由》」が問われている。(B) の move は「引っ越す」という意味。「**Linden 通りに移転した**」は、開店していない理由として妥当なので、これが正解。(A) は無関係な内容。(C) は Chinese restaurant に関連した China でひっかけをねらっている。

トレーニング

問題通し番号 292 〜 294

【問題】

☐ **19.** Mark your answer on your answer sheet.

☐ **20.** Mark your answer on your answer sheet.

☐ **21.** Mark your answer on your answer sheet.

◉ M292
▼
◉ M294

✔ 単語 Check!
前のページで出題された重要語句です。意味を覚えていますか？

☐ growing　　☐ vacant

(292) 19.

難易度 ▲ 正解 (A)

Script Weren't all the employees informed of the changed schedule?
すべての従業員が変更スケジュールについて案内されたんじゃないんですか。

(A) It was on the company bulletin board.　会社の掲示板に掲載されました。
(B) They were scheduled to leave early.　彼らは早退する予定になっていました。
(C) Some training courses should be arranged.
　　　　　　　　　　　　　　　　　　　いくつかの研修コースが用意されるでしょう。

解説 否定疑問文だが、通常の疑問文と同じように「変更スケジュールが、全従業員に案内されたのかどうか」が問われていると考えよう。(A) の it は the changed schedule を指しており、「変更スケジュールは会社の掲示板に掲載された」と言っている。掲示板に張り出すということは、**すべての従業員に向けて情報発信されている**ということ。間接的な **Yes**（＝全従業員に案内された）となっているので、これが正解。(B) は問いかけにもある schedule をくり返すことで、ひっかけをねらっている。(C) の「研修コース」は質問に無関係。

注　☐ bulletin board：掲示板

(293) 20.

難易度 ▲ 難 正解 (B)

Script Don't you need to order more food for the party?
パーティーのために、もっと食べ物を注文しなくてもいいんですか。

(A) Heap more food onto my plate.　私の皿にもっと食べ物を盛り付けてください。
(B) A few people have canceled.　数人がキャンセルしたんですよ。
(C) Let's buy the equipment then.　それなら備品を買いましょう。

解説 否定疑問文は通常の疑問文と同様に考える。「食べ物をもっと注文したほうがよいかどうか」が問われている。これに「数人がキャンセルした」と答えている (B) は、参加人数が減るのだから「**もっと注文しなくてもよい**」ということを示唆している。間接的に **No** と応答しており、これが正解。(A) の heap は「～を山積みする」。food に関連した内容だが、質問には答えていない。(C) は order の類義語 buy を含むが、質問には無関係な内容。

注　☐ heap：⑩ ～を山積みする

(294) 21.

難易度 ▲ 難 正解 (B)

Script Shouldn't we provide the questionnaire to all the branches?
全支社にそのアンケートを配布しなくてもいいんですか。

(A) Another provider needs to be used.　別のプロバイダを使う必要があります。
(B) Not until the board members approve it.　役員が承認するまで配布しません。
(C) Most voters say it's natural.　ほとんどの投票者が、それが自然だと言っています。

解説 否定疑問文。通常の疑問文と同様に「全支社にアンケートを配布すべきかどうか」が問われていると考える。(B) の Not until ～ は、前の内容を受けて「～まで…しない」という意味。ここでは「**役員が承認するまでアンケートを配布しない**」となる。これは、条件がクリアされれば配布するということ。(A) は provide に関連した provider がひっかけ。(C) は無関係な内容。

注　☐ questionnaire：⑧ アンケート用紙　☐ Not until ～：(前文を受けて) ～まで…ない　☐ voter：⑧ 投票者

トレーニング

問題通し番号 295 ～ 297

【問題】

☐ **22.** Mark your answer on your answer sheet.
☐
☐

☐ **23.** Mark your answer on your answer sheet.
☐
☐

☐ **24.** Mark your answer on your answer sheet.
☐
☐

🔊 M295
▼
🔊 M297

✔ 単語 Check!
前のページで出題された重要語句です。意味を覚えていますか？

☐ bulletin board　　☐ heap　　　　☐ questionnaire
☐ Not until ～　　　☐ voter

(295) **22.**

Script The hotel where you'll stay is far from the airport, isn't it?
あなたが泊まるホテルは空港から遠いですよね。

(A) Please follow the sign. 標識に従ってください。
(B) I thought you did it already. あなたがそれをやったと思っていました。
(C) There's a shuttle bus. シャトルバスがあるんです。

解説 付加疑問文で「これから滞在するホテルが空港から遠いかどうか」を確認している。(C) の「シャトルバスがある」は、「**遠いけどバスがあるから大丈夫**」ということを示唆している。遠回しながら質問に **Yes** と答えており、自然な応答になっている。(A) はホテルへの行き方についての会話だと勘違いさせようとしている。(B) は did it が何を指すのか不明。

---

(296) **23.**

Script Won't you go to the stadium for the game?
試合のため、スタジアムに行くんじゃないんですか。

(A) I'd rather stay home. 私は家にいた方がいいです。
(B) How many tickets do you need? チケットは何枚必要ですか。
(C) Just outside the main gate. 正門のすぐ外に。

解説 否定疑問文は、通常の疑問文と同じに考えるとよい。「スタジアムに行くのかどうか」が問われていると考えれば、混乱しない。(A) の「家にいたい」は、**スタジアムには行かない**ということ。間接的に **No** と答えており、自然な応答になっている。(B) は stadium から連想されるチケットの話題でひっかけようとしている。(C) も同様に、集合場所についての会話だと勘違いさせようとしている。

注 □ would rather *do*：むしろ〜したい

---

(297) **24.**

Script You are going to evaluate the research with Mr. Simmons, aren't you?
Simmons さんと一緒に、その研究を審査するんですよね。

(A) There're some search engines. 検索エンジンがいくつかあります。
(B) He's out sick today. 彼は今日、病欠なんです。
(C) I know him very well. 私は彼をよく知っています。

解説 付加疑問文で「Simmons さんと一緒に審査するのかどうか」を確認している。(B) の主語 He は Mr. Simmons を指しており、「Simmons さんは今日、病欠している」と言っている。これは、だから「**今日は Simmons さんと一緒に審査できない**」ということを示唆しており、間接的に **No** と答えている。これが正解。(A) は search が research に対する音トリック。(C) は「Simmons さんのことをよく知っている」ということだが、質問への答えになっていない。

注 □ evaluate：⑩ 〜を審査する、評価する □ research：⑧ 研究、調査 □ be out sick：病欠する

トレーニング

問題通し番号 298 ～ 300

【問題】

☐ **25.** Mark your answer on your answer sheet.

☐ **26.** Mark your answer on your answer sheet.

☐ **27.** Mark your answer on your answer sheet.

🔊 M298
▼
🔊 M300

✔ 単語 Check!
前のページで出題された重要語句です。意味を覚えていますか？

☐ would rather *do*　　☐ evaluate　　☐ research　　☐ *be* out sick

25. 正解 (A)

Script Don't you have an appointment with your client?
クライアントとのアポが入っていませんでしたか。

(A) My flight was delayed. 私のフライトが遅れてしまったんです。
(B) He's been appointed to sales manager. 彼は営業部長に任命されました。
(C) That was mine. それは私のものでした。

解説 否定疑問文は通常の疑問文と同様に考えるとわかりやすい。「顧客とのアポがあるのかどうか」が問われている。(A) の「フライトが遅れた」は、そのせいで**「アポはキャンセルあるいは延期になった」**ということを示唆している。応答者の意図をくみ取る必要があるが、質問への回答となっているので、これが正解。(B) は問いかけの appointment に関連した appoint(ed) でひっかけをねらっている。(C) は所有者を答えており、質問に無関係。

注 □ appoint：動 〜を任命する

26. 正解 (B)

Script You haven't talked to the supervisor about your vacation, have you?
休暇について、上司と話していませんよね。

(A) Under supervision of the teacher. 先生の監督下で。
(B) Do you think I need to? そうする必要があると思いますか。
(C) I'll come back tomorrow. 明日戻ります。

解説 付加疑問文で「休暇について上司と話したかどうか」を確認している。(B) の後ろには、... to talk to the supervisor about my vacation が省略されており、**「休暇について上司と話す必要があるのか」**と問い返している。質問に答える前に、**そもそも上司と話す必要性があるのかどうか**を尋ね返しており、自然な応答となっている。これが正解。(A) は問いかけの supervisor に関連した supervision がひっかけ。(C) は vacation から連想される「休暇からの復帰日」でひっかけをねらっている。

27. 正解 (A)

Script Hasn't the property been sold yet?
その不動産はまだ売れていないんですか。

(A) It's being processed. 今その処理中です。
(B) He's operating the boat properly. 彼はボートをきちんと操作しています。
(C) I'll use a travel agent. 私は旅行代理店を利用します。

解説 否定疑問文は通常の疑問文と同様に考えよう。「不動産が売れたのかどうか」が問われている。(A) の process は「〜の手続きをする、処理する」。「それ (＝その不動産) は処理されているところだ」は、**「いま売買の手続きをしている」**ということ。つまり、間接的に **Yes (＝売れた)** と答えている。これが正解。(B) は properly が property に対する音トリック。(C) は不動産業者 (real estate agent) にも agent を用いることを利用したひっかけ。

注 □ property：名 不動産、物件　□ process：動 〜を処理する　□ operate：動 〜を操作する

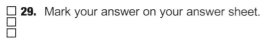

【問題】

- **28.** Mark your answer on your answer sheet.

- **29.** Mark your answer on your answer sheet.

- **30.** Mark your answer on your answer sheet.

🔊 M301
▼
🔊 M303

✔ 単語 Check!
前のページで出題された重要語句です。意味を覚えていますか？

☐ appoint　　☐ property　　☐ process　　☐ operate

(301) 28.　　難易度／難　　正解 (B)

Script Isn't the assignment due next week?
その仕事は来週が締め切りではないんですか。

(A) Please sign the form.　　この用紙にサインしてください。
(B) By this Friday, I heard.　　今度の金曜日までと聞きました。
(C) I'll be rescheduling the appointment.　　アポの日程を再調整します。

解説 否定疑問文だが、通常の疑問文と同様に考えるとわかりやすい。「締め切りが来週かどうか」が問われている。(B)「今週の金曜日までだと聞いている」は、**正しい締め切り日**を答えることで、**No**（=来週ではない）と伝えている。これが正解。(A) は sign が assignment に対する音トリック。(C) は「人と会う約束を変更する」と言っている。これを「締め切りを変更する」だと誤解しないように。

注　□ assignment：名 任務、割り当て、課題

(302) 29.　　難易度／難　　正解 (A)

Script You have submitted the expense report, haven't you?
経費報告書を提出しましたよね。

(A) I'll do it in an hour.　　1 時間後にやります。
(B) But I can do it for you.　　でも、あなたのために私がそれをやりますよ。
(C) A key place on my desk.　　私の机の上の主要な位置です。

解説 付加疑問文で「経費報告書を提出したかどうか」を確認している。(A) の do it は「経費報告書を提出する」ことを意味しており、「1 時間後に経費報告書を提出する」と言っている。これはつまり、**まだ提出していない**ということ。間接的に **No** と答えており、自然な応答となる。(B) だと「経費報告書の提出」が、もともと質問者がすべきことになってしまう。(C) は場所の応答。

注　□ expense：名 費用　□〈in+時間〉：～時間後に

(303) 30.　　難易度／難　　正解 (A)

Script Cynthia is going to talk to you about the new procedure, isn't she?
Cynthia が新しい手続きについて話すんですよね。

(A) Sheila will stand in for her.　　Sheila が彼女の代役を務めます。
(B) I'm thinking of a new project.　　新しいプロジェクトについて考えています。
(C) The old one is better.　　古いもののほうがいいですね。

解説 付加疑問文で「Cynthia が新しい手続きについて話すかどうか」を確認している。(A) の stand in for X は「X の代理を務める」という意味。「Sheila が彼女（= Cynthia）の代役を務める」と言っている。間接的に **No**（= Cynthia は話さない）と答えており、自然な応答。これが正解。(B) は new project が new procedure に対する音トリック。(C) の old one は old procedure と解釈でき、関連した内容にはなっている。しかし、質問に答えていないので、不適切。

注　□ procedure：名 手順、やり方　□ stand in for X：X の代理を務める

トレーニング 問題通し番号 (304)～(306)

【問題】

☐ **31.** Mark your answer on your answer sheet.

☐ **32.** Mark your answer on your answer sheet.

☐ **33.** Mark your answer on your answer sheet.

🔊 M304
▼
🔊 M306

✔ 単語 Check!
前のページで出題された重要語句です。意味を覚えていますか？

☐ assignment ☐ expense ☐ 〈in + 時間〉 ☐ procedure
☐ stand in for *X*

31.

Script Why hasn't all of the data been gathered yet?
どうしてまだデータが全部集まっていないんですか。

(A) It's almost finished.　　　もう少しで完了です。
(B) With a great social gathering.　　　大きな懇親会と一緒に。
(C) Not until all the information comes.　　　すべての情報が入ってくるまではできません。

解説 Why 〜？の形での否定疑問文。「データが集まっていない《理由》」が問われている。(A) の「もう少しで終わる」は、**もう少しでデータがすべて集まる**ということ。理由を答えてはいないが、データが集まっていないという懸案事項が解決に近づいていることを伝えており、自然な応答になる。(B) は問いかけの gather(ed) に関連した gathering でひっかけをねらっている。(C) の Not until 〜は「(前の内容を受けて) 〜まで…でない」という意味。「すべての information がくるまで、すべての data は集まらない」となるが、ほぼ同じ内容を 2 回述べており、おかしな応答になっている。

32.

Script Why hasn't the guidance started?
なぜガイダンスは始まっていないんですか。

(A) A guided tour for the attendees.　　　出席者のためのガイド付きツアーです。
(B) The agenda hasn't been finalized.　　　議題がまだ確定していません。
(C) The annual dance party.　　　毎年恒例のダンスパーティです。

解説 Why 〜？の形での否定疑問文。「ガイダンスが始まっていない《理由》」が問われている。(B) の agenda は「議題」、finalize は「〜を仕上げる」という意味なので、**議題がまだ確定していない**と言っている。これは、ガイダンスの開始が遅れている理由として妥当なので、正解。(A) は guided が、(C) は dance が、それぞれ guidance に対する音トリックになっている。

注　□ agenda：**議題**

33.

Script Aren't you buying a new house in the countryside?
地方に新居を構えないんですか。

(A) Housing Construction and Improvement Division.　　　住宅建設・整備部門です。
(B) I like the city area.　　　私は都会が好きなんです。
(C) The sales representative from a car dealership.　　　自動車販売店の営業担当です。

解説 否定疑問文だが、通常の疑問文同様に「地方に家を構えるかどうか」が問われていると考える。(B) の「私は都会が好きだ」は、だから「**地方に家を構えない**」ということを示唆している。間接的に **No** と答える自然な応答。これが正解。(A) は、家の購入に関連した部門名でひっかけようとしている。(C) も同様に関連した職種を答えているが、「自動車販売店の営業担当」であり、質問とはかけ離れた内容になっている。

トレーニング　　　　　　　　　　　　　　　　　　　　　問題通し番号 307 〜 309

【問題】

☐ **34.** Mark your answer on your answer sheet.

☐ **35.** Mark your answer on your answer sheet.

☐ **36.** Mark your answer on your answer sheet.

🔊 M307
▼
🔊 M309

✔ **単語 Check!**
前のページで出題された重要語句です。意味を覚えていますか？

☐ agenda

(307) **34.** 難易度　難　正解 (C)

Script Aren't you flying to Alaska next week?
あなたは来週、飛行機でアラスカへ行かないんですか。

(A) It'll last two hours.　　　それは2時間続きます。
(B) So am I.　　　私もそうです。
(C) Tracy is.　　　Tracyが行きます。

解説 否定疑問文は、通常の疑問文と同様に考えるとわかりやすい。「あなたは来週アラスカに行くかどうか」が問われている。(C) は **Tracy is** flying to Alaska next week. の省略形だと考えられる。「Tracyが来週アラスカに行く」は、つまり**「私は行かない」**ということ。間接的な **No** を伝えており、これが正解。(A) は継続期間を答えている。(B) は同意を伝える表現だが、問いかけには同意するような内容は見当たらない。

---

(308) **35.** 難易度　難　正解 (B)

Script Aren't you supposed to visit the drugstore?
ドラッグストアを訪問することになっていないんですか。

(A) He's supposedly doing well.　　　彼はよくやっているようです。
(B) Yes, at 5 P.M.　　　ええ、午後5時に。
(C) Where is the prescription?　　　処方箋はどこですか。

解説 否定疑問文は、通常の疑問文と同様に考えると混乱しない。「ドラッグストアを訪問するかどうか」が問われていると考えよう。これに **Yes**(=訪問する) と答え、その**時刻(午後5時)**を続けている (B) が自然な応答。(A) は、問いかけの suppose(d) の副詞形 supposedly でひっかけをねらっている。(C) は drugstore に関連した prescription(処方箋)がひっかけ。

注　□ supposedly：たぶん、推定では　□ prescription：処方箋

---

(309) **36.** 難易度　難　正解 (B)

Script Don't you need to reserve a table for dinner?
夕食の席を予約しなくていいんですか。

(A) I'll clean the table.　　　私がテーブルを掃除します。
(B) Emily is taking care of it.　　　Emilyが手配します。
(C) I have a hotel reservation tonight.　　　今夜はホテルを予約してあります。

解説 否定疑問文。通常の疑問文と同様に「あなたは(レストランの)テーブルを予約する必要があるのかどうか」が問われていると考えよう。(B) の it は「テーブルを予約すること」を指しており、「Emilyがテーブルの予約を手配する」と言っている。これは、だから**「自分は予約しなくていい」**ということを示唆している。間接的に **No** と答えており、自然な応答になっている。(A) は問いかけにもある table がひっかけ。(C) は予約の対象がレストランではなく、ホテルになっている。

注　□ take care of X：Xを手配する、引き受ける

(トレーニング)　　　問題通し番号 310 〜 312

【問題】

☐ **37.** Mark your answer on your answer sheet.

☐ **38.** Mark your answer on your answer sheet.

☐ **39.** Mark your answer on your answer sheet.

🔊 M310
▼
🔊 M312

✔ 単語 Check!
前のページで出題された重要語句です。意味を覚えていますか？

☐ supposedly　　☐ prescription　　☐ take care of X

37.

Script Wasn't Mr. Taylor's keynote speech so great?
Taylor 氏の基調講演は素晴らしくありませんでしたか。

(A) It was very inspiring to me. — とても感動的でした。
(B) Do you need another key? — 別の鍵が必要ですか。
(C) I'll have Fred take notes. — Fred にメモを取ってもらいます。

正解 (A)

解説 否定疑問文は、通常の疑問文と同様に考える。「Taylor 氏の基調講演が素晴らしかったかどうか」が問われている。(A)「とても inspiring（感動的）だった」は、**Yes**（＝素晴らしかった）ということなので、これが正解。(B) は key が keynote に対する音トリック。(C) は過去のことが問われているのに、I'll（＝ I will）で応じており、時制がズレている。仮に過去形 I had Fred ... であったなら、正解の可能性がでてくる。

注 □ keynote speech：基調講演　□ inspiring：⑲奮い立たせる、感動させる
　　□ 〈have+O+原形不定詞〉：O に〜してもらう、させる

38.

Script Isn't there a company picnic this year?
今年は会社のピクニックはないんですか。

(A) I heard someone's planning it. — 誰かが計画しているみたいですよ。
(B) Nick didn't come to the event. — Nick はそのイベントに来ませんでした。
(C) Will you be there? — あなたはそこにいますか。

正解 (A)

解説 否定疑問文だが、通常の疑問文と同じように「今年、会社のピクニックがあるかどうか」が問われていると考えよう。(A)「誰かが、それ（＝ピクニック）を計画していると聞いた」は、不確かながらも、間接的に **Yes**（＝ピクニックはある）と答えている。これが正解。(B) は過去形で答えており、質問とは時制がズレている。(C) は、there がどこを指すのか不明。

39.

Script There're enough promotional materials, aren't there?
販促資料は十分にありますよね。

(A) They've been made of wood. — それらは木でできています。
(B) Their motion's so quick. — それらの動きはとても速いです。
(C) There were, but not anymore. — あったんですが、もうなくて。

正解 (C)

解説 付加疑問文で「販促資料が十分にあるかどうか」を確認している。(C) はカンマまでの前半で「過去には十分にあった」、後半で「今はもう十分にない」と述べている。つまり **No**（＝販促資料は十分にない）と答えており、自然な応答になっている。(A) は材質を答えているが、これは material の別の意味「素材、原料」からの連想でひっかけをねらっている。(B) は motion が promotional に対する音トリック。

注 □ promotional material：販促資料

第4章 ●正答一覧●

No.	ANSWER A B C	No.	ANSWER A B C	No.	ANSWER A B C
1	**A** B C	16	A **B** C	31	**A** B C
2	A B **C**	17	A B C	32	A **B** C
3	**A** B C	18	**A** B C	33	A **B** C
4	A **B** C	19	**A** B C	34	A B **C**
5	A B **C**	20	**A** B C	35	A **B** C
6	A **B** C	21	A **B** C	36	A **B** C
7	A B **C**	22	A B **C**	37	**A** B C
8	A **B** C	23	**A** B C	38	**A** B C
9	A **B** C	24	A **B** C	39	A B **C**
10	A **B** C	25	**A** B C		
11	A **B** C	26	A **B** C		
12	A B **C**	27	**A** B C		
13	A **B** C	28	A **B** C		
14	**A** B C	29	**A** B C		
15	A **B** C	30	**A** B C		

✔ 単語 Check!
前のページで出題された重要語句です。意味を覚えていますか?

☐ keynote speech　　☐ inspiring　　☐〈have+O+原形不定詞〉
☐ promotional material

第5章

提案・依頼・勧誘・申し出

形はWH疑問文やYes/No疑問文ですが、
《提案・依頼・勧誘・申し出》などの
機能を果たす疑問文が
問いかけとなっているタイプ。
応答パターンを押さえておきましょう。

問題数 41問

問題通し番号
(313)〜(353)

第5章 《提案・依頼・勧誘・申し出》の解き方

〈問いかけ〉が、相手への提案や依頼（命令）、勧誘、申し出となっているタイプ。形は WH 疑問文や Yes/No 疑問文ですが、何かを質問しているわけではありません。25問中２問前後の出題頻度となっています。以下のポイントに注意しながら、解答してください。

それぞれの表現例

● **提案の表現：**
　Why don't you ～ ?、How about ～ ?

● **依頼の表現：**
　Could you ～ ?、Can you ～ ?、Will you ～ ?、Would you ～ ?

● **命令の表現：**
　Please ～ .、Be ～ .、Do ～ .、You must ～ .

● **勧誘の表現：**
　Would you like ～ ? Let's ～ .、Why don't we ～ ?、We should ～ .

● **申し出の表現：**
　Why don't I ～ ?、Shall I ～ ?

● **許可の表現：**
　May I ～ ?、Do[Would] you mind doing ～ ?、Do[Would] you mind if S＋V?

4つの応答パターンに備える

応答パターンは大きく、❶「受け入れる」、❷「断る」、❸「保留する」、❹「質問を返す」の4つに分類できます。

❶ 受け入れる

Yes／Sure／That's a good idea.／Of course／OK などを用いて直接的に承諾する場合もあれば、Why don't we have a break?（休憩しませんか）に I need to get a rest.（休憩が必要だ）のように間接的に応じるケースもあります。

❷ 断る

No／I don't like it.／Of course not などを用いて直接的に断る場合もあれば、I have to go now.（もう行かなくちゃ）のように、理由を示して間接的に断るケースもあり。

❸ 保留

I'll talk to my manager.（上司に話してみます）など、回答を保留するパターン。

❹ 質問を返す

返答前に質問をするパターン。返答するために必要な情報を集める応答です。

それでは、次のページから例題を2つ解いていきましょう。

> **例題 1** 　　　　　　　　　　　　　　　　　　　　🔊 M313
> (313) 音声を聞き、正しい応答を (A) 〜 (C) から1つ選びましょう。
> Mark your answer on your answer sheet. 　　Ⓐ Ⓑ Ⓒ

解き方の基本

Shall I 〜? の形で「〜しましょうか」と、申し出ていました。

ここでは「車で送ること」を申し出ていましたが、これに対して、❶受け入れる、❷断る、❸保留する、❹質問を返す、に当てはまる選択肢を探します。

(A) が❷に該当していますね。「**自分の車があるから**」と理由を示すことで、やんわりと、相手の**申し出を断って**います。

Part 2 は一般的な会話を模しているので、突き放す応答をすることは、ほとんどありません。断る場合でも、ちゃんと理由を示して断るということを頭に入れておきましょう。

正解 (A)

Script Shall I give you a ride?
🇺🇸 車で送りましょうか。

🇬🇧 (A) I have my own, thanks.　　　自分の車があります、ありがとう。
　　(B) I'll give you my bike.　　　　私の自転車をあげますよ。
　　(C) Not very often.　　　　　　　そんなに頻繁ではありません。

解説 Shall I 〜? で「車で送りましょう」と申し出ている。(A) の my own は「自分自身の乗り物」を意味しており、車・バイクなどを指す。「自分の車・バイクがあるので結構です」と申し出を断っており、自然な応答。(B) は「自転車をあげる」という申し出。「bike で送る」ではない。ちなみに英語の bike は通常「自転車」を意味する。(C) は頻度を答えているが、これを理由に、申し出を断る、あるいは承諾するとは考えにくいため、不適切。

例題 2

(314) 音声を聞き、正しい応答を (A) ～ (C) から1つ選びましょう。
Mark your answer on your answer sheet. Ⓐ Ⓑ Ⓒ

解き方の基本

Do you mind if ～? の形で「～してもよいですか」と許可を求める問いかけでした。

4つのパターンで応答を待ち構えますが、問いかけに mind が入っている場合は、注意が必要です。

mind は「**～を嫌がる、気にする**」という意味です。なので、Do you mind if ～を字句通りに訳すと「**～したら嫌か**」となります。それを「～してもよいですか」と意訳しているわけです。

しかし、英語本来の意味は「～したら嫌か」なので、❶「受け入れる」場合は、**No**（＝嫌ではない）のように否定で応じ、❷「断る」場合は **Yes**（＝嫌だ）のように肯定で応じます。

この例題では、Not at all. と完全に否定している (B) が、❶に該当することになります。

正解 (B)

Script Do you mind if I use this tablet for a while?
しばらくこのタブレット・コンピュータを使ってもいいですか。

(A) It's not sold yet.　　　　　　　　それはまだ販売されていません。
(B) Not at all.　　　　　　　　　　　もちろんいいですよ。
(C) What's the pricing?　　　　　　　価格設定はどうですか。

解説 Do you mind if ～? で「タブレットの使用」について許可を求めている。(B) の Not at all. は I do not mind if you use this tablet for a while at all. の省略形。「まったく嫌ではない→もちろんいい」という意味。快諾を示しているので、これが正解。(A) は「タブレットがまだ売られていない」と解釈できるが、質問に対応していない。(C) はレンタル料金を尋ねていると解釈した場合、貸す方が質問していることになり不適切。

次ページからは練習問題です。ここで学んだ解き方を実践してみましょう。

トレーニング

《提案・依頼・勧誘・申し出》を攻略する39問

問題通し番号 315 〜 317

【問題】音声を聞き、正しい応答を (A) 〜 (C) から1つ選びましょう。

☐
☐ **1.** Mark your answer on your answer sheet.
☐

☐
☐ **2.** Mark your answer on your answer sheet.
☐

☐
☐ **3.** Mark your answer on your answer sheet.
☐

🔊 M315
▼
🔊 M317

3問ずつ解いていきましょう。まとめて解きたい場合は、巻末のマークシートを利用し、音声ファイル〈M315〉→〈M353〉を再生してください。

315 1.　正解 (B)

Script Let's take some time to review the environment concerns.
環境についての懸念をちょっと再調査してみましょう。

(A) Do you have a break?　　　　　　休憩しますか。
(B) Ian should be involved.　　　　　Ian が参加すべきですよ。
(C) It's approximately 10 kilograms.　およそ 10 キログラムです。

解説 Let's 〜 ? で「環境問題の再調査」を提案している。(B) の involved は形容詞「参加して、関係して」という意味。「Ian も参加すべきだ」と、**再調査に関与すべき人物**を助言している。自然なやりとりが成立するので、これが正解。(A) はこれから作業をしようと提案している相手に対し、唐突すぎる応答。(C) は無関係な重量について答えている。

注　□ concern：懸念、心配

316 2.　正解 (C)

Script Shall we hold an employee appreciation dinner?
従業員慰労夕食会を開催しましょうか。

(A) We purchased the online application.
　　　　　　　　　　　　　　オンライン・アプリを購入しました。

(B) MHK Holdings should let us know.
　　　　　　　　　　　MHK ホールディングスが知らせてくれるはずです。

(C) I don't mind planning it.　　　私が計画してもいいですよ。

解説 Shall we 〜 ? で「社員をねぎらう夕食会の開催」を提案している。(C) の mind は「〜を嫌だと思う」という動詞。その否定形なので「計画するのを嫌がらない➡**計画しても構わない**」となる。夕食会の企画担当を申し出ることで、提案に**賛同**している。これが正解。(A) は application が appreciation に対する、(B) は Holdings が hold に対する音トリックになっている。

注　□ appreciation：感謝、謝恩

317 3.　正解 (B)

Script Shall I give you the address?
私のアドレスを教えましょうか。

(A) I'll address the problem.　　　　問題に取り組みます。
(B) Great, I'll write it down.　　　　よかった。書き留めます。
(C) Please pay attention to the customers.　顧客に注意を払ってください。

解説 Shall I 〜 ? で「住所を教えること」を申し出ている。それに Great と**賛同**し、「**(住所を)書き留める**」と続けている (B) が自然な応答。(A) の address は、問いかけと異なり、動詞「(問題など)に取り組む」という意味。音に釣られて選ばないように。(C) は問いかけに無関係な内容。

注　□ address：〜に取り組む

トレーニング

問題通し番号 318〜320

【問題】

☐ **4.** Mark your answer on your answer sheet.

☐ **5.** Mark your answer on your answer sheet.

☐ **6.** Mark your answer on your answer sheet.

🔊 M318
▼
🔊 M320

✔ 単語 Check!
前のページで出題された重要語句です。意味を覚えていますか？

☐ concern   ☐ appreciation   ☐ address

318 4.

正解 (B)

Script Could you tell me how to get to the open-air market?
青空市場へどうやって行くか教えていただけますか。

(A) Please keep the door closed. ドアは閉めたままにしておいてください。
(B) Do you have your own car? 自分の車がありますか。
(C) It's still in the air. まだ決まっていません。

解説 Could you 〜 ? で「青空市場まで行く方法を教えてほしい」と**依頼**している。これに「車を持っているか」と問い返している (B) は、質問に答えるために、**移動手段の確認**をしている。移動手段によって行き方が変わると考えられる。これが正解。(A) は質問には無関係。(C) の *be* in the air は「空中にある➡物事が落ち着いておらず、決定していない」を意味する。air に釣られないように。

注 □ open-air market：青空市場

319 5.

正解 (B)

Script Can we extend the deadline for artwork submissions?
美術作品の提出期限を延長することはできますか。

(A) Invitations to a gallery opening. 画廊の開店式への招待状です。
(B) Is there any reason why? 何か理由があるんですか。
(C) Mr. Brooks tends to follow others. Brooks さんは他人に迎合しがちです。

解説 Can we 〜 ? で「美術作品の提出期限延長」の許可を求めている。それに対して (B) は、諾否を答える前に、**期限を延長する理由**を尋ねている。自然な応答なので、正解。(A) は artwork に関連した画廊に関する内容でひっかけをねらっている。(C) は Brooks さんの性格を述べているが、質問に無関係。

注 □ submission：❷提出

320 6.

正解 (A)

Script Could you tell me the results of the test?
テスト結果を教えてくれませんか。

(A) Why do you need them? どうしてそれが必要なんですか。
(B) I'll tell you the history. 経歴について話しましょう。
(C) The test has several forms. そのテストにはいくつかの形式があります。

解説 Could you 〜 ? で「テスト結果を教えてくれるよう」依頼している。それに対して (A) は、「どうしてそれら（=テスト結果）が必要なのか」と**理由**を問い返している。諾否を答える前に、理由を確認するのは、自然なことなので、正解。(B) は test から連想される history でひっかけをねらっている。(C) も test に関連した内容になっているが、テスト結果には無関係な内容。

(トレーニング)　　　　　　　　　　　　問題通し番号 (321)〜(323)

【問題】

☐ **7.**　Mark your answer on your answer sheet.
☐
☐

☐ **8.**　Mark your answer on your answer sheet.
☐
☐

☐ **9.**　Mark your answer on your answer sheet.
☐
☐

🔊 M321
▼
🔊 M323

✔ **単語 Check!**
前のページで出題された重要語句です。意味を覚えていますか？
☐ submission

(321) 7.

正解 (A)

Script Why don't we distribute these flyers nationwide as quickly as possible?
できるだけ早くこのチラシを全国に配布しましょう。

(A) We can't afford it.　　　　　　　　　その余裕がありません。
(B) Those distributors will arrive tomorrow. 流通業者は明日到着する予定です。
(C) You can get frequent flyer miles. 　　マイレージが貯まりますよ。

解説 Why don't we ~? で「チラシを全国に配布すること」を提案している。(A) の it は問いかけの提案内容を指しており、**「チラシを全国配布する (金銭的) 余裕がない」**と言っている。これは、理由を述べることで、**提案の却下**を伝えている。(B) は distributors が distribute に対する音トリック。(B) の flyer (旅客) は、多義語であることを利用したひっかけ (問いかけでは「チラシ」という意味)。音だけに釣られないように。

注　□ distribute：動 ~を配布する　□ flyer：名 チラシ　□ afford：動 ~を買う・支払う余裕がある
　　□ distributor：名 流通業者、配送業者

(322) 8.

正解 (C)

Script I'll help Ralph with his luggage.
Ralph の荷物を運ぶ手伝いをしますね。

(A) Nice to meet you. 　　　　　　はじめまして。
(B) I've never been there. 　　　　そこに行ったことがないんです。
(C) That would be really helpful. それはとても助かります。

解説 I'll ~で「Ralph の荷物を運ぶ手伝い」を申し出ている。これに対し、**「それ (=荷物を運ぶ手伝い) はとても助かる」**と**感謝**している (C) が、自然な応答。(A) は初対面のあいさつ。(B) は「そこに行ったことがない」と行っているが、there (そこ) がどこなのか不明。

(323) 9.

正解 (B)

Script Can I get you something from the supermarket?
スーパーで何か買ってきましょうか。

(A) There's something wrong with the invoice. 請求書におかしな所があります。
(B) I'm good for now, thanks. 　　　　　　　今は大丈夫です、ありがとう。
(C) Craig will fix it for you. 　　　　　　　 Craig が修理してくれますよ。

解説 Can I ~? で「スーパーで何か買ってくること」を申し出ている。(B) の **I'm good** は、何かを勧められたときなどに「私は大丈夫です」と、やわらかく断る表現。**「今は (何も買ってこなくて) 大丈夫だ」**と断ったあと、礼を述べており、自然な応答。(A) の invoice (請求書) は「買い物」に関連した内容だが、質問には答えていない。something に釣られて選ばないように。(C) は it が何を指すのか不明。

トレーニング

問題通し番号 324 〜 326

【問題】

☐ **10.** Mark your answer on your answer sheet.

☐ **11.** Mark your answer on your answer sheet.

☐ **12.** Mark your answer on your answer sheet.

🔊 M324
▼
🔊 M326

✔ 単語 Check!
前のページで出題された重要語句です。意味を覚えていますか？

☐ distribute　　☐ flyer　　☐ afford　　☐ distributor

(324) 10.　　　　　　　　　　　　　　　　　　　　難易度 　正解 (C)

Script Could you give me some feedback on the prototype?
試作品について、ご意見をいただけますか。

(A) My car is back on the road.　　　私の車はまた道路を走れるようになりました。
(B) It's at four o'clock.　　　　　　4時です。
(C) If I drop everything, I can.　　　全部を放り出せば、可能です。

解説 Could you ~? で「試作品へのフィードバック」を依頼している。(C) の drop は「～をやめる」という意味。「すべてのことをやめれば」という条件を付けているが、これは**「ほかの仕事をすべて止めてもいいなら」**ということ。その条件がクリアされるなら、**I can** give you some feedback on the prototype (試作品へのフィードバックができる) と言っている。これが正解。(A) は back が feedback に対する音トリックになっている。(B) が答えているのは時刻。

注　□ feedback：❷意見、反応　□ prototype：❷試作品　□ drop：❺～をやめる、放棄する

(325) 11.　　　　　　　　　　　　　　　　　　　　難易度 　正解 (B)

Script Would you like me to order some refreshments?
軽食を注文しましょうか。

(A) Let's get some fresh air.　　　　空気を入れ替えましょう。
(B) The luncheon finished just one hour ago.
　　　　　　　　　　　　　　　　　昼食会が1時間前に終わったばかりなんです。
(C) I'd rather walk alone, thanks.　むしろ1人で歩きたいんです、ありがとう。

解説 Would you like me to ~? は、下線の位置に me があるので、「あなたは私に～してほしいか」となる。したがって、ここでは「軽食を注文すること」を申し出ている。それに対し、(B)「昼食会が1時間前に終わったばかり」は、だから**「軽食はいらない」**ということを示唆している。婉曲的に**申し出を断って**おり、これが正解。「軽食が必要か」→「昼食会で食べたばかりだからいらない」という文脈を読み取ろう。(A) は fresh が refreshments に対する音トリック。(C) も申し出を断っているような応答だが、その内容が質問に一致しない。

(326) 12.　　　　　　　　　　　　　　　　　　　　難易度 　正解 (A)

Script Will you use this computer this time?
今回このコンピュータを使ってくれますか。

(A) Please show me how to log in.　ログイン方法を教えてください。
(B) It's almost noon.　　　　　　　もうすぐお昼です。
(C) The consumers were very surprised.　消費者はとても驚きました。

解説 Will you ~? で「このコンピュータの使用」を依頼している。それに対し、(A) の「ログイン方法を教えて」は、**使用を開始するための方法**を尋ねている。これは、間接的に**依頼を承諾**しているので、自然な応答となる。(B) は time から連想される時間帯を答えて、ひっかけをねらっている。(C) は質問に無関係。

トレーニング

問題通し番号 ③327〜③329

【問題】

☐ **13.** Mark your answer on your answer sheet.
☐
☐

☐ **14.** Mark your answer on your answer sheet.
☐
☐

☐ **15.** Mark your answer on your answer sheet.
☐
☐

🔊 M327
▼
🔊 M329

✔ 単語 Check!
前のページで出題された重要語句です。意味を覚えていますか？

☐ feedback　　☐ prototype　　☐ drop

13.

Script Don't forget to water the flowers while I'm away.
私がいない間、忘れずに花に水をやってください。

(A) That's a generous offer.　　それは寛大なお申し出ですね。
(B) I like dry conditions.　　私は乾燥した状態が好きです。
(C) Jamie will handle that.　　それは Jamie が担当します。

正解 (C)

解説 命令文 (否定形) で「花の水やり」を依頼している。(C) の handle は「〜を処理する」という動詞。「**Jamie がそれ (＝水やり) を処理する**」と言っている。これは、自分ではなく、**ほかの人が依頼に応える**ということ。自然な応答になっている。(A) の「寛大な申し出」は、水やりの依頼に対して言うのは不自然。(B) の「乾燥した状態を好む」のは、自分 (＝応答者) であって、花ではないので、質問にはつながらない。

注　□ generous：形 寛大な、気前のよい　□ handle：動 〜を担当する、扱う

14.

Script Why don't you get some help?
手を借りたらどうですか。

(A) Please help yourself.　　どうぞ召し上がれ。
(B) I can do it myself.　　自分でできます。
(C) Don't mention it.　　どういたしまして。

正解 (B)

解説 Why don't you 〜? で「手伝ってもらうこと」を**提案**している。(B) の「自分ひとりでできる」は、**手伝いは必要ない**ということ。提案を**却下**する自然な応答になっている。(A) は「自由に取って、食べてください」と料理などを人に勧める表現。help に釣られないように。(C) は礼を言われた場合の返礼表現。

注　□ help oneself：自分で取って食べる　□ Don't mention it.：どういたしまして。

15.

Script Do you want to make donations to the city library?
市立図書館に寄贈をしませんか。

(A) It's spreading rapidly nationwide.　　それは全国的に急速に広まっています。
(B) The mayor will make an announcement soon.　　市長はまもなく発表をする予定です。
(C) I was going to discard some books.　　本を何冊か捨てようと思っていたところです。

正解 (C)

解説 Do you want to 〜? で「図書館への寄付」に勧誘している。(C) の be going to do の過去形は「〜するつもりだった」という意味で、行為はまだ行われていない。つまり、some books はまだ捨てられていない。これは、捨てようとしていた本があったが**「図書館に寄付することにした」**ということを暗に伝えている。婉曲的に**勧誘に応じている**ので、これが正解。(A) は寄付の勧誘をする側の発言。nationwide が donations に対する音トリック。(B) は make に釣られないように。

注　□ donation：名 寄付　□ discard：動 〜を捨てる

トレーニング 問題通し番号 330～332

【問題】

☐ **16.** Mark your answer on your answer sheet.
☐
☐

☐ **17.** Mark your answer on your answer sheet.
☐
☐

☐ **18.** Mark your answer on your answer sheet.
☐
☐

🔊 M330
▼
🔊 M332

✔ 単語 Check!
前のページで出題された重要語句です。意味を覚えていますか？

☐ generous ☐ handle ☐ help *oneself* ☐ Don't mention it.
☐ donation ☐ discard

330 16.

Script What about playing baseball this weekend?
今週末、野球をしませんか。

(A) It's based on a true story. — それは実話に基づいています。
(B) I have plans, sorry. — 予定があるんです、ごめんなさい。
(C) We can get balcony seats. — 2階席を取ることができますよ。

解説 What about ～? で「野球をすること」に勧誘している。(B) の **have plans** は「予定がある」という意味。「予定がある(**だから野球はできない**)」と、間接的に**誘いを断っている**。これが正解。具体的な理由を挙げなくても、このような表現で誘いを断ることができる。(A) は映画や小説について「実話に基づいている」と言うときの表現。(C) は野球を*する*ではなく、「野球を*見る*」ことに誘われた場合の応答。

注 □ have a plan：予定がある　□ balcony seats：2階席

331 17.

Script Could you pick up my client on Maple Street?
Maple 通りに、私の顧客を車で迎えに行っていただけますか。

(A) A busy harvest season. — 忙しい収穫期です。
(B) You dropped it back there. — あそこに落としましたよ。
(C) I'm kind of in a hurry. — ちょっと急いでいて。

解説 Could you ～? で「顧客を車で迎えに行くこと」を依頼している。(C) の kind of は副詞的に用いて、「ちょっと、いくぶん」という意味。表現を和らげる効果もある。ここでは in a hurry を修飾し、「ちょっと急いでいて」となる。これは、だから「**迎えに行けない**」ということを示唆しており、**依頼をやんわりと断っている**。これが正解。(A) の「収穫期」は質問に無関係。(B) の drop には「(人)を車から降ろす」という意味もあり、pick up との関連でひっかけようとしている。

注 □ in a hurry：急いで

332 18.

Script Can you meet with Raymond before noon?
Raymond と正午より前に会うことはできますか。

(A) Yes, I'm free all afternoon. — はい、私は午後は完全に空いています。
(B) That doesn't work for me. — 私の予定が合いません。
(C) Ahead of schedule. — 予定より前に。

解説 Can you ～? で「正午より前に Raymond に会う」ことを依頼している。(B) の That は依頼内容を指しており、work は「うまくいく、都合がいい」という意味。その否定形なので「**Raymond と正午より前に会うことは、私にとって都合がよくない**」と言っている。**依頼を断る**自然な応答。(A) は Yes(＝正午より前に会う)と応じながら、「午後は空いている」と続けており、矛盾している。(C) は、まだ予定が決まっていないのに、「予定より前に」では意味が通らない。

注 □ work：動うまくいく

トレーニング

問題通し番号 333 ~ 335

【問題】

☐ **19.** Mark your answer on your answer sheet.
☐
☐

☐ **20.** Mark your answer on your answer sheet.
☐
☐

☐ **21.** Mark your answer on your answer sheet.
☐
☐

🔊 M333
▼
🔊 M335

✔ 単語 Check!
前のページで出題された重要語句です。意味を覚えていますか？

☐ have a plan　　☐ balcony seats　　☐ in a hurry　　☐ work

(333) 19.

Script Could you drive me to the station?
私を駅まで車で送ってくれませんか。

(A) Beth will drive there in a moment.　Beth がまもなく車で駅まで行きますよ。
(B) At what time is he arriving?　彼は何時に到着するんですか。
(C) No, it's on Mateo Drive.　いいえ、それは Mateo 通りにあります。

解説 Could you ~ ? で「駅まで車で送ること」を依頼している。(A) の there はその駅を指しており、「Beth がそろそろ、その駅まで車で行く」と言っている。これは、だから「**Beth があなたを乗せてくれるはず**」ということを示唆している。**第三者が依頼に応えてくれる**ことを教える、自然な応答。(B) は he が誰のことかわからない。(C) は No (=車で送らない) のあと、何かの所在地を答えており、整合性のない応答になっている。Drive に釣られないように。

注　☐ drive : 動 ~を乗せていく

(334) 20.

Script Shall we take a taxi to the station?
駅までタクシーに乗りましょうか。

(A) All the tickets are sold out.　チケットはすべて売り切れです。
(B) It's hard to get one around here.　この辺りで捕まえるのは難しいですよ。
(C) Because of the weather.　天気のせいで。

解説 Shall we ~ ? で「タクシーに乗ること」を提案している。(B) の one は a taxi を指しており、「**この辺りでタクシーを捕まえるのは難しい**」と述べている。提案を婉曲的に**否定**しており、質問に自然につながる。(A) の「チケットの売り切れ」は、タクシーに乗ることと無関係。(C) はタクシーに乗る理由と考えられなくはないが、ここでは理由は問われていない。

(335) 21.

Script Can I access the database?
データベースにアクセスしてもいいですか。

(A) Not until you're officially hired.　正式に雇用されるまではダメです。
(B) It's based on the feedback.　ご意見に基づいています。
(C) That's a great success.　それは大成功です。

解説 Can I ~ ? で「データベースにアクセスする」許可を求めている。(A) の Not until ~ は「(前の内容を受けて) ~まで…でない」なので、「**正式採用されるまでアクセスできない**」となる。つまり、**許可しない**と答えており、自然な応答になっている。(B) は「アクセス (できるかどうか) は意見に基づく」と解釈できるが、the feedback (意見) が何のことなのか不明確で、論理的な応答になっていない。(C) は success が access に対する音トリックになっている。

(トレーニング) 　　　　　　　　　問題通し番号 (336)～(338)

【問題】

☐ **22.** Mark your answer on your answer sheet.
☐
☐

☐ **23.** Mark your answer on your answer sheet.
☐
☐

☐ **24.** Mark your answer on your answer sheet.
☐
☐

🔊 M336
▼
🔊 M338

✔ 単語 Check!
前のページで出題された重要語句です。意味を覚えていますか？

☐ drive

(336) 22.

正解 (C)

Script Can you tell me how to get to the second floor of the south wing?
南棟の 2 階へ行く方法を教えてもらえますか。

(A) Yes, you can. ええ、あなたはできますよ。
(B) I think it's in the east wing. それは東棟にあると思います。
(C) Just use the elevator over there. あそこのエレベータを使うだけです。

解説 Can you ～? で「南棟の 2 階まで行く方法を教えてくれるよう」依頼している。「エレベーターを使うように」と、**移動手段**を答えている (C) が正解。(A) は Yes まではよいが、主語が you だと質問者が教えることになってしまう。(B) はたとえば、Can you tell me how to get to the meeting room? といった質問への応答。「南棟の 2 階」を尋ねている質問にはかみ合わない。

(337) 23.

正解 (B)

Script Could I borrow the troubleshooting video?
トラブル解決のビデオをお借りできますか。

(A) The travel agent will call you later. あとで旅行代理店から電話があります。
(B) Check the middle of the cabinet. キャビネットの真ん中を見てみて。
(C) If it's not too much trouble. もしご面倒でなければ。

解説 Could I ～? で「トラブル解決のビデオを借りること」への許可を求めている。(B) の「キャビネットの真ん中を見て」は、そのビデオが置いてある場所を教えている。そうすることで、**貸し出しの許可**を間接的に伝えている。これが正解。(A) は travel が troubleshooting に対する音トリックになっている。(C) は許可を求める側が用いる表現。

(338) 24.

正解 (B)

Script I'll move these crates to the warehouse.
これらの木箱を倉庫に移しますね。

(A) The mover will come soon. 引越し業者がすぐに来ます。
(B) Thank you very much. どうもありがとうございます。
(C) In the mail room. 郵便仕分け室で。

解説 I'll ～で「木箱を倉庫に移動させること」を申し出ている。crate は、物品を運送する際に、傷がつかないよう外側を覆う「木箱・木枠」のこと。申し出に対して、シンプルに**礼を述べている** (B) が正解。(A) の mover は「引っ越し業者」。move との関連でひっかけをねらっている。(C) は「郵便仕分け室」という場所を答えている。

注 □ crate：❷木箱 □ warehouse：❷倉庫 □ mover：❷引っ越し業者

トレーニング

問題通し番号 339〜341

【問題】

☐ **25.** Mark your answer on your answer sheet.

☐ **26.** Mark your answer on your answer sheet.

☐ **27.** Mark your answer on your answer sheet.

🔊 M339
▼
🔊 M341

✔ 単語 Check!
前のページで出題された重要語句です。意味を覚えていますか？

☐ crate　　　☐ warehouse　　　☐ mover

(339) 25.

Script Can I try on the glasses now?
眼鏡を試着してもいいですか。

(A) On the grass. 芝生の上で。
(B) Yes, it's snowing. ええ、雪が降っていますよ。
(C) Which color do you want? どの色をご希望ですか。

解説 Can I ～ ? で「メガネの試着」の許可を求めている。これに「どの色がいいのか」と応じている (C) は、具体的なメガネの種類を問い返すことで、**試着を許可**している。これが正解。(A) は grass (芝生) が glasses に対する音トリック。(B) は Yes (＝試着していい) と応じているが、その後ろが天候について述べており、整合性のない応答になっている。

(340) 26.

Script How about stopping by a coffee shop after work?
仕事のあと、喫茶店に寄りませんか。

(A) It's a serious concern. それは深刻な問題ですよ。
(B) Sure thing. いいですね。
(C) I'll make a copy of it. そのコピーをとりますね。

解説 How about ～ ? で「喫茶店に寄ること」を提案している。(B) の **Sure thing.** は、相手の提案や依頼を「もちろん、いいですよ」と賛同・快諾する口語表現。ここでは「**喫茶店に寄りましょう**」と答えていることになり、自然な応答。(A) は「It (喫茶店に寄ること) は深刻な心配事だ」という意味になるが、常識的に考えておかしな内容。(C) は copy が coffee に対する音トリックになっている。

注 □ concern : 名 関心事、懸念 □ Sure thing. : もちろん。いいですとも。

(341) 27.

Script How about joining me for lunch today?
今日、一緒にお昼に行きませんか。

(A) What's for dinner? 夕食は何ですか。
(B) That sounds good to me. それはいいですね。
(C) At twelve o'clock. 12 時に。

解説 How about ～ ? で「昼食を一緒に取ること」を提案している。これに**「それはよさそうですね」**と賛同している (B) が正解。**That sounds good (to me).** は、提案や申し出に賛同する際の超定番表現なので、必ず覚えておこう。(A) は夕食の内容を質問している。これを What about dinner? (夕食はどう？) と誤解してしまうと、昼食の代わりに夕食を逆提案していることになり、魅力的な選択肢となる。(C) は lunch から連想される約束時刻を答えているが、まだそこまで話は進んでいない。

トレーニング

問題通し番号 342 ～ 344

【問題】

☐ **28.** Mark your answer on your answer sheet.

☐ **29.** Mark your answer on your answer sheet.

☐ **30.** Mark your answer on your answer sheet.

🔊 M342
▼
🔊 M344

✔ 単語 Check!
前のページで出題された重要語句です。意味を覚えていますか？

☐ concern ☐ Sure thing.

(342) 28.

Script Do you want to try our new desserts?
当店の新しいデザートをお試しになりませんか。

(A) I'll make it on time.　　私は間に合うでしょう。
(B) No, just the bill please.　　結構です、お勘定書をください。
(C) Great! See you next time.　　素晴らしい! ではまた次回。

解説 Do you want to ~ ? で「新しいデザートの注文」を勧誘している。(B) の bill は「勘定書」のこと。レストランなどで会計を頼みたいときに、Bill please.（勘定書を持ってきてください）のように用いる。ここでは、Noで**勧誘を断り**、just the bill please で**会計に移ろうとしている**。これが正解。(A) の make it on time は「時間通りに着く、間に合う」あるいは「時間通りにうまくやる」という意味。質問にはつながらない。(C) は Great で勧誘にのっておきながら、別れの挨拶をしており、ちぐはぐな応答。

注　□ make it on time：時間に間に合う　□ bill：图請求書、勘定書

(343) 29.

Script Would you mind me sitting in the seat next to you?
あなたの隣の席に座ってもいいですか。

(A) They're sitting opposite.　　彼らは向かい合って座っています。
(B) No, try another time.　　いいですよ、別の機会に試してください。
(C) Sorry, my friend is coming soon.　　すみません、友人がもうすぐ来るんです。

解説 問いかけは Would you mind me sitting ... と、mind の後ろに me があるので、sitting 以下の動作をするのは「私（=質問者）」である。したがって「私があなたの隣に座ってもよいか」と許可を求めている。これに対し、(C) の「友人が間もなく来る」は、その**友人が隣の席に座る**ことを示唆し、**許可できない**ことを間接的に伝えているので、これが正解。(A) は、彼ら（誰を指すのか不明）の様子を描写しているだけで、隣の席に座っていると言っているわけではない。(B) は No（=座っていい）と応じたあと、「別の機会に」と続けており、矛盾している。

注　□ opposite：剾向かいに

(344) 30.

Script Would you mind taking notes during the meeting?
会議中、メモをとってくれませんか。

(A) Yes, you can.　　ええ、あなたはできます。
(B) I'll be giving a presentation then.　　そのとき、私はプレゼンをすることになっていて。
(C) Where is my notebook?　　私のノートはどこですか。

解説 Would you mind ~ ? で「会議のメモどり」を依頼している。(B) の then は「会議が行われるとき」を指している。「会議のとき、私はプレゼンをしている」は、だから「**メモをとれない**」と婉曲的に**依頼を断っている**。これが正解。(A) は Yes (=メモをとれない) と応じたあと、「you (=質問者) ができる」と言っている。ちぐはぐな応答。Yes, I do. なら断りの応答として正解になり得る。(C) は notes に関連した notebook でひっかけをねらっている。

トレーニング

問題通し番号 ③45〜③47

【問題】

☐ **31.** Mark your answer on your answer sheet.
☐
☐

☐ **32.** Mark your answer on your answer sheet.
☐
☐

☐ **33.** Mark your answer on your answer sheet.
☐
☐

🔊 M345
▼
🔊 M347

✔ 単語 Check!
前のページで出題された重要語句です。意味を覚えていますか？

☐ make it on time   ☐ bill   ☐ opposite

(345) 31.　正解 (C)

Script Shall I call the architectural firm to make an appointment?
アポをとるために、その建築事務所に電話しましょうか。

(A) He's a great architect.　　　　　　　　彼は素晴らしい建築家です。
(B) Could you review the blueprint?　　　設計図を見直していただけますか。
(C) I'd really appreciate it.　　　　　　　本当にありがとうございます。

解説 Shall I ～？で「建築事務所とのアポ取り」を申し出ている。(C) の appreciate は「～を感謝する」。礼を述べることで、**申し出を受け入れている**。これが正解。(A) は He が誰を指すのか不明確。例えば、Shall I call Mr. Fox to make an appointment? のように、He を特定できる質問であれば、正解になり得る。(B) は architectural firm（建築事務所）に関連した blueprint（設計図）でひっかけをねらっている。

(346) 32.　正解 (A)

Script Can I help you find your registration number?
あなたの登録番号を見つけるのをお手伝いしましょうか。

(A) I already have, thanks.　　　　　　　　もうわかりました、ありがとう。
(B) Please go straight down the hall.　　　廊下をずっとまっすぐ行ってください。
(C) Enrollment is limited.　　　　　　　　登録者数には制限があります。

解説 Can I ～？で「登録番号を見つけることの手助け」を申し出ている。(A) のカンマまでは I **already have** found my registration number の省略形。「すでに登録番号を見つけた」と言い、「ありがとう」と続けている。**申し出を断る**応答になっており、これが正解。(B) は道案内をしており、質問に無関係。(C) は registration の類義語 Enrollment でひっかけをねらっている。

注　☐ registration：❷登録　☐ enrollment：❷登録者数

(347) 33.　正解 (C)

Script Why don't you download the latest application?
最新のアプリをダウンロードしたらどうですか。

(A) Later in the morning.　　　　朝遅くに。
(B) In an appliance store.　　　　家電用品店で。
(C) Where can I get it?　　　　　どこで入手できるんですか。

解説 Why don't you ～？で「最新アプリのダウンロード」を提案している。(C) は、その入手先を尋ね返しており、**アプリを欲しがっている**ことがうかがえる。つまり、**提案に同意**しており、自然な応答になっている。(A) は「午前中遅く（＝昼前）」という時に関する応答。問いかけの latest に関連した Later がひっかけ。(B) は場所の応答。appliance が application に対する音トリックになっている。

注　☐ application：❷アプリ　☐ appliance store：家電用品店

(トレーニング)　　　　　　　　問題通し番号 ③48 〜 ③50

【問題】

☐ **34.** Mark your answer on your answer sheet.
☐
☐

☐ **35.** Mark your answer on your answer sheet.
☐
☐

☐ **36.** Mark your answer on your answer sheet.
☐
☐

🔊 M348
▼
🔊 M350

✔ **単語 Check!**
前のページで出題された重要語句です。意味を覚えていますか？

☐ registration　　☐ enrollment　　☐ application　　☐ appliance store

34.

Script Why don't you call an electrician?
電気技師を呼びませんか。

(A) Phillip already did.　　　Phillip がすでに呼びました。
(B) Do you have my phone number?　　私の電話番号を知っていますか。
(C) We elected a new mayor.　　新しい市長を選出しました。

解説 Why don't you ～? で「電気技師を呼ぶこと」を提案している。(A) の did は called an electrician を意味しており、「**Phillip がすでに電気技師を呼んだ**」と答えている。提案がすでに実行済みであることを伝えている。自然なやりとりとなるので、これが正解。(B) は、問いかけの call から連想される phone number でひっかけをねらっている。(C) は elected が electrician に対する音トリック。

注　□ electrician：名電気技師　□ elect：動～を選ぶ　□ mayor：名市長

35.

Script Shall we board the shuttle bus to the airport?
空港までシャトルバスに乗りましょうか。

(A) That would be cheaper.　　そのほうが安上がりでしょうね。
(B) At the board meeting.　　取締役会で。
(C) It's good exercise.　　それはよい運動ですね。

解説 Shall we ～? で「シャトルバスに乗ること」を提案している。(A) は「**シャトルバスで行くほうが安い**」ということ。金額の安さを理由に、提案を**受け入れている**ので、これが正解。(B) の board は名詞「役員、委員会」で、問いかけの動詞「～に乗り込む」とは異なる点に注目。(C) は「それ (=シャトルバスに乗ること) はよい運動だ」となるが、常識的に考えておかしい。Shall we walk to the airport? (空港まで歩きましょうか) に対してなら自然な応答。

36.

Script Why don't you take a walk on the beach after dinner?
夕食後に浜辺を散歩したらどうですか。

(A) I need some exercise.　　少し運動が必要だよね。
(B) Tell me about what you can do.　　あなたができることについて教えてください。
(C) Let's clean up with all of us.　　みんなで一緒に掃除をしましょう。

解説 Why don't you ～? で「海辺の散歩」を提案している。それに対して「運動が必要だ」と答えている (A) は、だから「**散歩する**」ということを示唆している。婉曲的だが、**提案の承諾**を伝える自然な応答になっている。(B) は問いかけとは無関係な指示をしており、不適切。(C) は「掃除すること」を逆提案しているが、その内容が「散歩」とはかけ離れすぎていて、自然につながらない。

トレーニング

問題通し番号 351～353

【問題】

☐ **37.** Mark your answer on your answer sheet.
☐
☐

☐ **38.** Mark your answer on your answer sheet.
☐
☐

☐ **39.** Mark your answer on your answer sheet.
☐
☐

🔊 M351
▼
🔊 M353

✔ 単語 Check!
前のページで出題された重要語句です。意味を覚えていますか？

☐ electrician   ☐ elect   ☐ mayor

(351) 37.

Script Could you tell me the details of your company policy?
御社方針の詳細を教えていただけますか。

(A) You can download them online. インターネットでダウンロードすることができます。
(B) It has a lot of data. データがたくさんあります。
(C) The retailer should arrive soon. 小売業者がすぐに到着するはずです。

解説 Could you 〜？で「会社方針の詳細を教えてくれるよう」依頼している。(A) の them は the details of our company policy を指しており、「**会社方針の詳細をダウンロードできる**」と言っている。情報の入手方法を伝えることで、間接的に**依頼を承諾**しているので、これが正解。(B) は It が何を指すのか不明。(C) の「小売業者の到着」は、質問に無関係。

正解 (A)

(352) 38.

Script I'd like to change my dental appointment.
歯科の予約を変更したいんですが。

(A) The rental system is working now. 貸し出しシステムは今、作動中です。
(B) No preparation time is provided. 準備の時間が与えられていません。
(C) My assistant will check our availability. アシスタントが予約の空き状況を確認します。

解説 I'd like to 〜で「歯科の予約変更」を依頼している。(C) の availability は「（予定などの）空き具合」という意味。「空き状況を確認する」は、**そのあとで予約変更の可否を返事する**ことを意味している。問いかけに自然につながるので、これが正解。(A) は rental が dental に対する音トリック。(B) は依頼を断る理由のようにも見えるが、何の「準備時間」なのかを文脈から読み取ることができない。

注 □ preparation：❷準備、用意　□ availability：❷（予定などの）空き具合

正解 (C)

(353) 39.

Script May I talk to everyone before the daily meeting starts?
日次会議を始める前に、皆さんにお話があります。

(A) It starts at ten in the morning. それは午前 10 時に始まります。
(B) For just two hours. わずか 2 時間です。
(C) Please keep it brief. 手短にお願いします。

解説 May I 〜？で「会議の前に話をすること」の許可を求めている。(C) の keep it brief は、「O（それ）を C（簡潔）にしておく」という意味。また、it は「質問者がこれからする話」を指しているので、「**話を簡潔にして**」と指示している。間接的に**許可を与える**応答になっているので、これが正解。(A) は会議の開始時刻、(B) は会議が続く時間を答えていると考えられるが、どちらも質問にはつながらない。

注 □ brief：❸手短な、簡潔な

正解 (C)

第5章　●正答一覧●

No.	ANSWER A	B	C	No.	ANSWER A	B	C	No.	ANSWER A	B	C
1	A	**B**	C	16	A	**B**	C	31	A	B	**C**
2	A	B	**C**	17	A	B	**C**	32	**A**	B	C
3	A	**B**	C	18	A	**B**	C	33	A	B	**C**
4	A	**B**	C	19	**A**	B	C	34	**A**	B	C
5	A	**B**	C	20	A	**B**	C	35	**A**	B	C
6	**A**	B	C	21	**A**	B	C	36	**A**	B	C
7	**A**	B	C	22	A	B	**C**	37	**A**	B	C
8	A	B	**C**	23	A	**B**	C	38	A	B	**C**
9	A	**B**	C	24	A	**B**	C	39	A	B	**C**
10	A	B	**C**	25	A	B	**C**				
11	A	**B**	C	26	A	**B**	C				
12	**A**	B	C	27	A	**B**	C				
13	A	B	**C**	28	A	**B**	C				
14	A	**B**	C	29	A	B	**C**				
15	A	B	**C**	30	A	**B**	C				

✔ 単語 Check!

前のページで出題された重要語句です。意味を覚えていますか？

☐ preparation　　　☐ availability　　　☐ brief

第6章

選択疑問文

問いかけが《選択疑問文》
となっているタイプ。
毎回2問前後と、出題数は少ないですが、
必ずものにしたい問題です。
攻略には情報の圧縮が鍵となります。

問題数
25問

問題通し番号
354〜378

第6章 《選択疑問文》の解き方

問題通し番号 354

文中に or が入った疑問文で、X or Y の選択を求めます。X と Y には語句だけでなく、文が入るケースもあります。出題数は限られていて、毎回 1～2 問の出題にとどまっています。ポイントは以下の 2 点です。

❶ 5つの応答パターンにそなえる

選択疑問文に対する応答パターンは大きく 5 つに分けられます。

例1 Do you want to study English or French?
（英語を勉強したいですか、それともフランス語ですか）

- ❶一方を選択 　　➡ English.（英語です）
- ❷どちらでもいい ➡ Either is fine.（どちらでもいいですよ）
- ❸両方を選択 　　➡ Both of them.（どちらも勉強したいです）
- ❹どちらでもない ➡ Neither, I want to study Italian.
（どちらでもなく、イタリア語を勉強したいです）
- ❺一方を否定（＝もう一方を選択）

　　　　　　　　➡ I don't like French.
（フランス語は好きではありません＝英語の方を勉強したい）

❷「XかYか」に情報を圧縮

何と何の選択を迫られているのか、情報を圧縮して、応答を待ち構えましょう。例 2 のように、or の前後が文となっている場合は、語数が多く、文全体を頭に入れようとしても混乱するだけです。「〈英語〉か〈フランス語〉かの選択だ」と考えましょう。

例2 Will you keep studying English, or do you want to take a French class?
（英語の勉強を続けますか、それともフランス語の授業を受けますか。）

例題

(354) 音声を聞き、正しい応答を (A) 〜 (C) から1つ選びましょう。
Mark your answer on your answer sheet. Ⓐ Ⓑ Ⓒ

解き方の基本

問いかけの or を聞き取れましたか。or がわからないと、選択疑問文だと認識できなくなるので、聞き取れなかった場合は、音声を何度も聞いて復習しましょう。

選択疑問文だとわかれば、「X か Y か」に**情報を圧縮**します。ここでは〈営業部〉か〈マーケティング部〉かの選択を求められていました。

そして、最後は❶「一方を選択」、❷「どちらでもいい」、❸「両方を選択」、❹「どちらでもない」、❺「一方を否定」の5つのパターンを待ち構えます。

ここでは❹の応答になっていました。

正解 (C)

Script Does Young-Jun work in sales or marketing?
Young-Jun は営業部で働いていますか、それともマーケティング部ですか。

(A) That's the sales manager's job. それは営業部長の仕事です。
(B) It'll be on the market soon. それは間もなく発売されます。
(C) Neither, she works in the IT department.
どちらでもなくて、彼女は IT 部で働いています。

解説 選択疑問文で「Young-Jun が働いているのは〈営業部〉か〈マーケティング部〉か」が問われている。(C) は Neither (＝どちらでもない) と両方を否定したあと、正しい部署を答えている。自然なやりとりが成立するので、これが正解。ナレーターがイギリス人なので、neither の発音が /náɪðər/ となっている点に注目。アメリカ英語だと /níːðər/ となる。

次ページからは練習問題です。ここで学んだ解き方を実践してみましょう。

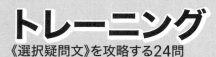

トレーニング
《選択疑問文》を攻略する24問

問題通し番号 355 ～ 357

【問題】音声を聞き、正しい応答を (A) ～ (C) から1つ選びましょう。

☐ **1.** Mark your answer on your answer sheet.
☐
☐

☐ **2.** Mark your answer on your answer sheet.
☐
☐

☐ **3.** Mark your answer on your answer sheet.
☐
☐

🔊 M355
▽
🔊 M357

3問ずつ解いていきましょう。まとめて解きたい場合は、巻末のマークシートを利用し、音声ファイル〈M355〉→〈M378〉を再生してください。

355 1. 正解 (A)

Script Can I call Ms. Baldwin later, or do I need to wait here?
Baldwinさんにあとで電話しましょうか。それともここで待ちましょうか。

(A) I think she'll be back shortly. 彼女はすぐに戻ると思います。
(B) There're at least eight copies. 少なくとも8部あります。
(C) Some new office equipment is necessary. 新しいオフィス機器がいくつか必要です。

解説「Baldwinさんに〈**あとで電話する**〉か〈**ここで待つ**〉か」が問われている。おそらく受付でBaldwinさんに取り次いでもらっている場面だと考えられる。(A)「彼女（= Baldwinさん）はすぐに戻る」は、だから「**ここで待っていて**」ということを示唆している。**後者を選択**した自然な応答になっているので、正解。(B)はeightがwaitに対する音トリック。(C)は質問に無関係な内容。

356 2. 正解 (B)

Script Does this dealer sell a variety of cars or just one?
このディーラーは車を各種売っているのですか、それとも1種類だけですか。

(A) I want to rent a small van. 小型バンを借りたいのですが。
(B) A lot of different models. 多くの様々なモデルです。
(C) Dan will deal with the problem. Danがその問題に対処するでしょう。

解説「ディーラー（自動車販売店）が販売している車が〈**多種類**〉か〈**1種類**〉か」が問われている。(B) は、問いかけのa variety of carsの言い換え。「**多様なモデル（の車）**」ということなので、**前者を選択**した応答になっている。これが正解。(A)は車の話題から連想されるレンタカーの話でひっかけようとしている。(C)はdealがdealerに対する音トリック。

注　☐ deal with X：Xを扱う

357 3. 正解 (B)

Script Should we give Mellisa a lift from the airport or just wait for her?
空港までMellisaを車で迎えに行くべきですか、それとも待っていればいいですか。

(A) Our office has been renovated. 私たちの事務所は改装されました。
(B) She said she'll come here soon. 彼女はすぐにここに来ると言っていましたよ
(C) Have you considered doing it? それをしようと考えたことはありますか。

解説「Mellisaを〈**車で迎えに行く**〉か〈**待つ**〉か」が問われている。(B) の「彼女はここに来ると言っていた」は、Mellisaは自分でやってくるので、**待っていればいい**ということ。**後者を選択**した応答になっているので、正解。(A) の「事務所の改装」は質問に無関係。(C)は、itが「迎えに行く」と「待つ」のどちらを指すのか特定できない。そのため、文意が通らず、不適切。

トレーニング

問題通し番号 358 ~ 360

【問題】

☐☐☐ **4.** Mark your answer on your answer sheet.

☐☐☐ **5.** Mark your answer on your answer sheet.

☐☐☐ **6.** Mark your answer on your answer sheet.

🔊 M358
🔊 M360

✔ 単語 Check!
前のページで出題された重要語句です。意味を覚えていますか？

☐ deal with X

(358) 4. 正解 (B)

Script Is Alex still talking with his client, or has he started making copies?
Alex はクライアントとまだ話していますか、それともコピーを取り始めていますか。

(A) Is the projector being repaired? プロジェクターは修理中ですか。
(B) I saw him around the coffee machine. コーヒーメーカーの近くで彼を見かけましたよ。
(C) It just started last week. 先週始まりました。

解説「Alex が〈顧客と話している〉か〈コピーを取っている〉か」が問われている。(B) の「コーヒーメーカーの近くで見かけた」は、どちらにも該当しない。そのため、一瞬誤答のように思えるが、これは「**どちらでもなく、別のことをしていた**」という応答。このように**どちらも選択しない**応答も、質問に対して自然につながる内容であれば、正解になる。(A) の「プロジェクターの修理」は質問に無関係。(C) は「It（何かは不明）が先週始まった」という応答で、質問に答えていない。started に釣られて選ばないように。

(359) 5. 正解 (A)

Script Should I wear casual clothes or a suit?
カジュアルな服装をしたほうがいいですか、それともスーツがいいですか。

(A) I don't know the dress code. 服装規定はわからないですね。
(B) There is a nice shop downtown. 中心街にすてきな店がありますよ。
(C) You can get anything here. 何でもここで買えます。

解説「〈**カジュアルな服装**〉と〈**スーツ**〉どちらがいいか」が問われている。(A) の dress code は「服装規定」のこと。「服装規定を知らない」は、〈カジュアルな服装〉と〈スーツ〉、**どちらが適切か選べない**ということ。質問に自然につながるので、正解。(B) は服の話題から連想される内容でひっかけをねらっている。(C) は「カジュアルな服装もスーツも買える」と解釈できるが、それでは質問とかみ合わない。

(360) 6. 正解 (C)

Script Is Mr. Mills still working on the GHI project, or finished?
Mills さんは、まだ GHI プロジェクトに取り組んでいるんですか、それとも完了させたんですか。

(A) It was a great start. 素晴らしいスタートでした。
(B) The finishing line has been moved. ゴールラインは移動されました。
(C) I already received the final report. 最終報告書をすでに受け取りました。

解説「Mills さんが GHI プロジェクトに〈**まだ取り組んでいる**〉か〈**完了させた**〉か」が問われている。(C) の final report（最終報告書）とは、事業終了後に提出する報告書のことだと考えられる。「それを受領した」ということは、**プロジェクトの完了**を示唆している。つまり**後者を選択**した応答となるので、これが正解。(A) は「プロジェクトが順調にスタートした」と解釈できるが、質問の答えにはなっていない。(B) の finishing line は「ゴールライン」という意味。finish(ing) に釣られて選ばないように。

注 □ finishing line：ゴールライン

トレーニング

問題通し番号 ③⑥①〜③⑥③

【問題】

☐ **7.** Mark your answer on your answer sheet.
☐
☐

☐ **8.** Mark your answer on your answer sheet.
☐
☐

☐ **9.** Mark your answer on your answer sheet.
☐
☐

🔊 M361
▼
🔊 M363

✔ 単語 Check!
前のページで出題された重要語句です。意味を覚えていますか？

☐ finishing line

(361) 7. 正解 (C)

Script Which table are you buying, this round one or that rectangular one?
どっちのテーブルを買いますか、この丸いのか、長方形のか。

(A) To reserve a table. 席を予約するために。
(B) At a right angle. 直角に。
(C) Either is fine. どっちでもいいですよ。

解説 「〈丸型〉か〈長方形〉か、どちらのテーブルを購入するか」が問われている。(C) の「どちらでもいい」は、**丸型でも長方形でも気にしない**ということ。これが正解。**Either is fine.** は選択疑問文に対する応答として、超定番なので必ず押さえておこう。(A) は「(レストランなどの)席を予約するため」と理由を述べているが、質問に無関係。table に釣られないように。(B) は形 (round、rectangular) に関連した angle でひっかけをねらっている。

注 □ rectangular：形長方形の　□ right angle：直角

(362) 8. 正解 (B)

Script Should I bring some salad, or get some drinks from a supermarket?
サラダを持って行きましょうか、それともスーパーで飲み物を買って行きましょうか。

(A) In the produce section. 青果売場で。
(B) Ask the coordinator first. まず取りまとめ役の人に聞いてください。
(C) It's not on the market yet. それはまだ市場に売り出されていません。

解説 「〈サラダを持参する〉か〈飲み物を買っていく〉か」が問われている。この問い掛けを聞いた段階で、食べ物を持ち寄ってのパーティーについて話しているとイメージできると解答しやすくなる。(B) の「取りまとめ役に聞いて」は、「私はどちらがいいかわからないが、**パーティーを手配している人に聞けばわかる**」ということ。**答えを知る手段**を伝えており、自然な応答になっている。(A) は「スーパー」から連想される内容でひっかけようとしている。(C) は market が supermarket に対する音トリック。

注 □ produce：名農作物　□ coordinator：名コーディネーター、取りまとめ役
　□ on the market：売りに出されて

(363) 9. 正解 (C)

Script Did Edward play in the baseball game, or direct it?
Edward はその野球の試合でプレイしたんですか、それとも監督をしたんですか。

(A) Follow the directions. 指示に従ってください。
(B) Is your name on it? あなたの名前がそこに載っているんですか。
(C) He did both. 彼は両方をしたんです。

解説 「Edward は野球を〈プレイした〉のか〈監督した〉のか」が問われている。(C) は「**プレイもしたし、監督もした**」ということ。どちらか一方ではなく、このように**両者を選択**するのも自然な応答。(A) は direct の名詞形 directions でひっかけをねらっている。(B) は、相手の名前が記載されているかどうかを質問しているが、it が何を指すのか不明。

(トレーニング)　　　　　　問題通し番号 ③④〜③⑥

【問題】

☐ **10.** Mark your answer on your answer sheet.

☐ **11.** Mark your answer on your answer sheet.

☐ **12.** Mark your answer on your answer sheet.

◉ M364
▼
◉ M366

✔ **単語 Check!**
前のページで出題された重要語句です。意味を覚えていますか？

☐ rectangular　　☐ right angle　　☐ produce　　☐ coordinator
☐ on the market

START!　100問　200問　300問　400問　500問　600問

(364) 10.　　　　　　　　　　　　　　　　　　　　　難易度　　　　正解 (B)

Script Do you want me to call the travel agency now or visit them in person?
　今、旅行代理店に電話してほしいですか、それとも直接訪問してほしいですか。

(A) It's being cleaned.　　　　　　　清掃中です。
(B) I'd prefer the latter.　　　　　　後者がいいですね。
(C) They're in alphabetical order.　　それらはアルファベット順です。

解説「旅行代理店に〈電話してほしい〉か〈直接訪問してほしい〉か」が問われている。(B) の **the latter** は「(2つのうちの) 後者」という意味。「**後者 (=直接訪問する) のほうがいい**」と答えており、自然な応答になっている。ちなみに「前者」は **the former** となる。(A) は It が the travel agency を指すとしても「その旅行代理店は清掃中です」では、質問につながらない。(C) は They が「旅行代理店の人々」を指すと考えられなくはないが、そうだとした場合、意味をなさない。

注　☐ in person：本人が直接　　☐ the latter：後者 (↔ the former)
　　☐ in alphabetical order：アルファベット順に

(365) 11.　　　　　　　　　　　　　　　　　　　　　難易度　　　　正解 (B)

Script Is Monica still taking inventory, or has she left for the day?
　Monica はまだ棚卸しをしているんですか、それとも退社したんですか。

(A) I'll take a day off tomorrow.　　　明日は1日休みます。
(B) She's finished with it.　　　　　　彼女はそれを終えています。
(C) Neither, they choose John.　　　　どちらでもなく、John を選びました。

解説「Monica が〈まだ棚卸し中〉か〈帰宅した〉か」が問われている。(B) の it は taking inventory を指しており、「**彼女 (= Monica) は棚卸しを終えた**」と答えている。間接的に**後者を選択**しており、自然な応答。(A) は、left for the day に似ている take a day off (1日休暇を取る) でひっかけをねらっている。Neither (どちらでもない) だけを聞いて、(C) を選ばないように。後ろに続く内容が質問に無関係。必ず選択肢全体を聞いてから判断するようにしよう。

注　☐ leave for the day：退社する

(366) 12.　　　　　　　　　　　　　　　　　　　　　難易度　　　　　 正解 (B)

Script Where do you think we should get a table, outdoors or indoors?
　どこのテーブルを押さえればいいでしょうか、屋外それとも屋内?

(A) I'm on your side.　　　　　　　あなたの味方です。
(B) It looks like rain.　　　　　　　雨が降ってるみたいですね。
(C) It's a bit bitter, isn't it?　　　それは少し苦いですよね。

解説 Where ~ ? の形だが、最後に X or Y が付いているので選択疑問文になっている。「〈室内〉と〈室外〉、どちらのテーブルを確保するか」が問われている。(B)「雨が降ってるみたい」は、外だと濡れるので、**室内にしよう**ということを遠回しに伝えている。婉曲的だが、**後者を選択**する自然な応答になっている。(A)「あなた (= 質問者) の味方です」では、質問につながらない。(C) は味覚について答えており、質問に無関係。

トレーニング

問題通し番号 367〜369

【問題】

☐ **13.** Mark your answer on your answer sheet.
☐
☐

☐ **14.** Mark your answer on your answer sheet.
☐
☐

☐ **15.** Mark your answer on your answer sheet.
☐
☐

🔊 M367
🔊 M369

✔ 単語 Check!
前のページで出題された重要語句です。意味を覚えていますか？

☐ in person   ☐ the latter   ☐ in alphabetical order
☐ leave for the day

13.

Script Did Kevin repair the microwave oven or buy a new one?
Kevin は電子レンジを修理したんですか、それとも新しいのを買ったんですか。

(A) A pair of jeans is necessary.　　　ジーンズが必要です。
(B) He's comparing the cost of each.　彼はそれぞれの費用を比較しているところです。
(C) How much are you asking for it?　いくらにしてもらえますか。

解説「電子レンジを〈修理した〉のか〈新しいのを買った〉のか」が問われている。(B) の「それぞれの費用を比較している」は、どちらにするか検討中で、まだ**修理も購入もしていない**ということ。**どちらも選択しない**応答として、自然につながるので、これが正解。(A) の「ジーンズ」は質問に無関係。(B) は it に対する費用をいくら請求するか尋ねているが、you (＝質問者) は修理もしくは購入をしようとしているので、費用を請求される側。質問にかみ合っていない。

注 ☐ compare : 動 〜を比較する

14.

Script Would you like to have a small break before or after the talk?
小休憩は講演の前に取りますか、それともあとにしますか。

(A) The mall has been demolished.　そのモールは取り壊されました。
(B) Let's have a chat before lunch.　昼食前におしゃべりしましょう。
(C) I need to take a rest now.　　　私は今、休憩を取る必要があります。

解説「講演の〈前〉と〈あと〉、どちらで休憩を取りたいか」が問われている。(C) の take a rest は、have a small break の言い換え。「今、休憩を取りたい」と答えている。講演がいつ始まるのかは不明だが、まだ始まっていないのは確か。ということは、「今」は「講演前」ということなので、**前者を選択**した応答になっている。(A) は、問いかけの break を「〜を壊す」と勘違いした人を、類義語 demolish でひっかけようとしている。(B) は質問を無視し、関連性のない提案をしている。

注 ☐ demolish : 動 〜を取り壊す　☐ chat : 名 おしゃべり

15.

Script Are you going to examine the document first, or shall we have a break somewhere?
先に書類を調べますか、それともどこかで休憩しますか。

(A) OK, I'll speak first.　　　　　　　わかりました。私が先に話します。
(B) Yes, it's fragile.　　　　　　　　ええ、それは壊れやすいですね。
(C) There's a nice café across the street.
　　　　　　　　　　　　　　　　　通りの向かいに、すてきなカフェがあるんですよ。

解説「〈書類を調べる〉か〈休憩する〉か」が問われている。(C)「向かいにすてきなカフェがある」は、「**そこで休憩したい**」という希望を暗に伝えている。**後者を選択**する応答になるので、これが正解。(A) の「話す」は、選択を求められている行動のどちらにも該当しない。first に釣られて選ばないように。(B) は選択疑問文に Yes/No で応じている時点で不自然。break の動詞用法「壊れる」から連想される fragile (※発音注意 /frǽdʒaɪl/) でひっかけをねらっている。

注 ☐ examine : 動 〜を調べる　☐ break : 名 休憩、休み　☐ fragile : 形 壊れやすい

問題通し番号 370 〜 372

【問題】

☐ **16.** Mark your answer on your answer sheet.
☐
☐

☐ **17.** Mark your answer on your answer sheet.
☐
☐

☐ **18.** Mark your answer on your answer sheet.
☐
☐

🔊 M370
▼
🔊 M372

✔ 単語 Check!
前のページで出題された重要語句です。意味を覚えていますか？

☐ compare   ☐ demolish   ☐ chat   ☐ examine
☐ break   ☐ fragile

(370) 16.　　難易度　難　　正解 (A)

Script Are you responsible for welcoming the new employees, or is someone else?
あなたが新入社員を迎え入れる責任者ですか、それともほかの人ですか。

(A) That's the human resource department's job.
それは人事部の仕事ですね。
(B) He didn't respond to my e-mail.
彼は私のメールに返事をしませんでした。
(C) Unemployment rate is declining.
失業率は下降しています。

解説「新入社員を迎え入れる仕事の責任者は《あなた》か《ほかの人》か」が問われている。(A) の That は welcoming the new employees を指しており、「新入社員を迎え入れるのは、人事部の仕事だ」と言っている。これは「**私は責任者ではない**」ということで、間接的に**後者を選択**する応答になっている。(B) は He が誰を指すのか不明。(C) は employees に関連する Unemployment でひっかけをねらっている。

注　□ be responsible for X：X に責任がある

(371) 17.　　難易度　難　　正解 (B)

Script What kind of drink would you like, coffee or tea?
コーヒーか紅茶、どちらの飲み物がよろしいですか。

(A) Is it all set?
準備はすべて整っていますか。
(B) I'm fine, thanks.
私はけっこうです。ありがとう。
(C) At the coffee shop.
その喫茶店で。

解説 What (kind of) ～ ? の形だが、最後に X or Y をつけて「《コーヒー》か《紅茶》か」を問う選択疑問文になっている。(B) の **I'm fine.** は、体調を答えているのではなく、「(何もなくても) 大丈夫」という意味で使われている。ここでは「**コーヒーも紅茶もいらない**」ということで、**どちらも選択しない**応答になっている。これが正解。(A) の set は形容詞で「準備ができている」の意味。(C) が答えているのは場所。coffee に釣られて選ばないように。

(372) 18.　　難易度　難　　正解 (C)

Script Would you like to buy one large van or several small cars for our company?
社用車として大きなワゴン車を 1 台か、それとも小さめの車を数台購入しますか。

(A) OK, see you there.
ではそこで会いましょう。
(B) I'll take this one, not that one.
これをいただきます、あれではなくて。
(C) Multiple vehicles would be more convenient.
車は複数ある方が便利でしょう。

解説「社用車として購入したいのは《大きなワゴンを 1 台》か《小さめの車を数台》か」が問われている。(C) の multiple は「複数の」という意味。「車は複数あるほうが便利だ」は、**後者**のほうがいいことを控えめに主張している。これが正解。(A) は質問に無関係な応答。(B) は 2 つの中から一方を選んでいるが、this one と that one がそれぞれ、問いかけの 2 択のどちらを指すのか、文脈から推測できない。

注　□ multiple：形 複数の　□ convenient：形 便利な

トレーニング　　　　　　　　　　　　　　　問題通し番号 373 ～ 375

【問題】

☐ **19.** Mark your answer on your answer sheet.

☐ **20.** Mark your answer on your answer sheet.

☐ **21.** Mark your answer on your answer sheet.

🔊 M373
　▼
🔊 M375

✔ 単語 Check!
前のページで出題された重要語句です。意味を覚えていますか？

☐ *be* responsible for *X*　　　☐ multiple　　　☐ convenient

(373) 19. 正解 (A)

Script Can we modify the business proposal first, or should we do it later?
事業提案書をまず修正しましょうか、それともあとがよいですか。

(A) Hasn't Chris already done it?　　もう Chris が修正したんじゃありませんか。
(B) It must be handed in.　　　　　それは提出されなければなりません。
(C) Extend the deadline.　　　　　　締め切りを延ばすように。

解説 「事業提案書を〈まず修正する〉か〈あとで修正する〉か」が問われている。(A) の do(ne) it は modify the business proposal を指しており、「Chris がもう事業提案書を修正したのでは」と問い返している。これは、だから**「自分たちは修正しなくていいはず」**ということを間接的に伝えている。質問に自然につながるので、これが正解。(B) は「事業提案書は提出されなければならない」、(C) は「(事業提案書の) 締め切りを延ばしなさい」となる。どちらも質問にかみ合っていない。

注　□ modify : 動 ～を修正する　□ hand in X : X を提出する　□ extend : 動 ～を延長する

(374) 20. 正解 (B)

Script Should we narrow down the final candidates today or tomorrow?
最終候補者は今日絞り込んだほうがよいですか、それとも明日でしょうか。

(A) I didn't apply for it.　　　　　　それには申し込みませんでした。
(B) The former is convenient for me.　前者が都合がいいですね。
(C) Did you make it on time?　　　　間に合いましたか。

解説 「最終候補者を絞り込むのは〈今日〉か〈明日〉か」が問われている。(B) の **The former** は「(2 つのうちの) 前者」という意味。「**前者 (＝今日) のほうが都合がよい**」と答えており、自然な応答。2 つの中から選択する場合、the former が「前者」、the latter が「後者」となる (☞ No. 10 を参照)。(A) は final candidates から連想される「申し込む」という内容で、ひっかけようとしている。(C) の「時間に間に合ったかどうか」は、質問に無関係。

注　□ the former : 前者　□ convenient : 形 便利な

(375) 21. 正解 (B)

Script Should I order the tickets by phone, or visit the box office?
チケットは電話で注文したほうがよいですか、それともチケット売り場に行くべきですか。

(A) The order should arrive in a minute.　注文品はすぐに到着するでしょう。
(B) You can do it anytime online.　　　　インターネットでいつでも注文できますよ。
(C) Please write it down.　　　　　　　　それを書き留めてください。

解説 「チケットを注文するのは〈電話〉か〈対面〉か」が問われている。(B) の do it は order the tickets を指しており、「インターネットでチケットをいつでも注文できる」と言っている。つまり、電話でも対面でもなく、**第三の注文方法**(ネット注文) を勧めている。質問に自然につながるので、これが正解。(A) は注文がすでに終わり、商品発送について話している。(C) は it が何を指すのか不明で、内容的にも質問に無関係。

注　□ in a minute : すぐに

トレーニング

問題通し番号 376 〜 378

【問題】

☐ **22.** Mark your answer on your answer sheet.
☐
☐

☐ **23.** Mark your answer on your answer sheet.
☐
☐

☐ **24.** Mark your answer on your answer sheet.
☐
☐

🔊 M376
▼
🔊 M378

✔ 単語 Check!
前のページで出題された重要語句です。意味を覚えていますか？

☐ modify ☐ hand in X ☐ extend ☐ the former
☐ convenient ☐ in a minute

(376) **22.**　　　　　　　　　　　　　　　　　　　　　　正解 (B)

Script Are you going out for lunch, or ordering some food?
お昼は外に食べに行きますか、それとも何か食べ物を注文しますか。

(A) They're getting older.　　　　　彼らは歳をとってきています。
(B) I have my own, thanks.　　　　　自分の食べ物は持っているんです、ありがとう。
(C) Someone from the restaurant.　レストランの誰かです。

解説「お昼ご飯を《外に食べに行く》か《出前を頼む》か」が問われている。(B) の my own は my own lunch のこと。「自分の昼食を持ってきた」となるので、**外食も出前を頼むこともしないと言っている。どちらも選択しない**自然な応答になっている。(A) は older が ordering に対する音トリック。(C) は lunch、food から連想される restaurant でひっかけをねらっている。

---

(377) **23.**　　　　　　　　　　　　　　　　　　　　　　正解 (C)

Script Should we proofread the manuscript tomorrow or sometime next week?
明日、原稿を校正しますか、それとも来週のどこかにしましょうか。

(A) I'd like to get the reading material.　読み物がほしいです。
(B) Just mark the date on the calendar.
　　カレンダーのその日に印をつけておいてください。
(C) Will next Monday fit into your schedule?
　　来週の月曜日はあなたの予定に合いますか。

解説「原稿の校正を行うのは《明日》か《来週》か」が問われている。(C) の fit into X は「X に合う、適合する」という意味。「来週の月曜日はあなたの予定に合うか」は、「**来週の月曜日に校正をしよう**」と提案をしている。**後者を選択**する応答となっているので、正解。(A) は proofread や manuscript と関連した reading material でひっかけをねらっている。(B) は予定に関連した内容だが、質問とかみ合っていない。

注　☐ proofread：動 〜を校正する　☐ manuscript：名 原稿　☐ fit into X：X に合う、適合する

---

(378) **24.**　　　　　　　　　　　　　　　　　　　　　　正解 (C)

Script Are you visiting the advertising agency, or going to the press conference?
あなたは広告代理店を訪問するんですか、それとも記者会見に行きますか。

(A) The agent did an excellent job.　　　その代理店は素晴らしい仕事をしました。
(B) The press machine is being repaired.　プレス機は修理中です。
(C) I'll be tied up with paperwork.　　　事務手続きで手いっぱいでしょうね。

解説「これから行くのは《広告代理店》か《記者会見》か」が問われている。(C) の be tied up with X は「X で忙しい」という意味で、「書類仕事で忙しいだろう」と言っている。これは、だから「**広告代理店にも記者会見にも行けない**」ということを示唆している。**どちらも選択しない**自然な応答になっている。これが正解。(A) は advertising agency に関連した内容だが、質問に答えていない。(B) は press でひっかけをねらっている。

注　☐ be tied up with X：X で忙しい

第6章　●正答一覧●

No.	ANSWER A	ANSWER B	ANSWER C	No.	ANSWER A	ANSWER B	ANSWER C
1	**A**	B	C	16	**A**	B	C
2	A	**B**	C	17	A	**B**	C
3	A	**B**	C	18	A	B	**C**
4	A	**B**	C	19	**A**	B	C
5	**A**	B	C	20	A	**B**	C
6	A	B	**C**	21	A	**B**	C
7	A	B	**C**	22	A	**B**	C
8	A	**B**	C	23	A	B	**C**
9	A	B	**C**	24	A	B	**C**
10	A	**B**	C				
11	A	**B**	C				
12	A	**B**	C				
13	A	**B**	C				
14	A	B	**C**				
15	A	B	**C**				

✔ 単語 Check!

前のページで出題された重要語句です。意味を覚えていますか？

☐ proofread　　☐ manuscript　　☐ fit into X　　☐ be tied up with X

応答問題模試

セット1

本番と同じ 25 問の模擬試験です。
所要時間は約 8 分 30 秒。
以下の音声ファイルを連続再生して、一気に解いてください。
マークシートは巻末にあります。

音声ファイル
🔊 M379
▼
🔊 M403

問題数
25 問

問題通し番号
(379)〜(403)

(次ページからは解説が始まります)

セット1-解答・解説　問題通し番号 (379)～(384)

(379) 1. WH疑問文　正解 (C)

Script Why are you adding more stores to the shopping mall?
なぜショッピングモールにさらに店舗を増やそうとしているんですか。

(A) Don't you build up a closer connection?
　　あなたはもっと緊密な連携を築かないんですか。
(B) In addition to the restoration.
　　修復に付け加えて。
(C) To extend our services.
　　サービスを拡充するためです。

解説 Why ～ ? で「ショッピングモールにさらに店舗を加える**《理由》**」が問われている。これに (C) は、「**サービス拡充のため**」という**目的**を述べ、質問に的確に答えている。extend は「～を広げる」という意味。(A) は、質問に無関係な問いを返している。(B) は addition が adding に対する音トリック。

注　□ restoration：名 修復　□ extend：動 ～を拡充する、拡大する

(380) 2. YN疑問文　正解 (C)

Script Do you know how much it will cost to relocate our office?
私たちの事務所を移転するのにどのくらい費用がかかるかわかりますか。

(A) Yes, on the shelving unit.
　　ええ、棚の上に。
(B) Address and phone number.
　　住所と電話番号です。
(C) How many employees do you have?
　　従業員数は何人ですか。

解説 間接疑問文 Do you know how much ～ ? の形。質問のポイントは「事務所移転にかかる**《金額》**」。(C) は従業員の人数を尋ね返しているが、これは**会社の規模次第で金額が変わる**ことを示唆している。金額を答える前に、必要な情報を集めようとしており、自然な応答。(A) は Yes（＝わかる）の後ろの内容が無関係。(B) は relocate から連想される Address や phone number でひっかけをねらっている。

注　□ relocate：動 ～を移転させる　□ shelving unit：棚

(381) 3. WH疑問文　正解 (B)

Script Who's preparing for the trip to Korea?
誰が韓国出張の準備をしていますか。

(A) Did you buy travel insurance?
　　旅行保険に入りましたか。
(B) I've just finished the arrangements.
　　私がちょうど手配を終えたところです。
(C) There're some coupons available.
　　利用できるクーポンがいくつかあります。

解説 Who ～ ? で「韓国出張の準備をしている**《人》**」が問われている。(B) は「自分がちょうど手配を終えた」と言っている。**arrangements**（手配）が「韓国出張の準備をすること」を意味しており、**応答者自身が準備をした**のだとわかる。これが正解。(A) は「韓国出張」から連想される「旅行保険加入」の話題でひっかけようとしている。(C) の「クーポン」は質問に無関係。

注　□ insurance：名 保険

4. 否定・付加疑問文　難易度：難　正解：(A)

Script You work at this food-processing company, don't you?
あなたはこの食品加工会社で働いているんですよね。

(A) Yes, I was hired two years ago.　　ええ、2年前に雇用されました。
(B) No, the process is a bit tricky.　　いいえ、その工程はちょっとやっかいなんですよね。
(C) The company acquired a restaurant.
　　その会社はレストランを買収しました。

解説 付加疑問文で「この食品加工会社で働いているのかどうか」を確認している。(A)は**Yes**（＝働いている）と応じたあと、**補足情報**（働き始めた時期）を述べている。前後に矛盾もなく、質問に的確に答えているので、これが正解。(B)はNo（＝働いていない）と述べたあと、質問に無関係な内容が続いている。processに釣られないように。(C)の「レストラン買収」は無関係な内容。

注　□ food-processing company：食品加工会社　□ tricky：㊗やっかいな、扱いにくい
　　□ acquire：⑩〜を買収する、獲得する

5. WH疑問文　難易度：難　正解：(C)

Script When should we set up the next meeting?
次の会議をいつに設定しましょうか。

(A) Next to Steve's house.　　Stevenの家の隣です。
(B) That's not surprising.　　驚くべきことではありません。
(C) The sooner, the better.　　早ければ早いほどいいです。

解説 When 〜 ?で「次の会議を開く**〈時〉**」が問われている。(C)は**〈the＋比較級 , the＋比較級〉**の形で、「〜すればするほど…」を意味する。「早ければ早いほうがよい」と言っており、**できるだけ早く開催したい**という希望を伝えている。具体的な時期に言及していないものの、自然な応答となっているので、これが正解。(A)が答えているのは場所。(B)はThatが何を指すのか不明。

6. 平叙文　難易度：難　正解：(B)

Script It's time we considered buying a new vacuum cleaner.
新しい掃除機の購入を検討する時期ですね。

(A) What time is it?　　今何時ですか。
(B) I'm seriously considering, too.　　私も真剣に考えているところです。
(C) It's already been repaired.　　それはすでに修理されました。

解説 平叙文。「そろそろ新しい掃除機に買い替えたほうがよい」という意見を述べている。(B)の「私も真剣に考えているところだ」は、相手の意見への**同意**を伝えている。自然なやりとりとなるので、これが正解。(A)は、問いかけにもあるtimeをくり返して、ひっかけをねらっている。(C)は「掃除機（の購入）」から連想されるrepaire(d)がひっかけ。

注　□ consider：⑩〜を検討する、考慮する　□ vacuum cleaner：掃除機

セット1-解答・解説　問題通し番号 (385)〜(390)

(385) 7. （WH疑問文）　難易度 難　正解 (C)

Script Who'll take over for Ms. Blair when she retires?
Blair さんが引退したら、誰があとを引き継ぐんですか。

(A) It'll take a little time.　　少し時間がかかるでしょう。
(B) Food has been prepared.　　食事が用意されています。
(C) That has yet to be decided.　　それはまだ決まっていません。

解説 Who 〜? で「Blair さんを引き継ぐ**〈人〉**」が問われている。(C) は否定文ではないが、have yet to be *done* の形で「まだ〜されていない」となる。「それ（＝引き継ぐ人）はまだ決定されていない」、つまり「**わからない**」ということなので、これが正解。(A) は所要時間を答えている。(B) は Food が Who'll に対する音トリック。文字で見れば違いは明らかだが、音声の場合には案外、区別が難しいので要注意。

注　□ take over for *X*：*X* のあとを引き継ぐ　□ have yet to *do*：まだ〜していない

(386) 8. （提案・依頼・勧誘・申し出）　難易度 普　正解 (A)

Script Could you ask Mr. Snydel to make some changes to the schedule?
Snydel さんにスケジュール変更をお願いしてくれませんか。

(A) Let me see if he's able to.　　彼が可能かどうか確認してみます。
(B) Change the route at the intersection.　　交差点でルートを変えてください。
(C) I've never heard about that.　　それについては聞いたことがありません。

解説 Could you 〜? で「Snydel さんに予定変更を頼むこと」を**依頼**している。(A) は **Let me see if he's able to** make some changes to the schedule. の省略形。「**彼が予定変更が可能かどうか確認してみる**」と、依頼を**承諾**しているので、これが正解。(B) は依頼と関係のない応答。Change に釣られないように。(C) は「それ（＝ Snydel さんに予定変更を頼むこと）を聞いたことがない」となるが、質問とかみ合っていない。

注　□ intersection：图交差点

(387) 9. （WH疑問文）　難易度 普　正解 (C)

Script What is this coat made of?
このコートの素材は何ですか。

(A) It's made in Japan.　　それは日本製です。
(B) How about cutting the cotton in half?　　その綿布を半分に切ってみませんか。
(C) Look at the tag.　　タグを見てください。

解説 What 〜? で「コートの素材が**〈何〉**か」を尋ねている。(C) の **tag** とは、商品についている「値札」、もしくは、服の裏側に縫い付けてある「品質表示ラベル」のことだと推測できる。その「タグを見て」は、「**そこに素材が記載されている**」ということを示唆している。これが正解。この「タグを見て」系の応答は、価格やサイズの質問に対しても正解となる。(A) は製造場所が問われていると勘違いさせようとしている。(B) はコートの素材から連想される cotton でひっかけようとしている。

注　□ in half：半分に

(388) **10.** （WH疑問文） 難易度 難 正解 (C)

Script How should we use this digital media to our benefit?
このデジタルメディアをどう利用するのが私たちのためになるでしょうか。

(A) Some popular media agencies. いくつかの有力なメディア機関です。
(B) They're made for a fitness club. それらはフィットネスクラブ用に作られています。
(C) Let's discuss the matter tomorrow. 明日の件について話し合いましょう。

解説 How ~？で「デジタルメディアを有効に利用する**〈方法〉**」が問われている。(C) の matter は「問題、事柄」という意味で、ここでは質問そのものを指す。「**その問題（＝質問内容）について明日話そう**」と提案しているので、質問に自然につながる。これが正解。(A) は問いかけにもある media でひっかけようとしている。(B) は何かの用途を答えているが、主語が複数 (They) となっているので、質問にはつながらない (this digital media は単数なので)。

注 □ benefit : 名 利益

(389) **11.** （提案・依頼・勧誘・申し出） 難易度 難 正解 (B)

Script Would you mind sending me the replacement item by airmail?
代替商品を航空便で送っていただけませんか。

(A) There should be in the cabinet. キャビネットにあるはずです。
(B) Certainly not. もちろんです。
(C) Yes, I am. ええ、私はそうです。

解説 Would you mind ~？で「代替商品の送付」を**依頼**している。この依頼の定番表現は、直訳すると「~するのは嫌か」という意味。よって、依頼を承諾する場合は「嫌ではない」と否定の形になる。そのため、(B) は「**ほんとうに（嫌では）ない**」、つまり**依頼を快諾**していることになる。これが正解。逆に (C) の Yes は「嫌だ＝送付しない」となる。ただし、その後ろは I am (sending you the replacement item by airmail) の省略形だと考えられるため、前後で矛盾した内容になっている。(A) が答えているのは、何かのありか。

注 □ replacement : 名 交換品

(390) **12.** （否定・付加疑問文） 難易度 難 正解 (B)

Script Aren't you planning to organize the annual shareholder meeting?
あなたは、年次株主総会を開催するよう計画しているのではないのですか。

(A) Is there any room available? 利用可能な部屋はありますか。
(B) That's Amy's duty. それは Amy さんの仕事です。
(C) OK, just keep it. わかりました。取っておいてください。

解説 否定疑問文だが、通常の疑問文と同様に考える。「相手が株主総会の開催を計画しているのかどうか」を尋ねている。(B) の That は「株主総会の開催を計画すること」を指しており、「**それは Amy さんの仕事だ**」と言っている。つまり、No（＝自分は計画していない）ということ。これが正解。It's Amy's job[responsibility]. でも正解となる。(A) は部屋の空きを確認している。(C) は it の保管を指示しているが、it に該当するものが見当たらない。

注 □ organize : 動 ~を計画する、企画する □ shareholder : 名 株主

セット1-解答・解説

問題通し番号 (391)〜(396)

---

(391) 13. (WH疑問文)　難易度／正解 (C)

Script When were those pamphlets sent out?
🇺🇸 そのパンフレットはいつ発送されましたか。

🇨🇦 (A) Yes, in the center.　　　　　　　ええ、中央にあります。
(B) They seem to be damaged.　　　　それらは破損しているようです。
(C) Wendy will inform us immediately.　Wendyがすぐに教えてくれるでしょう。

解説 When 〜 ? で「パンフレットが送られた《時》」を尋ねている。(C) の「Wendyがすぐに教えてくれる」は、自分ではなく、第三者の「**Wendyが質問に答えてくれる**」と言っている。質問に自然につながるので、これが正解。(A) は WH 疑問文に Yes と返答している上に、場所を答えている。(B) は「パンフレットが痛んでいる」と解釈できるが、質問の答えになっていない。

---

(392) 14. (WH疑問文)　難易度／正解 (C)

Script Where does the special meeting take place?
🇦🇺 特別会議はどこで行われますか。

🇬🇧 (A) Tomorrow afternoon.　　　　明日の午後です。
(B) The food is especially good.　食べ物が特においしいです。
(C) Bobby reserved Room B.　　　BobbyがBルームを予約しました。

解説 Where 〜 ? で「会議の《場所》」が問われている。(C) の「**BobbyがBルームを予約した**」は、質問とつなげて考えると、会議のために B ルームを予約したのだとわかる。質問に的確に答えているので、これが正解。(A) は問いかけの Where を When と勘違いした人をねらった選択肢。(B) は especially が special に対する音トリックになっている。

---

(393) 15. (WH疑問文)　難易度／正解 (C)

Script Where can I get a copy of the old version?
🇬🇧 旧版はどこで手に入れることができますか。

🇦🇺 (A) I'll get some cookies.　　　　　　クッキーを買ってきます。
(B) Wait a minute, I think we're lost!　ちょっと待って、迷ったみたい！
(C) Let me send you the link.　　　　リンクを送るよ。

解説 Where 〜 ? で「(何かの) 旧版を入手できる《場所》」が問われている。(C) の **link** は「インターネット上のハイパーリンク」のこと。それを「メールで送る [知らせる]」と言っている。そのリンクをクリックすれば「**旧版のデータを見られる[ダウンロードできる]**」ということ。ネット上の場所を答えており、これが正解。(A) は入手するものが異なっている。(B) の lost は形容詞で「道に迷った」という意味。これを lose (〜を紛失する) の過去形と勘違いすると、魅力的な選択肢となる。

(394) **16.** (否定・付加疑問文) 　　　　　　　難易度 ▲ 難　　正解 (B)

Script There're two entrances to this building, aren't there?
このビルには入口が2カ所あるんですよね。

(A) Through the emergency exit.　　　非常出口を通って。
(B) It has them at either side.　　　両側面に入口があるんです。
(C) By getting a temporary badge.　　仮のバッジをもらうことによって。

解説 付加疑問文で「ビルに入り口が2つあるかどうか」を確認している。(B) の It は this building を指しており、at either side は「そのビルの両側面に」ということ。them は entrances のことなので、「**両側面に入口がある**」と述べている。つまり、**Yes**(= 2つ入口がある)ということ。これが正解。(A) は entrances に関連した emergency exit でひっかけをねらっている。(C) は badge を「入館するためのバッジ」と連想させてひっかけようとしている。

注 □ temporary：形 一時的な、仮の

(395) **17.** (WH疑問文)　　　　　　　　　難易度 ▲ 難　　正解 (B)

Script Why were so many engineers hired by this company?
なぜそんなに多くの技師がこの会社に雇われていたんですか。

(A) Does the engine need repair?　　そのエンジンは修理が必要ですか。
(B) For some new projects.　　　　　いくつかの新プロジェクトのためです。
(C) The newly constructed building.　新しく建造された建物。

解説 Why ~ ? で「たくさんのエンジニアが雇用された〈**理由**〉」が問われている。(B) の For は「~のために」と目的を示す前置詞。「**新しいプロジェクトのために**」と答えている。これは、エンジニアを大量に雇用したことの妥当な理由となっているので、正解。(A) は engineer に関連した engine、repair でひっかけをねらっている。(C) は、これだけでは「なぜ」に答えていない。(B) のように For があれば、正解になり得る。

(396) **18.** (WH疑問文)　　　　　　　　　難易度 ▲ 難　　正解 (B)

Script How frequently should I publish articles in the academic journal?
どのくらいの頻度でその学術誌に記事を掲載すればよいですか。

(A) At least five pages.　　　少なくとも5ページです。
(B) On a bimonthly basis.　　隔月のペースです。
(C) It's a strict rule.　　　　それは厳しいルールです。

解説 How frequently ~ ? で「学術誌に記事を掲載する〈**頻度**〉」を聞いている。(B) は「**隔月ペースで**」と、頻度を答えているので、正解。(A) は、記事のページ数について問われていると (How many pages ... ? という質問だと) 勘違いさせようとしている。(C) の「厳しいルール」とは、何のことを言っているのか不明。

注 □ journal：名 定期刊行物　□ bimonthly：形 隔月の　□ basis：名 原則、基準　□ strict：形 厳しい

セット1-解答・解説

(397) 19. 平叙文　難易度：難　正解 (B)

Script All of us have finished our tasks.
私たち全員、仕事を終えました。

(A) Call customer service.　カスタマーサービスに電話してください。
(B) Let's see what happens.　どうなるかちょっと見てみましょう。
(C) Janis is asked to do that.　Janis はそれをするよう依頼されています。

解説 平叙文で「全員が業務を終了した」と報告している。(B) は「**どうなるか様子を見てみよう**」という意味。次の展開がどうなるか、様子をみようと提案している。問いかけに自然につながるので、これが正解。**Let's see what happens.** は、「誰かが昇進した」、「ルールが変わった」などの報告に対する正答として出題されやすい。(A)「カスタマーサービスへの電話」は、仕事を終えたあとにすることとは、考えにくい。(C) は that が何を指すのか不明。asked が tasks に対する音トリックになっている。

(398) 20. YN疑問文　難易度：易　正解 (C)

Script Have you seen Tony today?
今日 Tony を見かけましたか。

(A) He's a good writer.　彼はよい作家です。
(B) OK. I'll show you around.　わかりました。ご案内いたします。
(C) He's out of the office.　彼は外出中ですよ。

解説 Yes/No 疑問文で「今日 Tony を見かけたかどうか」が問われている。(C) の「**Tony は (オフィスから) 外出中です**」は、今、ここにはいないということ。**質問者の真意** (Tony の所在を尋ねること) を汲んだ応答になっている。これが正解。(A) は Tony の職業を答えている。(B) は、いきなり案内を申し出ており、質問につながらない。

(399) 21. WH疑問文　難易度：難　正解 (A)

Script How can we quickly address the safety issue?
どうすればその安全性の問題に素早く対処できますか。

(A) Hiring a consultant is one plan.　コンサルタントを雇うのが1つの案ですね。
(B) The inclement weather will affect things.　悪天候は状況に影響を及ぼすでしょう。
(C) The dress arrived safely.　そのドレスは無事に届きました。

解説 How 〜？で「安全性の問題に対処する**〈手段〉**」が問われている。(A) の **consultant** とは「専門的な知識や経験を持ち、顧客に指導や助言を行う人」のこと。その「**コンサルタントを雇う**」ことは、**問題に対処する手段**になり得るので、これが正解。(B) の inclement weather (悪天候) は safety issue に関連しているが、未来の状況を述べているだけで、質問に答えていない。(C) は dress が address、safely が safety に対する音トリックになっている。

注　□ address : 動〜に対処する　□ inclement : 形荒れ模様の

22. 選択疑問文　正解 (B)

Script Would you prefer an earlier flight or a later one?
早い便がいいですか、それとも遅い便がいいですか。

(A) No thanks, I'm full. ／ いいえ、結構です。お腹いっぱいです。
(B) Either is fine with me. ／ 私はどちらでも構いません。
(C) It's a little bit tight. ／ それはちょっときついですね。

解説 選択疑問文で「〈早い便〉と〈遅い便〉のどちらがいいか」が問われている。それに対して (B) は、「**早い便でも遅い便でも気にしない**」と言っている。質問に自然につながるので、正解。(A) は満腹であることを伝えている。(C) はスペースや服のサイズ、予算などがきつい（狭い）ということ。どちらも質問に無関係な内容。

23. 提案・依頼・勧誘・申し出　正解 (C)

Script Why don't we start the interview immediately after the meeting?
会議の直後に面接を始めませんか。

(A) An art museum or historical site. ／ 美術館と史跡です。
(B) I always keep my diary. ／ 私はいつも日記をつけています。
(C) The president is out sick today. ／ 今日は社長が病欠なんです。

解説 Why don't we ~ ? で「ミーティング直後に面接を始めること」を**提案**している。(C) の *be* out sick は「病気で欠勤している」という意味。社長の病欠を伝えているが、これは「**社長抜きで面接はできない**」ということを示唆している。間接的に**提案を却下**する応答として自然。これが正解。(A) は場所に関する応答、(B) は習慣に関する応答で、いずれも質問に無関係。

注 □ immediately：すぐに

24. YN疑問文　正解 (A)

Script Are there any seats available for tomorrow's concert?
明日のコンサートの席に空きがありますか。

(A) Yes, but there's only one left. ／ はい、でも1席しか残っていません。
(B) Are you playing the violin? ／ あなたはバイオリンを弾いていますか。
(C) Let's get together tomorrow. ／ 明日、会いましょう。

解説 Yes/No 疑問文で「明日のコンサートに空席があるかどうか」が問われている。それに **Yes**（＝空席がある）と応じ、「**でも1つしかない**」と続けている (A) が、質問に的確に答えている。(B) は concert から連想されるバイオリン演奏についての質問。(C) は「集まろう」という提案。tomorrow に釣られて選ばないように。

注 □ get together：会う、会合する

セット1-解答・解説
問題通し番号 (403)

(403) 25. （平叙文） 　難易度 ▰▰▱　正解 (A)

Script I think more copies of the handouts have to be ready.
配布資料をもっと多く準備する必要があると思います。

(A) That's OK—we can share.　　それは大丈夫です。共有できますから。
(B) At a café nearby. 　　　　　　近くのカフェで。
(C) Don't keep them anymore. 　もう手元に置いておかないでください。

解説 平叙文。「配布資料をもっと用意する必要がある（＝不足している）」という状況を伝えている。(A) は we can share で、「（何人かで）**資料を共有して見る**」と言っている。だから、**That's OK**（＝資料をもっと用意しなくても大丈夫）ということ。自然なやりとりが成立するので、これが正解。(B) が答えているのは場所。(C) は無関係な指示をしている。

注 □ handout：图配布資料

応答問題模試セット1　正答一覧

●学習記録●

回数	学習日	所要時間	正答数
1回目	月　　日	分　　秒	／25
2回目	月　　日	分　　秒	／25

●正答一覧●

No.	A	B	C	No.	A	B	C	No.	A	B	C
1	Ⓐ	Ⓑ	**Ⓒ**	11	Ⓐ	**Ⓑ**	Ⓒ	21	**Ⓐ**	Ⓑ	Ⓒ
2	Ⓐ	Ⓑ	**Ⓒ**	12	Ⓐ	**Ⓑ**	Ⓒ	22	Ⓐ	**Ⓑ**	Ⓒ
3	Ⓐ	**Ⓑ**	Ⓒ	13	Ⓐ	Ⓑ	**Ⓒ**	23	Ⓐ	Ⓑ	**Ⓒ**
4	**Ⓐ**	Ⓑ	Ⓒ	14	Ⓐ	Ⓑ	**Ⓒ**	24	**Ⓐ**	Ⓑ	Ⓒ
5	Ⓐ	Ⓑ	**Ⓒ**	15	Ⓐ	Ⓑ	**Ⓒ**	25	**Ⓐ**	Ⓑ	Ⓒ
6	Ⓐ	**Ⓑ**	Ⓒ	16	Ⓐ	**Ⓑ**	Ⓒ				
7	Ⓐ	Ⓑ	**Ⓒ**	17	Ⓐ	**Ⓑ**	Ⓒ				
8	**Ⓐ**	Ⓑ	Ⓒ	18	Ⓐ	**Ⓑ**	Ⓒ				
9	Ⓐ	Ⓑ	**Ⓒ**	19	Ⓐ	**Ⓑ**	Ⓒ				
10	Ⓐ	Ⓑ	**Ⓒ**	20	Ⓐ	Ⓑ	**Ⓒ**				

応答問題模試

セット2

本番と同じ25問の模擬試験です。
所要時間は約8分30秒。
以下の音声ファイルを連続再生して、一気に解いてください。
マークシートは巻末にあります。

音声ファイル
🔊 M404
▼
🔊 M428

問題数
25問

問題通し番号
(404)〜(428)

（次ページからは解説が始まります）

セット2-解答・解説　　　問題通し番号 (404)〜(409)

(404) 1. 　平叙文　　　　　　　　　　　　　　　　難易度 ▲難　　正解 (A)

Script I think we could make the sign much larger.
　その看板はもっと大きくしてもよいと思いますよ。

(A) This was our director's recommendation.
　　　　　これはうちの部長の提案なんです。

(B) The only thing we can do is sign here.
　　　　　私たちが唯一できることは、ここにサインすることです。

(C) The team will work on the merger.
　　　　　そのチームがこの合併に取り組みます。

解説 平叙文で「看板をもっと大きくできる」という意見を述べている。(A) の This は「看板の今の大きさ」を指しており、**この大きさは部長の提案だ**と説明している。看板のサイズに異議を唱える相手に、**その大きさの理由**を答えており、自然な応答になっている。(B) の sign は「署名する」という動詞で、問いかけの sign とは意味が異なる。釣られて選ばないように。(C) は merger が larger に対する音トリックになっている。

注　□ sign：❷看板　□ recommendation：❷推薦、提案　□ merger：❷合併

(405) 2. 　WH疑問文　　　　　　　　　　　　　　難易度 ▲難　　正解 (A)

Script Where will Mr. Lee's retirement party be held?
　Lee さんの引退記念パーティーはどこで開催されますか。

(A) Irene will send us the invitation.　　Irene が私たちに招待状を送ってくれますよ。
(B) The entire budget will be approved tomorrow.
　　　　　総予算は明日、承認されます。
(C) Because of bad weather.　　悪天候のせいで。

解説 Where 〜？で「退職パーティーの《場所》」が問われている。(A) の「Irene が招待状を送ってくれる」は、**開催地は招待状に記載されている**ことを示唆している。間接的に質問に答えており、これが正解。(B) は「パーティーの予算が承認される」と解釈できるが、質問で問われていることではない。entire が retirement に対する音トリック。(C) は理由の応答。

注　□ budget：❷予算

(406) 3. 　WH疑問文　　　　　　　　　　　　　　難易度 ▲難　　正解 (C)

Script How soon will the park improvements be finished?
　公園の改良工事は、あとどのぐらいで終わりますか。

(A) Let's have a quick lunch.　　サッとランチを食べましょう。
(B) I'll be back soon.　　すぐに戻ってきますので。
(C) Look at the notice in the newspaper.　　新聞の告知を見てください。

解説 How soon 〜？で「公園の改良工事が終わるまでの《期間》」を尋ねている。(C)「新聞の告知を見て」は、**そこに工事期間が記されている**ことを伝えている。**答えを知る手段**を教える自然な応答。(A) は食事への誘いで、質問に無関係。(B) は soon がひっかけになっている。

注　□ improvement：❷改良

(407) **4.** (WH疑問文)　　難易度　　正解 (A)

Script How can I enter the business center?
ビジネスセンターにどうやって入ったらいいですか。

(A) Use this access card.　　このアクセスカードを使ってください。
(B) Check the number carefully.　　番号をよく確かめてください。
(C) There is no room for that.　　そのための余地はありません。

解説 How 〜 ? で「ビジネスセンターに入室する**〈方法〉**」が問われている。これに対し、(A) は「このアクセスカードを使って」と指示している。**アクセスカードを使えば入室できる**という答えになっており、これが正解。(B) は、the number が何の「番号」のことなのか不明。(C) の room は「空間、余地、可能性」という意味。方法を答えていない。

(408) **5.** (否定・付加疑問文)　　難易度　　正解 (A)

Script That's a shoe store, isn't it?
あれは靴屋ですよね。

(A) Oh, you've never been there?　　あれっ、あそこに行ったことないんですか。
(B) It comes with a shoe bag.　　それには靴袋が付いてきます。
(C) I've already tried it on.　　私はすでにそれを試着しました。

解説 付加疑問文で「ある店が靴屋かどうか」を確認している。(A) は最後、昇り調子で読まれているので「**あの店に行ったことがないの？**」と驚きを含んだ質問をしている。靴屋なのかどうかには答えていないが、自然なやりとりとなるので、これが正解。(B) は「It (＝お店) に靴袋が付いてくる」となり、不適切。(C) は shoe store から連想される try on X (X を試着する) でひっかけをねらっている。

注　□ come with X：X が付いてくる

(409) **6.** (YN疑問文)　　難易度　　正解 (A)

Script Do you know what time it is?
何時かわかりますか。

(A) I don't have my wristwatch now.　　今は腕時計を持っていないんです。
(B) Our time is limited.　　時間は限られています。
(C) We're in a hurry, actually.　　実は急いでいます。

解説 間接疑問文 Do you know what time 〜 ? の形。質問のポイントは「現在**〈時刻〉**」。(A)「腕時計を持っていない」は、だから**わからない**ということ。これが正解。(B) は時に関連した内容でひっかけをねらっている。(C) は Do you have time? (時間がありますか) と質問されていると勘違いした場合には、魅力的な選択肢となる。

注　□ wristwatch：腕時計　□ in a hurry：急いで、慌てて

セット2-解答・解説　　問題通し番号 (410)～(415)

---

(410) 7. 　WH疑問文　　難易度：難　　正解 (A)

Script Why was the quality audit date changed?
なぜ品質監査の日程が変更されたんですか。

(A) The assembly line shut down suddenly.　　組立ラインが急に停止したんです。
(B) Did you change your hairstyle?　　髪型を変えましたか。
(C) Both in quality and quantity.　　質と量の両方です。

解説 Why ～? で「品質監査が変更になった《理由》」が問われている。(A) の **assembly line** とは、商品を組み立てる一連の流れ作業をする列のこと。それが急停止したということは、何らかの**トラブルが発生**したことを示唆している。監査日程変更の妥当な理由を答えているので、これが正解。(B) の「髪型」は質問に無関係。change に釣られないように。(C) は問いかけにもある quality でひっかけようとしている。

注　□ audit：名 監査　□ assembly line：組み立てライン　□ quantity：名 量

---

(411) 8. 　WH疑問文　　難易度　　正解 (B)

Script When did Mr. Ramsey join the golf club?
Ramsey さんはいつゴルフクラブに入会したんですか。

(A) I was happy to place the order.　　注文してよかったです。
(B) Oh, did he start playing golf?　　おや、彼はゴルフを始めたんですか。
(C) In a local country club.　　地元のカントリークラブで。

解説 When ～? で「Ramsey さんがゴルフクラブに加入した《時》」が問われている。(B) は、もともとゴルフをやっていなかった Ramsey さんが「**クラブに加入した（＝ゴルフを始めた）**」と聞いて、驚き、尋ね返している。質問に自然につながるので、これが正解。(A) は無関係な内容。(C) は場所を答えている。問いかけの疑問詞が Where だった場合、正解の可能性があるので、When を聞き逃すと、誤答として除外できなくなる。

---

(412) 9. 　WH疑問文　　難易度　　正解 (B)

Script Who arranged for the testing samples to be shipped last week?
先週、検査用見本の発送を手配したのは誰ですか。

(A) It was written beforehand.　　それは前もって書かれていました。
(B) Is there something wrong?　　何か問題がありますか。
(C) A wide range of tools.　　さまざまな道具です。

解説 Who ～? で「先週、見本の発送を手配した《人》」が問われている。(B)「何か問題があるのか」は、**手配した人を質問している理由**をまず確認しようとしている。自然な応答。(A) は「誰なのか書かれていた」と解釈できるが、どこに書かれているのか不明。さらに、beforehand（前もって）というのもおかしい。(C) は range が arranged に対する音トリックになっている。

注　□ beforehand：副 前もって、あらかじめ

10. WH疑問文　正解 (A)

Script By when should I turn in the proposal to our supervisor?
いつまでに提案書を上司に提出すべきですか。

(A) No later than next Tuesday.　遅くとも次の火曜日までに。
(B) Nearly ten days.　10日間近く。
(C) Did you make it clear?　あなたはそれを明らかにしましたか。

解説 By when 〜？で「提案書を上司に提出する《期限》」が問われている。(A) の **No later than 〜** は、later than 〜（〜よりも遅く）を No で否定しているので、「〜よりも遅くない ➡ 遅くとも〜までに」となる（by とほぼ同義と考えてよい）。「次の火曜日までに」と**期限**を的確に答えているので、これが正解。(B) も時の応答だが、答えているのは期間。(C) は make it 部分を「それ（＝提案書）を作る」と誤解させて、ひっかけようとしている。

注 □ turn in X：X を提出する

11. 否定・付加疑問文　正解 (C)

Script Haven't we sent the new catalog to our clients yet?
まだクライアントに新しいカタログを送っていないんですか。

(A) Please count me in.　私も仲間に入れてください。
(B) For all of my colleagues.　私のすべての同僚のために。
(C) I'm about to do that.　ちょうどやろうとしているところです。

解説 否定疑問文。通常の疑問文と同じように「クライアントにカタログを送ったのかどうか」が問われていると考えよう。(C) の do that は send the new catalog to our clients を意味しており、「**ちょうどクライアントにカタログを送ろうとしているところだ**」と答えている。これが正解。(A) の count X in は「X を仲間に入れる」という意味。(B) の「同僚のために」は質問に無関係。

注 □ count X in：X を仲間に入れる　□ be about to do：〜しようとしているところだ

12. 平叙文　正解 (B)

Script I thought you were out of the office today.
今日は、あなたは事務所にいないと思っていました。

(A) I don't mind it at all.　まったく気になりません。
(B) My trip needed to be rescheduled.　出張を再調整しなければいけなかったんです。
(C) It's out of order again.　また故障しています。

解説 平叙文。「相手が事務所にいないと思っていた」という考えを述べている。(B) は「出張が再調整される必要があった」と応答している。これは、**本来であれば出張の予定だったが、再調整の必要が生じた（だから事務所にいる）**ということ。**事務所にいる理由**の説明となっており、問いかけに自然につながる。(A) は it が問いかけの内容全体を指すと考えると、「自分が事務所にいないと相手が思っていたことを気にしない」となるが、不自然な応答。(C) は out of に釣られないように。

セット2-解答・解説　　　問題通し番号 (416)〜(421)

---

(416) 13. 〔 YN疑問文 〕　　　難易度 ▲　　正解 (A)

Script Are there any rooms available in your hotel?
そちらのホテルに空いている部屋はありますか。

(A) I'm afraid we're fully booked.　　申し訳ありませんが予約でいっぱいです。
(B) What kind of food do you like?　　どのような食べ物が好きですか。
(C) It's from another country.　　それは外国から来たものです。

解説 Yes/No 疑問文で「ホテルの部屋が空いているかどうか」が問われている。(A)「残念ながら予約でいっぱい」は、**No**（＝空いていない）ということなので、これが正解。(B) は食べ物の好みに関する質問、(C) は原産国に関する応答。どちらも質問に無関係な内容。

注　□ book：動 〜を予約する

---

(417) 14. 〔 平叙文 〕　　　難易度 ▲　　正解 (C)

Script The new inventory system we started using isn't very efficient.
私たちが使い始めた新しい在庫システムはあまり効率的ではありません。

(A) To invent something new.　　何か新しいものを発明するために。
(B) Effective immediately.　　即時発効です。
(C) Why is that?　　それはなぜですか。

解説 平叙文。「新しい在庫システムは効率的ではない」という意見を述べている。(C) の that は問いかけの内容全体を指しており、「**新しい在庫システムが効率的でないのはなぜか**」と質問している。相手の**意見の根拠**を尋ねる自然な応答。平叙文に対して、理由を尋ねる選択肢は正解になることが多い。(A) は invent（〜を発明する）が inventory（在庫）に対する音トリック。new もひっかけになっている。(B) は、何かが効力を発揮するタイミングを答えている。

注　□ effective：形 効果がある、効力を発する

---

(418) 15. 〔 YN疑問文 〕　　　難易度 ▲　　正解 (A)

Script Do you feel like going to a café with us?
私たちと一緒にカフェに行きますか。

(A) If I finish a task on time.　　時間通りに仕事が終われば。
(B) Not as much as I do.　　私ほどではありません。
(C) Forty euros each.　　それぞれ 40 ユーロです。

解説 Yes/No 疑問文で「カフェに一緒に行くかどうか」が問われている。(A) の「時間通りに仕事が終われば」は、条件節のみとなっているが、その後ろに「**行く、行きたい**」という意味の主節（例：I could come.）が省略されている。**条件付きの Yes** となっているので、これが正解。(B) は応答者との比較を述べているが、比較対象がわからない。(C) は「カフェに行く」から連想させる内容でひっかけようとしている。

注　□ on time：時間通りに

16. WH疑問文　難易度　正解 (B)

Script Why was the flight to Denver canceled?
なぜデンバー行きの便がキャンセルになったんですか。

(A) I'm here on business. 　　　　私はここに商用で来ています。
(B) Today's weather made it difficult. 　今日の天候が難しくしたんです。
(C) She's been there several times. 　彼女はそこに数回行ったことがあります。

解説 Why 〜 ? で「デンバー行きの便が運航中止になった**〈理由〉**」が問われている。(B) は make Ⓞ Ⓒ (O を C にする) の形。そして目的語の it は the flight to Denver を指すと考えられるので、「**今日の天候がフライトを難しくした**」となる。天候という**理由**を答えているので、正解。(A) が答えているのは、自分の来訪目的。フライトのキャンセルには関係ない。(C) は She が誰なのか不明。

17. 提案・依頼・勧誘・申し出　難易度　正解 (B)

Script Do you want to use a catering service?
ケータリングサービスを利用しますか。

(A) The flower would be nice. 　　　その花がいいでしょう。
(B) That would be easier. 　　　　　その方が簡単ですよね。
(C) You can do it yourself. 　　　　ご自身でできますよ。

解説 Yes/No 疑問文で「ケータリングを利用するかどうか」が問われている。(B) の That は「ケータリングを利用すること」を指しており、「その方が簡単だろう」と言っている。**ケータリングに対する自分の意見**を示しており、質問に自然につながる。(A) は、ケータリングではなく「花」に関する応答。(C) は「あなた (=応答者) は利用するか」と問われているのに、「質問者が利用できる」と答えており、ちぐはぐな応答になっている。

注　□ catering : 🈁ケータリング、出前

18. 提案・依頼・勧誘・申し出　難易度　正解 (B)

Script Why not take your unneeded books to a library?
いらない本は図書館に持って行ったら。

(A) I worked there before. 　　　　以前そこで働きました。
(B) That's a good idea. 　　　　　　いい考えだね。
(C) Check out the books now. 　　今すぐその本を借りてください。

解説 Why not 〜 ? で「不必要な本を図書館に持っていくこと」を**提案**している。これに「それはよいアイデアですね」と**賛同**している (B) が正解。**That's a good idea.** は賛同表現の定番なので、必ず覚えておこう。(A) は、理由が問われている (Why did you take your ... ? と質問されている) と勘違いした人をねらった選択肢。(C) は books、library から連想される Check out (=〜を借りる) でひっかけようとしている。

注　□ check out X : X を借りる

セット2-解答・解説　　　問題通し番号 (422)～(427)

(422) 19. 　WH疑問文　　　難易度 ★　　正解 (B)

Script Why's this cinema so busy?
この映画館はなぜこんなに混んでいるんですか。

(A) The play was outstanding, too.　　その劇も素晴らしかったです。
(B) A new film has been released.　　新作映画が公開されたんです。
(C) I visited my family last week.　　先週、家族を訪ねました。

解説 Why ～？で「映画館が忙しい〈**理由**〉」が問われている。(B)「新しい映画が公開された」は、**映画館が混雑する理由**として妥当。これが正解。(A) も妥当な理由に感じられるかもしれないが、まず時制が過去になっており、質問とズレている。加えて、too が付いているので「その劇も」となるが、何に対して「も」なのかが不明。(C) は映画館の混雑と無関係な応答になっている。

注　□ outstanding：形 ずばぬけた、傑出した

(423) 20. 　否定・付加疑問文　　　難易度 ★　　正解 (A)

Script The English teacher is coming today, isn't she?
英語の先生は今日、やって来ますよね。

(A) Yes, and there's going to be a monthly test.
ええ、それに月例テストがありますよ。
(B) A great teaching skill.　　素晴らしい指導技術です。
(C) I heard he's from another country.　　彼は外国出身だと聞きました。

解説 付加疑問文。最後 isn't she となっているので「英語教師 (＝女性) が今日来るのかどうか」を確認している。(A) は **Yes** (＝来る) と応じたあと、「**テストもある**」という情報を付け足している。前後に矛盾もなく、質問にも答えているので、これが正解。(B) は teacher から連想される teaching skill でひっかけをねらっている。(C) は主語に注目。he となっている。つまり、問いかけの English teacher (＝女性) を指していないため、不適切。

(424) 21. 　提案・依頼・勧誘・申し出　　　難易度 ★★　　正解 (C)

Script Could you please take notes instead of Javiel?
Javiel の代わりにあなたがメモを取ってくれませんか。

(A) OK, let's take a walk.　　いいですよ、散歩しましょう。
(B) No, I haven't.　　いいえ、私はそうではありません。
(C) Is there any reason?　　何か理由があるんですか。

解説 Could you please ～？で「Javiel の代わりにメモを取ること」を**依頼**している。(C) の「理由があるのか」は、「**(Javiel ではなく) なぜ自分がやらなければならないのか**」を尋ね返している。返事をする前に理由を確認するのは自然なことなので、これが正解。(A) は OK で同意しながら、そのあと「散歩しよう」と関係のない提案をしている。(B) は I haven't と現在完了形になっている点が不適切。I couldn't であれば正解になり得る。

(425) 22. 〔 WH疑問文 〕　難易度　正解 (A)

Script What kind of drink do you like?
どんな飲み物が好きですか。

(A) I'm good, thanks.　　　　　　　大丈夫です、ありがとう。
(B) A paper cup would be nice.　　紙コップがいいです。
(C) Due to heavy use of red ink.　赤のインクを多用しているので。

解説 What kind of ～？ で「飲みたい飲み物の**〈種類〉**」を聞いている。(A) の **I'm good.** は「私は大丈夫です」という意味で、飲み物がなくても特に問題ないことを伝えている。**飲み物の申し出をやんわりと断っており**、これが正解。I'm good. は I'm fine. と同じく、何かを勧められた際に使う断りの定番表現。(B) は、飲み物の種類ではなく容器に関する応答。(C) は ink が drink に対する音トリックになっている。

注　☐ due to X：X が原因で

(426) 23. 〔 選択疑問文 〕　難易度　正解 (C)

Script Will you turn off the office lights or should I?
事務所の電気を消してもらえますか、それとも私が消すべきですか。

(A) Let's go back to the office.　　事務所に戻りましょう。
(B) Don't get anything here.　　　ここでは何も買わないでください。
(C) That's the security clerk's job.　それは警備員の仕事です。

解説 選択疑問文で「事務所の電気を**〈相手が消す〉**のか**〈自分が消す〉**のか」を尋ねている。(C) の That は turn off the office lights を指しており、「**事務所の電気を消すのは、警備員の仕事だ**」と言っている。「**相手も自分も消さなくていい**」ということで、自然な応答になっているので、これが正解。(A) は問いかけにも含まれる office に釣られないように。(B) の「何も買うな」という指示は、質問に無関係。

(427) 24. 〔 WH疑問文 〕　難易度　正解 (A)

Script Where can I get some coupons for the stationary store?
その文具店のクーポン券はどこでもらえますか。

(A) I received some from Mr. Ruiz.　私は Ruiz さんからもらいましたよ。
(B) It's overnight delivery.　　　　それは翌日配達です。
(C) Next month is fine with me.　　私は来月で結構です。

解説 Where ～？ で「文具店のクーポンを入手できる**〈場所〉**」が問われている。(A) は Mr. Ruiz という人を答えている。しかし「私は Ruiz さんから受け取った」は、「**あなたも同じように Ruiz さんからもらえるはず**」ということを示唆しており、質問への回答になっている。このように**〈場所〉**に対して**〈人〉**を答える応答もあり得ることを覚えておこう。(B) は、stationary store から連想される delivery (配送) でひっかけようとしている。(C) は時の応答。

セット2-解答・解説

(428) 25. WH疑問文　難易度：難　正解：(A)

Script How many business cards will you order this time?
今回、名刺を何枚注文されますか。

(A) Are there any discounts?　　何か値引きはありますか。
(B) Two hundred people.　　　　200人です。
(C) Cash or credit card.　　　　現金かクレジットカードです。

解説 How many ～?で「発注する名刺の**〈枚数〉**」が問われている。(A) の「何か値引きがあるのか」は、**枚数に応じて割引があるのかどうかを確認**している。**それ次第で発注数を決める**ことを示唆しており、自然な応答になっている。(B) は最後にpeopleがあるので、枚数ではなく人数を答えている。(C) は支払い方法を答えているが、話はまだそこまで進んでいない。cardに釣られないように。

応答問題模試セット2　正答一覧

●学習記録●

回数	学習日	所要時間	正答数
1回目	月　　日	分　　秒	／25
2回目	月　　日	分　　秒	／25

●正答一覧●

No.	A	B	C	No.	A	B	C	No.	A	B	C
1	**A**	B	C	11	A	B	**C**	21	A	B	**C**
2	**A**	B	C	12	A	**B**	C	22	**A**	B	C
3	A	B	**C**	13	**A**	B	C	23	A	B	**C**
4	**A**	B	C	14	A	B	**C**	24	**A**	B	C
5	**A**	B	C	15	**A**	B	C	25	**A**	B	C
6	**A**	B	C	16	A	**B**	C				
7	**A**	B	C	17	A	**B**	C				
8	A	**B**	C	18	A	**B**	C				
9	A	**B**	C	19	A	**B**	C				
10	**A**	B	C	20	**A**	B	C				

応答問題模試

セット3

本番と同じ25問の模擬試験です。
所要時間は約8分30秒。
以下の音声ファイルを連続再生して、一気に解いてください。
マークシートは巻末にあります。

音声ファイル
🔊 M429
▼
🔊 M453

問題数
25問

問題通し番号
(429)〜(453)

(次ページからは解説が始まります)

セット3-解答・解説　　問題通し番号 (429)～(434)

(429) 1. （WH疑問文）　　難易度 ★　　正解 (C)

Script How many people are going to come to your opening ceremony?
開場式には何人来る予定ですか。

(A) There is a strict dress code policy. 　厳しいドレスコードがあります。
(B) It was great last year. 　昨年は素晴らしかったです。
(C) Here's the attendance sheet. 　これが出席者リストです。

解説 How many ～? で「オープニングの式典に来る**〈人数〉**」が問われている。(C) の **attendance sheet** とは「出席者を記した書類（リスト）」のこと。それを手渡しているので、「**それを見てください（見ればわかる）**」と言っている。これが正解。(A) は ceremony（式典）から連想されるドレスコード（服装規定）でひっかけようとしている。(B) は過去の何かに関する感想を述べており、未来の式典について尋ねている質問にはつながらない。

注　□ strict：形 厳しい　□ attendance：名 出席者

(430) 2. （否定・付加疑問文）　　難易度 ★　　正解 (A)

Script You want this confidential agreement copied, don't you?
あなたはこの秘密保持契約書をコピーしてほしいんですよね。

(A) Please send it by Friday. 　金曜日までに送ってください。
(B) With some milk, please. 　ミルクを入れてください。
(C) I'm confident in my team members. 　私はチームメンバーを信頼しています。

解説 付加疑問文で「秘密保持契約書をコピーしてほしいかどうか」を確認している。(A)「金曜日までに送ってくれ」は、金曜日までにコピーした上で送ってくれということ。つまり、**Yes** と伝えており、自然な応答になる。(B) は copied を coffee と聞き間違った人をねらった選択肢。(C) は confident に関連した confidential でひっかけをねらっている。

注　□ confidential agreement：秘密保持契約　□ confident：形 確信している、自信がある

(431) 3. （YN疑問文）　　難易度 ★　　正解 (B)

Script Do you want to replace your laptop?
ノートパソコンを取り替えたいですか。

(A) Jessie placed it on your desk. 　Jessie はそれをあなたの机の上に置きましたよ。
(B) No, mine is working fine. 　いいえ、私のは正常に動いています。
(C) I'll show you representative examples. 　代表的な例をお見せしましょう。

解説 Yes/No 疑問文で「ノートパソコンを取り替えたいかどうか」が問われている。(B) は **No**（＝取り替えなくていい）と応じ、「**mine（＝私のノートパソコン）は正常に動いている**」と続けている。質問に矛盾なく答えているので、これが正解。(A) は placed が replace に対する音トリック。(C) の「代表例を見せる」は質問に無関係。

注　□ work：動 機能する、作動する　□ representative：形 代表的な

(432) 4. （WH疑問文）　　正解 (A)

Script Where's the next trade show?
次回の見本市はどこであるんですか。

(A) In Beijing next February.　　次の2月に北京で。
(B) I don't feel like switching the items.　　商品を入れ替えたくありません。
(C) Let me show you the data.　　あなたにデータをお見せしましょう。

解説 Where ~ ? で「次の見本市の**〈場所〉**」が問われている。(A) は **next February** と言っているため、時を答えていると勘違いしやすい。しかし、まず **In Beijing** と述べて**場所の応答**になっている。このように2つの要素をまとめて答える場合もあるので、注意したい。(B) は trade show から連想される内容でひっかけをねらっている。(C) は、見本市の開催地はデータで示すようなものではないので不適切。例えば Let me show you the invitation.（招待状をお見せしましょう）なら正解になり得る。

注 □ switch：動 ~を入れ替える、交換する

(433) 5. （WH疑問文）　　正解 (C)

Script How was your stay at the hotel?
そのホテルでの滞在はいかがでしたか。

(A) None, why would you ask?　　まったくありません。なぜ聞くんですか。
(B) Maybe some other time.　　たぶん別の機会に。
(C) A fitness facility would've been nice.　　フィットネス設備があればよかったかな。

解説 How ~ ? で「滞在したホテルの**〈感想〉**」が問われている。それに対して「フィットネス設備があったらよかったのに」と、**希望する設備**を答えている (C) が正解。(A) は、質問の理由を問い返していると勘違いした人もいるだろうが、None（何もない）が質問につながらない。ここが例えば、Good、Great などであれば「よかったよ、なぜ聞くの？」となり、正解になり得る。(B) は「また今度」と、勧誘を断る表現。

(434) 6. （YN疑問文）　　正解 (C)

Script Are there any tickets for tonight's play?
今夜の公演のチケットはありますか。

(A) Yes, he's a good actor.　　ええ、彼はよい俳優ですね。
(B) It's likely to happen.　　起こりえますね。
(C) They're all sold out.　　すべて売り切れなんです。

解説 Yes/No 疑問文で「今夜の芝居のチケットがあるかどうか」が問われている。(C) の「すべて売り切れた」は、**No**（＝チケットはない）ということなので、これが正解。(A) は、Yes（＝チケットはある）に続く内容が質問に対応していない。play（芝居）から連想される actor（俳優）に釣られないように。(B) は「It が起こりそう」と言っているが、It が何を指すのか不明。

注 □ *be* likely to *do*：~しそうだ

セット3-解答・解説　問題通し番号 (435)～(440)

(435) 7. 平叙文　難易度 ▲▲△　正解 (C)

Script Your gym membership will expire next month.
来月、お客さまのジムの会員資格が有効期限切れとなります。

(A) What are you subscribing to, then?　それなら、何を定期購読しますか。
(B) It's on the back of the can.　缶の裏側に載っています。
(C) Yes, I won't renew it this time.　ええ、今回は更新しないつもりです。

解説 平叙文。「相手の会員資格が来月、有効期限切れになる」と注意を促している。(C) の it は my gym membership を指しており、「**会員資格を更新しない**」と応じている。最初の Yes は、相手が知らせてくれた内容を認識していることを示している。自然な応答となるので、正解。(A) は membership あるいは expire から連想される subscribe（定期購読する、会員登録する）でひっかけようとしている。(B) は何かが記載されている場所を答えている。

注　□ expire：動 有効期限が切れる　□ subscribe：動 定期購読をする

(436) 8. WH疑問文　難易度 ▲△△　正解 (A)

Script Why is the personnel department getting together in the meeting room?
なぜ人事部が会議室に集まっているんでしょう。

(A) There's going to be an important announcement.　重要な発表があるんです。
(B) Yes, they're having fun.　ええ、彼らは楽しんでいます。
(C) It will start at 10 A.M.　午前10時に始まります。

解説 Why ～？で「人事部が会議室に集まっている《理由》」が問われている。(A) の「重要な発表がある」は、**会議室に集まる理由**として妥当なので、正解。(B) は WH 疑問文に Yes と応答している上に、その後ろの「人事部員は楽しんでいる」が会議室に集まる理由になっていない。(C) が答えているのは開始時刻。

注　□ personnel：名 人事　□ get together：会う、会合する

(437) 9. WH疑問文　難易度 ▲▲△　正解 (C)

Script Where can I take a yoga class?
私はどこでヨガのクラスを受けられますか。

(A) Please put some yogurt for me.　私にヨーグルトをついでください。
(B) I heard it's taught by Mr. Parks.　それは Park さんが教えているそうです。
(C) The community center has night courses.　公民館には夜のコースがありますよ。

解説 Where ～？で「ヨガを受講できる《場所》」が問われている。(C) の course(s) は a yoga class を言い換えており、「**公民館にヨガの夜間コースがある**」と言っている。**場所（施設名）**を答えているので、これが正解。(A) は yogurt が yoga に対する音トリック。(B) は教えている人を答えている。質問者は、不定冠詞を付けて a yoga class と言っているので、特定のクラスについて話しているわけではない。したがって、この応答では質問につながらない。

322

(438) 10. WH疑問文 正解 (A)

Script When do you expect the final proposal to be completed?
最終提案はいつ仕上がる予定ですか。

(A) It's done. もう完成しています。
(B) He's expected to show up soon. 彼は間もなく現れるはずです。
(C) Any questions so far? ここまでで何かご質問はありませんか。

解説 When 〜 ? で「最終提案が完成する《時》」が問われている。(A) の done は「済んで、完成して」という意味。「すでに完成している」と述べて、質問者の「最終提案はまだ完成していない」という**勘違いを正す応答**になっている。これが正解。(B) は He が誰を指すのか不明。expected に釣られて選ばないように。(C) は会議や講演などで、質問を求める表現。すでに質問されているのに、さらに質問を求めるのは不自然。

注 ☐ show up：現れる

(439) 11. 平叙文 正解 (A)

Script We're going to be late for the staff meeting.
スタッフミーティングに遅刻しそうです。

(A) Why don't we take a taxi? タクシーを使いましょう。
(B) The staff waiting at the airport. 空港で待っているスタッフです。
(C) We haven't met lately. 私たち最近会ってませんね。

解説 平叙文。「ミーティングに遅れそう」という状況を伝えている。(A) は Why don't we 〜 ? を使って、**ミーティングの場所までタクシーで移動する**ことを提案している。外出中の 2 人が、会社に戻ろうとしている場面 (スタッフミーティングと言っているので) だと考えられる。これが正解。(B) は人を答えている。問いかけにもある staff に釣られないように。(C) の「最近会っていない」は、この状況と無関係。

(440) 12. YN疑問文 正解 (C)

Script Excuse me, can you tell me what kind of tea this is?
すみません、これはどんな種類のお茶ですか。

(A) You're welcome. どういたしまして。
(B) Sure, I'll have some. もちろん、いくつかいただきます。
(C) There's a list on the wall. 壁に一覧表が貼ってあります。

解説 間接疑問文。「このお茶の**《種類》**」が質問のポイントになっている。(C)「壁に一覧表がある」は、「**そこにお茶の種類の説明が載っている**」ことを示唆している。**答えを知る手段**を教えており、自然な応答。(A) は、お礼を言われた際の返答。(B) は Sure (=お茶の種類を教えられる) まではよいが、後ろに、何かを買う (もらう) ときの表現が続いており、質問につながらない。

セット3-解答・解説　　問題通し番号 (441)〜(446)

---

(441) 13. WH疑問文　　難易度　正解 (C)

Script Which contract should I sign?
どの契約書にサインすべきですか。

(A) Please carry it out immediately.　　それをすぐに実行してください。
(B) A signed copy would be acceptable.　　署名された写しは受諾可能でしょう。
(C) All of them.　　それらすべてです。

解説 Which 〜? で「**〈どちらの〉**契約書に署名するのか」が問われている。(C) の「それらすべて」は、**全部の契約書に署名が必要だ**と答えている。これが正解。「どちらの〜」と質問されても、このように「すべて (両方)」という応答が可能であることを覚えておこう。(A) を「署名をすぐに実行して」と解釈した人がいるかもしれないが、そうだとしても質問にかみ合っていない。(B) は問いかけの動詞 sign の過去分詞形 signed でひっかけをねらっている。

注　☐ carry out X : X を実行する　☐ acceptable : 形 好ましい、容認できる

---

(442) 14. 提案・依頼・勧誘・申し出　　難易度　正解 (B)

Script Could you show me around this new lab?
新しい研究室を案内していただけますか。

(A) On Carson Avenue.　　Carson 通りで。
(B) I think I did before.　　以前しましたよね。
(C) Try this jacket on. It's new.　　このジャケットを着てみてください。新しいものです。

解説 Could you 〜? で「新しい研究所の案内」を依頼している。(B) の did は showed you around that new lab を意味しており、「前に新しい研究室を案内したと思う」と言っている。これは「**以前やったのだから、もう案内しなくてもよいのでは**」という考えを示唆している。本当に案内が必要かどうかを確認しており、自然な応答。(A) は、研究室の場所についての会話だと勘違いさせようとしている。(C) の「試着の指示」は質問に無関係。

注　☐ lab : 名 研究室

---

(443) 15. WH疑問文　　難易度　正解 (C)

Script Who can I talk to about the revision of our poster design?
ポスターのデザイン改訂について、誰に相談すればいいですか。

(A) I did it this morning.　　私が今朝やりました。
(B) You can buy postage stamps here.　　ここで切手を買うことができます。
(C) Here is the list of experts.　　これが専門家の一覧です。

解説 Who 〜? で「ポスターの改訂について相談すべき**〈人〉**」が問われている。(C) の Here is 〜は「はい〜ですよ」と何かを手渡す際の表現。ここでは「専門家の一覧」を手渡している。つまり、**相談すべき候補者を紹介している**ので、自然な応答。(A) の did it は「ポスターを改訂した」とも、「相談した」とも解釈できるが、どちらも質問とかみ合っていない。(B) は postage が poster に対する音トリックになっている。

注　☐ revision : 名 改訂、修正　☐ postage stamp : 切手　☐ expert : 名 専門家

(444) 16. 〔否定・付加疑問文〕　　難易度　難　正解 (C)

Script Didn't you bring your own raincoat?
自分のレインコートを持ってこなかったんですか。

(A) Yes, they are.　　　　　　　　ええ、彼らはそうです。
(B) It's too close.　　　　　　　　それは近すぎです。
(C) No, I didn't.　　　　　　　　いえ、持ってきませんでした。

解説 否定疑問文だが、通常の疑問文と同様に考えよう。「レインコートを持ってきたのかどうか」が問われている。(C) は **No**（＝持ってこなかった）と応じ、**I didn't** (bring my own raincoat). と続けている。持ってこなかった旨をシンプルに答えており、これが正解。(A) は Yes（＝持ってきた）はよいが、they が何を指すのか不明。(B) は「It（＝レインコート）が近すぎる」となり、意味をなしていない。

(445) 17. 〔WH疑問文〕　　難易度　難　正解 (C)

Script Who is welcoming Ms. Olson at the airport?
誰が空港で Olson さんを出迎えるんですか。

(A) It's terminal A, not B.　　　　　　B ではなく、A ターミナルです。
(B) They called a taxi instead.　　　　彼らは代わりにタクシーを呼びました。
(C) The human resources department.　人事部です。

解説 Who ～ ? で「Olson さんを空港で出迎える〈人〉」が問われている。(C) は**部署名**を答えているが、これは「**人事部の人（が出迎える）**」ということ。これが正解。(A) は、出迎える場所についての会話だと勘違いさせようとしている。(B) は「出迎える代わりにタクシーを手配した」という正解のように思えるが、問われているのは出迎える人であって、手段ではない。また主語の They が誰なのかわからないため、不適切。

(446) 18. 〔WH疑問文〕　　難易度　難　正解 (B)

Script How often do you teach classes in this school?
あなたはこの学校ではどのぐらい頻繁に授業をするんですか。

(A) For 90 minutes.　　　　　　　　90 分間です。
(B) Only on weekends.　　　　　　　週末だけです。
(C) I don't like classical music.　　　クラシック音楽は好きではありません。

解説 How often ～ ? の形。「この学校で教える〈頻度〉」が問われている。(B) の on weekends は「週末ごとに」という意味。「**毎週末に（教える）**」ということで、頻度の応答になっているので、これが正解。(A) が答えているのは期間。(C) は classical が classes に対する音トリックになっている。

セット3-解答・解説　　　問題通し番号 (447)～(452)

(447) 19. （平叙文）　　　難易度　難　　正解 (A)

Script I want to look at the survey results first before discussing our plan.
われわれの計画について話し合う前にまず調査結果を見たいです。

(A) I'll get my computer, then. — では私のパソコンを持ってきます。
(B) Look at that mirror. — その鏡を見てください。
(C) She's picking one up. — 彼女がひとつを手に取っています。

解説 平叙文。「調査結果を見てから計画について議論したい」という要望を伝えている。(A) の「ではパソコンを持ってきます」は、**パソコンを持ってきて、そこに入っている調査結果を見せる**ということを示唆している。相手の**要望に応えようとしており**、これが正解。(B) は、問いかけにもある Look at に釣られないように。(C) は She が不明な上に、何を手にとっているのかもわからない。

(448) 20. （YN疑問文）　　　難易度　難　　正解 (C)

Script Are you free to join me for a lunch meeting today?
今日のランチ会議に参加してくれませんか。

(A) It's very reliable. — それはとても信頼できます。
(B) As a medical coordinator. — 医療コーディネーターとして。
(C) I have a schedule conflict. — 予定が重なっているんです。

解説 Yes/No 疑問文で「ランチ会議に参加できるかどうか」が問われている。(C) の **conflict** は「予定が重なること」という意味。「ほかの予定と重なっている」と言っており、**ランチ会議に参加できない**ことを間接的に伝えている。自然な応答なので、これが正解。a schedule conflict は、リスニングセクションと Part 5 に頻出。(A) は「It (＝ランチ会議) が信頼できる」となり、意味をなさない。(B) は職責を答えている。

注　□ reliable：形 信頼できる　□ conflict：名 対立、予定が重なること

(449) 21. （否定・付加疑問文）　　　難易度　難　　正解 (C)

Script We should turn in the cost estimate to our client by five o'clock, shouldn't we?
5時までにクライアントへ費用の見積もりを提出しなければいけないんですよね。

(A) It's the most cost-effective approach. — それが最も費用対効果の高いやり方です。
(B) More price competition will occur. — さらなる価格競争が起きるでしょう。
(C) I think you're right. — おっしゃる通りです。

解説 付加疑問文で「5時までに見積もりを提出すべき」ことを確認している。(C) の you're right は、**相手の言っていること(5時までに見積もりを出す)が正しい**ということ。これが正解。(A) は 問いかけの cost estimate に類似した cost-effective でひっかけようとしている。(B) は cost から連想される price competition で誤答を誘っている。

注　□ turn in X：X を提出する　□ cost estimate：費用の見積もり　□ cost-effective：形 費用対効果の高い　□ competition：名 競争　□ occur：動 起こる

(450) 22. 提案・依頼・勧誘・申し出

Script How about a price change starting next week?
来週から価格変更をするのはどうでしょうか。

(A) OK. Place the order now. わかりました。では注文をしてください。
(B) How many do you want to buy? いくつ買いたいんですか。
(C) A discount would help a lot. 値引きはずいぶん助けになるでしょうね。

解説 How about ~ ? で「来週からの価格変更」を**提案**している。(C) は仮定法過去の would を使って、まだ確定ではないことについて推測をしている。「**値引きしたとしたら助けになるだろう**」ということ。**提案に賛同**しており、自然なやりとりが成立する。(A) は Place が price に対する音トリック。(B) は値引きについてではなく、購入個数について質問しており、不適切。

(451) 23. WH疑問文

Script When will we make a decision on selling the property?
その物件を売却する決定はいつするんですか。

(A) At the real estate agency. 不動産屋で。
(B) It's not running properly. それは正しく作動していません。
(C) Why are you in such a hurry? なぜそんなに急いでいるんですか。

解説 When ~ ? で「不動産売却の判断をする**〈時〉**」が問われている。(C) は、質問者が売却を急いでいると捉えて、その**理由を問い返している**。「いつ~するのか」という質問には、相手を急かす意図が含まれることもあるので、自然な応答となる。(A) は場所の応答。質問の When を聞き逃してしまうと、この選択肢を除外できないので要注意。(B) は properly が property に対する音トリック。

注 □ property：❷不動産、物件　□ in a hurry：急いで

(452) 24. 選択疑問文

Script Does Jenny work in the legal or public relations department?
Jenny は法務部で働いていますか、それとも広報部ですか。

(A) Your agreement is still valid. あなたの契約書はまだ有効です。
(B) Patrick knows which one. Patrick がどちらなのか知っていますよ。
(C) In the first apartment. 1つ目のマンションの中に。

解説 選択疑問文で「Jenny が働いているのは**〈法務部〉**か**〈広報部〉**か」が問われている。(B)「Patrick が which one（どちらの部署か）を知っている」は、「**Patrick に聞けばわかる**」ということ。**答えを知る手段**を伝えているので、自然な応答。(A) は legal から連想される契約の話でひっかけようとしている。(C) は apartment が department に対する音トリック。

注 □ agreement：❷契約書　□ valid：❸有効な

セット3-解答・解説

問題通し番号 (453)

(453) 25. [WH疑問文]

難易度 ★★☆ 正解 (B)

Script When will the joint venture begin in Malaysia?
マレーシアでの合弁事業はいつ始まりますか。

(A) Have a good business trip. よいご出張を。
(B) After the members have been collected. メンバーが集められたあとです。
(C) At the end of the hallway. 廊下の突き当りに。

解説 When 〜 ? で「合弁事業が始まる**〈時〉**」が問われている。(B) の the members は、合弁事業に関係する人員のことだと考えられる。「**関係者が集められたあと**」は、事業をスタートさせるタイミングとして自然なので、これが正解。(B) は Malaysia から連想される business trip (出張) でひっかけようとしている。(C) は何かの場所を答えている。

注 □ joint venture : 合弁事業　□ collect : 動 〜を集める

応答問題模試セット3　正答一覧

●学習記録●

回数	学習日	所要時間	正答数
1回目	月　　日	分　　秒	／25
2回目	月　　日	分　　秒	／25

●正答一覧●

No.	A	B	C	No.	A	B	C	No.	A	B	C
1	A	B	**C**	11	**A**	B	C	21	A	B	**C**
2	**A**	B	C	12	A	B	**C**	22	A	B	**C**
3	A	**B**	C	13	A	B	**C**	23	A	B	**C**
4	**A**	B	C	14	A	**B**	C	24	A	**B**	C
5	A	B	**C**	15	A	B	**C**	25	A	**B**	C
6	A	B	**C**	16	A	B	**C**				
7	A	B	**C**	17	A	B	**C**				
8	**A**	B	C	18	A	**B**	C				
9	A	B	**C**	19	**A**	B	C				
10	**A**	B	C	20	A	B	**C**				

応答問題模試

セット4

本番と同じ 25 問の模擬試験です。
所要時間は約 8 分 30 秒。
以下の音声ファイルを連続再生して、一気に解いてください。
マークシートは巻末にあります。

音声ファイル
🔊 M454
▼
🔊 M478

問題数
25 問

問題通し番号
454 〜 478

（次ページからは解説が始まります）

セット4-解答・解説　　問題通し番号(454)〜(459)

(454) 1.　WH疑問文　　　正解(A)

Script Who is going to do the laundry this week?
今週は誰が洗濯するんですか。

(A) I suppose you will.　　あなただと思いますよ。
(B) To buy this detergent.　この洗剤を買うために。
(C) I'll respond to the e-mail.　そのメールに返信します。

解説 Who 〜? の形。do the laundry は「洗濯する」という意味で、「今週、洗濯をする**〈人〉**」が問われている。(A) は **I suppose you will** do the laundry this week. の省略形。「**あなたが洗濯するのだと思う**」と述べ、**質問者が当番**だと答えている。(B) の detergent は「洗剤」のこと。洗濯に関連した内容でひっかけようとしている。(C) は無関係な応答。

注　□ do the laundry：洗濯する　□ detergent：❷洗剤

(455) 2.　否定・付加疑問文　　　正解(B)

Script It's supposed to rain, isn't it?
雨が降るみたいですね。

(A) Some raincoats are being displayed.
数着のレインコートがディスプレイされています。
(B) I didn't check the weather report.　天気予報をチェックしませんでした。
(C) Jim's pausing to cross the street.　Jim が通りを渡ろうと立ち止まっています。

解説 付加疑問文で「雨が降るみたいであること」を確認している。(B) の「私は天気予報を確認しなかった」は、「**このあと雨が降るかどうかわからないこと**」を示唆している。これが正解。(A) は rain から連想される raincoats でひっかけようとしている。(C) は pausing が supposed に対する音トリックになっている。

注　□ pause：❶（動作を）休止する

(456) 3.　WH疑問文　　　正解(A)

Script How was the consumers' response to the new game software?
新しいゲームソフトに対する消費者の反応はどうでしたか。

(A) It couldn't have been better.　最高でした。
(B) He didn't respond to the client.　彼は顧客に返答しませんでした。
(C) I think that's a good idea.　それはよい考えだと思います。

解説 How 〜? で「ゲームソフトに対する客の反応の**〈様子〉**」が問われている。(A) は仮定法過去完了で、「これ以上はよくなりようがなかっただろう」、つまり「**最高だった**」と言っている。非常に**ポジティブな反応**だったと答えており、これが正解。(B) の respond は、問いかけの response（反応）の動詞形で「反応する」という意味。釣られて選ばないように。(C) は、相手の発言に同意する表現。

4. 平叙文

Script Well, I'd better leave now.
さて、私はもう出かけたほうがよさそうですね。

(A) Leave it on the table.　　　テーブルの上に置いておいてください。
(B) What time is it?　　　　　　何時ですか。
(C) Could I get some butter?　　バターをもらっていいですか。

正解 (B)

解説 平叙文で「そろそろ出発したほうがいいかな」とつぶやいている。これに対して、「いま何時か」と聞き返している (B) が自然な応答。「そろそろ出発しなくては」→ (時間が気になって)「えっ、いま何時？」と質問している場面だと考えられる。(A) の Leave (〜を置いていく) は、問いかけの「出発する」とは意味が異なる。音に釣られて選ばないように。(C) は butter が better に対する音トリック。

注　□ had better *do*：〜したほうがよい

5. 提案・依頼・勧誘・申し出

Script Could you replace the light bulbs in the storage room?
倉庫の電球を交換していただけますか。

(A) Right across from the building.　　ビルの真向かいです。
(B) Sure, but not now.　　　　　　　　もちろんです、でも今はできません。
(C) Well, you could use mine.　　　　　じゃあ私のを使ってください。

正解 (B)

解説 Could you 〜? で「電球交換」を**依頼**している。これに (B) は **Sure**（＝もちろん交換する）と応じ、「しかし今ではない」と続けている。これは「**あとで交換する**」と依頼を**承諾**しているので、正解。(A) が答えているのは、何かの場所。(C) は「mine（＝私の電球）を使って」と解釈できるかもしれないが、電球交換の依頼にはつながらない。

注　□ light bulb：電球

6. WH疑問文

Script What's the best way to Green Park?
Green 公園へ行くのに最もよい道はどれですか。

(A) A monthly pass will be sold soon.　　月間パスが間もなく売り出されます。
(B) The hotel clerk has a map.　　　　　ホテルの従業員が地図を持っていますよ。
(C) Fast food's very useful.　　　　　　ファストフードはとても便利です。

正解 (B)

解説 What 〜? で「Green 公園への最善の道は**何**か」が問われている。(B) は「地図を見ればわかる」、あるいは「地図で調べたら」ということを示唆している。質問に答えてはいないが、**答えを入手する手段**を教えており、自然な応答になっている。(A) は「公園」から連想される「（入園）パス」でひっかけをねらっている。(C) の「ファストフード」は質問に無関係。

セット4-解答・解説

問題通し番号 (460)～(465)

---

(460) 7. (WH疑問文)　難易度　正解 **(A)**

Script When will you install the new Vulga software?
Vulga 社の新しいソフトをいつインストールするつもりですか。

(A) Not until several checks are finished.
いくつかの点検が終わってからです。
(B) Lynn will ask you for that uniform.
Lynn があなたにそのユニフォームを求めるでしょう。
(C) Room C on the upper floor.
上階にある C ルームです。

解説 When ～ ? で「ソフトをインストールする《時》」が問われている。(A) の **Not until ～** は、前の内容を受けて「～まで…ない」という意味。「点検が終わるまでインストールしない ➡ **点検が終わったらインストールする**」と、タイミングを答えているので、これが正解。(B) の「Lynn がユニフォームを求めてくる」は質問に無関係。(C) は場所を答えている。問いかけの install には「～を設置する」という意味もあるため、何かの設置場所についての会話だと勘違いさせようとしている。

---

(461) 8. (WH疑問文)　難易度 難　正解 **(B)**

Script Where should I file the manual for the microwave oven?
電子レンジのマニュアルはどこにファイルしておきましょうか。

(A) From the bookshelf.　本棚から。
(B) I'll take it.　私がもらっておきましょう。
(C) Where should we meet?　私たちはどこで会いましょうか。

解説 Where ～ ? で「マニュアルを保管する《場所》」が問われている。(B) の **take** は「～を受け取る」という意味で、「**マニュアルを受け取ること**」を申し出ている。その後、自分で保管するのか、所定の場所に持っていくのか、それはわからないが、とりあえず受け取っておきましょうということ。自然な応答。(A) は場所の応答だが、From を使って「本棚から」と起点を表している。前置詞が In や On であれば正解になり得る。(C) は 2 人が会う場所を尋ねており、質問につながらない。

注　□ microwave oven：電子レンジ

---

(462) 9. (WH疑問文)　難易度　正解 **(C)**

Script Who's that woman stationed at the counter?
カウンターにいる女性は誰ですか。

(A) It can be done over the counter.
カウンター越しにできます。
(B) Actually, it's not mine.
実は、それは私のものではありません。
(C) I believe she is Mr. Meyer's secretary.
Meyer さんの秘書だと思います。

解説 Who ～ ? の形。station は受動態で「～にいる、位置する」という意味。「カウンターの女性が《誰》なのか」が問われている。(C) の「Meyer さんの秘書だと思う」は、女性の**職種**を述べて、質問に的確に答えている。(A) は問いかけにもある counter を含むが、質問には無関係。(B) は所有者について話しているが、これは問いかけの Who's (Who is の縮約形) を Whose と勘違いしやすいことを想定した選択肢。

注　□ station：動 ～を配置する

(463) **10.** (選択疑問文) 　　　　　　　　　　　　　　難易度 難　正解 (A)

Script Should we work late tonight, or can we do this next week?
　今夜、残業しましょうか、それともこれは来週すればいいですか。

　(A) Let's finish it today. 　　　　今日、終わらせましょう。
　(B) They had a really great time together.
　　　　　　　　　　　　　　　　彼らは一緒にとても楽しい時間を過ごしました。
　(C) All right, see you later. 　　わかりました、ではまた。

解説 選択疑問文で「ある仕事を〈**今夜残業してやる**〉か〈**来週やる**〉か」が問われている。(A)の「今日、終わらせよう」は、「**今夜、残業してやろう**」ということ。**前者**を選択しているので、これが**正解**。tonight → today の言い換えがポイント。(B) は They が誰を指すのか不明。(C) は、All right がどちらに同意しているのかわからないのに、別れの挨拶をしている。ちぐはぐな応答になっている。

(464) **11.** (YN疑問文) 　　　　　　　　　　　　　　難易度 難　正解 (C)

Script Do you think the cover illustration looks good?
　その表紙のイラストはよいと思いますか。

　(A) Please look at the guidelines. 　　ガイドラインを見てください。
　(B) The final chapter is interesting. 　最終章が面白いです。
　(C) More blue should be used. 　　　青をもっと使うといいですね。

解説 Yes/No 疑問文で「表紙のイラストをよいと思うかどうか」が問われている。(C) の「もっと青を使うべき」は、「**もっと青を使えばよくなる**」という提案になっている。これが正解。(A) は問いかけにもある look に釣られないように。(B) が答えているのは、表紙ではなく、本の中身の感想。

注　☐ chapter：❷ 章

(465) **12.** (提案・依頼・勧誘・申し出) 　　　　　　　難易度 難　正解 (B)

Script Can you speak at the monthly sales meeting?
　月次営業会議でスピーチをしてくれませんか。

　(A) Who was attending to the customer side? 　顧客側を応対したのは誰ですか。
　(B) Can I postpone a task then? 　　　　　　　では仕事を後回しにしてもいいですか。
　(C) The sales are getting better. 　　　　　　売上はよくなってきています。

解説 Can you ~ ? で「会議でのスピーチ」を**依頼**している。(B) は「それなら、ある仕事を後回しにしてもいいか」と尋ね返している。これは「**ほかの業務を遅らせてもいいなら、スピーチする**」という**条件付きの承諾**。自然な応答となるので、これが正解。(A) の attend to X は「X に応対する」。過去形で答えており、問いかけとは時制がズレている。(C) は sales でひっかけをねらっている。

注　☐ attend to X：X に応対する

セット4-解答・解説　　　問題通し番号 (466)～(471)

---

(466) 13. 〔 WH疑問文 〕　　難易度　　正解 (C)

Script When is Stacey's birthday party?
Staceyの誕生日パーティはいつですか。

(A) Did she buy a gift for you?　　彼女はあなたへのプレゼントを買いましたか。
(B) She's overseeing the event.　　彼女がそのイベントを統括しています。
(C) I'll have a look in my planner.　　手帳を確認してみます。

解説 When ～？で「Staceyの誕生日が**〈いつ〉**なのか」が問われている。(C) の planner は「手帳」という意味で、「手帳を確認する」と言っている。**手帳で誕生日を調べようとしている**ことがうかがえるので、これが正解。(A) は、本来プレゼントをされる側 (誕生日なので) の Stacey がプレゼントを買ったかどうかを尋ねており、ちぐはぐな応答。(B) だと、Stacey が、自分で自分の誕生日パーティーを統括することになる。

注　□ oversee：動 ～を監督する、統括する　□ planner：名 手帳

---

(467) 14. 〔 WH疑問文 〕　　難易度　　正解 (A)

Script How many laptops will the new team need?
新チームはノートパソコンが何台必要ですか。

(A) I don't have the exact number.　　正確な数を把握していなくて。
(B) Two weeks should be enough.　　2週間で十分でしょう。
(C) The keypads were replaced this morning.　　キーパッドは今朝、交換されました。

解説 How many ～？で「新チームが必要とするノートパソコンの**〈数〉**」が問われている。(A)「正確な数を把握していない」は、**必要な数がわからない**ことを伝えている。これが正解。(B) が答えているのは、必要時間。(C) は laptops から連想される「キーパッドの交換」という内容でひっかけをねらっている。

---

(468) 15. 〔 平叙文 〕　　難易度　　正解 (C)

Script We need to establish a relationship with the new supplier.
新しい納入業者との関係を構築すべきです。

(A) In relation to the cultural properties.　　文化財に関連して。
(B) Oh, is it surprising?　　えっ、それは驚くようなことですか。
(C) Why don't you join their factory tour?　　彼らの工場見学に参加したらどうですか。

解説 平叙文。「新しい納入業者との関係を構築すべき」という意見を述べている。(C) の their は新しい納入業者を指しており、「**新しい納入業者の工場を見学してみたら**」と言っている。これは、**関係の構築方法**を提案しており、相手意見への**賛同**を表している。これが正解。(A) は、問いかけの relationship と関連のある relation でひっかけようとしている。(B) は surprising が supplier に対する音トリック。

注　□ establish：動 ～を構築する　□ supplier：名 納入業者　□ in relation to X：X に関連して、X について

334

(469) 16. WH疑問文　　正解 (C)

Script Where can I place an order?
どこで注文できますか。

(A) Every other Tuesday.　　隔週の火曜日です。
(B) In order to have it in stock.　　それを在庫するために。
(C) What kind of merchandise would you like?　　どのような商品をご希望ですか。

解説 Where ~ ? で「注文する**《場所》**」が問われている。(C) は、注文したい商品の種類を尋ねているが、これは、**商品によって注文する場所が異なる**ので、まず**その確認をしている**のだと考えられる。自然なやりとりとなるので、これが正解。(A) は、問いかけの疑問詞を When と勘違いした人をねらった選択肢。(B) が答えているのは目的。「注文」から連想される内容（在庫する）でひっかけようとしている。

注　□ stock：❷在庫　□ merchandise：❷商品

(470) 17. YN疑問文　　正解 (A)

Script Are you coming to the graduation?
あなたは卒業式に来ますか。

(A) Yes, I am.　　ええ、行きます。
(B) In Granville Hall.　　Granville ホールで。
(C) Tomorrow afternoon.　　明日の午後です。

解説 Yes/No 疑問文で「卒業式に来るかどうか」が問われている。それに対して、**Yes**（=行く）と応じ、**I am** (coming to the graduation). と続けている (A) が正解。(B) は会場、(C) は時を答えている。それぞれ、卒業式の開催地と時間が問われていると勘違いさせようとしている。

注　□ graduation：❷卒業式

(471) 18. 否定・付加疑問文　　正解 (A)

Script Weren't you using the boardroom early this morning?
あなたは今朝早く、役員室を使っていませんでしたか。

(A) I used it until 10:30 A.M.　　午前 10 時半まで使いました。
(B) There's a fund-raising event next month.　　来月、資金集めのイベントがあります。
(C) Through the online booking system.　　オンライン予約システムで。

解説 否定疑問文。通常の疑問文と同様に「今朝、役員室を使っていたかどうか」が問われていると考えよう。(A) は**使用していたことを素直に認めており**、正解。until 10:30 A.M. という時間帯も質問の early this morning に一致している。時間だけを質問とズラすひっかけ（例えば yesterday とする）もあるので要注意。(B) は next month とあるように、今朝のことではなく、未来のイベントについて述べている。(C) は「部屋の予約方法」についての会話だと勘違いさせようとしている。

注　□ fund-raising：⓯資金集めの

セット4-解答・解説　　問題通し番号 (472)～(477)

---

(472) 19. 〔WH疑問文〕　難易度 難　正解 (C)

Script When will the chairs be fixed?
椅子はいつ修理されますか。

(A) You should change your airline ticket.
航空チケットを変更すべきです。

(B) Some more light fixtures will be necessary.
さらにいくつかの照明器具が必要になるでしょう。

(C) Doesn't the statement say the time?
明細書にいつなのか書いてないんですか。

解説 When ～？で「椅子が修理される《時》」が問われている。(C) の statement は「明細書」という意味で、「明細書にいつなのか書いてないのか」と質問している。質問の形をとっているが、**修理日が記載されている可能性のある場所**を提示しており、自然な応答になる。(A) は質問に無関係な提案。(B) は light fixtures（照明器具）の fixtures が fixed に対する音トリックになっている。

注　□ light fixture：照明器具　□ statement：訳明細書

---

(473) 20. 〔平叙文〕　難易度 難　正解 (A)

Script Tom's train was delayed because of inclement weather.
Tom の列車は悪天候のために遅れました。

(A) How soon will he show up?　彼はどれくらいでやってくるでしょうか。
(B) They will be laid on the ground.　それらは地面に置かれるでしょう。
(C) Did he take some training courses?　彼は研修コースを受講したのですか。

解説 平叙文で「電車が悪天候で遅れた」という状況を説明している。それに対して (A) は、その遅れにより、**Tom がどれくらいでここに到着することになるか**を質問している。問いかけに自然につながるので正解。show は、他動詞「～を見せる」として理解している人が多いと思うが、ここでは自動詞の句動詞 show up で「現れる」という意味になっている。(B) は They が何を指すのか不明。laid が delayed に対する音トリックになっている。(C) は training が train に対する音トリック。

注　□ inclement：形 荒れ模様の　□ show up：現れる

---

(474) 21. 〔WH疑問文〕　難易度 難　正解 (A)

Script Why are some of the tables being moved?
なぜテーブルをいくつか動かしているんですか。

(A) The new ones are coming tomorrow.　新しいのが明日届くんです。
(B) In front of the cupboard.　食器棚の前に。
(C) Do you have any extra?　予備はありますか。

解説 Why ～？で「テーブルを移動させる《理由》」が問われている。(A) の ones は tables のことで、「**明日新しいテーブルが届く**」と言っている。これは、**今あるテーブルを移動させる理由**として妥当なので、正解。(B) は場所を答えている。移動させる位置が問われていると勘違いさせようとしている。(C) は予備の有無を確認しているが、質問に無関係。

336

(475) 22. (否定・付加疑問文) 　正解 (A)

Script Aren't there any parking lots near here?
この近くに駐車場はありませんか。

(A) Two blocks away from here.　ここから2ブロック離れたところにありますよ。
(B) Do you want to play the lottery?　宝くじを買いたいですか。
(C) It's nearing completion.　それはほぼ完成です。

解説 否定疑問文だが、通常の疑問文と同様に考えよう。「近くに駐車場があるかどうか」が問われている。(A) の「ここから2ブロック離れたところに」は、**Yes**（＝駐車場はある）の応答になっているので、正解。(B) の lottery は「宝くじ」という意味。(C) の near は問いかけの前置詞と異なり、動詞で「～に近づく」という意味。音に釣られて選ばないように。

注 □ lottery：⑧宝くじ　□ near：⑩～に近づく

(476) 23. (YN疑問文) 　正解 (C)

Script Do we have to bring our own food?
自分たち用の食べ物を持っていかなくてはいけませんか。

(A) They're complimentary.　それらは無料です。
(B) You'd better take something healthy.
　　　　何か健康によいものを食べた方がいいですよ。
(C) No, some refreshments will be served.
　　　　いいえ、軽食が出される予定です。

解説 Yes/No 疑問文で「自分の食べ物を持っていくべきかどうか」が問われている。これに **No**（＝持っていかなくていい）と応じ、「**refreshments（軽食）がでる**」という**理由**を続けている (C) が、自然な応答となる。(A) の complimentary は「無料の」という意味。ここでは何が無料なのかわからない。(B) の You'd better は You had better の縮約形で、健康的な食事を勧めている。food から連想される内容でひっかけようとしている。

注 □ complimentary：⑱無料の　□ had better *do*：～したほうがよい

(477) 24. (提案・依頼・勧誘・申し出) 　正解 (B)

Script Will you take the project members to Atomic Café for a luncheon?
昼食会のために、プロジェクトメンバーを Atomic カフェに連れて行ってくれますか。

(A) It's much bigger than projected.　予想よりもかなり大きいです。
(B) I think it's a bit noisy there.　あそこはちょっと騒がしいと思いますよ。
(C) No, Vernon did an excellent job.　いいえ、Vernon は素晴らしい仕事をしました。

解説 Will you ～ ? で、「昼食会のために、メンバーを Atomic カフェに連れて行くこと」を**依頼**している。(B) の「あそこ（＝ Atomic カフェ）は騒がしい」は、昼食会の会場に**異議**を唱えている。依頼の諾否を答えているわけではないが、自然なやりとりとなるので、これが正解。(A) の project は「～を予想する」という動詞。問いかけの名詞とは異なる。(C) は No で依頼を拒否しているが、その後の内容が質問と無関係。

注 □ luncheon：⑧昼食会　□ project：⑩～を予想する、予測する

セット4-解答・解説

(478) 25. WH疑問文　　　正解 (C)

Script What's for dinner tonight?
今夜の夕食は何ですか。

(A) The lunch menu's been changed.　ランチメニューは変更されています。
(B) Pedro prefers tomorrow night. 　Pedroは明日の夜を希望しています。
(C) Do you like seafood? 　シーフードは好きですか。

解説 What〜?で「夕食のメニューは**〈何か〉**」を尋ねている。(C) の「シーフードは好きか」は、相手の食事の好みを聞いている。**相手の好みに応じた料理を作る、あるいは店に行く**ことを示唆しており、自然な応答になっている。(A) は夕食について問われているのに、昼食のことを答えている。(B) は時の応答。

応答問題模試セット4　正答一覧

●学習記録●

回数	学習日	所要時間	正答数
1回目	月　　日	分　　秒	／25
2回目	月　　日	分　　秒	／25

●正答一覧●

No.	A	B	C	No.	A	B	C	No.	A	B	C
1	**A**	B	C	11	A	B	**C**	21	**A**	B	C
2	A	**B**	C	12	A	**B**	C	22	**A**	B	C
3	**A**	B	C	13	A	B	**C**	23	A	B	**C**
4	A	**B**	C	14	**A**	B	C	24	A	**B**	C
5	A	**B**	C	15	A	B	**C**	25	A	B	**C**
6	A	**B**	C	16	A	B	**C**				
7	**A**	B	C	17	**A**	B	C				
8	A	**B**	C	18	**A**	B	C				
9	A	B	**C**	19	A	B	**C**				
10	**A**	B	C	20	**A**	B	C				

応答問題模試

セット5

本番と同じ25問の模擬試験です。
所要時間は約8分30秒。
以下の音声ファイルを連続再生して、一気に解いてください。
マークシートは巻末にあります。

音声ファイル
🔊 M479
▼
🔊 M503

問題数
25問

問題通し番号
(479)〜(503)

(次ページからは解説が始まります)

セット5-解答・解説　　問題通し番号 (479)～(484)

---

(479) 1.　（否定・付加疑問文）　　正解 (A)

Script Wasn't Ms. Collins on a TV program yesterday?
Collins さんは昨日、テレビ番組に出なかったんですか。

(A) Yes, it was so exciting.　　ええ、とてもワクワクしましたね。
(B) No, she is a project manager.　　いいえ、彼女はプロジェクトマネージャーです。
(C) She used some in the past.　　彼女は過去にいくつか使いました。

解説 否定疑問文だが、通常の疑問文と同様に考える。「Collins さんがテレビ番組に出たかどうか」が問われている。それに対して **Yes**（＝出ていた）と応じたあと、その**感想**を述べている (A) が自然な応答。(B) は No（＝出ていない）の後ろの内容が、番組に出演しなかった理由とするには**論理的ではない**ため、不適切。(C) は「Collins さんはテレビ番組を利用した」と解釈できるが、質問には答えていない。

---

(480) 2.　（WH疑問文）　　正解 (C)

Script What task shall we start with?
どの仕事から始めましょうか。

(A) Janet asked me for that.　　Janet がそれを私に求めてきました。
(B) That's not our facility.　　それは私たちの施設ではありません。
(C) I'll e-mail the details to you.　　その詳細をあなたにメールします。

解説 What ～？で「〈何〉の仕事から始めるか」が問われている。(C) の the details は「**仕事の進め方の詳細**」を意味すると考えられる。それを「メールする」は、「**メールで仕事の進め方を答えるのでそれを見てくれ**」ということ。これが正解。(A) は that が何を指すのか不明。(B) は施設の所有者に関する応答になっている。

注　□ facility：**名** 施設

---

(481) 3.　（平叙文）　　正解 (A)

Script We have to order the theater tickets as soon as possible.
私たちはできるだけ早く劇場チケットを注文すべきです。

(A) Check their Web site.　　劇場のサイトをチェックしてください。
(B) No, it's three.　　いいえ、3 時です。
(C) Yes, I certainly have.　　ええ、私は確かにしました。

解説 平叙文で「劇場チケットを早く注文しなくてはいけない」と注意を喚起している。(A) の their は the theater を受けており、「その劇場のサイトをチェックして」と指示している。これは、**そこでチケットを注文できる**ことを示唆しており、自然なやりとりが成立する。(B) は No（＝早く注文しなくていい）の後ろに、時刻が続いており、文意が通らない。(C) は Yes（＝早く注文しなければならない）と言いながら、I certainly have (ordered the theater tickets).（私が劇場チケットを確かに注文した）と述べている。矛盾した応答になっている。

340

(482) 4. (提案・依頼・勧誘・申し出)　　難易度　難　正解 (B)

Script Can you make a reservation at the Riverside Hotel?
Riverside ホテルを予約してくれますか。

(A) I won't make it in time.　　時間に間に合いません。
(B) Do you know their contact information?
　　ホテルの連絡先情報を知っていますか。
(C) Are you talking about the product release?
　　製品リリースについて話す予定ですか。

解説 Could you 〜? で「Riverside ホテルの予約」を**依頼**している。(B) の「ホテルの連絡先を知っているか」は、**予約するためにまず、連絡先を教えてほしい**ということ。間接的に依頼の**承諾**を伝えているので、これが正解。(A) は、問いかけにもある make に釣られて選ばないように。(C) の「製品リリース」は質問に無関係。

(483) 5. (WH疑問文)　　難易度　難　正解 (A)

Script Where is the company going to construct their new office building in South Africa?
その会社は南アフリカのどこに新しいオフィスビルを建設するんでしょうか。

(A) It was released in today's paper.　　そのことが今日の新聞に載ってましたよ。
(B) The bill's being processed.　　その請求は処理中です。
(C) Before we get permission.　　許可を得る前に。

解説 Where 〜? で「企業がビルを建設する**《場所》**」が問われている。(A) の It は「ビルを建設する場所」を指しており、「**ビルを建設する場所が新聞に載っていた**」と言っている。それを見ればわかる、ということで**答えを知る手段**を伝える応答になっている。これが正解。(B) は bill's が building に対する音トリック。(C) が答えているのはタイミング。問いかけの Where を When と勘違いしてしまった人をねらった選択肢。

注　□ bill：② 請求書　□ process：⑩ 〜を処理する　□ permission：② 許可

(484) 6. (WH疑問文)　　難易度　難　正解 (B)

Script What kind of club does Pamela belong to?
Pamela はどんなクラブに所属しているんですか。

(A) For more than six years.　　6 年以上もの間。
(B) She is the captain of a football team.　　彼女はサッカーチームのキャプテンです。
(C) They're recognized on campus.　　それらは学内で公認されています。

解説 What kind of 〜? で「Pamela が所属しているクラブの**《種類》**」が問われている。(B) は**所属**（サッカーチーム）だけでなく、**立場**（キャプテン）も述べているが、質問に的確に答えているので、これが正解。(A) が答えているのは期間。(C) は They が何を指すのか不明。

注　□ belong to X：X に属する

セット5-解答・解説

485　7.　WH疑問文　　　　　　　難易度　　　　正解 (A)

Script Which do you think is the best color for our new logo design?
どちらが新しいロゴデザインに最適の色だと思いますか。

(A) You'd better take the green one.　　緑のものにするといいですよ。
(B) I haven't read them yet.　　まだそれらを読んでいないんです。
(C) It's the official sign of our company.　　それはうちの会社の正式な署名です。

解説 Which ～ ? で「〈どちら〉の色がロゴに最適か」を尋ねている。(A) の one は logo design を指しており、「**緑のロゴデザインにするといい**」と、緑色を勧めている。これが正解。(B) の read は過去分詞なので、/réd/ と発音される。これは red（赤）と発音が同じことを利用して、「赤色」と答えていると勘違いさせようとしている。(C) は sign が design に対する音トリック。

注　□ had better do：〜したほうがよい

486　8.　平叙文　　　　　　　　難易度　　　　正解 (A)

Script We should revise the brochure with the new pictures.
新しい写真を使ってパンフレットを改訂すべきです。

(A) Will our budget cover the expense?　　費用は予算内に収まるでしょうか。
(B) You edited a long sentence, didn't you?　　長い文を編集したんですよね。
(C) Yes, the filmmaker is very famous.　　ええ、その映画監督はとても有名です。

解説 平叙文。「新しい写真を使ってパンフレットを改訂すべき」という意見を述べている。(A) の cover は「（費用など）をまかなう」という意味で、the expense は「パンフレットを改訂する費用」を指している。「**自分たちの予算がパンフレット改訂の費用をまかなえるか**」と質問しており、コスト面の心配をしている。問いかけに自然につながるので正解。(B) は revise や brochure に関連する edit(ed) がひっかけ。(C) は、問いかけの picture に「映画」という意味もあることから、関連した filmmaker（映画監督）でひっかけをねらっている。

注　□ brochure：**⑧** パンフレット　□ filmmaker：**⑧** 映画監督

487　9.　WH疑問文　　　　　　　難易度　　　　正解 (B)

Script When will the union members come to Melbourne?
組合員たちはいつメルボルンに来ますか。

(A) Five employees in total.　　総勢5名の社員です。
(B) A detailed timeline is being drafted.　　詳しい予定表を作成中です。
(C) It's located on the east coast.　　それは東海岸に位置しています。

解説 When ～ ? で「組合員がメルボルンに来る〈時〉」が問われている。(B) の timeline は「スケジュール表」のこと。「それを作成中」は、**いつ来るのか未決定**であることを間接的に伝えている。これが正解。(A) は、メルボルンに来る組合員の数についての会話だと勘違いさせようとしている。(C) はメルボルンの位置を答えていることになり、質問にかみ合わない。

注　□ in total：合計で　□ draft：**⑩** 〜を作成する

(488) 10. WH疑問文　　正解 (A)

Script When will the project team start measuring the site?
プロジェクトチームがその敷地の測定を始めるのはいつですか。

(A) They've already begun.　　彼らはすでに始めています。
(B) Not very often.　　あまり頻繁ではありません。
(C) On a mountainside.　　山腹に。

解説 When ～ ? で「プロジェクトチームが現場の測定を始める《時》」が問われている。(A) の They は the project team のメンバーを指しており、「**チームのメンバーはすでに（測定を）始めた**」と言っている。質問者の勘違い（測定はまだ始まっていないと考えていた）を指摘する自然なやりとりとなるので、これが正解。(B) が答えているのは頻度。(C) は場所の応答で、When を Where と聞き間違った人をねらっている

注　□ measure：動 ～を測定する　□ site：名 敷地

(489) 11. WH疑問文　　正解 (A)

Script Why did the company decide to go on a picnic this time?
今回、会社がピクニックに行くことを決めたのはなぜですか。

(A) The organizer must love outdoors.　　主催者がアウトドア好きに違いありません。
(B) Next Sunday morning.　　次の日曜日の朝です。
(C) I hope you're going there.　　あなたがそこに行くといいなぁ。

解説 Why ～ ? で「会社がピクニックに行くことを決めた《理由》」が問われている。(A) の The organizer は、ピクニックを主催し、もろもろの手配をする人を意味している。その「**主催者がアウトドア好きに違いない**」は、推測で理由を述べている。「アウトドア好きだから」は**ピクニックに決めた理由として妥当**なので、これが正解。(B) は開催日時、(C) は相手への期待を答えている。どちらも質問につながらない。

注　□ organizer：名 主催者

(490) 12. WH疑問文　　正解 (C)

Script How did you know the new employee?
その新入社員とどうやって知り合ったんですか。

(A) Yes, I know you very well.　　ええ、あなたのことはとてもよく知っていますよ。
(B) He should've bought the property.　　彼はその物件を買うべきだったのに。
(C) We worked at the same company.　　私たちは同じ会社で働いていたんですよ。

解説 How ～ ? で「新入社員と知り合った《方法》」が問われている。(C)「同じ会社で働いていた」は、**以前の職場で知り合った**ということ。質問に的確に答えているので、これが正解。(A) は新入社員ではなく、会話をしている相手（質問者）について言及している。(B) は He = the new employee だと考えられるが、不動産の購入について答えており、質問とかみ合わない。

注　□ property：名 不動産、物件

セット5-解答・解説　　問題通し番号 (491)〜(496)

---

(491) 13. (否定・付加疑問文)　　難易度 ▲　　正解 (A)

Script Why isn't the cell phone working properly?
なぜ携帯電話がちゃんと機能しないんですか。

(A) It's out of its coverage area.　　サービスエリア外なんです。
(B) Right, I'll phone you.　　そのとおり、あなたに電話しますね。
(C) White and blue.　　白と青です。

解説 Why 〜 ? で「携帯電話が機能しない**《理由》**」が問われている。(A) の coverage は「受信範囲」という意味で、「**その (＝携帯電話の) 受信範囲の外だ**」と答えている。携帯電話が機能しない理由として妥当なので、これが正解。(B) は phone に釣られないように。(C) は色を答えており、質問とまったくかみ合っていない。

注 □ coverage：名受信範囲

---

(492) 14. (WH疑問文)　　難易度 ▲▲▲ 難　　正解 (C)

Script What if you are asked to arrange a business trip for the vice president?
副社長のために出張の手配をするよう頼まれたらどうしますか。

(A) In my opinion, the item is reasonable.　　私の意見では、その商品はお手頃ですね。
(B) Could you book an earlier flight?　　もう少し早い便を予約していただけますか。
(C) I would consult Mr. Page.　　Page さんに相談するでしょうね。

解説 What if 〜 ? で「副社長の出張手配を頼まれた場合に**《何》**をする」かが問われている。(C) の consult は「〜に相談する」という意味。仮定法過去の would を用いて「**自分なら Page さんに相談するだろう**」と言っている。妥当な**行動**を答えているので、これが正解。What if は仮定の質問となるので、応答も仮定法を用いることが多い。(A) は商品についての意見を述べている。(B) は出張の手配から連想される内容 (飛行機の予約) でひっかけようとしている。

注 □ consult：動〜に相談する

---

(493) 15. (YN疑問文)　　難易度 ▲ 難　　正解 (A)

Script Do you still need some envelopes?
まだ封筒がいくつか必要ですか。

(A) Yeah, could you place an order?　　ええ、注文していただけますか。
(B) No, it's on the left.　　いいえ、左側にあります。
(C) How many do you need?　　いくつ必要ですか。

解説 Yes/No 疑問文で「まだ封筒が必要かどうか」が問われている。(A) は Yeah (＝封筒が必要) と肯定し、**注文の依頼**を続けている。これが正解。(B) は No (＝封筒はいらない) と否定するまではよいが、その後ろの「左側にある」が質問とかみ合わない。(C) は必要数を尋ねているが、これは (A) の応答があったあとに、質問者の方がする質問。

(494) 16. (否定・付加疑問文) 　　正解 (B)

Script Johnny is responsible for the company event, isn't he?
Johnny がその社内イベントの責任者なんですね。

(A) The sponsor will cover the cost.　　スポンサーが費用を負担します。
(B) Peter took over last month.　　先月、Peter が引き継ぎました。
(C) That's the great company.　　それは素晴らしい会社です。

解説 付加疑問文で「Johnny が社内イベントの責任者であること」を確認している。(B) の **take over** は「引き継ぐ、交代する」という意味。「Peter が引き継いだ」は、**イベントの責任者という仕事を Johnny から引き継いだ**ということ。つまり間接的に **No**（= Johnny は責任者ではない）と答えている。これが正解。(A) は「イベントの費用をスポンサーが負担する」となるが、質問には答えていない。(C) は company でひっかけをねらっている。

注 □ take over X：X を引き継ぐ

(495) 17. (選択疑問文) 　　正解 (C)

Script Should we go to your office directly or stop by a restaurant for lunch?
あなたのオフィスにこのまま向かいましょうか、それとも昼食を食べにレストランに立ち寄りましょうか。

(A) It's in the directory.　　それは住所録に載っています。
(B) My schedule is wide-open.　　私のスケジュールは十分に空いています。
(C) Whichever you prefer.　　どちらでもあなたのお好きな方で。

解説 選択疑問文で「オフィスに**〈直行する〉**か**〈レストランに立ち寄る〉**か」が問われている。それに対し「あなたが好きなほうで」と答えている (C) は、どちらも選ばずに、**選択権を質問者に委ねている**。自然なやりとりとなるので、これが正解。(A) は directory が directly に対する音トリック。(B) は「予定は空いている」と答えるのみで、どうしたいのかを言っておらず、質問にはつながらない。

注 □ directory：名簿　□ wide-open：（予定などが）空いている

(496) 18. (YN疑問文) 　　正解 (B)

Script Do you have the time?
今何時ですか。

(A) In a timely manner.　　タイミングよく。
(B) It's around noon.　　正午ごろです。
(C) I think you will.　　あなたはそうだと思います。

解説 Yes/No 疑問文。「いま何時か」と現在時刻を尋ねている。もし Do you have time? なら「時間があるか」となるので、**the** の有無による意味の違いを理解できているかどうかがポイント。「いま何時か」という質問に対し、「**正午ごろ**」と時刻を答えている (B) が正解。(A) はタイミングについて、(C) は相手の未来のことについて答えている。どちらも現在時刻とは無関係。

注 □ in a timely manner：タイミングよく

セット5-解答・解説　　　問題通し番号 (497)〜(502)

(497) 19. 　WH疑問文　　　難易度／難　　正解 **(B)**

Script Where did Anthony obtain the new clothing materials?
Anthony は衣料用の新しい素材をどこで入手したんですか。

(A) It will rain in some areas. 　　　雨が降る地域もあるでしょう。
(B) His assistant found them in Brazil, actually.
　　　　　　　　　実は彼のアシスタントがブラジルで見つけたんです。
(C) The celebration was held last night. 　昨夜、祝賀会が行われました。

解説 Where 〜 ? で「Anthony が新しい素材を入手した**〈場所〉**」が問われている。(B) はブラジルという場所を答えており正解だが、「**実は、Anthony ではなく、彼のアシスタントが見つけた**」という情報がプラスされている。この点を瞬時に処理できるかどうかがポイントになっている。(A) は天候、(C) は過去のイベント開催についての応答。いずれも質問に答えておらず、不適切。

注　□ obtain：動 〜を得る、取得する

(498) 20. 　平叙文　　　難易度／難　　正解 **(A)**

Script Our train's been delayed for at least three hours.
私たちの列車は少なくとも 3 時間遅れています。

(A) We could push our meeting back. 　ひょっとしたら打ち合わせを後ろにずらせるかも。
(B) Yes, it left from platform three. 　ええ、それは 3 番ホームから出発しました。
(C) I heard the announcer said no. 　アナウンサーがノーと言うのを聞きました。

解説 平叙文で「自分たちが乗車している列車が 3 時間遅れている」という状況を伝えている。それを受けて (A) は、このあとに予定されている**会議を遅らせられるかもしれない**と返している。自然なやりとりが成立するので、これが正解。ここでの could は仮定法過去の用法で「ひょっとしたら〜」という可能性を表す。(B) の「3 番ホームから出発した」は train から連想される内容だが、「列車の遅れ」との間には関連性がない。(C) は問いかけとは無関係な内容。

注　□ push back X：X を延期する

(499) 21. 　提案・依頼・勧誘・申し出　　　難易度／難　　正解 **(A)**

Script Could you deliver the TV to the supplier for repair?
修理のために、テレビを業者へ届けてもらえますか。

(A) I thought you were going to. 　あなたが届けるのだと思ってました。
(B) The number of supplies needs to be reduced.
　　　　　　　　　消耗品の数を減らす必要があります。
(C) Use another retailer. 　ほかの小売店を使ってください。

解説 Could you 〜 ? で「テレビを業者に届けること」を**依頼**している。(A) は **I thought you were going to** deliver the TV to the supplier. の省略形。「**あなた (=質問者) がテレビを業者に届けるものだと思っていた**」と言っている。思いがけない依頼をされて、驚いている会話が成立するので、これが正解。(B) は、問いかけの supplier と関連のある supplies でひっかけをねらっている。(C) は retailer (小売業者) が repair に対する音トリック。

注　□ supplier：名 納入業者　□ supplies：名 消耗品　□ retailer：名 小売店

(500) **22.** (平叙文)　　　　　　　　　　　　　　難易度 　正解 (C)

Script The company will open a new branch in China next year.
その会社は来年中国に新しい支社を開きます。

(A) Then you need a ticket?　　　そのとき、チケットが必要ですか。
(B) Where are you moving?　　　あなたはどこに引っ越しますか。
(C) That's not what the CEO said.　それは CEO が言ったことではないですね。

解説 平叙文。「その会社は来年中国に新しい支社を開設する」という予定を述べている。(C) の That は問いかけの内容全体を受けており、**新しい支社を開設するというのは、CEO が言ったことと違う**と答えている。相手の情報に疑問を呈する自然な応答。(A) は「海外に支社を開く→海外出張→チケットが必要」という連想でひっかけをねらっている。(B) も同様に海外支社から連想される「引っ越し」がひっかけになっている。

(501) **23.** (YN疑問文)　　　　　　　　　　　　　難易度 　　　　　正解 (B)

Script Are you going to the beach tomorrow morning?
明日の朝、ビーチに行きますか。

(A) Please talk to each other.　　　互いに話しかけてください。
(B) No, because it's too cold.　　　いいえ、あまりにも寒いので。
(C) Could you give me the tool?　　道具をいただけますか。

解説 Yes/No 疑問文で「明日の朝ビーチに行くかどうか」が問われている。これに **No**（＝行かない）と応じ、「寒いから」という**理由**を続けている (B) が正解。(A) は each が beach に対する音トリック。(C) は道具をくれるよう依頼しているが、質問に無関係な内容。

(502) **24.** (WH疑問文)　　　　　　　　　　　　　難易度 　正解 (B)

Script Who'll escort the guests to the Wang Hotel?
誰がお客様を Wang ホテルまで連れて行きますか。

(A) The escalator is on the west side.　エスカレーターは西側にあります。
(B) Why don't I handle that?　　　　　私がやりましょうか。
(C) They like the offer.　　　　　　　彼らはその提案を気に入っています。

解説 Who ～ ? で「ゲストをホテルに送る**〈人〉**」が問われている。(B) の handle は「（仕事など）をこなす、処理する」という意味で、「私がそれ（＝ゲストをホテルに送ること）をやりましょうか」と申し出ている。「**誰?**」に対して **私が**」と答えており、これが正解。(A) は escalator が escort に対する音トリック。(C) は the offer が何を意味するのかわからない。

注　□ escort：⑩ ～をエスコートする、に付き添う　　□ handle：⑩ ～をこなす、処理する

セット5-解答・解説　　　問題通し番号 (503)

(503) 25. 〔WH疑問文〕　正解 (C)

Script How do you get to work?
あなたはどうやって通勤しますか。

(A) With some professors.　　数名の教授と一緒に。
(B) The bus leaves every thirty minutes.　　バスは30分毎に出ます。
(C) I sometimes carpool.　　時々、相乗りして行っています。

解説 How ～? で「通勤《**方法**》」が問われている。(C) の **carpool** は「相乗りする」という意味。sometimes とあるので、毎日ではないが、**近所の同僚と車をシェアしながら出勤している**状況を答えている。これが正解。(A) は、「どうやって」ではなく「誰と通勤するのか」に対する応答。(B) は通勤から連想される「バス」に関する内容でひっかけをねらっている。

注　□ carpool：⑩相乗りする

応答問題模試セット5　正答一覧

●学習記録●

回数	学習日	所要時間	正答数
1回目	月　　　日	分　　　秒	／25
2回目	月　　　日	分　　　秒	／25

●正答一覧●

No.	A	B	C	No.	A	B	C	No.	A	B	C
1	**A**	B	C	11	**A**	B	C	21	**A**	B	C
2	A	B	**C**	12	A	B	**C**	22	A	B	**C**
3	**A**	B	C	13	**A**	B	C	23	A	**B**	C
4	A	**B**	C	14	A	B	**C**	24	A	**B**	C
5	**A**	B	C	15	**A**	B	C	25	A	B	**C**
6	A	**B**	C	16	A	**B**	C				
7	**A**	B	C	17	A	B	**C**				
8	**A**	B	C	18	A	**B**	C				
9	A	**B**	C	19	A	**B**	C				
10	**A**	B	C	20	**A**	B	C				

応答問題模試

セット6

本番と同じ25問の模擬試験です。

所要時間は約8分30秒。

以下の音声ファイルを連続再生して、一気に解いてください。

マークシートは巻末にあります。

音声ファイル
🔊 M504
▼
🔊 M528

問題数
25問

問題通し番号
504 〜 528

（次ページからは解説が始まります）

セット6-解答・解説　　問題通し番号 (504)～(509)

---

(504) 1. WH疑問文　　正解 (B)

Script Why did you change the color of the design?
なぜデザインの色を変えたんですか。

(A) I'll keep that in mind. 　　心に留めておきます。
(B) The yellow was terrible. 　黄色はひどかったので。
(C) Don't let it go. 　　諦めないでください。

解説 Why ～ ? で「デザインの色を変えた《理由》」が問われている。(B) の「黄色がひどかった」は、**もとの色が黄色で、それがよくなかった**から、と変更の理由を述べている。これが正解となる。(A) の「心に留めておく」、(C) の「諦めるな」は、どちらも質問に無関係。

---

(505) 2. WH疑問文　　正解 (A)

Script Which bus is Mr. Cruz going to board?
Cruz さんはどのバスに乗るつもりですか。

(A) I heard Olivia will drive him. 　Olivia が彼を乗せていくと聞きました。
(B) Only one and a half hours. 　　ほんの1時間半です。
(C) Over the border. 　　　　　　　国境の真上に。

解説 Which bus ～ ? で「Cruz さんが《どのバス》に乗るか」が問われている。(A) の drive は人を目的語にして「(人)を車で運ぶ、送る」という意味。「Olivia が Cruz さんを車で送る」は、**バスに乗らない**ことを間接的に答えており、自然な応答になっている。(B) はバスの所要時間について話していると勘違いさせようとしている。(C) は border が board に対する音トリック。

注　□ drive：動〜を乗せていく　□ border：名国境、境界

---

(506) 3. YN疑問文　　正解 (B)

Script Are you familiar with this neighborhood?
この近辺のことはよくご存知ですか。

(A) I've met them several times. 　彼らには何度か会ったことがあります。
(B) Do you want to look around? 　ここらを見て回りたいのですか。
(C) My family buys them. 　　　　　私の家族がそれらを買います。

解説 Yes/No 疑問文で「この近隣に詳しいかどうか」が問われている。(B) は、相手の質問の裏に「**この近くを案内して欲しい**」という意図があると推測して、この質問をしている。答えが Yes か No かは判然としないが、やりとりとしては自然なので、これが正解となる。(A) は、問いかけの this neighborhood (この近所) が the neighbors (近所の人たち) であったなら正解になり得る。(C) は family が familiar に対する音トリック。

(507) 4. 〔 WH疑問文 〕　難易度　正解 (A)

Script What's the next presenter going to talk about?
次の発表者は何について話す予定ですか。

(A) Some of the usual topics this time.
今回は、いつものトピックのいくつかについてです。
(B) They're representatives from the participating nations.
彼らは参加国の代表者です。
(C) Go on to the next item.
次の品目に移ってください。

解説 What's 〜？で「次の発表者が**〈何〉**を話すか」が問われている。(A) は具体的なテーマを答えてはいないが、**いつもと同じことが話される**と伝えることで、質問に答えている。これが正解。(B) は人の応答。the next presenter のことを説明していると解釈した人がいるかもしれないが、単数名詞を They で受けることはできない。representatives が presenter に対する音トリックになっている。(C) は司会者の発言のような応答。

注　□ representative：❷代表者

(508) 5. 〔 YN疑問文 〕　難易度　正解 (C)

Script Would you happen to have some time after work?
仕事のあと、時間が空いていたりしますか。

(A) I usually go to work by train.
ふだんは電車で通勤しています。
(B) Then what happened to him?
それで彼に何があったんですか。
(C) No, why do you ask?
いいえ。どうしてそんなことを聞くんですか。

解説 Yes/No 疑問文。happen to do は、ここでは「ひょっとして〜しますか」とていねいなニュアンスをプラスしている。「仕事のあとに時間があるかどうか」が問われている。これに **No**（＝時間はない）と応じ、その後ろで、**質問した理由を尋ね返している** (C) が自然な応答。(A) は通勤手段を答えている。work に釣られないように。(B) は誰なのか不明な him について質問しており、不自然。これも happen(ed) に釣られて選ばないように。

(509) 6. 〔 否定・付加疑問文 〕　難易度　正解 (C)

Script Ms. Perry updated the lunch menu, didn't she?
Perry さんはランチメニューを新しいものにしたんですよね。

(A) She will join us after work.
彼女は仕事後に私たちに加わります。
(B) Yes, she didn't change any.
ええ、彼女はまったく変えませんでした。
(C) She's still waiting for the price list.
彼女はまだ価格リストを待っているところです。

解説 付加疑問文で「Perry さんがランチメニューを更新したこと」を確認している。(C) の price list は、おそらく**新メニューの原材料の価格リスト**のこと。それらを計算せずにメニューの更新はできない。よって「価格リストを待っている」は、**メニューが更新されていない**ことを示唆している。間接的に No を伝える自然な応答。(A) は Perry さんの予定を述べているが、質問に無関係。(B) は Yes（＝更新した）に続けて、「何も変えていない」と言っており、前後が完全に矛盾している。

セット6-解答・解説

問題通し番号 (510)～(515)

(510) 7. （WH疑問文） 　　難易度　　正解 (A)

Script Where's the best spot to take a picture around here?
この辺りで写真を撮るのに最もよい場所はどこですか。

(A) Do you want a view of the ocean? 　　海の景色を撮りたいですか。
(B) I potted a plant yesterday. 　　昨日、植物を鉢に植えました。
(C) It's the best meal I've ever had. 　　これまでで最高の食事です。

解説 Where ～ ? で「写真を取るのにベストな**〈場所〉**」が問われている。(A) の「海の景色を撮りたいか」は質問に答える前に、**どのような写真を撮りたいのか**を確認している。写真のタイプによってベストスポットが異なるのは、当然あり得ることなので、まず撮りたい写真の種類を尋ねるのは自然な応答。(B) は potted が spot に対する音トリック。(C) が答えているのは「最高の食事」について。best に釣られて選ばないように。

注　□ pot：動～を鉢に植える

(511) 8. （提案・依頼・勧誘・申し出） 　　難易度　　正解 (C)

Script Could you lead the aerobic session tomorrow morning?
明日の午前のエアロビクスのクラスを指導していただけますか。

(A) Boots should be allowed, I think. 　　ブーツは許可されるべきだと思います。
(B) One financial analyst at a leading firm. 　　一流企業の金融アナリストです。
(C) I have to work the night shift tonight. 　　今夜、夜のシフトで勤務しなければいけないんです。

解説 Could you ～ ? で「明日午前のクラスの指導」を**依頼**している。応答者はエアロビクスのインストラクターと考えられるので、(C) の「今夜、夜のシフトで働く」は、今夜のクラスを指導するということ。これは、だから「**明日の午前のクラスを教えるのは難しい**」と暗に伝えている。間接的に**依頼を断る**応答になっており、正解。(A) の「ブーツ」は質問に無関係。(B) の leading（一流の）は形容詞で、問いかけの動詞 lead（～を指導する）の現在進行形ではない。音に釣られて選ばないように。

注　□ lead：動～を指導する　□ leading：形一流の

(512) 9. （否定・付加疑問文） 　　難易度　　正解 (B)

Script Haven't you seen my scarf in this room?
私のスカーフをこの部屋で見ていないんですか。

(A) It's starting to snow. 　　雪が降り始めています。
(B) What does it look like? 　　それはどんな見た目ですか。
(C) I heard he'll check the number. 　　彼が番号を確認すると聞きました。

解説 否定疑問文。通常の疑問文と同じように「私のスカーフを見たかどうか」が問われていると考えよう。(B) は、**スカーフの特徴**を尋ね返している。**質問に答えるための情報**を集めており、自然な応答になっている。これが正解。(A) は天候を答えている。(C) は he と the number が何 (誰) を意味するのか不明。

(513) **10.** (WH疑問文)　　　難易度：難　正解：(B)

Script Howard, where is the schedule for next week's production?
Howard、来週の上演スケジュールはどこですか。

(A) The next week is fine.　　　来週でいいです。
(B) The original one is in Taro's drawer.　　　原本が Taro の引き出しに入ってますよ。
(C) Please get some flyers from the receptionist.
　　　受付でチラシをいくつかもらってください。

解説 Where 〜？で「来週の上演スケジュール表が置いてある**〈場所〉**」が問われている。人名の呼びかけが先に来ているため、疑問詞が冒頭にない点に注意。(B) の The original one は「上演スケジュールの原本」を意味しており、それが**「Taro の引き出しにある」**と言っている。スケジュール表の所在を答えているので、これが正解。(A) は応答者の都合を答えている。next week に釣られないように。(C) で入手の指示をしているのは flyers (チラシ)。schedule とは異なるので、不適切

注　□ production：名 上演　□ drawer：名 引き出し　□ flyer：名 チラシ　□ receptionist：名 受付

(514) **11.** (WH疑問文)　　　難易度：標　正解：(B)

Script How long does it take to get to your office?
あなたのオフィスまでどのくらい時間がかかりますか。

(A) Twice a week.　　　週 2 回です。
(B) What would you use?　　　何をご利用になりますか。
(C) About a dozen.　　　約 1 ダースです。

解説 How long 〜？で「オフィスまでの**〈所要時間〉**」が問われている。(B) の「何を利用するのか」は、**どのような方法 (乗り物) で移動するのか**を確認している。これは移動方法によって所要時間が変わることを示唆しているが、それは当然考えられること。移動手段の確認は自然な応答となる。(A) は頻度、(C) は数を答えており、それぞれ How often、How many に対する応答。

(515) **12.** (平叙文)　　　難易度：易　正解：(A)

Script The executives from our partner company have just arrived.
パートナー企業からの役員がちょうど到着しました。

(A) We need to let the manager know.　　　マネージャーに知らせましょう。
(B) I'm from Australia.　　　私はオーストラリア出身です。
(C) The hotel should be nicer.　　　ホテルはもっとよくないと。

解説 平叙文。「パートナー企業の役員が到着した」と報告している。(A) は**そのことをマネージャーにも知らせなければ**と言っている。重要な取引先の来訪をマネージャーに知らせるのは自然なことなので、これが正解。(B) は取引先ではなく、自分 (＝応答者) の出身を答えている。They're from Australia. なら正解の可能性がでてくる。(C) の「ホテルの感想」は質問に無関係。

注　□ executive：名 重役、幹部

セット6-解答・解説

問題通し番号 (516)～(521)

---

(516) 13. 〔 WH疑問文 〕　難易度　正解 (A)

Script Where did you buy the office stationery?
オフィス用文房具をどこで買いましたか。

(A) From a new supplier.　　新しい納入業者からです。
(B) In the morning.　　午前中に。
(C) Mr. Hale did.　　Hale さんがしました。

解説 Where ～？で「事務用品を購入した《場所》」が問われている。(A) は I bought the office stationery **from a new supplier**. の省略形。**新しい業者のところから購入した**と答えているので、これが自然な応答。(B) は時を答えている。問いかけの疑問詞が When だった場合には正解となるので、冒頭の聞き取りが必須。(C) は「Hale さんが事務用品を購入した」となるが、問われているのは購入者ではない。

注　□ supplier：图 納入業者

---

(517) 14. 〔 平叙文 〕　難易度　正解 (A)

Script Harold, you have a call from Ms. Reynolds on line three.
Harold、Reynolds さんから 3 番に電話が入っています。

(A) Tell her I'm tied up with a meeting.　　会議で手が離せないと彼女に伝えてください。
(B) Oh, is it that cold?　　えっ、そんなに寒いんですか。
(C) Can I have a message?　　伝言をお伺いしましょうか。

解説 平叙文。「3 番に Reynolds さんから電話」と Harold に報告している。(A) の be tied up は「忙しくしている」という意味。**会議のせいで今は電話に出られない**ということを伝えており、自然なやりとりが成立している。(B) は cold が call に対する音トリック。ここでの that は副詞で「そんなに、それほど」という意味であることを押さえておこう。(C) は Reynolds さんに向けて言うべき表現。

注　□ be tied up：(忙しくて) 手が離せない

---

(518) 15. 〔 YN疑問文 〕　難易度　正解 (C)

Script Did you confirm your reservation with the travel agent?
旅行代理店に予約を確認しましたか。

(A) Could you reserve a table?　　席を予約してくれますか。
(B) I'm planning to travel abroad.　　海外旅行を計画中です。
(C) Yes, I did.　　ええ、確認しました。

解説 Yes/No 疑問文で「旅行代理店に予約を確認したかどうか」が問われている。これに **Yes**（＝確認した）と応じ、「**確認した**」と続けている (C) が自然な応答。(A) は、問いかけの reservation の動詞形 reserve でひっかけようとしている。(B) は、旅行代理店にすでに予約しているのに、「旅行を計画中」と言っていることになり、ちぐはぐな応答になる。

注　□ confirm：動 ～を確認する

(519) **16.** (否定・付加疑問文) 　　　　　　　　　　　難易度 ▲▲▲ 正解 (A)

Script Why hasn't the shipment arrived?
なぜ積み荷が届いていないんですか。

(A) We didn't order any. 　　　　　私たちは何も注文していませんよ。
(B) For a live music concert. 　　　ライブの音楽コンサート用に。
(C) I don't think we're late. 　　　私たちが遅れているとは思いません。

解説 Why 〜? で「積み荷が到着していない《理由》」が問われている。(A) の「何も注文していない」は、**そもそも発注していないのだから、何も届かなくて当然だ**、ということを伝えている。意外な応答だが、自然なやりとりになっている。(B) は何かの用途を答えている。(C) は、積み荷ではなく、自分たちの遅刻について答えており、質問にはつながらない。

---

(520) **17.** (提案・依頼・勧誘・申し出) 　　　　　　　難易度 ▲▲▲ 正解 (C)

Script Could you tell me how I should landscape this area?
この地域をどのように景観整備すればよいか教えてくださいませんか。

(A) The landscaping company is in Dallas. 　その造園会社は Dallas にあります。
(B) In preparation for landing. 　　　　　　　着陸に備えて。
(C) Obtain a permit from the city first. 　　まず市から許可を得てください。

解説 Could you〜? で「景観整備する方法について教えてくれる」よう**依頼**している。(C) の「まず市から許可を得るように」は**整備をする前に許可が必要**と、整備するための**前提条件**を伝えている。自然な応答になるので、これが正解。(A) は、問いかけの landscape（景観を整える）に関連する landscaping company（造園会社）でひっかけようとしている。(B) は landing が landscape に対する音トリックになっている。

注 □ landscape：動 景観を整える　□ landscaping：名 造園　□ obtain：動 〜を得る、取得する

---

(521) **18.** (提案・依頼・勧誘・申し出) 　　　　　　　難易度 ▲▲▲ 正解 (B)

Script Do you mind watering my plants while I'm away?
私が不在の間、植物に水やりをしていただけませんか。

(A) Someone is sitting there. 　　　　　　誰かがそこに座っています。
(B) No, but I have some questions. 　　　かまいませんが、いくつかお聞きしたいことがあります。
(C) Yes, I'm not going to the pool. 　　　はい、プールには行きません。

解説 Do you mind 〜? で「植物への水やり」を依頼している。(B) は **No**（＝水やりをする）と応じ、**でも質問がある**と続けている。依頼を承諾した上で、詳細について聞きたいと言っており、自然な応答になっている。Do[Would] you mind 〜? は、字句通りの意味は「〜するのは嫌か」なので、依頼の**承諾は No**（＝嫌ではない）、**拒否は Yes**（＝嫌だ）となる。この判断を反射的にできるようにしておこう。(A) は無関係な応答。(C) は Yes（＝水やりはしない）はよいが、その後ろの「プールに行く」が質問につながらない。

注 □ water：動 〜に水をやる

セット6-解答・解説　問題通し番号 (522)〜(527)

(522) 19. WH疑問文　正解 (B)

Script When will the auditors arrive?
監査役はいつやって来るんですか。

(A) A small audio speaker should be good.
小さなオーディオスピーカー1つで大丈夫なはずです。

(B) By the time the initial construction's complete.
初期工事が完了するまでには。

(C) At the production area.
生産エリアで。

解説 When 〜 ? で「監査役が到着する《時》」が問われている。(B) の By the time は SV を伴い、「S が V するときまでに」という**期限**を表す。**「初期工事が終わるまでに（監査役は来る）」**と答えているので、これが正解。ちなみに construction's は所有格ではなく、construction is の縮約形となっている。(A) は audio が auditors に対する音トリック。(C) は場所を答えており、When を Where と勘違いしてしまった人をねらった選択肢。

注　□ auditor：❷会計監査官　□ initial：❸当初の、初めの

(523) 20. WH疑問文　正解 (A)

Script How much does the one-way ticket to Hawaii cost?
ハワイへの片道チケットはいくらですか。

(A) Same as the last time.
前回と同じです。

(B) Your credit card is accepted.
あなたのクレジットカードは利用可能です。

(C) Unless a cancellation has come up.
キャンセルが出ない限りは。

解説 How much 〜 ? で「ハワイへの片道切符の《価格》」を尋ねている。(A) の same as 〜は「〜と同じ」という意味。**「以前購入した価格と同じだ」**と言っている。具体的な金額は明らかにしていないが、問われている価格を答えているので、これが正解。(B) は、「チケット価格」から連想される「支払い方法」でひっかけようとしている。(C) も同様に「(チケットの) キャンセル」がひっかけ。

注　□ come up：生じる、起き上がる

(524) 21. WH疑問文　正解 (C)

Script Why are our machine parts running low?
なぜ機械の部品が足りなくなっているんですか。

(A) Raw materials will be needed.
原材料が必要になるでしょう。

(B) Over there on the left.
左側のすぐそこです。

(C) Our inventory policy has been changed.
在庫に関する方針が変更されたんです。

解説 Why 〜 ? で「機械部品が少なくなっている《理由》」が問われている。(C) の inventory は「在庫（品物が倉庫にあること）」という意味。「在庫の policy (方針) が変更された」は、**「在庫を少なく抑える方針に変わった」**ということだと推測できる。そう考えると、機械部品が少ない理由として妥当な応答となるので、これが正解。(A) は機械部品ではなく、原材料の必要性を答えている。(B) は場所の応答。何かの所在を答えているが、質問には無関係。

注　□ raw material：原材料　□ inventory：❷在庫

(525) 22. 選択疑問文　　正解 (A)

Script Should I move the desk first, or clean this room?
先に机を動かしますか、それともこの部屋を掃除しましょうか。

(A) Whichever you prefer.　　どちらでもあなたが好きなほうでいいですよ。
(B) It's been provided.　　それは提供されています。
(C) They're running fast.　　彼らは速く走っています。

解説 選択疑問文で「まず〈机を動かす〉か〈部屋を清掃する〉か」が問われている。(A)「あなたが好きなほうならどちらでも」は、**自分はどちらでもよい**ということで、**選択権を相手に委ねている**。質問に自然につながるので、これが正解。(B) は It が何を指すのか不明。(C) は fast が first に対する音トリックになっている。

(526) 23. 平叙文　　正解 (B)

Script I need the whole content of the directory.
人名簿のすべての内容が必要です。

(A) A direct flight is not available.　　直行便はありません。
(B) I'm unsure of its location.　　それがどこにあるかわかりません。
(C) Place it in numerical order.　　番号順に置いてください。

解説 平叙文で「人名簿の内容が必要だ」という要望を述べている。(B) の it's location は「人名簿の所在」のこと。「人名簿がどこにあるかわからない」と言っており、**要望に応えられない旨**を伝えている。自然なやりとりになるので、これが正解。(A) は direct が directory に対する音トリック。(C) の in numerical order は「番号順で」という意味。

注　□ directory：❷ 名簿　□ in numerical order：番号順で

(527) 24. WH疑問文　　正解 (C)

Script When's your next business trip?
次の出張はいつですか。

(A) It's costlier than I thought.　　思っていたよりも費用がかかります。
(B) The class takes place in Dublin.　　授業は Dublin で行われます。
(C) I have no plans for one.　　出張の予定はありません。

解説 When 〜 ? で「次の出張の〈時〉」が問われている。(C) の one は a business trip を指しており、「出張の予定はない」と言っている。**質問に答えられない**ということで、自然な応答になっている。(A) は costly の比較級を使って、価格ついて答えている。(B) は「授業の場所」を答えており、質問にはつながらない。

注　□ costly：❸ 費用のかかる

セット6-解答・解説

問題通し番号 (528)

(528) 25. (WH疑問文)　　難易度：難　　正解 (C)

Script When do you think the construction will be finished?
建設工事はいつ終了すると思いますか。

(A) Due to delays.　　遅延のせいで。
(B) Some chairs will be furnished tomorrow.
明日、椅子がいくつか備え付けられます。
(C) Didn't some newspapers say it's uncertain?
はっきりしないと新聞数紙が伝えていませんでしたか。

解説 When 〜? で「建設が終了する《時》」が問われている。(C) の **it** は質問内容を受けており、「**建設がいつ終了するかはっきりしない、と新聞が言っていなかったか**」と言っている。**終了時期は未定**ということを間接的に答えており、これが正解。(A) が答えているのは理由。「建設が遅れている」という連想でひっかけをねらっている。(B) は furnished が finished に対する音トリック。

注　□ due to X：X が原因で　□ furnished：⑱家具付きの　□ uncertain：⑱不確かな

応答問題模試セット6　正答一覧

●学習記録●

回数	学習日		所要時間		正答数
1 回目	月	日	分	秒	/ 25
2 回目	月	日	分	秒	/ 25

●正答一覧●

No.	ANSWER A B C	No.	ANSWER A B C	No.	ANSWER A B C
1	Ⓐ **Ⓑ** Ⓒ	11	Ⓐ **Ⓑ** Ⓒ	21	Ⓐ Ⓑ **Ⓒ**
2	**Ⓐ** Ⓑ Ⓒ	12	**Ⓐ** Ⓑ Ⓒ	22	**Ⓐ** Ⓑ Ⓒ
3	Ⓐ **Ⓑ** Ⓒ	13	Ⓐ **Ⓑ** Ⓒ	23	Ⓐ **Ⓑ** Ⓒ
4	**Ⓐ** Ⓑ Ⓒ	14	**Ⓐ** Ⓑ Ⓒ	24	Ⓐ Ⓑ **Ⓒ**
5	Ⓐ Ⓑ **Ⓒ**	15	Ⓐ Ⓑ **Ⓒ**	25	Ⓐ Ⓑ **Ⓒ**
6	Ⓐ Ⓑ **Ⓒ**	16	**Ⓐ** Ⓑ Ⓒ		
7	**Ⓐ** Ⓑ Ⓒ	17	Ⓐ Ⓑ **Ⓒ**		
8	Ⓐ Ⓑ **Ⓒ**	18	Ⓐ **Ⓑ** Ⓒ		
9	Ⓐ **Ⓑ** Ⓒ	19	Ⓐ **Ⓑ** Ⓒ		
10	Ⓐ **Ⓑ** Ⓒ	20	**Ⓐ** Ⓑ Ⓒ		

応答問題模試

セット7

本番と同じ 25 問の模擬試験です。

所要時間は約 8 分 30 秒。

以下の音声ファイルを連続再生して、一気に解いてください。

マークシートは巻末にあります。

音声ファイル
🔊 M529
▼
🔊 M553

問題数
25 問

問題通し番号
529 ～ 553

(次ページからは解説が始まります)

セット7-解答・解説

(529) 1. （提案・依頼・勧誘・申し出）　　正解(A)

Script Could you inform us of any change of your address?
住所に変更があった場合はお知らせいただけますか。

(A) I don't think that's a problem.　　わかりました、問題ないですよ。
(B) It's a very informative material.　　それはとても有益な資料です。
(C) Keep the change, please.　　おつりはいりません。

解説 Could you～? で「住所変更が発生したら知らせてくれる」よう**依頼**している。(A) の「それは問題じゃない」は、**知らせることは問題ない**ということ。依頼を**快諾**しており、自然な応答となる。(B) は、問いかけの inform の形容詞形 informative でひっかけようとしている。(C) の change は「おつり」という意味で、問いかけの「変化、修正」とは異なる点に注目。

注　□ informative：形 有益な　□ material：名 資料　□ change：名 おつり

(530) 2. （YN疑問文）　　正解(C)

Script Have you been to the new Italian restaurant?
あの新しいイタリアンレストランに行ったことがありますか。

(A) Some coffee beans could be bought.　　コーヒー豆を購入できます。
(B) You really need to get a rest.　　あなたには本当に休んだほうがいいですよ。
(C) Has it already opened?　　もうオープンしたんですか。

解説 Yes/No 疑問文で「新しいイタリアンレストランに行ったことがあるかどうか」が問われている。(C) の it は the new Italian restaurant を指しており、**あの新しいイタリアンレストランは、もう開店したのか**と尋ね返している。開店したことを知らないということは、当然、**行ったことがない**わけで、**No** と答えていることになる。これが正解。(A) の「コーヒー豆を購入できる」は質問に無関係。(B) は rest が restaurant に対する音トリックになっている。

(531) 3. （否定・付加疑問文）　　正解(A)

Script The photography competition starts next week, doesn't it?
写真コンテストは来週始まりますよね。

(A) No, tomorrow.　　いいえ、明日です。
(B) Is there any musical performance?　　音楽の演奏はありますか。
(C) Just leave it next door.　　隣のお宅に置いてください。

解説 付加疑問文。「写真コンテストは来週から始まること」を確認している。それに対して **No**（＝来週から始まらない）と否定し、**正しい開催日**を続けている (A) が正解。(B) は「写真コンテストで音楽演奏があるか」という質問だと解釈できるが、唐突すぎて、会話にならない。(C) の it に該当するものは、問いかけには The photography competition しかない。しかし、そうだとすると、「コンテストをお隣に置く」となり意味をなさない。

(532) **4.** 〔WH疑問文〕　難易度：難　正解 (B)

Script Why was the annual audit postponed at the last minute?
なぜ年次監査が土壇場で延期になったんですか。

(A) I'll stop by a music practice studio.　私は音楽練習スタジオに立ち寄ります。
(B) There seemed to be a mechanical issue.　機械的な問題があったようです。
(C) Don't worry—I'm coming tomorrow.　心配しないで。私は明日行きます。

解説 Why ～？で「年次監査が直前で延期になった《**理由**》」が問われている。(B) の issue はここでは「問題」という意味で用いられている。「機械的な問題があった」は、**監査延期の理由**として妥当と考えられるので、これが正解。(A) は、問いかけの audit（監査）を audio（音声）と勘違いた人を、その連想からひっかけようとしている。(C) の Don't worry は相手を安心させようとしているが、あとに続く内容が質問に無関係。

注　□ audit：❷監査　□ issue：❷問題、課題　□ deliver：⑩（スピーチを）行う

(533) **5.** 〔否定・付加疑問文〕　難易度：難　正解 (C)

Script Most of the tables are very dirty, aren't they?
ほとんどのテーブルが汚れていますね。

(A) We're not able to do it.　私たちにはできません。
(B) I reserved a room for tonight.　今夜の部屋を予約しました。
(C) Do you need a cloth?　布巾が必要ですか。

解説 付加疑問文で「ほとんどのテーブルが汚れていること」を確認している。(C) の「布巾が必要か」は、質問者がテーブルをきれいにしたいと感じていることを察知して、**解決方法**を提示している。自然なやりとりとなるので、これが正解。(A) は able が table に対する音トリック。(B) は質問とは関連のない応答。

(534) **6.** 〔選択疑問文〕　難易度：難　正解 (B)

Script Should I wear a tie, or can I wear a T-shirt?
ネクタイをすべきですか、それとも T シャツでいいですか。

(A) I like the design on it.　そのデザインが気に入っています。
(B) Formal attire should be acceptable.　フォーマルな服装が好ましいですね。
(C) It's much too cold outside.　外は寒すぎます。

解説 選択疑問文で「《**ネクタイ着用**》か《**T シャツ**》でいいか」が問われている。(B)「正装が受け入れられる」の **Formal attire**（正装）は、「ネクタイ着用」を言い換えている。**前者**を勧める応答になっており、正解。(A) は服のデザインについての会話と勘違いさせようとしている。(C) は、気温を気にして、着るものを迷っている人に対する応答。本問では、tie（ネクタイ）が気温に関係ないため、不適切。tie 部分が coat や jacket だったら、正解になり得る。

注　□ attire：❷服装　□ acceptable：㉆好ましい、容認できる

セット7-解答・解説　　問題通し番号 (535)〜(540)

(535) 7.　WH疑問文　　　　　　　　　　　　　　　　正解 (B)

Script Who will be coming to our museum as a guest next week?
来週は誰がゲストとしてうちの博物館に来るんですか。

(A) As our way of thanking you.　　あなたへの感謝の気持ちです。
(B) They're among local artists.　　地元のアーティストたちです。
(C) Ms. William is using it now.　　William さんが今それを使っています。

解説 Who 〜？で「ゲストとして博物館に来る**〈人〉**」が問われている。これに「地元の芸術家の中の誰か」と答えている (B) が正解。職業名を答えるパターンの１つ。主語が They となっているので、ゲストは複数いることを示唆している。(A) は質問に無関係。(C) は人物名を答えているものの、その動作が質問に対応していない。

(536) 8.　WH疑問文　　　　　　　　　　　　　　　　正解 (A)

Script When will you order your business cards?
名刺をいつ注文するつもりですか。

(A) Once my title's been changed.　　肩書が変わったらすぐに。
(B) Just one hundred, please.　　ちょうど100、お願いします。
(C) It'll begin on Highway 12.　　幹線道路 12 号線で始まります。

解説 When 〜？で「名刺を発注する**〈時〉**」が問われている。(A) の **Once** は「〜するとすぐに」という意味の接続詞で、(A) の後ろには主節の I will order my business cards. が省略されている。「**肩書が変わったらすぐに（発注する）**」と言っているので、これが正解。応答者は、部署異動や昇格が近いのだろうと考えられる。(B) は枚数を答えている。問いかけの When が How many なら正解になり得る。(C) は何かの起点を答えている。

注　□ title：🇦 肩書き

(537) 9.　WH疑問文　　　　　　　　　　　　　　　　正解 (C)

Script How long does the show last?
そのショーはどのくらい続くんですか。

(A) I haven't been there in a while.　　しばらくはそこに行っていません。
(B) Near the playhouse.　　劇場の近く。
(C) Which show are you talking about?　　どのショーのことを言っているんですか。

解説 How long 〜？で「ショーが続く**〈期間〉**」が問われている。(C) は、質問者の言う **the show がどのショーのことなのかわからない**ので、まずそれを明確にしようとしている。自然なやりとりとなるので、これが正解。(A) は質問に無関係。(B) は場所の応答。show に関連した playhouse でひっかけようとしている。

(538) **10.** 平叙文　　難易度　　正解 (C)

Script You'll be reimbursed at the end of the month.
あなたは月末に払い戻しを受けることができます。

(A) Paid vacation?　　有給休暇ですか。
(B) From another department.　　別の部署から。
(C) I'll keep that in mind.　　覚えておきますね。

解説 平叙文で「あなたは月末に払い戻される」という情報を伝えている。(C) の keep X in mind は「X を心に留めておく」という意味。「that (=月末に払い戻しがあること) を覚えておく」ということで、「**承知した、了解した**」という意図が込められている。自然なやりとりが成立するので、これが正解。(A) は reimbursed に関連のある Paid でひっかけをねらっている。(B) は質問に無関係な内容。

注　□ reimburse：動～を払い戻す　□ paid vacation：有給休暇

(539) **11.** 提案・依頼・勧誘・申し出　　難易度　　正解 (B)

Script Can I get you anything from the pharmacy?
薬局で何か買ってきましょうか。

(A) We finally found a new partner.　　われわれはついに新しいパートナーを見つけました。
(B) I went there this morning.　　今朝、そこに行きました。
(C) Some coupons should be useful.　　クーポン券が役に立つはずです。

解説 Can I ～? で「薬局で買い物してくること」を申し出ている。(B) の there は the pharmacy を指しており、「今朝、薬局に行った」と言っている。これは、すでに薬局に行って「**必要なものは買ってあるから、何も買ってこなくていい**」ということを示唆している。つまり、申し出を婉曲的に断っており、これが正解。(A) は質問に無関係な内容。(C) は買い物に関連した「クーポン」の話だが、質問にかみ合っていない。

注　□ pharmacy：名薬局

(540) **12.** 平叙文　　難易度　　正解 (B)

Script Mr. Allen was promoted to division director in just one year.
Allen さんはたった 1 年で事業部長に昇進しました。

(A) Will more proceeds be needed?　　もっと売上高が必要ですか。
(B) He deserves it.　　彼はそれに値します。
(C) Congratulations on your promotion!　　あなたの昇進をお祝い申し上げます！

解説 平叙文で「Allen さんは 1 年で事業部長に昇進した」という事実を伝えている。(B) の deserve は「～に値する」で、it は「1 年で事業部長に昇進したこと」を指している。つまり、「**Allen さんは昇進に値する**」と、その昇進を支持している。これが正解。〈人 + deserve it.〉は、昇進、採用、受賞に関連したやりとりで正解となりやすいので、押さえておこう。(A) の proceeds は「売上、収益」。(C) は昇進した本人への言葉。昇進したのは質問者ではなく Allen なので不適切。

注　□ promote：動～を昇進させる　□ proceeds：名収益、売上高　□ deserve：動～に値する

セット7-解答・解説　　問題通し番号 (541)～(546)

---

(541) 13. 〔WH疑問文〕　　難易度 ★★　　正解 (A)

Script What was today's meeting about?
今日の会議は何についてでしたか。

(A) Updates on an upcoming event.　　次回のイベントの最新情報についてでした。
(B) On a daily basis.　　1日1回の頻度で。
(C) That's about it.　　まあそんな程度です。

解説 What ～？で「今日の会議の議題が〈**何**〉だったか」を尋ねている。(A) の update は「最新情報」という意味の名詞で、「**次のイベントの最新情報**」と言っている。議題をシンプルに伝えており、これが正解。(B) が答えているのは頻度。(C) は、about を抜いた That's it. で「それだ、その通りだ」という意味の会話表現。それに about（おおよそ、だいたい）が付いているので、「だいたい、そんな感じだ」という意味になる。質問にはつながらない。

注　□ update：⦿ 最新情報　　□ That's about it.：まあそんなところだ。

---

(542) 14. 〔WH疑問文〕　　難易度 ★★　　正解 (B)

Script When does the new product campaign begin?
新商品のキャンペーンはいつ始まりますか。

(A) Let's go camping.　　キャンプに行きましょう。
(B) It's finished.　　それは終了しました。
(C) To boost sales.　　販売促進のために。

解説 When ～？で「新商品の宣伝活動が始まる〈**時**〉」が問われている。(B) の It は the new product campaign を指しており、「**新商品の宣伝活動はもう終わった**」と言っている。「キャンペーンはこれから始まる」という質問者の勘違いを正しており、自然な応答になっている。(A) は camping が campaign に対する音トリック。(C) は宣伝活動の目的を答えている。When の聞き取りがあいまいだと、魅力的な選択肢となる。

注　□ boost：⦿ ～を促進する

---

(543) 15. 〔WH疑問文〕　　難易度 ★★　　正解 (A)

Script Whose idea was finally chosen for next year's event?
来年のイベントについて、最終的に誰のアイデアが選ばれたんですか。

(A) We don't know yet.　　まだわかりません。
(B) Just chop the vegetables.　　野菜をみじん切りにしてください。
(C) I'm seriously thinking of the idea.　　そのアイデアについて真剣に考えています。

解説 Whose ～？で「〈**誰のアイデア**〉が選ばれたか」が問われている。(A) の「まだ知らない」は、誰のアイデアを採用するか**まだ決まっていない**（まだ公表されていない）ということ。これが正解。(B) の「野菜を刻むように」という指示は質問に無関係。(C) は「the idea について熟考している」と言っているが、the idea に該当する具体的なアイデアは、問いかけに登場していない。

注　□ seriously：⦿ 真剣に

16. WH疑問文　正解 (B)

Script How do I renew my password?
どうすればパスワードを更新できますか。

(A) My train pass has expired.
私の定期券は期限が切れました。
(B) The technician will tell us the procedure.
技術者が手順を教えてくれますよ。
(C) No, it's not new.
いいえ、それは新しくありません。

解説 How ~ ? で「パスワードを更新する**〈方法〉**」が問われている。(B) の the procedure は「パスワードを更新する手順」を指しており、それを「**技術者が教えてくれる**」と言っている。これが正解。(A) は pass が password に対する音トリック。また「パスワードの更新」から連想される expire(d)（期限が切れる）もひっかけになっている。(C) は WH 疑問文に No と答えており不適切。new が renew に対する音トリックになっている。

注　□procedure：名手順、やり方

17. 平叙文　正解 (A)

Script The film festival's finished much earlier than we expected.
映画祭は思っていたよりかなり早く終わりました。

(A) Could we change our flight?
飛行機の便を変更しましょうか。
(B) We still have plenty of paper.
まだ紙はたくさんあります。
(C) I think you will.
あなたはそうだと思います。

解説 平叙文。「映画祭が想定よりも早く終わった」という状況を報告している。(A) は飛行機の便の変更を提案している。これは、当初**予定していた（予約していた）**ものより早い便にしませんか、ということ。自然なやりとりとなるので、これが正解。(B) は、問いかけの much と同じような意味の plenty of でひっかけようとしている。(C) は you will 以下が省略されているが、文脈からそれを推し量ることができない。

18. WH疑問文　正解 (B)

Script Where is the new price list?
新しい価格表はどこですか。

(A) The menu will be changed regularly.
メニューは定期的に変更されます。
(B) Oh, I thought you made it.
おや、あなたが作成したと思ってましたよ。
(C) Could I get a discount?
値引きしていただけますか。

解説 Where ~ ? で「価格表がある**〈場所〉**」が問われている。(B) の it は the new price list を指しており、「**あなたが新しい価格表を作成したのだと思っていた**」と言っている。「所在を尋ねている＝質問者は価格表を作成していない」と考えられるので、応答者は自分が勘違いしていたことを伝えている。自然なやりとりとなるので、これが正解。(A) の「メニューの変更」は質問に無関係。(C) は price から連想される discount でひっかけようとしている。

セット7-解答・解説 問題通し番号 (547)～(552)

(547) 19. (YN疑問文)　　正解 (A)

Script Did you have a chance to review this blueprint with your team?
チームと一緒にこの設計図を見直す機会がありましたか。

(A) I've been busy recently.　　最近、ずっと忙しくて。
(B) We had budget problems.　　われわれには予算上の問題がありました。
(C) A good opportunity.　　よい機会です。

解説 Yes/No 疑問文で「チームと一緒に設計図を確認したかどうか」が問われている。(A) は現在完了形で「最近ずっと忙しかった」と述べているが、これは「**だから設計図を確認できていない**」ということを示唆している。間接的に No と答えているので、これが正解。(B) も同様に間接的な No だと感じた人がいるかもしれないが、「予算上の問題」を理由とするのは、因果関係が弱くて難しい。(C) の「よい機会だ」は、設計図の確認を**いま**依頼されているのであれば、正解となる可能性もある。

注　□ blueprint：图 設計図

(548) 20. (WH疑問文)　　正解 (A)

Script Where are we planning to hold the party for new employees?
どこで新入社員のためのパーティーを開く予定ですか。

(A) Harvey selected three hotels.　　Harvey が 3 つのホテルを選びました。
(B) Some time next month.　　来月のいつか。
(C) It was newly planted yesterday.　　昨日それは新たに植えられました。

解説 Where ～ ? で「新入社員のパーティーを開催する**〈場所〉**」が問われている。(A)「Harvey が 3 つのホテルを選んだ」の「3 つのホテル」は、パーティーの**会場候補**だと推測できる。つまり、会場は**候補地を選んだ段階であり、まだ未決定**だと伝えている。自然な応答となるので、これが正解。(B) は時の応答。問いかけの Where を When と勘違いすると、選んでしまうことになる。(C) は planted が planning に対する音トリック。

(549) 21. (YN疑問文)　　正解 (C)

Script Are all of the seats occupied?
席はすべて埋まっていますか。

(A) I like seafood.　　私はシーフードが好きです。
(B) Yes, we are.　　ええ、私たちはそうです。
(C) No, you can get one.　　いいえ、席を確保できますよ。

解説 Yes/No 疑問文で「席がすべて埋まっているかどうか（空きがあるかどうか）」が問われている。これに **No**（＝埋まっていない）と応じ、「**one（＝ a seat）を確保できる**」と応答している (C) が正解。(A) は seafood が seats に対する音トリック。(B) は Yes まではいいが、後ろの主語 we が質問とズレている。問いかけの all of the seats を受ける they を使って they are とするなら、「すべての席が埋まっている」となり、正解になり得る。

注　□ occupied：形 (部屋、座席、ベッド等が) 使われている

(550) **22.** (否定・付加疑問文) 　難易度 　正解(C)

Script Didn't you used to work on the construction project?
あなたはその建設プロジェクトに携わっていなかったんですか。

(A) It's better than projected.　それは予想よりもいいです。
(B) I read it for work.　私は仕事のためにそれを読みました。
(C) That was Mr. Bell.　それは Bell さんでした。

解説 否定疑問文で「その建設プロジェクトに携わっていたのかどうか」が問われている。(C) は「(私ではなく)それは Bell さんだ」と言っている。間接的に **No** (＝携わっていない) と答えており、正解。(A) は動詞の project(ed) で、(B) は名詞の work で、それぞれひっかけようとしている。ちなみに、問いかけの used to do は「よく〜したものだ」と過去の習慣を表す。「X に慣れている」という意味の be used to X との使い分けを押さえておこう。

注　□ project：動 〜を予想する、予測する

(551) **23.** (WH疑問文) 　難易度 　正解(B)

Script Why has the bakery been closed?
なぜそのパン屋は閉まっているんですか。

(A) Some coffee and pastries.　コーヒーと焼き菓子です。
(B) It's currently under renovation.　現在改装中なんです。
(C) I'd like soup instead.　代わりにスープをください。

解説 Why 〜 ? で「パン屋が閉まっている《理由》」が問われている。(B) の **under** は「〜中で」と行為の過程にあることを示すので、「いま改装中だ」と言っている。店が閉まっている**理由**として妥当なので、これが正解。(A) は bakery から連想される coffee、pastries でひっかけようとしている。(C) は注文する際の表現。これも bakery からの連想を利用したひっかけ。

注　 pastry：名 焼き菓子

(552) **24.** (WH疑問文) 　難易度 　正解(C)

Script Which road should I take to get to the Roger Stadium?
Roger スタジアムへ行くにはどの道を通るべきですか。

(A) Go straight down that hallway.　その廊下を真っ直ぐ行ってください。
(B) All of the players have just arrived.　選手全員が到着したところです。
(C) You'd better take the metro.　地下鉄を使う方がいいですよ。

解説 Which 〜 ? で「《どの道》を通って Roger スタジアムに行くのがよいか」を尋ねている。(C) は地下鉄を勧めているが、これは「**道を通る(＝車 or 徒歩)よりも地下鉄のほうがいい**」ということ。自然な応答となるので、これが正解。(A) は hallway (廊下) と言っているので、屋内での道案内。(B) は、Stadium から連想される players でひっかけようとしている。

注　 had better do：〜したほうがよい

セット7-解答・解説

(553) 25. (提案・依頼・勧誘・申し出)　　正解 (B)

Script OK, let's walk to the client's office from here.
では、ここから顧客のオフィスまで歩きましょう。

(A) Where should I get some drinks?
　　飲み物はどこで入手すればよいですか。
(B) But, taxis are very cheap around here.
　　でも、この辺りはタクシーがとても安いですよ。
(C) I'm looking forward to seeing you soon.
　　すぐに会えるのを楽しみにしています。

解説 Let's 〜 ? で「顧客のオフィスまで歩くこと」を提案している。(B) の「この辺りはタクシーが安い」は、だから「**タクシーで行こう**」ということ。「顧客のオフィスまで歩く」という**提案への反対意見**（とその根拠）を述べており、自然な応答となる。(A) は質問に無関係。(C) は電話などで、相手に会いたい旨を伝える定型表現。

応答問題模試セット7　正答一覧

●学習記録●

回数	学習日	所要時間	正答数
1回目	月　　日	分　　秒	／25
2回目	月　　日	分　　秒	／25

●正答一覧●

No.	A	B	C	No.	A	B	C	No.	A	B	C
1	Ⓐ	B	C	11	A	Ⓑ	C	21	A	B	Ⓒ
2	A	B	Ⓒ	12	A	B	Ⓒ	22	A	B	Ⓒ
3	Ⓐ	B	C	13	Ⓐ	B	C	23	A	Ⓑ	C
4	A	Ⓑ	C	14	A	B	Ⓒ	24	A	B	Ⓒ
5	A	B	Ⓒ	15	Ⓐ	B	C	25	A	Ⓑ	C
6	A	Ⓑ	C	16	A	Ⓑ	C				
7	A	Ⓑ	C	17	Ⓐ	B	C				
8	Ⓐ	B	C	18	A	Ⓑ	C				
9	A	B	Ⓒ	19	Ⓐ	B	C				
10	A	B	Ⓒ	20	Ⓐ	B	C				

応答問題模試

セット8

本番と同じ25問の模擬試験です。

所要時間は約8分30秒。

以下の音声ファイルを連続再生して、一気に解いてください。

マークシートは巻末にあります。

音声ファイル
🔊 M554
▼
🔊 M578

問題数
25問

問題通し番号
554 ～ 578

（次ページからは解説が始まります）

セット8-解答・解説　問題通し番号(554)～(559)

(554) 1. 〔WH疑問文〕　正解(A)

Script When should I file all of the documents?
私はいつ書類をすべてファイルすべきですか。

(A) After some rules have been revised.
いくつかの規則が修正されたあとで。
(B) Always in the top drawer.
いつもいちばん上の引き出しの中に。
(C) We need more tiles from the supplier.
納入業者からもっと多くのタイルを買う必要があります。

解説 When ～？で「文書をファイルする〈時〉」が問われている。(A) の some rules は、文書保管に関する規則だと推測できる。その「**規則が修正されたあとで**」とタイミングを述べており、質問への答えとなっている。(B) は場所を答えている。問いかけの When を Where と勘違いしてしまうと、魅力的な選択肢となる。(C) は tiles が file に対する音トリック。

注　□ file：動 ～をファイルする　□ revise：動 ～を修正する　□ drawer：名 引き出し
□ supplier：名 納入業者

(555) 2. 〔WH疑問文〕　正解(A)

Script Who will be the new director at the main office?
誰が本社の新主任になるんでしょうか。

(A) Oh, has Mr. Jacobs left?
おや、Jacobs さんは辞めたんですか。
(B) A very interesting film!
とても興味深い映画ですね！
(C) I'll check them carefully.
それらを詳しく調べてみます。

解説 Who ～？で「新しく主任になる〈人〉」が問われている。(A) の Mr. Jacobs は、**もともと主任だった人**と推測できる。「新しい主任は誰か」と質問するということは、その Jacobs さんが主任ではなくなったことを意味する。(A) は、そのことに驚き「Jocobs さんは辞めてしまったのか」と問い返している。質問に答えてはいないが、自然なやりとりとなる。(B) は director (「映画監督」の意味もある) から連想される映画の話題でひっかけをねらっている。(C) は複数形の them が何を指すか不明。

(556) 3. 〔平叙文〕　正解(A)

Script I e-mailed you the latest catalog.
あなたに最新カタログをメールで送りました。

(A) It looks like there's no attachment.
添付書類は付いていないようですが。
(B) I'll show you how to log in.
ログイン方法をお教えしましょう。
(C) Did Mr. Gray test the sample?
Gray さんはサンプルを試しましたか。

解説 平叙文で「最新カタログをメールした」と報告している。メールなので、カタログのデータを送ったということになる。(A) の attachment は「(メールの) 添付ファイル」という意味で、「添付ファイルがない」と言っている。これは「**メールは受け取ったが、カタログのデータは添付されていない**」ということ。自然なやりとりとなるので、これが正解。(B) は、メールから連想されるログイン方法に関する内容でひっかけをねらっている。(C) は the sample が何を指すのか不明。

注　□ attachment：名 添付書類

(557) **4.** (選択疑問文)　　　　　　　　　　　難易度 ▲　　正解 (A)

Script Is Ms. Romano on vacation right now, or already back in the office?
Romanoさんは今、休暇中ですか、それともすでに会社に戻ってきていますか。

(A) Where is her schedule?　　　　彼女の予定表はどこですか。
(B) Please return it to me.　　　　それを私に返してください。
(C) You need a permit.　　　　　許可証が必要ですよ。

解説 選択疑問文で「Romanoさんが**〈休暇中〉**か**〈すでに会社に戻っている〉**か」が問われている。(A)「彼女(= Romanoさん)の予定表はどこ」は、「**予定表を見れば、どちらかわかる**」ということ。 X or Yの一方を選択しているわけではないが、選択するための**方法**を答えている。これが正解。(B) は back (戻って) から連想される return でひっかけをねらっている。(C) の「許可が必要」は質問に無関係。

注　☐ permit：名 許可(証)

(558) **5.** (提案・依頼・勧誘・申し出)　　　　　難易度 ▲　　正解 (A)

Script Would you fill out this booking form, please?
この予約申込書にご記入いただけますか。

(A) I did it online.　　　　　　　インターネットで記入しました。
(B) That book is out of stock.　　その本は在庫切れです。
(C) Please format the document.　その書類の体裁を整えてください。

解説 Would you ～? で「予約申込書への記入」を**依頼**している。(A) の did it は filled out that booking form (その予約申込書に記入した) を意味する。つまり、すでに**依頼に対応済み**であることを伝えている。これが正解。(B) は book が booking に対する音トリックになっている。(C) は format が form に対する音トリック。

注　☐ fill out X：X に記入する　☐ format：動 ～の体裁を整える

(559) **6.** (WH疑問文)　　　　　　　　　　難易度 ▲▲　　正解 (C)

Script Where should I put my laptop bag?
ノートパソコン用バッグはどこに置くべきですか。

(A) It's not that bad.　　　　　　そんなに悪くないですよ。
(B) Accessories must be kept safe.　アクセサリーは安全に保管すべきです。
(C) Did you talk to a security guard?　警備員と話をしましたか。

解説 Where ～? で「ノートパソコン用バッグを置く**〈場所〉**」が問われている。(C) は「**security guard (警備員) が置き場所を知っている**」ことを示唆している。**答えを知る手段**を伝えており、正解。(A) は bad が bag に対する音トリック。(B) はバッグではなく、アクセサリーについて答えており、質問からの文意が通らない。

セット8-解答・解説　　問題通し番号 (560)〜(565)

---

(560) 7.　〔 WH疑問文 〕　　難易度　　正解 (A)

Script Why has the wrapping been removed?
なぜ包装がはがされているんですか。

(A) I needed to use it immediately.　　私がそれをすぐに使う必要があったからです。
(B) Please take all of them.　　それらを全部取ってください。
(C) Extra bubble wrap packaging.　　余分な衝撃吸収材。

解説 Why 〜 ? で「包装がはがされている〈**理由**〉」が問われている。(A) の it に該当するものは明示されていないが、**はがされた包装に包まれていたもの**、と推測できる。それを「すぐに使う必要があった」を、包装がはがされる**理由**として妥当なので、これが正解。(B) は「全部取ってくれ」という指示。(C) は包装の種類を答えている。wrap に釣られないように。

注　□ remove : 動〜を取り除く　□ immediately : 副すぐに

---

(561) 8.　〔 平叙文 〕　　難易度　　正解 (B)

Script We have some parking spaces for visitors.
来客用の駐車スペースがいくつかあります。

(A) No, I haven't my own.　　いいえ、自分のは持ってません。
(B) We'll be visiting by car next time.　　次回は車で参ります。
(C) Please do this at your own pace.　　これはあなたのペースで進めてください。

解説 平叙文。「来客用の駐車スペースがあること」を報告している。(B) は、**来客用の駐車スペースがあるとわかった**ので「次は車で来る」と言っている。つまり応答者は、質問者を訪問する客の立場にある。自然なやりとりとなるので、これが正解。(A) の No は、相手の発言の否定（＝相手は来客用の駐車スペースをもっていない）となるが、続けて「私は持っていない」と言っており、矛盾している。(C) は pace が space に対する音トリック。

---

(562) 9.　〔 平叙文 〕　　難易度　　正解 (A)

Script Next year's budget is under review.
来年の予算は再検討中です。

(A) Oh, are they still discussing it?　　おや、まだ議論しているんですか。
(B) At the end of this year.　　年末に。
(C) Check the reimbursement policy.　　払い戻し方針を確認してください。

解説 平叙文で「来年の予算は再検討中だ」と報告している。それに対して (A) は、検討が終わっていないことに驚き、「**まだ議論しているのか**」と質問している。自然なやりとりとなるので、これが正解。(B) は Next year に関連した this year で、(C) はお金に関連した内容で、それぞれひっかけをねらっている。

注　□ under review : 再検討中　□ reimbursement : 名返済　□ policy : 名方針

(563) **10.** (否定・付加疑問文)　　　　　　　　難易度　　　正解 (C)

Script Rafael's going to San Diego next Monday, isn't he?
Rafael は次の月曜日にサンディエゴに行くことになっているんですよね。

(A) On some occasions.　　　　　　　時によっては。
(B) We had to check his expense report.
　　　　　　　　　　　　　彼の経費報告書をチェックしなければいけなかった。
(C) He's still waiting for the approval.　彼はまだ承認を待っています。

解説 付加疑問文で「Rafael がサンディエゴに行くこと」を確認している。(C) の the approval は「サンディエゴに行くことの承認」を意味する。サンディエゴへ行くのは、おそらく出張で、会社の承認がまだおりていない状況だと考えられる。つまり**Rafael が行くかどうかは、まだ決定していない**」と答えている。これが正解。(A) は時に関する応答。(B) は出張から連想される expense report（経費報告書）でひっかけをねらっている。

注　□ occasion：名 時、好機　□ approval：名 承認

(564) **11.** (提案・依頼・勧誘・申し出)　　　　難易度　　　正解 (B)

Script Shall I call the restaurant to see if there's a concert tonight?
今夜コンサートがあるかどうか、そのレストランに電話してみましょうか。

(A) Do I need to wait in line?　　　列に並んで待った方がいいですか。
(B) I already have.　　　　　　　　もうしました。
(C) The service is not the best.　　サービスが最高というわけではありません。

解説 Shall I ~ ? で「コンサートの有無を確認するために、レストランに電話すること」を**申し出**ている。(B) は **I already have** called the restaurant to see if ... の省略形。すでに**電話済み**であることを伝えている。間接的に**申し出を断る**自然な応答になっている。(A) の「列に並んで待つか」は、質問につながらない。(C) は、restaurant から連想されるサービスの質の話をしているが、これも質問とかみ合わない。

(565) **12.** (WH疑問文)　　　　　　　　　　難易度　　　正解 (B)

Script Who'll be teaching the math class instead of Ms. Shelton?
Shelton 先生の代わりに誰が数学のクラスを教えるんですか。

(A) I took the class five years ago.　5 年前にそのクラスを取りました。
(B) Didn't she ask you to?　　　　　彼女から頼まれませんでしたか。
(C) I think the venue will be changed.　会場が変わると思います。

解説 Who ~ ? で「Shelton 先生に代わって数学クラスを教える《人》」が問われている。(B) は **Didn't she ask you to** teach the math class? の省略形で、「数学クラスを教えるよう、Shelton 先生はあなたに頼んでいないのか」と質問している。つまり「**あなた (＝質問者) が教えるのではないのか**」と問い返しており、自然な応答となる。(A) は「5 年前にその数学クラスを受講した」ということだが、質問の答えになっていない。(C) は先生ではなく、場所の変更について答えている。

注　□ venue：名 会場

セット8-解答・解説

問題通し番号 (566)〜(571)

---

(566) 13. WH疑問文　　難易度 ▲　正解 (B)

Script Where are you staying in Boston?
Boston ではどこに滞在するんですか。

(A) Please stay in touch. 　連絡を取り続けてください。
(B) With one of my relatives. 　親戚のところに。
(C) The hotel was wonderful. 　ホテルは素晴らしかったです。

解説 Where 〜 ? で「ボストンで滞在する《場所》」が問われている。(B) の「親族の 1 人と一緒に」は、**親族の所に滞在する**ことを意味する。質問に適切に答えているので、これが正解。滞在場所を問う質問に対し、このように《With + 人》で応じるのはよくあるパターン。(A) の stay in touch は「連絡を取り合う」。stay に釣られて選ばないように。(C) はホテルを話題にしているが、どのホテルなのかが不明な上に、過去形となっているため不適切。

注　□ stay in touch：連絡を取り続ける　□ relative：图 親戚

---

(567) 14. WH疑問文　　難易度 ▲ 難　正解 (C)

Script Where should these cardboard boxes be placed?
これらの段ボール箱はどこに置いたらいいですか。

(A) It's round-shaped. 　それは丸型です。
(B) Please have a seat. 　どうぞお掛けください。
(C) Let's wait for Tanya to come. 　Tanya が来るのを待ちましょう。

解説 Where 〜 ? で「段ボール箱を置く《場所》」が問われている。(C) の「Tanya が来るのを待とう」は、「**Tanya に相談して決める**」あるいは「**Tanya が決定権を持っている**」ことを示唆している。これが正解。(A) が答えているのは「箱の形」。(B) は座ることを指示しており、質問にはつながらない。

注　□ cardboard box：ダンボール箱

---

(568) 15. WH疑問文　　難易度 ▲ 　正解 (A)

Script Who was assigned to the marketing position?
誰がマーケティング職に割り振られましたか。

(A) As far as I know, no one. 　私が知っている限り、誰も。
(B) Mr. Morgan moved into a new house. 　Morgan さんは新しい家に入りました。
(C) Your name and signature, please. 　あなたのお名前とサインをお願いします。

解説 Who 〜 ? で「マーケティング職に割り当てられた《人》」が問われている。(A) の as far as 〜 は「〜の限りでは」という意味。「私が知る限り」という条件付きながら、**no one was assigned to the marketing position** と言っている。「**誰も割り当てられていない**」と答えており、これが正解。(B) は人名を答えているが、その動作が質問に無関係。(C) は、問いかけの assign(ed) を sign（〜に署名する）と勘違いした人を、それに関連した signature でひっかけようとしている。

注　□ assign：動 〜を割り当てる　□ as far as 〜：〜する範囲では

(569) **16.** (WH疑問文)　難易度　難　正解 (A)

Script What should I talk about concerning the enterprise, Matthew?
Matthew、その事業について私は何を話すべきですか。

(A) Any information will be welcomed.　どんな情報でも歓迎です。
(B) An e-mail should be sent to all.　メールが全員に送られるはずです。
(C) I look forward to seeing you soon.
あなたとすぐにお会いできることを楽しみにしています。

解説 What 〜? で「その事業について〈何〉を話すべきか」を Matthew に尋ねている。(A)「どんな情報でも歓迎される」は、「**どんな情報でもいい**」「**何でも話してください**」ということ。大雑把な応答だが、質問に答えているので、これが正解。(B) は「メールが送られる」という情報提供。(C) は間もなく会えることへのあいさつのような応答になっている。

注　□ concerning : 前〜について　□ enterprise : 名事業

(570) **17.** (YN疑問文)　難易度　難　正解 (B)

Script Do you have time to look over this month's expense report?
今月の経費報告書に目を通す時間はありますか。

(A) Please review more reports.　もっと多くの報告書を見直してください。
(B) I'm free after lunch.　昼食後が空いています。
(C) Ms. Lawson will be out of the office.　Lawson さんはオフィスから外出します。

解説 Yes/No 疑問文。look over X は「X に目を通す」という意味で、「経費報告書に目を通すことができるかどうか」が問われている。(B) の「昼食後は予定がない」は、「**昼食のあとなら目を通せる**」ということを示唆している。間接的に **Yes** と答える自然な応答。(A) は、さらなる報告書の確認をお願いしており不自然。(C) は第三者について答えている。Ms. Lawson が I であれば、間接的な No として、正解になり得る。

注　□ look over X : X に目を通す

(571) **18.** (提案・依頼・勧誘・申し出)　難易度　難　正解 (C)

Script Would you mind giving me your opinion on the quotation?
見積りに関して、あなたの意見をお聞かせいただけませんか。

(A) Information technology department.　IT 部です。
(B) We changed them based on the feedback.
ご意見に基づいて変更しました。
(C) Leave it on the table.　見積りをテーブルの上に置いておいてください。

解説 Would you mind 〜? で「quotation（見積り）への意見」を依頼している。(C) の「it (= 見積り) をテーブルに置いておいて」は、「**あとで確認して返答する**」ということを示唆している。つまり、依頼を**承諾**しており、自然な応答になっている。(A) は部署名を答えているだけ。(B) は「フィードバックに基づいてそれら (them) を変更した」と言っているが、them に該当するものは問いかけで述べられていない。

注　□ quotation : 名見積もり

セット8-解答・解説

(572) 19. 〔否定・付加疑問文〕　難易度　正解 (C)

Script Weren't all of the documents shipped to the contractor's office?
すべての文書を請負業者の事務所に発送したのではないんですか。

(A) She's sipping some coffee.　　彼女はコーヒーをすすっています。
(B) We can do it without them.　　それらが無くてもできます。
(C) We actually sent them by e-mail.　実はメールで送りました。

解説 否定疑問文は、通常の疑問文と同様に考える。「全文書を請負業者に発送したかどうか」が問われている。(C) の them は all of the documents を指しており、**全文書をメールで送付した**と言っている。ハードコピーの郵送を意図している質問者に対して、**データをメールした**という応答になっている。自然なやりとりとなるので、正解。(A) は sipping が shipped に対する音トリックになっている。(B) は何ができるのか不明確。

注　□ contractor：❷ 請負業者　□ sip：❶ 〜をすする、一口飲む

(573) 20. 〔WH疑問文〕　難易度　正解 (A)

Script When will the corporate fund-raiser take place?
いつその企業の資金集めイベントが行われるのですか。

(A) It's about to be determined.　もうすぐ決定します。
(B) I took the boat already.　すでにボートに乗りました。
(C) At the Fairmont Hotel.　Fairmont ホテルで。

解説 When 〜 ? で「資金集めイベントを開催する**《時》**」が問われている。(A) の be about to do は「もうすぐ〜する」という意味で、「もうすぐそれ（＝イベントをいつ開催するか）は決定される」と言っている。これはつまり、**まだ決まっていない**と答えており、自然な応答となる。(B) は、took the boat を took a vote と勘違いすると、「すでに投票で決めた」となり、魅力的な選択肢となる。(C) は会場を答えており、問いかけの When を Where と聞き取ると、選んでしまうことになる。

注　□ fund-raiser：❷ 資金集めのイベント

(574) 21. 〔YN疑問文〕　難易度　正解 (A)

Script Have you heard the new printer procedure?
新しいプリンターの使い方を聞きましたか。

(A) When was it put in place?　それはいつ設置されたんですか。
(B) Familiarize ourselves with the old one.　古いものによく慣れましょう。
(C) On the second floor, meeting room A.　2 階の A 会議室です。

解説 Yes/No 疑問文で「新しいプリンターの操作手順を聞いたかどうか」が問われている。(A)「それ（＝新しいプリンター）はいつ導入されたのか」は、そもそも**プリンターが新しくなったことを知らなかった**、ということ。質問には答えていないが、会話として自然な流れになるので、これが正解。put X in place は「X を据え付ける」という意味。(B)「古いもの（＝プリンター）に慣れるように」は、新しいプリンターについての質問とかみ合わない。(C) は場所の応答。

注　□ procedure：❷ 手順、やり方　□ familiarize：❶ 〜に慣れ親しませる

22. WH疑問文　正解 (B)

Script How long have you worked at this pharmacy?
あなたはこの薬局でどのぐらい働いているんですか。

(A) I don't think it takes long. — 長くはかからないと思います。
(B) For quite a while. — かなり長い間です。
(C) Twenty-minute drive. — 車で20分です。

解説 How long ~ ? で「この薬局で働いている《期間》」が問われている。(B) の **quite a while** は「かなり長い間」という意味。For と共に用いて**期間**を答えているので、これが正解。(A) と (C) も実は、期間を答えている。しかし、(A) は何かをする所要時間、(C) は移動にかかる所要時間となっており、質問の答えになっていない。

注　□ pharmacy：⑧ 薬局

23. 否定・付加疑問文　正解 (B)

Script Denis, you've been an event coordinator before, haven't you?
Denis、あなたは以前イベントコーディネーターをしていましたよね。

(A) Haven't you done it yet? — まだ終わっていないの?
(B) I used to be. — 以前はそうでした。
(C) He has a lot of experience. — 彼は経験豊富です。

解説 付加疑問文で「かつてイベントコーディネーターをやっていたこと」を Denis に確認している。(B) は **I used to be** an event coordinator. の省略形。used to do は「かつては~だった」という意味なので、「**かつてはイベントコーディネーターだった**」と言っている。間接的に **Yes** と答えているので、これが正解。(A) は関連のない質問をしている。(C) は、問いかけの Denis を第三者と勘違いした人をねらった選択肢。

注　□ coordinator：⑧ コーディネーター、取りまとめ役

24. YN疑問文　正解 (A)

Script Do you know when we should submit the article to the editor in chief?
いつ記事を編集長に提出すればいいか知っていますか。

(A) I'm not working on that. — 私はそれに関わっていなくて。
(B) Please say hello to the artist. — そのアーティストによろしくお伝えください。
(C) All the submissions are acceptable. — すべての応募が受け付け可能です。

解説 間接疑問文 Do you know when ~ ? の形。「記事を編集長に提出する《時》」が質問のポイント。(A) の「私はそれ (=記事) に取り組んでいない」は、「**だからわからない**」ということを間接的に答えており、正解となる。(B) は artist が article に対する音トリック。(C) は submit の名詞形 submission(s) でひっかけをねらっている。

注　□ submit：⑩ ~を提出する　□ editor in chief：編集長　□ submission：⑧ 提出

セット8-解答・解説

(578) 25. WH疑問文　正解 (B)

Script How much was your white shirt?
あなたの白いシャツはおいくらでしたか。

(A) We only have some in blue. 青色のが何枚かあるだけです。
(B) It was a gift from my parents. 両親からのプレゼントなんです。
(C) Did you check your address? あなたの住所を確認しましたか。

解説 How much ～？で「白いシャツの**〈価格〉**」が問われている。(B) の「それ（＝白いシャツ）は両親からのプレゼントだった」は、「**もらったものなので、価格は知らない**」ということ。これが正解。(A) は在庫を聞かれた店員の応答で、「青（のシャツ）しかない」と答えている。(C) は「自分の住所を確認したか」という質問に無関係な問いを返している。

応答問題模試セット8　正答一覧

●学習記録●

回数	学習日	所要時間	正答数
1回目	月　日	分　秒	／25
2回目	月　日	分　秒	／25

●正答一覧●

No.	ANSWER A B C	No.	ANSWER A B C	No.	ANSWER A B C
1	Ⓐ B C	11	A Ⓑ C	21	Ⓐ B C
2	Ⓐ B C	12	A Ⓑ C	22	A Ⓑ C
3	Ⓐ B C	13	A Ⓑ C	23	A Ⓑ C
4	Ⓐ B C	14	A B Ⓒ	24	Ⓐ B C
5	Ⓐ B C	15	Ⓐ B C	25	A Ⓑ C
6	A B Ⓒ	16	Ⓐ B C		
7	A Ⓑ C	17	Ⓐ B C		
8	A Ⓑ C	18	A B Ⓒ		
9	Ⓐ B C	19	A B Ⓒ		
10	A B Ⓒ	20	Ⓐ B C		

応答問題模試

セット9

本番と同じ25問の模擬試験です。
所要時間は約8分30秒。
以下の音声ファイルを連続再生して、一気に解いてください。
マークシートは巻末にあります。

音声ファイル
🔊 M579
▼
🔊 M603

問題数
25問

問題通し番号
579〜603

（次ページからは解説が始まります）

セット9-解答・解説　　　問題通し番号(579)～(584)

(579) 1.　WH疑問文　　　難易度　　正解(B)

Script Why did Mr. McDaniel go to Osaka last Wednesday?
先週の水曜日、なぜ McDaniel さんは大阪に行ったんですか。

(A) I missed handing it to him.　　彼にそれを渡しそびれました。
(B) He was interviewed for marketing manager.
　　彼はマーケティング部長になるための面接を受けたんです。
(C) Use this mobile phone during the trip.　　旅行中はこの携帯電話を使ってください。

解説 Why ～ ? で「McDaniel さんが大阪に行った**〈理由〉**」が問われている。(B) の「マーケティング部長のための面接を受けた」から、**大阪に本社があり、そこで面接があった**のだろうと推測できるので、妥当な**理由**となっている。(A) は it が何を指すのか不明。(C) は go to Osaka から連想される trip に関する内容でひっかけようとしている。

注　□ hand：動～に渡す

(580) 2.　提案・依頼・勧誘・申し出　　　難易度　　正解(C)

Script Could I use the scale for a while?
しばらくの間、その定規を使ってもいいですか。

(A) Yes, I could.　　ええ、私はできました。
(B) Absolute scale of temperature.　　絶対温度目盛りです。
(C) Please return it later.　　あとで返してくださいね。

解説 Could I ～ ? で「定規を使用する」**許可**を求めている。(C) は「**(使ってもいいけれど)あとで返して**」ということ。間接的に **Yes** と許可しているので、これが正解。(A) は Yes まではよいが、その後ろが I could だと、自分(=応答者)が定規を使うことになる。you could であれば、正解となる。あるいは I could lend you it for a while でも可。ただし、この場合は I could 以降が問いかけの動詞と異なるので省略はできない。(B) は scale がひっかけになっている。

注　□ scale：名定規

(581) 3.　WH疑問文　　　難易度　　正解(C)

Script When will Dr. Erickson begin the investigation?
Erickson 博士はいつ調査を開始しますか。

(A) At the National Convention Hall.　　国立コンベンションホールで。
(B) Two years.　　2 年間です。
(C) He's still sick.　　彼はまだ病気です。

解説 When ～ ? で「Erickson 博士が調査を開始する**〈時〉**」が問われている。(C) の「彼(= Dr. Erickson) はまだ病気だ」は、だから「**調査開始の目処を立てられない**」ということを示唆している。これが正解。(A) は場所の応答。問いかけの疑問詞を聞き逃す、あるいは Where と勘違いしてしまうと、誤答として除外できない。(B) は Two years. だけなので、期間を答えていることになり、「いつ?」という質問にはつながらない。Two yeas later[ago]. となっていれば、正解になり得る。

注　□ investigation：名調査

(582) **4.** (WH疑問文)　　　　　　　　　　　　　　　難易度 ▲　　正解 (B)

Script What color should we paint the bathroom?
　　　バスルームは何色のペンキを塗るべきですか。
(A) I like your picture.　　　　　あなたの絵が好きです。
(B) White needs to be avoided.　白は避けたほうがいいですね。
(C) OK, let's take a bus.　　　　わかりました、バスに乗りましょう。

解説 What color 〜 ? で「お風呂場を**〈何色〉**にするか」が問われている。(B) の「白は避けたほうがいい」は、**使わない方がよい色**を答えている。最適な答えが思いつかない場合に、まずダメなものを消去していくのは、よくあること。ひねった応答だが、会話が自然につながるので、正解。(A) は paint から連想される絵の話でひっかけをねらっている。(C) は bus が bathroom に対する音トリック。

---

(583) **5.** (WH疑問文)　　　　　　　　　　　　　　　難易度 ▲　　正解 (C)

Script When do I need to register for the management workshop?
　　　管理職研修にはいつ登録しなければいけませんか。
(A) Attendance is very low.　　出席者が非常に少ないんです。
(B) It must be useful.　　　　それは役立つに違いありません。
(C) I did it for you.　　　　　あなたの代わりにやっておきましたよ。

解説 When 〜 ? で「管理職研修に登録する**〈時〉**」を尋ねている。(C) の did it は registered for the management workshop を意味しており、「**あなたの代わりに、私がすでに登録した**」と言っている。これが正解。(A) は workshop から連想される Attendance（出席者数）の話でひっかけをねらっている。(B) も同じように研修の質の話でひっかけようとしている。

注 □ attendance：**名** 出席者

---

(584) **6.** (WH疑問文)　　　　　　　　　　　　　　　難易度 ▲　　正解 (A)

Script How much does the special order cost?
　　　特注料金はいくらですか。
(A) It depends on your deadline.　　納期次第ですね。
(B) As much as you can.　　　　　　できる限り多く。
(C) Let me see if I have the number.　電話番号を持っているか見てみます。

解説 How much 〜 ? で「特注に**〈いくら〉**かかるか」が問われている。(A) の「納期次第」は、**納期によって価格は変わる**ということ。具体的な金額を答えてはいないが、自然なやりとりとなるので、これが正解。(B) は you can 以降が省略されているが、その内容を文脈から推測できない。(C) の「電話番号の確認」は、質問と無関係。

セット9-解答・解説　問題通し番号 (585)〜(590)

(585) 7.　YN疑問文　　難易度　正解 (B)

Script Have you seen my scissors?
私のハサミを見かけましたか。

(A) Sure, I'll have some.　　もちろん、いくつかいただきます。
(B) There're some in the computer room.　コンピュータ室にハサミがありますよ。
(C) She's buying a new one.　彼女は新しいものを買っています。

解説 Yes/No 疑問文で「私のハサミを見たかどうか」が問われている。(B) の some は scissors を指しており、「コンピューター室にハサミがある」と言っている。これは、**「コンピュータ室を確認すること」**を間接的に勧めており、自然な応答となる。(A) は Sure (＝もちろん見た) のあと、何かを購入すると言っており、ちぐはぐな応答になっている。(C) は She が誰を指すのか不明。

---

(586) 8.　平叙文　　難易度　正解 (A)

Script Some of us started a social activity last month.
先月、私たちの何人かは社会活動を始めました。

(A) Any chance I could join it?　　私も参加できますか。
(B) Yes, he volunteered to do it.　ええ、彼が進んでそれを引き受けてくれました。
(C) Admission is free.　　入場は無料です。

解説 平叙文で「何人かが社会活動を始めた」という事実を伝えている。(A) は Is there **any chance I could join it?** が省略された形で、「それ (＝その社会活動) に私も参加できるか」と**活動に興味を示している**。問いかけに自然につながるので、これが正解。(B) は主語の he が誰を指すのか不明。(C) の「入場は無料」は無関係な内容。

注　□ volunteer to do : 進んで〜しようと申し出る　□ admission : 🟢 入場

---

(587) 9.　平叙文　　難易度　正解 (A)

Script I can't believe you're here in the gallery.
この美術館であなたに会うなんて信じられません。

(A) Some of the artists are friends of mine.　アーティストの何人かが私の友人なんです。
(B) Do you need this paintbrush?　この絵筆が必要ですか。
(C) I'm responsible for the order.　私は注文を担当しています。

解説 平叙文で「あなたがこの美術館にいるなんて信じられない」と驚きを伝えている。(A) の「アーティストの何人かが友人なんだ」は、驚いている相手に美術館にいる**理由**を説明している。自然なやりとりとなるので、これが正解。(B) は美術館から連想される paintbrush でひっかけようとしている。(C) は問いかけに無関係な内容。

注　□ responsible : 🟢 担当している、責任がある

(588) **10.** (WH疑問文) 難易度   正解 (C)

Script Who developed the company's marketing plan?
誰が会社のマーケティング計画を立てたんですか。

(A) Yes, I did.　　　　　　　　　ええ、私がしました。
(B) Jeffrey was in a meeting.　　Jeffrey は会議に出席していました。
(C) A consulting firm.　　　　　コンサルティング会社です。

解説 Who ～ ? で「会社のマーケィング計画を策定した《人》」が問われている。(C) の「**コンサルティング会社**」は、企業の経営をさまざまに手助けする会社。ここでの「マーケティング計画の策定」ももちろん業務に含まれるので、これが正解。(A) は Yes が余計。I did.（私が策定した）だけであれば正解になり得る。(B) の「ある会議にいた」だけでは、Jeffrey が計画の策定に関与したとは考えられない。

注　□ consulting firm：コンサルティング会社

(589) **11.** (WH疑問文)　難易度　正解 (A)

Script Where do you think is the best place for the new factory?
新しい工場に最適な場所はどこだと思いますか。

(A) A couple of locations should be considered.　　いくつかの場所を検討すべきですね。
(B) It houses almost five hundred people.　　ほぼ 500 人を収容できます。
(C) In fact, Ernest and I were awarded.　　実は、Ernest と私が受賞しました。

解説 Where ～ ? で「新工場に最適な《場所》」が問われている。(A) の「いくつかの場所を検討すべき」は、即答を避け、**複数の場所を検討することを提案**している。具体的な場所を答えてはいないが、自然なやりとりとなるので、これが正解。(B) は工場から連想される収容人数でひっかけようとしている。(C) は fact が factory に対する音トリックとなっている。

注　□ consider：動 ～を検討する、考慮する　□ award：動 ～を授与する

(590) **12.** (選択疑問文)　難易度 　正解 (B)

Script Would you like to write up the press release, or shall I?
プレスリリースはあなたが書きたいですか、それとも私が書きましょうか。

(A) Light it up with decorations.　　飾りをつけて照らし出してください。
(B) I don't mind doing it.　　　　私が書いてもいいですよ。
(C) By Wednesday, if possible.　　もし可能なら水曜日までに。

解説 選択疑問文で「プレスリリースを書くのは《あなた》か《私》か」が問われている。(B) の mind は「～を嫌だと思う」。その否定形なので、「それをする（＝プレスリリースを書く）のは嫌ではない**→いても構わない**」と言っている。つまり、**前者**を選ぶ応答になっている。(A) は Light it up が write up に対する音トリック。(C) は期日を答えているが、もう少し会話が進んでから必要となるだろう発言。

注　□ write up ～：～を書き上げる

セット9-解答・解説　　　問題通し番号 (591)〜(596)

(591) 13. 平叙文　　　正解 (A)

Script Your next meeting is here at 3 P.M.
あなたの次の会議はここで午後 3 時からです。

(A) Thanks for reminding me.　　思い出させてくれてありがとう。
(B) Here you are.　　はい、どうぞ。
(C) Late this morning.　　今朝の遅い時間帯に。

解説 平叙文で「次の会議はここで午後 3 時から」と予定を知らせている。そのことに対し、**お礼を述べている** (A) が正解。(B) は何かを手渡す際の表現。(C) は午前中の時間帯を答えており、問いかけにつながらない。

(592) 14. WH疑問文　　　正解 (C)

Script How did you find out about that shampoo?
そのシャンプーをどうやって見つけたんですか。

(A) Did you have trouble finding our office?　　ウチのオフィスを見つけるのは大変でしたか。
(B) Yes, it's like bamboo.　　ええ、それは竹のようです。
(C) Just a suggestion from my doctor.　　かかりつけの医者から勧められただけですよ。

解説 How 〜? で「シャンプーを見つけた〈**方法**〉」が問われている。(C) の「医者からの勧め」は、**医者がそのシャンプーを教えてくれた**、ということ。見つけた方法を的確に答えているので、これが正解。(A) は「何かを見つける」という共通点でひっかけをねらっている。(B) は bamboo が shampoo に対する音トリックになっている。

注　□ suggestion：图 提案

(593) 15. WH疑問文　　　正解 (B)

Script Which of these music players is Mr. Holton's?
どちらが Holton さんの音楽プレーヤーですか。

(A) I didn't play tennis at that time.　　私はその当時、テニスはしませんでした。
(B) His name is put on the back.　　彼の名前が裏面に書かれています。
(C) One of our accountants.　　うちの会計士の 1 人です。

解説 Which 〜? で「〈**どちら**〉の音楽プレーヤーが Holton さんのものか」を尋ねている。(B) は、**プレーヤーの裏側を見ればわかる**ということ。**判別方法**を教える自然な応答になっている。(A) は players に関連した play でひっかけをねらっている。(C) は、問いかけの Which of よりもあとを聞き取れなかった場合には、つい選んでしまうかもしれない。

注　□ accountant：图 会計士

(594) 16. (否定・付加疑問文)　　難易度 正解 (A)

Script Aren't you going to travel to Athens today?
今日、アテネに旅行に行かないんですか。

(A) No, I need to redesign a layout.　行きません、レイアウトをデザインし直す必要があって。
(B) What will you do then?　では何をするんですか。
(C) Yes, I used to support the team.　ええ、かつてはそのチームを応援していました。

解説 否定疑問文で「今日アテネに行くかどうか」が問われている。それに **No** (=行かない) と応じ、「レイアウトをデザインし直さなければならない」という**理由**を続けている (A) が、自然な応答。(B) は「アテネに行かないのか」→ (No= 行かない) →「では何をするのか」というように、問いかけに No と答えた人に向けた質問。頭の中で勝手に (　) 部分を補って選ばないように。(C) は Yes (=行く) と答えているが、後ろに続く内容が質問とかみ合っていない。

(595) 17. (提案・依頼・勧誘・申し出)　　難易度 正解 (B)

Script Why don't we go out for lunch today?
今日はランチを食べに外へ出ませんか。

(A) No, I don't mind waiting.　いいえ、私は待っても構いません。
(B) Mind if I check my schedule?　スケジュールを確認してもいいですか。
(C) I had a big fish last night.　昨夜は大きな魚を食べました。

解説 Why don't we ～ ? で「ランチに外へ行こう」と提案している。(B) の **Mind if ～ ?** は Do[Would] you mind if ～ ? の省略形で、「～したら嫌か＝～してもよいか」と許可を求める表現。「予定を確認してから返事をしてもよいか」と言っている。**回答を保留する応答**になっており、質問に自然につながる。(A) は Do you mind ～ ? を使って、待つことを依頼された際の応答。(C) は「食事」に関連した内容だが、昨日の夕食のメニューを答えており、質問にはつながらない。

(596) 18. (YN疑問文)　　難易度 正解 (A)

Script Mr. Marshall, do you have time to discuss how we deliver our next presentation?
Marshall さん、次のプレゼンの仕方について話し合う時間はありますか。

(A) We already talked it over, didn't we?　それについてはもう話しましたよね。
(B) It was probably a long meeting.　おそらく長い会議でした。
(C) It seems like a fast delivery service.　速達サービスのようです。

解説 Yes/No 疑問文で「プレゼンのやり方について相談する時間があるかどうか」を Mr. Marshall に尋ねている。(A) の it は how we deliver over next presentation を指しており、「プレゼンのやり方については、すでに話し合ったはず」と言っている。これは、だから「**もう話し合う必要はない**」という、**質問者とは反対の考え**を伝えている。自然なやりとりとなるので、これが正解。(B) は過去の会議について答えている。(C) は delivery が deliver に対する音トリックになっている。

セット9-解答・解説　問題通し番号 (597)～(602)

(597) 19. 〔YN疑問文〕　難易度 易　正解 (C)

Script Are you coming to the celebration?
祝賀会に来ますか。

(A) There're many celebrity attendees.　著名人の参加者が大勢います。
(B) It will be held on March 25.　3月25日に開催されます。
(C) I didn't hear about that.　そのことについて聞いていませんでした。

解説 Yes/No 疑問文で「祝賀会に来るかどうか」が問われている。(C) の that は the celebration を指しており、「祝賀会について聞いていなかった」と言っている。知らなかったから「**行かない**」あるいは「**すぐには回答できない**」という応答になっている。これが正解。(A) は celebration から連想される参加者の説明でひっかけようとしている。また celebrity が celebration に対する音トリックになっている。(B) が答えているのは開催日。

注　□ celebration：お祝い、祝典　□ celebrity：著名人、有名人　□ attendee：出席者、参加者

(598) 20. 〔否定・付加疑問文〕　難易度 難　正解 (C)

Script Today's discussion was great, wasn't it?
今日のディスカッションは素晴らしかったですね。

(A) Sure, that'll be greatly done.　もちろん、それは素晴らしい形で終わるだろう。
(B) After long deliberation.　長く熟考したあとで。
(C) Now we're in good hands.　これで私たちは何も心配する必要がないですね。

解説 付加疑問文で「今日の議論は素晴らしかったこと」を確認している。(C) の **in good hands** は「安泰だ、何も心配がない」という意味。「**今日の議論によって心配することがなくなった**」と、議論が素晴らしかったことに**同意**している。これが正解。(A) は Sure で同意したあと、未来の話をしている。質問者はすでに終わった会議のことを尋ねているので、時制がズレている。(B) が答えているのはタイミング。

注　□ deliberation：熟考　□ in good hands：何も心配する必要がない

(599) 21. 〔WH疑問文〕　難易度 難　正解 (A)

Script Who's responsible for ordering these parts?
これらの部品の発注責任者は誰ですか。

(A) We usually take turns.　通常、私たちが交代でやっています。
(B) Actually it's rechargeable.　実はそれは充電可能です。
(C) They aren't in order.　それらは整頓されていません。

解説 Who ～? で「部品の発注責任を担っている《人》」が問われている。(A) の **take turns** は「交替でする」という意味で、「私たちが交替で発注している」と言っている。つまり**誰か１人が責任を負っているわけではない**と答えており、自然な応答になっている。(B) は it が何を指すのか不明な上に、rechargeable（充電可能な）という無関係な内容を答えている。(C) の order は、問いかけの order(ing) と異なり、「順序、順番」という意味。音に釣られて選ばないように。

注　□ take turns：交代でする　□ rechargeable：充電可能　□ in order：整頓されて

(600) **22.** 〔否定・付加疑問文〕　難易度　正解 (A)

Script All of us need to reset our passwords, don't we?
私たち全員、パスワードをリセットする必要があるんですよね。

(A) Only new members.　新メンバーだけです。
(B) They're not allowed to access the database.
　　彼らはデータベースへのアクセスを許可されていません。
(C) I'm excited to hear that.　それを聞いて興奮しています。

解説 付加疑問文で「全員がパスワードをリセットする必要があること」を確認している。(A) は「新メンバーだけ」としか述べていないが、これは **Only new members** need to reset their passwords. を省略した形。「**新メンバーだけがリセットしなければならない**」、つまり **No** と答えていることになる。これが正解。(B) は passwords から連想される「データベースへのアクセス」でひっかけようとしている。(C) は「質問を聞いて興奮している」となるが、常識的に考えておかしいので不適切。

---

(601) **23.** 〔提案・依頼・勧誘・申し出〕　難易度　正解 (A)

Script Do you want to share a taxi to the station?
駅まで一緒にタクシーに乗りませんか。

(A) I'm in the mood to walk.　歩きたい気分なんです。
(B) Stay alert while driving here.　ここを運転中は気を抜かないでください。
(C) No, I want to share a big meal.　いいえ、ごちそうを一緒に食べたいです。

解説 Do you want to ～? で「駅までのタクシーの相乗り」に誘っている。(A) の the mood to *do* は「～しようとする気持ち」なので、「**歩きたい気分だ**」と言っている。タクシーに乗ることを婉曲に**断っており**、自然な応答となる。(B) は車を運転する人への助言だが、質問者は自分で運転するわけではない。(C) は No (=タクシーに乗りたくない) のあと、「食事をシェアしたい」と続けているが、唐突すぎて文意が通らない。

注　□ *be* in the mood to *do*：～したい気分だ　□ stay alert：気を抜かない、常に注意する

---

(602) **24.** 〔WH疑問文〕　難易度　正解 (C)

Script Which team won the contract to build the new bridge?
どのチームが新しい橋の建設契約を勝ち取りましたか。

(A) Teamwork is the most important thing.　チームワークがいちばん重要なんです。
(B) We've never met the contractor.　その請負業者とは会っていません。
(C) The planning committee is still deciding.　計画委員会がまだ検討中です。

解説 Which ～? で「**どの**チームが橋の建設契約を勝ち取ったか」が問われている。(C) の The planning committee は「橋の建設計画を統括する委員会」のことだと考えられる。その「委員会が検討中」ということは、まだ**どこと契約するか決まっていない**ということ。これが正解。(A) は、問いかけの team に関連した teamwork でひっかけようとしている。(B) も同様に contract (契約) に関連した contractor (請負業者) がひっかけとなっている。

注　□ contractor：❷請負業者　□ committee：❷委員会

セット9-解答・解説

(603) 25. （WH疑問文） 　　　　　　　　　　　正解 (A)

Script When are you going to talk at the small-business forum?
あなたはいつ、中小企業向けフォーラムで話をするんですか。

(A) There is the program on my desk.　プログラムが私の机にありますよ。
(B) They are talking to each other.　彼らはお互いに話しています。
(C) It takes place in Berlin.　それは Berlin で開催されます。

解説 When 〜? で「中小企業向けフォーラムで講演する《時》」が問われている。(A) の the program は「中小企業向けフォーラムのプログラム」のこと。そこには当然、スケジュールが載っているはずなので、「プログラムが机の上にある」は、**いつ講演するかはそれを見てください**ということ。これが正解。(B) は、問いかけにもある talk でひっかけようとしている。(C) は開催地を答えている。問いかけの When を Where と勘違いしてしまうと、魅力的な選択肢となる。

注　□ forum：名フォーラム、公開討論会

応答問題模試セット9　正答一覧

●学習記録●

回数	学習日		所要時間		正答数
1回目	月	日	分	秒	／25
2回目	月	日	分	秒	／25

●正答一覧●

No.	A	B	C	No.	A	B	C	No.	A	B	C
1	Ⓐ	●	Ⓒ	11	●	Ⓑ	Ⓒ	21	●	Ⓑ	Ⓒ
2	Ⓐ	Ⓑ	●	12	Ⓐ	●	Ⓒ	22	●	Ⓑ	Ⓒ
3	Ⓐ	Ⓑ	●	13	●	Ⓑ	Ⓒ	23	●	Ⓑ	Ⓒ
4	Ⓐ	●	Ⓒ	14	Ⓐ	Ⓑ	●	24	Ⓐ	Ⓑ	●
5	Ⓐ	Ⓑ	●	15	Ⓐ	Ⓑ	●	25	●	Ⓑ	Ⓒ
6	●	Ⓑ	Ⓒ	16	●	Ⓑ	Ⓒ				
7	Ⓐ	●	Ⓒ	17	Ⓐ	●	Ⓒ				
8	Ⓐ	●	Ⓒ	18	●	Ⓑ	Ⓒ				
9	●	Ⓑ	Ⓒ	19	Ⓐ	Ⓑ	●				
10	Ⓐ	Ⓑ	●	20	Ⓐ	Ⓑ	●				

応答問題模試

セット10

本番と同じ25問の模擬試験です。

所要時間は約8分30秒。

以下の音声ファイルを連続再生して、一気に解いてください。

マークシートは巻末にあります。

音声ファイル
🔊 M604
▼
🔊 M628

問題数
25問

問題通し番号
604〜628

(次ページからは解説が始まります)

セット10-解答・解説

問題通し番号 (604)〜(609)

---

(604) 1. （否定・付加疑問文）　難易度　正解 (C)

Script Your job is developing new software products, isn't it?
あなたのお仕事は新しいソフトウェア製品の開発ですよね。

(A) My priority is beauty.　　　美しさが優先です。
(B) I am new here.　　　私は新人です。
(C) I changed careers last year.　　　昨年、転職したんです。

解説 付加疑問文で「相手の仕事がソフトウェアの開発であること」を確認している。(C) の「**昨年転職した**」は、「**昨年まではそうだったが、今は違う**」ということを示唆している。間接的に **No** と答えており、これが正解。(A) は質問に無関係な内容。(B) の new は「新入りの、新任の」という意味。新人であることと職種は別のことなので、質問につながらない。new に釣られないように。

注　□ priority：名 優先　□ career：名 職業、経歴

---

(605) 2. （平叙文）　難易度　難　正解 (B)

Script I have some announcements to make.
発表したいことがあります。

(A) So, I don't need to make a reservation.　では、私は予約をする必要がありませんね。
(B) Regarding personnel changes or something?
人事異動か何かについてですか。
(C) Yes, we definitely are.　ええ、私たちはもちろんです。

解説 平叙文で「発表したいことがある」と意思表明している。(B) の Regarding は前置詞「〜について（＝ about）」という意味。ここでは最後が上昇調で読まれているので、先回りして**発表内容を質問**している。自然なやりとりとなっている。(A) は、問いかけにもある make でひっかけをねらっている。(C) は we definitely are の後ろに省略された内容を、文脈から推測できない。もし we definitely do ならば、「私たちには確かに発表したいことがある」と質問者に同調する応答となり、正解となり得る。

注　□ regarding：前 〜に関して

---

(606) 3. （YN疑問文）　難易度　正解 (A)

Script Do you have another information packet for the training seminar?
研修セミナーのための資料集をもう1部持ってますか。

(A) Julia has extras.　　　Julia があまりを持ってますよ。
(B) I'd like to make it bigger.　　　もっと大きくしたいですね。
(C) In the packaging department.　　　梱包部で。

解説 Yes/No 疑問文で「研修資料をもう1部持っているかどうか」が問われている。(A) の extra は「余分なもの、予備」という意味で、ここでは「**研修資料のあまり**（予備）」のこと。それを「**Julia が持っている**」と言っている。自分が持っていないので**持っている人を紹介**している。間接的な **No** になっており、正解。(B) は大きさの変更を希望しているが、質問には関係ない。(C) は packaging が packet に対する音トリック。

注　□ packet：名 小包、袋　□ extra：名 余分なもの

(607) **4.** (WH疑問文) 　　　　　　　　　　　　　　難易度　　　　　正解 (B)

Script Why did you make a detour?
なぜあなたは迂回したのですか。

(A) Since the tour guide was chosen.　　そのツアーガイドが選ばれたからです。
(B) There is construction being done on Elm Street.
　　　　　　　　　　　　　　　　　　　Elm 通りで工事が行われているからです。
(C) From this morning.　　　　　　　　今朝からです。

解説 Why ～？で「迂回する**〈理由〉**」が問われている。(B) の「Elm 通りで進行中の工事がある」は、迂回する**理由として妥当**なので、正解。(A) の Since ～には「～して以来」のほか、「～なので」と理由を表わす用法もある。(A) はどちらにも解釈可能だが、理由を述べていると考えた場合でも、「ツアーガイドが選ばれたから」では迂回の理由にはならないので、不適切。tour が detour に対する音トリックになっている。(C) は「朝から」と時間帯を答えている。

注　□ detour：❷回り道

(608) **5.** (平叙文) 　　　　　　　　　　　　　　難易度　　　　　正解 (A)

Script I'm interested in your art gallery.
あなたの画廊に興味があります。

(A) I'll show you around.　　　　　　　ご案内しましょう。
(B) No, it's in the garage.　　　　　　いいえ、それはガレージの中です。
(C) Cut in interest rates.　　　　　　利下げです。

解説 平叙文で「あなたの画廊に興味がある」と述べている。your art gallery と言っているので、相手は、画廊のオーナー（もしくは従業員）だろうと推測できる。そのオーナー（or 従業員）が画廊を「**案内して回りましょう**」と申し出ている (A) が自然な応答。(B) は garage が gallery に対する、(C) は interest（利子、利息）が interested に対する音トリックになっている。

注　□ cut in interest rates：利下げ

(609) **6.** (選択疑問文) 　　　　　　　　　　　　難易度　　　　　正解 (C)

Script Do we pick up the guests from the airport or ask them to take public transportation?
私たちがお客様を空港まで迎えに行きますか、それとも公共交通機関を使っていただくよう頼みますか。

(A) You can pick one up.　　　　　　おひとつどうぞ。
(B) Please drop it off.　　　　　　　それを置いておいてください。
(C) I'll call them later.　　　　　　私があとで電話しておきます。

解説 選択疑問文で、「顧客を空港まで**〈車で迎えに行く〉**か**〈公共交通機関を利用するよう依頼する〉**か」が問われている。(C) の them は the guests を指しており、「私（＝応答者）があとで顧客に電話する」と言っている。これは「**私が顧客と話をつける**」ということ。最終的にどちらを選択するかは不明だが、会話が自然につながるので、これが正解。(A) は、問いかけにもある pick up でひっかけようとしている。(B) は it が何を指すのかわからない。

注　□ drop X off：X を置いていく

セット10-解答・解説

問題通し番号 (610)～(615)

(610) 7. （否定・付加疑問文） 難易度 正解 (A)

Script Haven't we chosen a person to do our cover illustrations?
表紙のイラストを描いてくれる人を選んでいないんですか。

(A) We're still narrowing it down.　　まだ絞り込んでいる段階なんです。
(B) He finally decided to design costumes.
　　彼はとうとう衣装をデザインすることに決めました。
(C) It was covered in local newspapers.　　それは地元紙によって取材されました。

解説 否定疑問文で「カバーイラストを描く人を決めたかどうか」が問われている。(A) の **narrow down** *X* は「*X* を絞り込む」という意味で、「それ（＝イラストを描く人）を絞り込んでいる」と言っている。これは「**候補者が複数いて、そこから適任者を選出している段階**」ということ。つまり **No**（＝決めていない）と間接的に答えており、正解。(B) はカバーイラストから連想される design でひっかけをねらっている。(C) は cover の動詞形に釣られて選ばないように。

注　□ narrow down *X*：*X* を絞り込む　□ cover：動 ～を報道する

(611) 8. （WH疑問文） 難易度 正解 (A)

Script When are the rest of the machine parts supposed to arrive?
機械部品の残りの分はいつ届く予定ですか。

(A) Could you call the supplier?　　納入業者に電話してもらえますか。
(B) Across from the apartment.　　アパートの向かい側です。
(C) We'll arrive a little earlier.　　私たちは少し早く着きます。

解説 When ～？で「機械部品の残りが到着する〈**時**〉」が問われている。(A) は **supplier**（＝機械部品を届ける会社）への電話を依頼している。これは「**私もいつ届くかわからないので、納入業者に電話で確認して**」ということ。自然なやりとりになるので、これが正解。(B) は場所に関する応答。(C) は主語がおかしい。部品ではなく「私たち」がどこかに到着すると言っている。

注　□ be supposed to *do*：～することになっている、予定である　□ supplier：名 納入業者

(612) 9. （WH疑問文） 難易度 正解 (C)

Script What color should we choose for our new logo?
われわれの新しいロゴに何色を選ぶべきでしょうか。

(A) Bruce goes there now.　　Bruce が今、そこに行きます。
(B) Everything's ready.　　準備万端です。
(C) Why don't we take a poll?　　投票をしませんか。

解説 What color ～？で「新しいロゴにふさわしい〈**色**〉」が問われている。(C) の **take a poll** は「投票をする」。Why don't we ～？を使って、**投票して決めること**を提案している。直接的な答え（具体的な色）を示してはいないが、**答えを得る手段**を提示しており、自然な応答になる。(A) は blue（青）と発音の似ている Bruce を使って、色を答えていると勘違いさせようとしている。(B) は色に無関係な応答。

注　□ take a poll：投票をする

(613) **10.** (WH疑問文)　　難易度／易　正解 (B)

Script When will the company van be returned?
社用ワゴン車はいつ戻りますか。

(A) To a designated space.　　指定されたスペースに。
(B) The updated schedule will be sent soon.
　　最新の予定表がもうすぐ送られてきます。
(C) Please return the business card.　　名刺を返してください。

解説 When 〜？で「社用車が戻る《時》」が問われている。(B) の The updated schedule は、社用車の利用状況を記した予定表だと考えられる。それが「もうすぐ送られてくる」と言っている。これは「**予定表を確認してから答える**（あるいは予定表を見て）」ということを示唆している。これが正解。(A) が答えているのは、社用車が戻される場所。When を Where と勘違いしてしまうと魅力的な選択肢となる。(C) は問いかけにもある return に釣られて選ばないように。

注　□designate：動〜を指定する

---

(614) **11.** (WH疑問文)　　難易度／難　正解 (C)

Script What else is necessary to complete this task?
この仕事を終えるのに、ほかに何が必要ですか。

(A) Yes, he will be missed.　　ええ、彼は惜しまれることでしょう。
(B) Why'd you go to the interview?　　なぜ面接に行ったんですか。
(C) An expert at hiring people.　　人材雇用のプロです。

解説 What else 〜？で「仕事を完成させるのにほかに《何》が必要か」が問われている。(C) の「雇用のエキスパート」は、**必要な人材**を挙げている。質問に的確に答えており、これが正解。(A) は WH 疑問文に Yes で応じている上に、あとに続く内容も質問に無関係。(B) の Why'd は Why did の縮約形。面接に行った理由を尋ねている。

注　□expert：名専門家

---

(615) **12.** (平叙文)　　難易度／難　正解 (A)

Script Raymond is still looking for some new sunglasses.
Raymond はまだ新しいサングラスを探しているんです。

(A) Why don't you recommend these?　　これを薦めてみたらどうですか。
(B) I've been there recently.　　最近そこに行ったんです。
(C) It can cause skin damage.　　皮膚を傷つける可能性があります。

解説 平叙文。「Raymond がいまだに新しいサングラスを探している」という状況を伝えている。(A) の these は these sunglasses の省略形で、2人がいま目にしているサングラスを指している。そのサングラスを Raymond に「**薦めてみたらどうか**」と提案している。自然なやりとりとなるので、正解。ちなみに、suglasses は常に複数形で用いるため、指示代名詞も these となっている。(B) は there がどこを指すのか不明。(C) は「It (= サングラスを探すこと) が皮膚を傷つける」となるが、一般的には考えにくいことなので、不適切。

セット10-解答・解説　問題通し番号 (616)〜(621)

(616) 13. 〔否定・付加疑問文〕　難易度：難　正解 (A)

Script The event coordinator postponed the annual fashion show, didn't he?
イベントコーディネーターが、毎年恒例のファッションショーを延期したんですよね。

(A) That comes as a shock.　　それには驚いています。
(B) We should contact her soon.　　すぐに彼女に連絡をとるべきです。
(C) Could you show me the prototype?　　試作品を見せていただけますか。

解説 付加疑問文。最後 didn't he となっているので「イベント主催者（男性）がファッションショーを延期したこと」を確認している。(A) の **come as a shock** は「ショックである」という意味。ファッションショーの延期にショックを受けたことを伝えており、間接的な **Yes** となっている。これが正解。(B) を「イベントコーディネーターに連絡する」と解釈した人もいるだろうが、イベントコーディネーターは男性なので、her で受けることはできない。(C) は show につられて選ばないように。

注 □ coordinator：名 コーディネーター、取りまとめ役　□ prototype：名 試作品

(617) 14. 〔提案・依頼・勧誘・申し出〕　難易度：中　正解 (A)

Script Could you please finish the report as soon as possible?
できるだけ早く報告書を仕上げていただけますか。

(A) I'll do it now.　　今やります。
(B) So am I.　　私もそうです。
(C) Yes, you could.　　ええ、どうぞ。

解説 Could you〜? で「報告書をできるだけ早く完成させるよう」依頼している。(A) は「今、完成させる」と、依頼を**快諾**しており、自然な応答となっている。(B) の So am I. は、前に〈I am ＋ 形容詞 .〉の表現を受けて、「私もそうだ」と同意を表す。しかし、問いかけにはそういった表現は見当たらない。(C) は問いかけが、Could I〜?（〜していいですか）と許可を求めているのなら正解となる。Could you〜?（〜してくれませんか）と依頼されているのに、you could（あなたはできます）では文意が通らない。

(618) 15. 〔WH疑問文〕　難易度：中　正解 (B)

Script How much will our departmental budget increase next year?
ウチの部の予算は、来年どのくらい増えるでしょうか。

(A) Yes, a fifteen percent decrease.　　ええ、15パーセント減少します。
(B) It's subject to our sales results.　　売上成績次第ですね。
(C) The lease contract must be renewed.　　リース契約を更新しなければなりません。

解説 How much〜? で「来年、部署予算が**〈いくら〉**増額されるか」が問われている。(B) の be subject to X は「X による、X 次第である」という意味で、「それ（＝増額）は売上成績次第だ」と言っている。**売上に応じて、増額される金額は変動する**ということ。これが正解。(A) は WH 疑問文に Yes で応じているので、不適切。(C) は lease が increase に対する音トリックになっている。

注 □ be subject to X：X 次第である

| START! | 100問 | 200問 | 300問 | 400問 | 500問 | 600問 |

(619) 16. (YN疑問文)　　難易度　難　正解 (C)

Script Do you have any ideas about celebrating Timothy's retirement?
Timothyの引退祝いについて何かアイデアがありますか。

(A) He worked harder than expected.　　彼は期待されていたより熱心に働きました。
(B) I have an appointment at four.　　私は4時に約束があります。
(C) A party would be nice.　　パーティーがよいのではないでしょうか。

解説 Yes/No疑問文で「Timothyの引退を祝福するアイデアがあるかどうか」が問われている。これに対して、(C) は Yes を省略して、直接「パーティー」という**アイデアを提案**している。これが正解。ここでの would は仮定法過去の形で、控えめで丁寧なニュアンスを加えている。(A) は Timothy の働きぶり、(B) は自分の予定を答えている。どちらも質問に答えていない。

---

(620) 17. (YN疑問文)　　難易度　難　正解 (B)

Script Have you decided to purchase this black sofa?
この黒いソファーを購入することにしたんですか。

(A) It should be side by side.　　横並びにすべきです。
(B) I need to take some measurements.　　寸法を測る必要がありますね。
(C) I'd rather paint it in blue.　　むしろ青く塗りたいです。

解説 Yes/No 疑問文で「黒いソファーを購入するかどうか」が問われている。(B) の take measurements は「大きさを測る」という意味。購入後、部屋に収まらなかったら大変なので、まず「寸法を測らなければ」と言っている。**まだ購入を決断していない**ことを間接的に伝えており、これが正解。(A) は It (=this black sofa) が何と横並びになるのかがわからない。(C) は、black sofa の連想から色についての会話だと勘違いさせて、ひっかけようとしている。

注　□ measurements : 訳寸法　□ would rather *do* : むしろ〜したい

---

(621) 18. (WH疑問文)　　難易度　難　正解 (B)

Script What if two of us go on a business trip?
もし私たちふたりが出張に行くことになったらどうしよう。

(A) Every other week.　　隔週です。
(B) Some manuals would be needed.　　いくつかのマニュアルが必要になるでしょうね。
(C) Please say hello to him.　　彼によろしくお伝えください。

解説 What if 〜? で「自分たちが出張に行くことになったら**どうする**か」が問われている。(B) の「マニュアルが必要になるだろう」は、2人の業務を代行する人のために、**仕事内容を記したマニュアルを用意しなければいけない**、ということだと推測できる。質問に自然につながるので、これが正解。(A) は頻度を答えている。(C) は him が誰なのが不明。

セット10-解答・解説

問題通し番号 (622)～(627)

---

(622) **19.** (WH疑問文)　難易度　正解 (A)

Script Who will be meeting with Ms. Fields?
誰が Fields さんと会う予定ですか。

(A) Some auditors, I heard.　　数名の監査役だと聞きました。
(B) She's a nice person.　　彼女はよい人ですね。
(C) Do you want something to eat?　　何か食べ物がほしいですか。

解説 Who ～？で「Fields さんと会う〈人〉」が問われている。(A) は **auditors**（監査役）という職業名を示して、質問に素直に答えている。ただ、auditor が難しめの単語なので、少し答えにくかったかもしれない。I heard は「誰かから聞いた」ということ。(B) は She (= Fields さん) の人となりを述べているが、質問には答えていない。(C) は無関係な内容。

注　□ auditor：❷ 会計監査官、監査役

---

(623) **20.** (提案・依頼・勧誘・申し出)　難易度　正解 (C)

Script Can you help me out with these boxes?
これらの箱を運ぶのを手伝ってもらえますか。

(A) Aisle or window?　　通路側ですか、窓側ですか。
(B) Yes, you can.　　ええ、あなたはできます。
(C) A ladder would be needed.　　はしごが必要そうですね。

解説 Can you ～？で「箱の運搬の手伝い」を**依頼**している。(C) の「はしごが必要かも」は、箱を移動させるのに**必要な道具**を挙げている。これは間接的に依頼を**承諾**していると考えられるので、正解。(A) は、乗り物の座席を指定する際によくされる質問。(B) は Yes (＝手伝う) と応じたあとの主語がおかしい。you だと依頼者本人が手伝うことになる。Yes, I can. なら正解となる。

注　□ ladder：❷ はしご

---

(624) **21.** (提案・依頼・勧誘・申し出)　難易度　正解 (C)

Script Excuse me, can I get you something to drink?
すみません、何か飲み物をお持ちしましょうか。

(A) I turned it off.　　私はそれの電源を切りました。
(B) That's the special announcement.　　それは特別な発表です。
(C) Is there an additional charge?　　追加料金がかかりますか。

解説 Can I ～？で「飲み物を持ってくること」を**申し出**ている。(C) は、**その飲み物に追加料金が発生するかどうか**を確認している。申し出を受け入れるかどうかを答える1つ手前の応答として自然なので、正解。レストランなどで、すでに何らかの料金（食事代など）が発生している状況での、給仕係と客とのやりとりだと考えられる。(A) は何かの電源を切ったという応答。(B) は「飲み物を持ってくる」という提案を指して、「特別な発表だ」と言っている。これは常識的に考えて不自然なので、誤答となる。

396

22. （WH疑問文） 正解 (C)

Script Who's been selected to create cost-effective plans?
コスト効果の高い計画を作成するのに、誰が選ばれましたか。

(A) Select the best answer. 　　最善の答えを選んでください。
(B) They're using quality concrete. 　彼らは良質なコンクリートを使用しています。
(C) It's still being deliberated. 　まだ熟考中です。

解説 Who ~? で「コスト効果の高い計画をたてるために選ばれた《人》」が問われている。(C) の **deliberate** は「~を熟考する」という意味で、「それ (=誰にするか) はまだ熟考されているところだ」と言っている。つまり「**まだ決まっていない**」ということ。これが正解。(A) は、問いかけにもある Select でひっかけようとしている。(B) の quality は形容詞「高品質の」という意味で用いられている。名詞の「品質」だけでなく、この用法も押さえておこう。

注 □ cost-effective：⑱費用対効果の高い　□ quality：⑱良質の　□ concrete：⑳コンクリート
　□ deliberate：⑲~を熟考する

23. （WH疑問文） 正解 (C)

Script How much did you spend on renovation of the research lab?
研究室の改修にいくらかかったんですか。

(A) Not too hurried. 　慌てないでください。
(B) I spent time with my relatives. 　親戚と一緒に過ごしました。
(C) All of the documentation is in my drawer. 　すべての書類が私の引き出しに入っています。

解説 How much ~? で「研究室の改装にかかった《金額》」が問われている。(C) の All of the documentation は「研究室の改装に関するすべての書類」だと推測できる。そこには当然、**費用を記した書類**（予算書や請求書など）も含まれるはず。そうした書類の所在（引き出しの中）を伝えているということは、「**それらを見て（見ればわかる）**」と指示していると考えられる。これが正解。(A) は質問と無関係。(B) の spent は、問いかけにある spend の過去形。釣られて選ばないように。

注 □ lab：⑳研究室　□ hurried：⑱慌てた、慌ただしい　□ relative：⑳親戚　□ drawer：⑳引き出し

24. （WH疑問文） 正解 (A)

Script How were the finalists for the design competition selected?
デザインコンテストの決勝進出者はどうやって選ばれたんですか。

(A) Their portfolios were evaluated. 　作品集が審査されたんです。
(B) There is a special dinner. 　特別ディナーがあります。
(C) Yes, they are. 　ええ、彼らはそうです。

解説 How ~? で「デザインコンペの最終選考者が選ばれた《方法》」が問われている。(A) の **portfolio** は「作品集」という意味なので、「**候補者たちがデザインした作品をまとめた資料が評価された**」と言っている。デザインコンペの**選考方法として妥当**なので、これが正解。(B) は問いかけに無関係な内容。(C) は WH 疑問文に Yes で答えており、不適切。

注 □ portfolio：⑳作品(見本)集

628. 25. WH疑問文 正解 (C)

Script Whose turn is it to order our office supplies this time?
今回オフィス用品を注文するのは誰ですか。

(A) Turn right at the intersection. 交差点を右折してください。
(B) Is that free of charge? それは無料ですか。
(C) Vanessa did it last time. 前回は Vanessa がやりましたよ。

解説 Whose turn ～？で「事務用品を発注するのは《誰の番》か」が問われている。(C) の did it は ordered our office supplies を意味するので、「前回は、Vanessa がオフィス用品を注文した」と言っている。これは「**今回は、Vanessa の次の人の番**」ということ。具体的な人を答えているわけではないが、問いへの自然な応答となっているので、これが正解。(A) の Turn は「曲がる」という動詞。問いかけの名詞「順番」とは異なるが、発音は同じなので、音に釣られないように。(B) は「注文」から連想される価格の話題でひっかけようとしている。

注 □ supplies：**名** 消耗品　□ intersection：**名** 交差点　□ free of charge：無料で

応答問題模試セット10　正答一覧

●学習記録●

回数	学習日	所要時間	正答数
1 回目	月　　日	分　　秒	／25
2 回目	月　　日	分　　秒	／25

●正答一覧●

No.	A	B	C	No.	A	B	C	No.	A	B	C
1	A	B	**C**	11	A	B	**C**	21	A	B	**C**
2	A	**B**	C	12	**A**	B	C	22	A	B	**C**
3	**A**	B	C	13	**A**	B	C	23	A	B	**C**
4	A	**B**	C	14	**A**	B	C	24	**A**	B	C
5	**A**	B	C	15	A	**B**	C	25	A	B	**C**
6	A	B	**C**	16	A	B	**C**				
7	**A**	B	C	17	A	**B**	C				
8	**A**	B	C	18	A	**B**	C				
9	A	B	**C**	19	**A**	B	C				
10	A	**B**	C	20	A	B	**C**				

第1章トレーニング

No.	ANSWER A B C	No.	ANSWER A B C	No.	ANSWER A B C	No.	ANSWER A B C	No.	ANSWER A B C
1	Ⓐ Ⓑ Ⓒ	16	Ⓐ Ⓑ Ⓒ	31	Ⓐ Ⓑ Ⓒ	46	Ⓐ Ⓑ Ⓒ	61	Ⓐ Ⓑ Ⓒ
2	Ⓐ Ⓑ Ⓒ	17	Ⓐ Ⓑ Ⓒ	32	Ⓐ Ⓑ Ⓒ	47	Ⓐ Ⓑ Ⓒ	62	Ⓐ Ⓑ Ⓒ
3	Ⓐ Ⓑ Ⓒ	18	Ⓐ Ⓑ Ⓒ	33	Ⓐ Ⓑ Ⓒ	48	Ⓐ Ⓑ Ⓒ	63	Ⓐ Ⓑ Ⓒ
4	Ⓐ Ⓑ Ⓒ	19	Ⓐ Ⓑ Ⓒ	34	Ⓐ Ⓑ Ⓒ	49	Ⓐ Ⓑ Ⓒ	64	Ⓐ Ⓑ Ⓒ
5	Ⓐ Ⓑ Ⓒ	20	Ⓐ Ⓑ Ⓒ	35	Ⓐ Ⓑ Ⓒ	50	Ⓐ Ⓑ Ⓒ	65	Ⓐ Ⓑ Ⓒ
6	Ⓐ Ⓑ Ⓒ	21	Ⓐ Ⓑ Ⓒ	36	Ⓐ Ⓑ Ⓒ	51	Ⓐ Ⓑ Ⓒ	66	Ⓐ Ⓑ Ⓒ
7	Ⓐ Ⓑ Ⓒ	22	Ⓐ Ⓑ Ⓒ	37	Ⓐ Ⓑ Ⓒ	52	Ⓐ Ⓑ Ⓒ	67	Ⓐ Ⓑ Ⓒ
8	Ⓐ Ⓑ Ⓒ	23	Ⓐ Ⓑ Ⓒ	38	Ⓐ Ⓑ Ⓒ	53	Ⓐ Ⓑ Ⓒ	68	Ⓐ Ⓑ Ⓒ
9	Ⓐ Ⓑ Ⓒ	24	Ⓐ Ⓑ Ⓒ	39	Ⓐ Ⓑ Ⓒ	54	Ⓐ Ⓑ Ⓒ	69	Ⓐ Ⓑ Ⓒ
10	Ⓐ Ⓑ Ⓒ	25	Ⓐ Ⓑ Ⓒ	40	Ⓐ Ⓑ Ⓒ	55	Ⓐ Ⓑ Ⓒ	70	Ⓐ Ⓑ Ⓒ
11	Ⓐ Ⓑ Ⓒ	26	Ⓐ Ⓑ Ⓒ	41	Ⓐ Ⓑ Ⓒ	56	Ⓐ Ⓑ Ⓒ	71	Ⓐ Ⓑ Ⓒ
12	Ⓐ Ⓑ Ⓒ	27	Ⓐ Ⓑ Ⓒ	42	Ⓐ Ⓑ Ⓒ	57	Ⓐ Ⓑ Ⓒ	72	Ⓐ Ⓑ Ⓒ
13	Ⓐ Ⓑ Ⓒ	28	Ⓐ Ⓑ Ⓒ	43	Ⓐ Ⓑ Ⓒ	58	Ⓐ Ⓑ Ⓒ	73	Ⓐ Ⓑ Ⓒ
14	Ⓐ Ⓑ Ⓒ	29	Ⓐ Ⓑ Ⓒ	44	Ⓐ Ⓑ Ⓒ	59	Ⓐ Ⓑ Ⓒ	74	Ⓐ Ⓑ Ⓒ
15	Ⓐ Ⓑ Ⓒ	30	Ⓐ Ⓑ Ⓒ	45	Ⓐ Ⓑ Ⓒ	60	Ⓐ Ⓑ Ⓒ	75	Ⓐ Ⓑ Ⓒ

No.	ANSWER A B C	No.	ANSWER A B C	No.	ANSWER A B C	No.	ANSWER A B C	No.	ANSWER A B C
76	Ⓐ Ⓑ Ⓒ	91	Ⓐ Ⓑ Ⓒ	106	Ⓐ Ⓑ Ⓒ	121	Ⓐ Ⓑ Ⓒ	136	Ⓐ Ⓑ Ⓒ
77	Ⓐ Ⓑ Ⓒ	92	Ⓐ Ⓑ Ⓒ	107	Ⓐ Ⓑ Ⓒ	122	Ⓐ Ⓑ Ⓒ	137	Ⓐ Ⓑ Ⓒ
78	Ⓐ Ⓑ Ⓒ	93	Ⓐ Ⓑ Ⓒ	108	Ⓐ Ⓑ Ⓒ	123	Ⓐ Ⓑ Ⓒ	138	Ⓐ Ⓑ Ⓒ
79	Ⓐ Ⓑ Ⓒ	94	Ⓐ Ⓑ Ⓒ	109	Ⓐ Ⓑ Ⓒ	124	Ⓐ Ⓑ Ⓒ	139	Ⓐ Ⓑ Ⓒ
80	Ⓐ Ⓑ Ⓒ	95	Ⓐ Ⓑ Ⓒ	110	Ⓐ Ⓑ Ⓒ	125	Ⓐ Ⓑ Ⓒ	140	Ⓐ Ⓑ Ⓒ
81	Ⓐ Ⓑ Ⓒ	96	Ⓐ Ⓑ Ⓒ	111	Ⓐ Ⓑ Ⓒ	126	Ⓐ Ⓑ Ⓒ	141	Ⓐ Ⓑ Ⓒ
82	Ⓐ Ⓑ Ⓒ	97	Ⓐ Ⓑ Ⓒ	112	Ⓐ Ⓑ Ⓒ	127	Ⓐ Ⓑ Ⓒ	142	Ⓐ Ⓑ Ⓒ
83	Ⓐ Ⓑ Ⓒ	98	Ⓐ Ⓑ Ⓒ	113	Ⓐ Ⓑ Ⓒ	128	Ⓐ Ⓑ Ⓒ	143	Ⓐ Ⓑ Ⓒ
84	Ⓐ Ⓑ Ⓒ	99	Ⓐ Ⓑ Ⓒ	114	Ⓐ Ⓑ Ⓒ	129	Ⓐ Ⓑ Ⓒ	144	Ⓐ Ⓑ Ⓒ
85	Ⓐ Ⓑ Ⓒ	100	Ⓐ Ⓑ Ⓒ	115	Ⓐ Ⓑ Ⓒ	130	Ⓐ Ⓑ Ⓒ	145	Ⓐ Ⓑ Ⓒ
86	Ⓐ Ⓑ Ⓒ	101	Ⓐ Ⓑ Ⓒ	116	Ⓐ Ⓑ Ⓒ	131	Ⓐ Ⓑ Ⓒ	146	Ⓐ Ⓑ Ⓒ
87	Ⓐ Ⓑ Ⓒ	102	Ⓐ Ⓑ Ⓒ	117	Ⓐ Ⓑ Ⓒ	132	Ⓐ Ⓑ Ⓒ	147	Ⓐ Ⓑ Ⓒ
88	Ⓐ Ⓑ Ⓒ	103	Ⓐ Ⓑ Ⓒ	118	Ⓐ Ⓑ Ⓒ	133	Ⓐ Ⓑ Ⓒ	148	Ⓐ Ⓑ Ⓒ
89	Ⓐ Ⓑ Ⓒ	104	Ⓐ Ⓑ Ⓒ	119	Ⓐ Ⓑ Ⓒ	134	Ⓐ Ⓑ Ⓒ	149	Ⓐ Ⓑ Ⓒ
90	Ⓐ Ⓑ Ⓒ	105	Ⓐ Ⓑ Ⓒ	120	Ⓐ Ⓑ Ⓒ	135	Ⓐ Ⓑ Ⓒ	150	Ⓐ Ⓑ Ⓒ

第2章トレーニング

No.	ANSWER A B C	No.	ANSWER A B C	No.	ANSWER A B C	No.	ANSWER A B C	No.	ANSWER A B C
1	Ⓐ Ⓑ Ⓒ	16	Ⓐ Ⓑ Ⓒ	31	Ⓐ Ⓑ Ⓒ	46	Ⓐ Ⓑ Ⓒ	61	Ⓐ Ⓑ Ⓒ
2	Ⓐ Ⓑ Ⓒ	17	Ⓐ Ⓑ Ⓒ	32	Ⓐ Ⓑ Ⓒ	47	Ⓐ Ⓑ Ⓒ	62	Ⓐ Ⓑ Ⓒ
3	Ⓐ Ⓑ Ⓒ	18	Ⓐ Ⓑ Ⓒ	33	Ⓐ Ⓑ Ⓒ	48	Ⓐ Ⓑ Ⓒ	63	Ⓐ Ⓑ Ⓒ
4	Ⓐ Ⓑ Ⓒ	19	Ⓐ Ⓑ Ⓒ	34	Ⓐ Ⓑ Ⓒ	49	Ⓐ Ⓑ Ⓒ	64	Ⓐ Ⓑ Ⓒ
5	Ⓐ Ⓑ Ⓒ	20	Ⓐ Ⓑ Ⓒ	35	Ⓐ Ⓑ Ⓒ	50	Ⓐ Ⓑ Ⓒ	65	Ⓐ Ⓑ Ⓒ
6	Ⓐ Ⓑ Ⓒ	21	Ⓐ Ⓑ Ⓒ	36	Ⓐ Ⓑ Ⓒ	51	Ⓐ Ⓑ Ⓒ	66	Ⓐ Ⓑ Ⓒ
7	Ⓐ Ⓑ Ⓒ	22	Ⓐ Ⓑ Ⓒ	37	Ⓐ Ⓑ Ⓒ	52	Ⓐ Ⓑ Ⓒ	67	Ⓐ Ⓑ Ⓒ
8	Ⓐ Ⓑ Ⓒ	23	Ⓐ Ⓑ Ⓒ	38	Ⓐ Ⓑ Ⓒ	53	Ⓐ Ⓑ Ⓒ	68	Ⓐ Ⓑ Ⓒ
9	Ⓐ Ⓑ Ⓒ	24	Ⓐ Ⓑ Ⓒ	39	Ⓐ Ⓑ Ⓒ	54	Ⓐ Ⓑ Ⓒ	69	Ⓐ Ⓑ Ⓒ
10	Ⓐ Ⓑ Ⓒ	25	Ⓐ Ⓑ Ⓒ	40	Ⓐ Ⓑ Ⓒ	55	Ⓐ Ⓑ Ⓒ		
11	Ⓐ Ⓑ Ⓒ	26	Ⓐ Ⓑ Ⓒ	41	Ⓐ Ⓑ Ⓒ	56	Ⓐ Ⓑ Ⓒ		
12	Ⓐ Ⓑ Ⓒ	27	Ⓐ Ⓑ Ⓒ	42	Ⓐ Ⓑ Ⓒ	57	Ⓐ Ⓑ Ⓒ		
13	Ⓐ Ⓑ Ⓒ	28	Ⓐ Ⓑ Ⓒ	43	Ⓐ Ⓑ Ⓒ	58	Ⓐ Ⓑ Ⓒ		
14	Ⓐ Ⓑ Ⓒ	29	Ⓐ Ⓑ Ⓒ	44	Ⓐ Ⓑ Ⓒ	59	Ⓐ Ⓑ Ⓒ		
15	Ⓐ Ⓑ Ⓒ	30	Ⓐ Ⓑ Ⓒ	45	Ⓐ Ⓑ Ⓒ	60	Ⓐ Ⓑ Ⓒ		

第3章トレーニング

No.	ANSWER A B C	No.	ANSWER A B C	No.	ANSWER A B C
1	Ⓐ Ⓑ Ⓒ	16	Ⓐ Ⓑ Ⓒ	31	Ⓐ Ⓑ Ⓒ
2	Ⓐ Ⓑ Ⓒ	17	Ⓐ Ⓑ Ⓒ	32	Ⓐ Ⓑ Ⓒ
3	Ⓐ Ⓑ Ⓒ	18	Ⓐ Ⓑ Ⓒ	33	Ⓐ Ⓑ Ⓒ
4	Ⓐ Ⓑ Ⓒ	19	Ⓐ Ⓑ Ⓒ	34	Ⓐ Ⓑ Ⓒ
5	Ⓐ Ⓑ Ⓒ	20	Ⓐ Ⓑ Ⓒ	35	Ⓐ Ⓑ Ⓒ
6	Ⓐ Ⓑ Ⓒ	21	Ⓐ Ⓑ Ⓒ	36	Ⓐ Ⓑ Ⓒ
7	Ⓐ Ⓑ Ⓒ	22	Ⓐ Ⓑ Ⓒ	37	Ⓐ Ⓑ Ⓒ
8	Ⓐ Ⓑ Ⓒ	23	Ⓐ Ⓑ Ⓒ	38	Ⓐ Ⓑ Ⓒ
9	Ⓐ Ⓑ Ⓒ	24	Ⓐ Ⓑ Ⓒ	39	Ⓐ Ⓑ Ⓒ
10	Ⓐ Ⓑ Ⓒ	25	Ⓐ Ⓑ Ⓒ	40	Ⓐ Ⓑ Ⓒ
11	Ⓐ Ⓑ Ⓒ	26	Ⓐ Ⓑ Ⓒ	41	Ⓐ Ⓑ Ⓒ
12	Ⓐ Ⓑ Ⓒ	27	Ⓐ Ⓑ Ⓒ	42	Ⓐ Ⓑ Ⓒ
13	Ⓐ Ⓑ Ⓒ	28	Ⓐ Ⓑ Ⓒ	43	Ⓐ Ⓑ Ⓒ
14	Ⓐ Ⓑ Ⓒ	29	Ⓐ Ⓑ Ⓒ	44	Ⓐ Ⓑ Ⓒ
15	Ⓐ Ⓑ Ⓒ	30	Ⓐ Ⓑ Ⓒ	45	Ⓐ Ⓑ Ⓒ

第4章トレーニング

No.	ANSWER A B C	No.	ANSWER A B C	No.	ANSWER A B C
1	Ⓐ Ⓑ Ⓒ	16	Ⓐ Ⓑ Ⓒ	31	Ⓐ Ⓑ Ⓒ
2	Ⓐ Ⓑ Ⓒ	17	Ⓐ Ⓑ Ⓒ	32	Ⓐ Ⓑ Ⓒ
3	Ⓐ Ⓑ Ⓒ	18	Ⓐ Ⓑ Ⓒ	33	Ⓐ Ⓑ Ⓒ
4	Ⓐ Ⓑ Ⓒ	19	Ⓐ Ⓑ Ⓒ	34	Ⓐ Ⓑ Ⓒ
5	Ⓐ Ⓑ Ⓒ	20	Ⓐ Ⓑ Ⓒ	35	Ⓐ Ⓑ Ⓒ
6	Ⓐ Ⓑ Ⓒ	21	Ⓐ Ⓑ Ⓒ	36	Ⓐ Ⓑ Ⓒ
7	Ⓐ Ⓑ Ⓒ	22	Ⓐ Ⓑ Ⓒ	37	Ⓐ Ⓑ Ⓒ
8	Ⓐ Ⓑ Ⓒ	23	Ⓐ Ⓑ Ⓒ	38	Ⓐ Ⓑ Ⓒ
9	Ⓐ Ⓑ Ⓒ	24	Ⓐ Ⓑ Ⓒ	39	Ⓐ Ⓑ Ⓒ
10	Ⓐ Ⓑ Ⓒ	25	Ⓐ Ⓑ Ⓒ		
11	Ⓐ Ⓑ Ⓒ	26	Ⓐ Ⓑ Ⓒ		
12	Ⓐ Ⓑ Ⓒ	27	Ⓐ Ⓑ Ⓒ		
13	Ⓐ Ⓑ Ⓒ	28	Ⓐ Ⓑ Ⓒ		
14	Ⓐ Ⓑ Ⓒ	29	Ⓐ Ⓑ Ⓒ		
15	Ⓐ Ⓑ Ⓒ	30	Ⓐ Ⓑ Ⓒ		

第5章トレーニング

No.	ANSWER A B C	No.	ANSWER A B C	No.	ANSWER A B C
1	Ⓐ Ⓑ Ⓒ	16	Ⓐ Ⓑ Ⓒ	31	Ⓐ Ⓑ Ⓒ
2	Ⓐ Ⓑ Ⓒ	17	Ⓐ Ⓑ Ⓒ	32	Ⓐ Ⓑ Ⓒ
3	Ⓐ Ⓑ Ⓒ	18	Ⓐ Ⓑ Ⓒ	33	Ⓐ Ⓑ Ⓒ
4	Ⓐ Ⓑ Ⓒ	19	Ⓐ Ⓑ Ⓒ	34	Ⓐ Ⓑ Ⓒ
5	Ⓐ Ⓑ Ⓒ	20	Ⓐ Ⓑ Ⓒ	35	Ⓐ Ⓑ Ⓒ
6	Ⓐ Ⓑ Ⓒ	21	Ⓐ Ⓑ Ⓒ	36	Ⓐ Ⓑ Ⓒ
7	Ⓐ Ⓑ Ⓒ	22	Ⓐ Ⓑ Ⓒ	37	Ⓐ Ⓑ Ⓒ
8	Ⓐ Ⓑ Ⓒ	23	Ⓐ Ⓑ Ⓒ	38	Ⓐ Ⓑ Ⓒ
9	Ⓐ Ⓑ Ⓒ	24	Ⓐ Ⓑ Ⓒ	39	Ⓐ Ⓑ Ⓒ
10	Ⓐ Ⓑ Ⓒ	25	Ⓐ Ⓑ Ⓒ		
11	Ⓐ Ⓑ Ⓒ	26	Ⓐ Ⓑ Ⓒ		
12	Ⓐ Ⓑ Ⓒ	27	Ⓐ Ⓑ Ⓒ		
13	Ⓐ Ⓑ Ⓒ	28	Ⓐ Ⓑ Ⓒ		
14	Ⓐ Ⓑ Ⓒ	29	Ⓐ Ⓑ Ⓒ		
15	Ⓐ Ⓑ Ⓒ	30	Ⓐ Ⓑ Ⓒ		

第6章トレーニング

No.	ANSWER A B C	No.	ANSWER A B C
1	Ⓐ Ⓑ Ⓒ	16	Ⓐ Ⓑ Ⓒ
2	Ⓐ Ⓑ Ⓒ	17	Ⓐ Ⓑ Ⓒ
3	Ⓐ Ⓑ Ⓒ	18	Ⓐ Ⓑ Ⓒ
4	Ⓐ Ⓑ Ⓒ	19	Ⓐ Ⓑ Ⓒ
5	Ⓐ Ⓑ Ⓒ	20	Ⓐ Ⓑ Ⓒ
6	Ⓐ Ⓑ Ⓒ	21	Ⓐ Ⓑ Ⓒ
7	Ⓐ Ⓑ Ⓒ	22	Ⓐ Ⓑ Ⓒ
8	Ⓐ Ⓑ Ⓒ	23	Ⓐ Ⓑ Ⓒ
9	Ⓐ Ⓑ Ⓒ	24	Ⓐ Ⓑ Ⓒ
10	Ⓐ Ⓑ Ⓒ		
11	Ⓐ Ⓑ Ⓒ		
12	Ⓐ Ⓑ Ⓒ		
13	Ⓐ Ⓑ Ⓒ		
14	Ⓐ Ⓑ Ⓒ		
15	Ⓐ Ⓑ Ⓒ		

応答問題模試　セット ☐

（学習日：　月　日）

No.	ANSWER			No.	ANSWER			No.	ANSWER		
	A	B	C		A	B	C		A	B	C
1	Ⓐ	Ⓑ	Ⓒ	11	Ⓐ	Ⓑ	Ⓒ	21	Ⓐ	Ⓑ	Ⓒ
2	Ⓐ	Ⓑ	Ⓒ	12	Ⓐ	Ⓑ	Ⓒ	22	Ⓐ	Ⓑ	Ⓒ
3	Ⓐ	Ⓑ	Ⓒ	13	Ⓐ	Ⓑ	Ⓒ	23	Ⓐ	Ⓑ	Ⓒ
4	Ⓐ	Ⓑ	Ⓒ	14	Ⓐ	Ⓑ	Ⓒ	24	Ⓐ	Ⓑ	Ⓒ
5	Ⓐ	Ⓑ	Ⓒ	15	Ⓐ	Ⓑ	Ⓒ	25	Ⓐ	Ⓑ	Ⓒ
6	Ⓐ	Ⓑ	Ⓒ	16	Ⓐ	Ⓑ	Ⓒ				
7	Ⓐ	Ⓑ	Ⓒ	17	Ⓐ	Ⓑ	Ⓒ				
8	Ⓐ	Ⓑ	Ⓒ	18	Ⓐ	Ⓑ	Ⓒ				
9	Ⓐ	Ⓑ	Ⓒ	19	Ⓐ	Ⓑ	Ⓒ				
10	Ⓐ	Ⓑ	Ⓒ	20	Ⓐ	Ⓑ	Ⓒ				

応答問題模試　セット ☐

（学習日：　月　日）

No.	ANSWER			No.	ANSWER			No.	ANSWER		
	A	B	C		A	B	C		A	B	C
1	Ⓐ	Ⓑ	Ⓒ	11	Ⓐ	Ⓑ	Ⓒ	21	Ⓐ	Ⓑ	Ⓒ
2	Ⓐ	Ⓑ	Ⓒ	12	Ⓐ	Ⓑ	Ⓒ	22	Ⓐ	Ⓑ	Ⓒ
3	Ⓐ	Ⓑ	Ⓒ	13	Ⓐ	Ⓑ	Ⓒ	23	Ⓐ	Ⓑ	Ⓒ
4	Ⓐ	Ⓑ	Ⓒ	14	Ⓐ	Ⓑ	Ⓒ	24	Ⓐ	Ⓑ	Ⓒ
5	Ⓐ	Ⓑ	Ⓒ	15	Ⓐ	Ⓑ	Ⓒ	25	Ⓐ	Ⓑ	Ⓒ
6	Ⓐ	Ⓑ	Ⓒ	16	Ⓐ	Ⓑ	Ⓒ				
7	Ⓐ	Ⓑ	Ⓒ	17	Ⓐ	Ⓑ	Ⓒ				
8	Ⓐ	Ⓑ	Ⓒ	18	Ⓐ	Ⓑ	Ⓒ				
9	Ⓐ	Ⓑ	Ⓒ	19	Ⓐ	Ⓑ	Ⓒ				
10	Ⓐ	Ⓑ	Ⓒ	20	Ⓐ	Ⓑ	Ⓒ				

キリトリ

応答問題模試　セット☐
（学習日：　月　日）

No.	ANSWER A B C	No.	ANSWER A B C	No.	ANSWER A B C
1	Ⓐ Ⓑ Ⓒ	11	Ⓐ Ⓑ Ⓒ	21	Ⓐ Ⓑ Ⓒ
2	Ⓐ Ⓑ Ⓒ	12	Ⓐ Ⓑ Ⓒ	22	Ⓐ Ⓑ Ⓒ
3	Ⓐ Ⓑ Ⓒ	13	Ⓐ Ⓑ Ⓒ	23	Ⓐ Ⓑ Ⓒ
4	Ⓐ Ⓑ Ⓒ	14	Ⓐ Ⓑ Ⓒ	24	Ⓐ Ⓑ Ⓒ
5	Ⓐ Ⓑ Ⓒ	15	Ⓐ Ⓑ Ⓒ	25	Ⓐ Ⓑ Ⓒ
6	Ⓐ Ⓑ Ⓒ	16	Ⓐ Ⓑ Ⓒ		
7	Ⓐ Ⓑ Ⓒ	17	Ⓐ Ⓑ Ⓒ		
8	Ⓐ Ⓑ Ⓒ	18	Ⓐ Ⓑ Ⓒ		
9	Ⓐ Ⓑ Ⓒ	19	Ⓐ Ⓑ Ⓒ		
10	Ⓐ Ⓑ Ⓒ	20	Ⓐ Ⓑ Ⓒ		

応答問題模試　セット☐
（学習日：　月　日）

No.	ANSWER A B C	No.	ANSWER A B C	No.	ANSWER A B C
1	Ⓐ Ⓑ Ⓒ	11	Ⓐ Ⓑ Ⓒ	21	Ⓐ Ⓑ Ⓒ
2	Ⓐ Ⓑ Ⓒ	12	Ⓐ Ⓑ Ⓒ	22	Ⓐ Ⓑ Ⓒ
3	Ⓐ Ⓑ Ⓒ	13	Ⓐ Ⓑ Ⓒ	23	Ⓐ Ⓑ Ⓒ
4	Ⓐ Ⓑ Ⓒ	14	Ⓐ Ⓑ Ⓒ	24	Ⓐ Ⓑ Ⓒ
5	Ⓐ Ⓑ Ⓒ	15	Ⓐ Ⓑ Ⓒ	25	Ⓐ Ⓑ Ⓒ
6	Ⓐ Ⓑ Ⓒ	16	Ⓐ Ⓑ Ⓒ		
7	Ⓐ Ⓑ Ⓒ	17	Ⓐ Ⓑ Ⓒ		
8	Ⓐ Ⓑ Ⓒ	18	Ⓐ Ⓑ Ⓒ		
9	Ⓐ Ⓑ Ⓒ	19	Ⓐ Ⓑ Ⓒ		
10	Ⓐ Ⓑ Ⓒ	20	Ⓐ Ⓑ Ⓒ		

キリトリ

応答問題模試　セット ☐
（学習日：　　月　　日）

No.	ANSWER A B C	No.	ANSWER A B C	No.	ANSWER A B C
1	Ⓐ Ⓑ Ⓒ	11	Ⓐ Ⓑ Ⓒ	21	Ⓐ Ⓑ Ⓒ
2	Ⓐ Ⓑ Ⓒ	12	Ⓐ Ⓑ Ⓒ	22	Ⓐ Ⓑ Ⓒ
3	Ⓐ Ⓑ Ⓒ	13	Ⓐ Ⓑ Ⓒ	23	Ⓐ Ⓑ Ⓒ
4	Ⓐ Ⓑ Ⓒ	14	Ⓐ Ⓑ Ⓒ	24	Ⓐ Ⓑ Ⓒ
5	Ⓐ Ⓑ Ⓒ	15	Ⓐ Ⓑ Ⓒ	25	Ⓐ Ⓑ Ⓒ
6	Ⓐ Ⓑ Ⓒ	16	Ⓐ Ⓑ Ⓒ		
7	Ⓐ Ⓑ Ⓒ	17	Ⓐ Ⓑ Ⓒ		
8	Ⓐ Ⓑ Ⓒ	18	Ⓐ Ⓑ Ⓒ		
9	Ⓐ Ⓑ Ⓒ	19	Ⓐ Ⓑ Ⓒ		
10	Ⓐ Ⓑ Ⓒ	20	Ⓐ Ⓑ Ⓒ		

応答問題模試　セット ☐
（学習日：　　月　　日）

No.	ANSWER A B C	No.	ANSWER A B C	No.	ANSWER A B C
1	Ⓐ Ⓑ Ⓒ	11	Ⓐ Ⓑ Ⓒ	21	Ⓐ Ⓑ Ⓒ
2	Ⓐ Ⓑ Ⓒ	12	Ⓐ Ⓑ Ⓒ	22	Ⓐ Ⓑ Ⓒ
3	Ⓐ Ⓑ Ⓒ	13	Ⓐ Ⓑ Ⓒ	23	Ⓐ Ⓑ Ⓒ
4	Ⓐ Ⓑ Ⓒ	14	Ⓐ Ⓑ Ⓒ	24	Ⓐ Ⓑ Ⓒ
5	Ⓐ Ⓑ Ⓒ	15	Ⓐ Ⓑ Ⓒ	25	Ⓐ Ⓑ Ⓒ
6	Ⓐ Ⓑ Ⓒ	16	Ⓐ Ⓑ Ⓒ		
7	Ⓐ Ⓑ Ⓒ	17	Ⓐ Ⓑ Ⓒ		
8	Ⓐ Ⓑ Ⓒ	18	Ⓐ Ⓑ Ⓒ		
9	Ⓐ Ⓑ Ⓒ	19	Ⓐ Ⓑ Ⓒ		
10	Ⓐ Ⓑ Ⓒ	20	Ⓐ Ⓑ Ⓒ		

キリトリ

✂ キリトリ

応答問題模試　セット ☐

（学習日：　　月　　日）

No.	ANSWER A B C	No.	ANSWER A B C	No.	ANSWER A B C
1	Ⓐ Ⓑ Ⓒ	11	Ⓐ Ⓑ Ⓒ	21	Ⓐ Ⓑ Ⓒ
2	Ⓐ Ⓑ Ⓒ	12	Ⓐ Ⓑ Ⓒ	22	Ⓐ Ⓑ Ⓒ
3	Ⓐ Ⓑ Ⓒ	13	Ⓐ Ⓑ Ⓒ	23	Ⓐ Ⓑ Ⓒ
4	Ⓐ Ⓑ Ⓒ	14	Ⓐ Ⓑ Ⓒ	24	Ⓐ Ⓑ Ⓒ
5	Ⓐ Ⓑ Ⓒ	15	Ⓐ Ⓑ Ⓒ	25	Ⓐ Ⓑ Ⓒ
6	Ⓐ Ⓑ Ⓒ	16	Ⓐ Ⓑ Ⓒ		
7	Ⓐ Ⓑ Ⓒ	17	Ⓐ Ⓑ Ⓒ		
8	Ⓐ Ⓑ Ⓒ	18	Ⓐ Ⓑ Ⓒ		
9	Ⓐ Ⓑ Ⓒ	19	Ⓐ Ⓑ Ⓒ		
10	Ⓐ Ⓑ Ⓒ	20	Ⓐ Ⓑ Ⓒ		

応答問題模試　セット ☐

（学習日：　　月　　日）

No.	ANSWER A B C	No.	ANSWER A B C	No.	ANSWER A B C
1	Ⓐ Ⓑ Ⓒ	11	Ⓐ Ⓑ Ⓒ	21	Ⓐ Ⓑ Ⓒ
2	Ⓐ Ⓑ Ⓒ	12	Ⓐ Ⓑ Ⓒ	22	Ⓐ Ⓑ Ⓒ
3	Ⓐ Ⓑ Ⓒ	13	Ⓐ Ⓑ Ⓒ	23	Ⓐ Ⓑ Ⓒ
4	Ⓐ Ⓑ Ⓒ	14	Ⓐ Ⓑ Ⓒ	24	Ⓐ Ⓑ Ⓒ
5	Ⓐ Ⓑ Ⓒ	15	Ⓐ Ⓑ Ⓒ	25	Ⓐ Ⓑ Ⓒ
6	Ⓐ Ⓑ Ⓒ	16	Ⓐ Ⓑ Ⓒ		
7	Ⓐ Ⓑ Ⓒ	17	Ⓐ Ⓑ Ⓒ		
8	Ⓐ Ⓑ Ⓒ	18	Ⓐ Ⓑ Ⓒ		
9	Ⓐ Ⓑ Ⓒ	19	Ⓐ Ⓑ Ⓒ		
10	Ⓐ Ⓑ Ⓒ	20	Ⓐ Ⓑ Ⓒ		

応答問題模試　セット☐

（学習日：　　月　　日）

No.	ANSWER A B C	No.	ANSWER A B C	No.	ANSWER A B C
1	Ⓐ Ⓑ Ⓒ	11	Ⓐ Ⓑ Ⓒ	21	Ⓐ Ⓑ Ⓒ
2	Ⓐ Ⓑ Ⓒ	12	Ⓐ Ⓑ Ⓒ	22	Ⓐ Ⓑ Ⓒ
3	Ⓐ Ⓑ Ⓒ	13	Ⓐ Ⓑ Ⓒ	23	Ⓐ Ⓑ Ⓒ
4	Ⓐ Ⓑ Ⓒ	14	Ⓐ Ⓑ Ⓒ	24	Ⓐ Ⓑ Ⓒ
5	Ⓐ Ⓑ Ⓒ	15	Ⓐ Ⓑ Ⓒ	25	Ⓐ Ⓑ Ⓒ
6	Ⓐ Ⓑ Ⓒ	16	Ⓐ Ⓑ Ⓒ		
7	Ⓐ Ⓑ Ⓒ	17	Ⓐ Ⓑ Ⓒ		
8	Ⓐ Ⓑ Ⓒ	18	Ⓐ Ⓑ Ⓒ		
9	Ⓐ Ⓑ Ⓒ	19	Ⓐ Ⓑ Ⓒ		
10	Ⓐ Ⓑ Ⓒ	20	Ⓐ Ⓑ Ⓒ		

応答問題模試　セット☐

（学習日：　　月　　日）

No.	ANSWER A B C	No.	ANSWER A B C	No.	ANSWER A B C
1	Ⓐ Ⓑ Ⓒ	11	Ⓐ Ⓑ Ⓒ	21	Ⓐ Ⓑ Ⓒ
2	Ⓐ Ⓑ Ⓒ	12	Ⓐ Ⓑ Ⓒ	22	Ⓐ Ⓑ Ⓒ
3	Ⓐ Ⓑ Ⓒ	13	Ⓐ Ⓑ Ⓒ	23	Ⓐ Ⓑ Ⓒ
4	Ⓐ Ⓑ Ⓒ	14	Ⓐ Ⓑ Ⓒ	24	Ⓐ Ⓑ Ⓒ
5	Ⓐ Ⓑ Ⓒ	15	Ⓐ Ⓑ Ⓒ	25	Ⓐ Ⓑ Ⓒ
6	Ⓐ Ⓑ Ⓒ	16	Ⓐ Ⓑ Ⓒ		
7	Ⓐ Ⓑ Ⓒ	17	Ⓐ Ⓑ Ⓒ		
8	Ⓐ Ⓑ Ⓒ	18	Ⓐ Ⓑ Ⓒ		
9	Ⓐ Ⓑ Ⓒ	19	Ⓐ Ⓑ Ⓒ		
10	Ⓐ Ⓑ Ⓒ	20	Ⓐ Ⓑ Ⓒ		

 大里 秀介／Tommy

TOEIC® L&R テスト 990 点満点 30 回以上取得／TOEIC® SW テスト 200 点満点取得。サッポロビール株式会社に勤務する現役サラリーマン。東北大学農学部応用生物化学科卒。2006 年から英語学習を開始し、2011 年に 990 点満点を獲得。2012 年からはカナダの SLEEMAN BREWERIES LTD. に勤務し、北米間の一大ビジネスプロジェクトを TOEIC で磨いた英語力で成功に導く。TOEIC ブロガー「Tommy」としても活躍し。時に「変態」と言われる圧倒的学習量とモチベーションの高いブログ記事は学習者を刺激し、伝説のブロガーとして人気を誇る。

Blog 『TOEIC スコアアップチャレンジ！900 点を目指そう』
http://tommytoeicosato.blog.fc2.com/

● 制作協力者
翻訳協力──和泉 有香／渡邉 真理子

TOEIC® L&R テスト
Part 2 応答問題 でる600問

2018年 4月 1日 初版 第1刷
2020年12月10日 　　　 第3刷

著者................ 大里 秀介
発行者.............. 天谷 修身
発行................ 株式会社アスク出版
　　　　　　　　〒162-8558　東京都新宿区下宮比町2-6
　　　　　　　　TEL：03-3267-6864
　　　　　　　　FAX：03-3267-6867
　　　　　　　　URL：https://www.ask-books.com/
装幀................ 岡崎 裕樹（アスク出版）
イラスト............ cawa-j ☆かわじ
本文デザイン........ 松尾 美恵子（primary inc.,）
DTP................ 株式会社鷗来堂
印刷・製本.......... 大日本印刷株式会社

ISBN 978-4-86639-142-7　　　　　　　Printed in Japan
乱丁、落丁が発生した場合はお取り替えいたします。弊社カスタマーサービス（電話：03-3267-6500　受付時間：土日祝祭日を除く平日 10:00 〜 12:00 ／ 13:00 〜 17:00）までご相談ください。

応答問題628問
ランダムチャレンジ！

別冊の使い方

この別冊は、本冊のすべての問題をランダムに並び替えて出題しています。628問を連続して解きたい場合や、外出先でのスキマ時間に学習したい場合にご利用ください。掲載しているのはスクリプトと正解のみです。解説は〈問題通し番号〉を使って、本冊を参照してください。

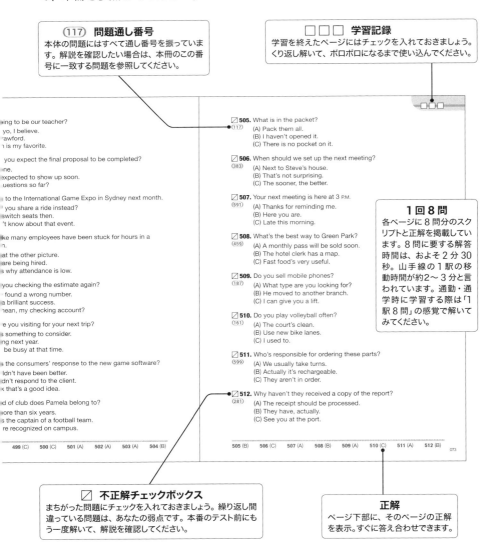

●別冊用マークシート

解答は、別冊用のマークシート（pp. 004〜008）をご利用ください。解答しやすいように、8問ずつ区切りを入れ、スクリプトと正解が記載されいてるページも表記してあります。

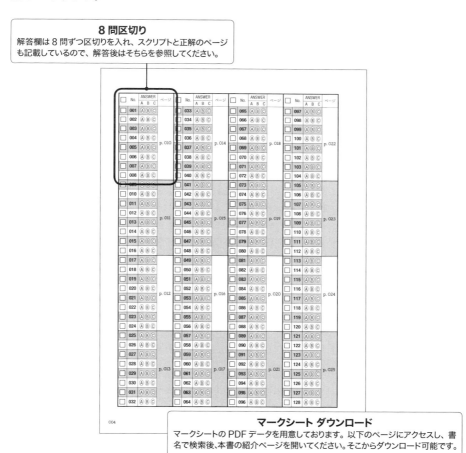

●問題音声ファイル

別冊用の音声ファイルも、本冊の pp. 009〜010 で説明した3つの方法でダウンロードできます。出題番号と音声ファイルの番号は一致しているので、解きたい問題と同じ番号のファイルを再生してください。

☐	No.	ANSWER A B C	ページ	☐	No.	ANSWER A B C	ページ	☐	No.	ANSWER A B C	ページ	☐	No.	ANSWER A B C	ページ
☐	001	Ⓐ Ⓑ Ⓒ		☐	033	Ⓐ Ⓑ Ⓒ		☐	065	Ⓐ Ⓑ Ⓒ		☐	097	Ⓐ Ⓑ Ⓒ	
☐	002	Ⓐ Ⓑ Ⓒ		☐	034	Ⓐ Ⓑ Ⓒ		☐	066	Ⓐ Ⓑ Ⓒ		☐	098	Ⓐ Ⓑ Ⓒ	
☐	003	Ⓐ Ⓑ Ⓒ		☐	035	Ⓐ Ⓑ Ⓒ		☐	067	Ⓐ Ⓑ Ⓒ		☐	099	Ⓐ Ⓑ Ⓒ	
☐	004	Ⓐ Ⓑ Ⓒ	p. 010	☐	036	Ⓐ Ⓑ Ⓒ	p. 014	☐	068	Ⓐ Ⓑ Ⓒ	p. 018	☐	100	Ⓐ Ⓑ Ⓒ	p. 022
☐	005	Ⓐ Ⓑ Ⓒ		☐	037	Ⓐ Ⓑ Ⓒ		☐	069	Ⓐ Ⓑ Ⓒ		☐	101	Ⓐ Ⓑ Ⓒ	
☐	006	Ⓐ Ⓑ Ⓒ		☐	038	Ⓐ Ⓑ Ⓒ		☐	070	Ⓐ Ⓑ Ⓒ		☐	102	Ⓐ Ⓑ Ⓒ	
☐	007	Ⓐ Ⓑ Ⓒ		☐	039	Ⓐ Ⓑ Ⓒ		☐	071	Ⓐ Ⓑ Ⓒ		☐	103	Ⓐ Ⓑ Ⓒ	
☐	008	Ⓐ Ⓑ Ⓒ		☐	040	Ⓐ Ⓑ Ⓒ		☐	072	Ⓐ Ⓑ Ⓒ		☐	104	Ⓐ Ⓑ Ⓒ	
☐	009	Ⓐ Ⓑ Ⓒ		☐	041	Ⓐ Ⓑ Ⓒ		☐	073	Ⓐ Ⓑ Ⓒ		☐	105	Ⓐ Ⓑ Ⓒ	
☐	010	Ⓐ Ⓑ Ⓒ		☐	042	Ⓐ Ⓑ Ⓒ		☐	074	Ⓐ Ⓑ Ⓒ		☐	106	Ⓐ Ⓑ Ⓒ	
☐	011	Ⓐ Ⓑ Ⓒ		☐	043	Ⓐ Ⓑ Ⓒ		☐	075	Ⓐ Ⓑ Ⓒ		☐	107	Ⓐ Ⓑ Ⓒ	
☐	012	Ⓐ Ⓑ Ⓒ	p. 011	☐	044	Ⓐ Ⓑ Ⓒ	p. 015	☐	076	Ⓐ Ⓑ Ⓒ	p. 019	☐	108	Ⓐ Ⓑ Ⓒ	p. 023
☐	013	Ⓐ Ⓑ Ⓒ		☐	045	Ⓐ Ⓑ Ⓒ		☐	077	Ⓐ Ⓑ Ⓒ		☐	109	Ⓐ Ⓑ Ⓒ	
☐	014	Ⓐ Ⓑ Ⓒ		☐	046	Ⓐ Ⓑ Ⓒ		☐	078	Ⓐ Ⓑ Ⓒ		☐	110	Ⓐ Ⓑ Ⓒ	
☐	015	Ⓐ Ⓑ Ⓒ		☐	047	Ⓐ Ⓑ Ⓒ		☐	079	Ⓐ Ⓑ Ⓒ		☐	111	Ⓐ Ⓑ Ⓒ	
☐	016	Ⓐ Ⓑ Ⓒ		☐	048	Ⓐ Ⓑ Ⓒ		☐	080	Ⓐ Ⓑ Ⓒ		☐	112	Ⓐ Ⓑ Ⓒ	
☐	017	Ⓐ Ⓑ Ⓒ		☐	049	Ⓐ Ⓑ Ⓒ		☐	081	Ⓐ Ⓑ Ⓒ		☐	113	Ⓐ Ⓑ Ⓒ	
☐	018	Ⓐ Ⓑ Ⓒ		☐	050	Ⓐ Ⓑ Ⓒ		☐	082	Ⓐ Ⓑ Ⓒ		☐	114	Ⓐ Ⓑ Ⓒ	
☐	019	Ⓐ Ⓑ Ⓒ		☐	051	Ⓐ Ⓑ Ⓒ		☐	083	Ⓐ Ⓑ Ⓒ		☐	115	Ⓐ Ⓑ Ⓒ	
☐	020	Ⓐ Ⓑ Ⓒ	p. 012	☐	052	Ⓐ Ⓑ Ⓒ	p. 016	☐	084	Ⓐ Ⓑ Ⓒ	p. 020	☐	116	Ⓐ Ⓑ Ⓒ	p. 024
☐	021	Ⓐ Ⓑ Ⓒ		☐	053	Ⓐ Ⓑ Ⓒ		☐	085	Ⓐ Ⓑ Ⓒ		☐	117	Ⓐ Ⓑ Ⓒ	
☐	022	Ⓐ Ⓑ Ⓒ		☐	054	Ⓐ Ⓑ Ⓒ		☐	086	Ⓐ Ⓑ Ⓒ		☐	118	Ⓐ Ⓑ Ⓒ	
☐	023	Ⓐ Ⓑ Ⓒ		☐	055	Ⓐ Ⓑ Ⓒ		☐	087	Ⓐ Ⓑ Ⓒ		☐	119	Ⓐ Ⓑ Ⓒ	
☐	024	Ⓐ Ⓑ Ⓒ		☐	056	Ⓐ Ⓑ Ⓒ		☐	088	Ⓐ Ⓑ Ⓒ		☐	120	Ⓐ Ⓑ Ⓒ	
☐	025	Ⓐ Ⓑ Ⓒ		☐	057	Ⓐ Ⓑ Ⓒ		☐	089	Ⓐ Ⓑ Ⓒ		☐	121	Ⓐ Ⓑ Ⓒ	
☐	026	Ⓐ Ⓑ Ⓒ		☐	058	Ⓐ Ⓑ Ⓒ		☐	090	Ⓐ Ⓑ Ⓒ		☐	122	Ⓐ Ⓑ Ⓒ	
☐	027	Ⓐ Ⓑ Ⓒ		☐	059	Ⓐ Ⓑ Ⓒ		☐	091	Ⓐ Ⓑ Ⓒ		☐	123	Ⓐ Ⓑ Ⓒ	
☐	028	Ⓐ Ⓑ Ⓒ	p. 013	☐	060	Ⓐ Ⓑ Ⓒ	p. 017	☐	092	Ⓐ Ⓑ Ⓒ	p. 021	☐	124	Ⓐ Ⓑ Ⓒ	p. 025
☐	029	Ⓐ Ⓑ Ⓒ		☐	061	Ⓐ Ⓑ Ⓒ		☐	093	Ⓐ Ⓑ Ⓒ		☐	125	Ⓐ Ⓑ Ⓒ	
☐	030	Ⓐ Ⓑ Ⓒ		☐	062	Ⓐ Ⓑ Ⓒ		☐	094	Ⓐ Ⓑ Ⓒ		☐	126	Ⓐ Ⓑ Ⓒ	
☐	031	Ⓐ Ⓑ Ⓒ		☐	063	Ⓐ Ⓑ Ⓒ		☐	095	Ⓐ Ⓑ Ⓒ		☐	127	Ⓐ Ⓑ Ⓒ	
☐	032	Ⓐ Ⓑ Ⓒ		☐	064	Ⓐ Ⓑ Ⓒ		☐	096	Ⓐ Ⓑ Ⓒ		☐	128	Ⓐ Ⓑ Ⓒ	

No.	ANSWER A B C	ページ	No.	ANSWER A B C	ページ	No.	ANSWER A B C	ページ	No.	ANSWER A B C	ページ
129	Ⓐ Ⓑ Ⓒ	p. 026	161	Ⓐ Ⓑ Ⓒ	p. 030	193	Ⓐ Ⓑ Ⓒ	p. 034	225	Ⓐ Ⓑ Ⓒ	p. 038
130	Ⓐ Ⓑ Ⓒ		162	Ⓐ Ⓑ Ⓒ		194	Ⓐ Ⓑ Ⓒ		226	Ⓐ Ⓑ Ⓒ	
131	Ⓐ Ⓑ Ⓒ		163	Ⓐ Ⓑ Ⓒ		195	Ⓐ Ⓑ Ⓒ		227	Ⓐ Ⓑ Ⓒ	
132	Ⓐ Ⓑ Ⓒ		164	Ⓐ Ⓑ Ⓒ		196	Ⓐ Ⓑ Ⓒ		228	Ⓐ Ⓑ Ⓒ	
133	Ⓐ Ⓑ Ⓒ		165	Ⓐ Ⓑ Ⓒ		197	Ⓐ Ⓑ Ⓒ		229	Ⓐ Ⓑ Ⓒ	
134	Ⓐ Ⓑ Ⓒ		166	Ⓐ Ⓑ Ⓒ		198	Ⓐ Ⓑ Ⓒ		230	Ⓐ Ⓑ Ⓒ	
135	Ⓐ Ⓑ Ⓒ		167	Ⓐ Ⓑ Ⓒ		199	Ⓐ Ⓑ Ⓒ		231	Ⓐ Ⓑ Ⓒ	
136	Ⓐ Ⓑ Ⓒ		168	Ⓐ Ⓑ Ⓒ		200	Ⓐ Ⓑ Ⓒ		232	Ⓐ Ⓑ Ⓒ	
137	Ⓐ Ⓑ Ⓒ	p. 027	169	Ⓐ Ⓑ Ⓒ	p. 031	201	Ⓐ Ⓑ Ⓒ	p. 035	233	Ⓐ Ⓑ Ⓒ	p. 039
138	Ⓐ Ⓑ Ⓒ		170	Ⓐ Ⓑ Ⓒ		202	Ⓐ Ⓑ Ⓒ		234	Ⓐ Ⓑ Ⓒ	
139	Ⓐ Ⓑ Ⓒ		171	Ⓐ Ⓑ Ⓒ		203	Ⓐ Ⓑ Ⓒ		235	Ⓐ Ⓑ Ⓒ	
140	Ⓐ Ⓑ Ⓒ		172	Ⓐ Ⓑ Ⓒ		204	Ⓐ Ⓑ Ⓒ		236	Ⓐ Ⓑ Ⓒ	
141	Ⓐ Ⓑ Ⓒ		173	Ⓐ Ⓑ Ⓒ		205	Ⓐ Ⓑ Ⓒ		237	Ⓐ Ⓑ Ⓒ	
142	Ⓐ Ⓑ Ⓒ		174	Ⓐ Ⓑ Ⓒ		206	Ⓐ Ⓑ Ⓒ		238	Ⓐ Ⓑ Ⓒ	
143	Ⓐ Ⓑ Ⓒ		175	Ⓐ Ⓑ Ⓒ		207	Ⓐ Ⓑ Ⓒ		239	Ⓐ Ⓑ Ⓒ	
144	Ⓐ Ⓑ Ⓒ		176	Ⓐ Ⓑ Ⓒ		208	Ⓐ Ⓑ Ⓒ		240	Ⓐ Ⓑ Ⓒ	
145	Ⓐ Ⓑ Ⓒ	p. 028	177	Ⓐ Ⓑ Ⓒ	p. 032	209	Ⓐ Ⓑ Ⓒ	p. 036	241	Ⓐ Ⓑ Ⓒ	p. 040
146	Ⓐ Ⓑ Ⓒ		178	Ⓐ Ⓑ Ⓒ		210	Ⓐ Ⓑ Ⓒ		242	Ⓐ Ⓑ Ⓒ	
147	Ⓐ Ⓑ Ⓒ		179	Ⓐ Ⓑ Ⓒ		211	Ⓐ Ⓑ Ⓒ		243	Ⓐ Ⓑ Ⓒ	
148	Ⓐ Ⓑ Ⓒ		180	Ⓐ Ⓑ Ⓒ		212	Ⓐ Ⓑ Ⓒ		244	Ⓐ Ⓑ Ⓒ	
149	Ⓐ Ⓑ Ⓒ		181	Ⓐ Ⓑ Ⓒ		213	Ⓐ Ⓑ Ⓒ		245	Ⓐ Ⓑ Ⓒ	
150	Ⓐ Ⓑ Ⓒ		182	Ⓐ Ⓑ Ⓒ		214	Ⓐ Ⓑ Ⓒ		246	Ⓐ Ⓑ Ⓒ	
151	Ⓐ Ⓑ Ⓒ		183	Ⓐ Ⓑ Ⓒ		215	Ⓐ Ⓑ Ⓒ		247	Ⓐ Ⓑ Ⓒ	
152	Ⓐ Ⓑ Ⓒ		184	Ⓐ Ⓑ Ⓒ		216	Ⓐ Ⓑ Ⓒ		248	Ⓐ Ⓑ Ⓒ	
153	Ⓐ Ⓑ Ⓒ	p. 029	185	Ⓐ Ⓑ Ⓒ	p. 033	217	Ⓐ Ⓑ Ⓒ	p. 037	249	Ⓐ Ⓑ Ⓒ	p. 041
154	Ⓐ Ⓑ Ⓒ		186	Ⓐ Ⓑ Ⓒ		218	Ⓐ Ⓑ Ⓒ		250	Ⓐ Ⓑ Ⓒ	
155	Ⓐ Ⓑ Ⓒ		187	Ⓐ Ⓑ Ⓒ		219	Ⓐ Ⓑ Ⓒ		251	Ⓐ Ⓑ Ⓒ	
156	Ⓐ Ⓑ Ⓒ		188	Ⓐ Ⓑ Ⓒ		220	Ⓐ Ⓑ Ⓒ		252	Ⓐ Ⓑ Ⓒ	
157	Ⓐ Ⓑ Ⓒ		189	Ⓐ Ⓑ Ⓒ		221	Ⓐ Ⓑ Ⓒ		253	Ⓐ Ⓑ Ⓒ	
158	Ⓐ Ⓑ Ⓒ		190	Ⓐ Ⓑ Ⓒ		222	Ⓐ Ⓑ Ⓒ		254	Ⓐ Ⓑ Ⓒ	
159	Ⓐ Ⓑ Ⓒ		191	Ⓐ Ⓑ Ⓒ		223	Ⓐ Ⓑ Ⓒ		255	Ⓐ Ⓑ Ⓒ	
160	Ⓐ Ⓑ Ⓒ		192	Ⓐ Ⓑ Ⓒ		224	Ⓐ Ⓑ Ⓒ		256	Ⓐ Ⓑ Ⓒ	

☐	No.	ANSWER A B C	ページ	☐	No.	ANSWER A B C	ページ	☐	No.	ANSWER A B C	ページ	☐	No.	ANSWER A B C	ページ
☐	257	Ⓐ Ⓑ Ⓒ		☐	289	Ⓐ Ⓑ Ⓒ		☐	321	Ⓐ Ⓑ Ⓒ		☐	353	Ⓐ Ⓑ Ⓒ	
☐	258	Ⓐ Ⓑ Ⓒ		☐	290	Ⓐ Ⓑ Ⓒ		☐	322	Ⓐ Ⓑ Ⓒ		☐	354	Ⓐ Ⓑ Ⓒ	
☐	259	Ⓐ Ⓑ Ⓒ		☐	291	Ⓐ Ⓑ Ⓒ		☐	323	Ⓐ Ⓑ Ⓒ		☐	355	Ⓐ Ⓑ Ⓒ	
☐	260	Ⓐ Ⓑ Ⓒ	p. 042	☐	292	Ⓐ Ⓑ Ⓒ	p. 046	☐	324	Ⓐ Ⓑ Ⓒ	p. 050	☐	356	Ⓐ Ⓑ Ⓒ	p. 054
☐	261	Ⓐ Ⓑ Ⓒ		☐	293	Ⓐ Ⓑ Ⓒ		☐	325	Ⓐ Ⓑ Ⓒ		☐	357	Ⓐ Ⓑ Ⓒ	
☐	262	Ⓐ Ⓑ Ⓒ		☐	294	Ⓐ Ⓑ Ⓒ		☐	326	Ⓐ Ⓑ Ⓒ		☐	358	Ⓐ Ⓑ Ⓒ	
☐	263	Ⓐ Ⓑ Ⓒ		☐	295	Ⓐ Ⓑ Ⓒ		☐	327	Ⓐ Ⓑ Ⓒ		☐	359	Ⓐ Ⓑ Ⓒ	
☐	264	Ⓐ Ⓑ Ⓒ		☐	296	Ⓐ Ⓑ Ⓒ		☐	328	Ⓐ Ⓑ Ⓒ		☐	360	Ⓐ Ⓑ Ⓒ	
☐	265	Ⓐ Ⓑ Ⓒ		☐	297	Ⓐ Ⓑ Ⓒ		☐	329	Ⓐ Ⓑ Ⓒ		☐	361	Ⓐ Ⓑ Ⓒ	
☐	266	Ⓐ Ⓑ Ⓒ		☐	298	Ⓐ Ⓑ Ⓒ		☐	330	Ⓐ Ⓑ Ⓒ		☐	362	Ⓐ Ⓑ Ⓒ	
☐	267	Ⓐ Ⓑ Ⓒ		☐	299	Ⓐ Ⓑ Ⓒ		☐	331	Ⓐ Ⓑ Ⓒ		☐	363	Ⓐ Ⓑ Ⓒ	
☐	268	Ⓐ Ⓑ Ⓒ	p. 043	☐	300	Ⓐ Ⓑ Ⓒ	p. 047	☐	332	Ⓐ Ⓑ Ⓒ	p. 051	☐	364	Ⓐ Ⓑ Ⓒ	p. 055
☐	269	Ⓐ Ⓑ Ⓒ		☐	301	Ⓐ Ⓑ Ⓒ		☐	333	Ⓐ Ⓑ Ⓒ		☐	365	Ⓐ Ⓑ Ⓒ	
☐	270	Ⓐ Ⓑ Ⓒ		☐	302	Ⓐ Ⓑ Ⓒ		☐	334	Ⓐ Ⓑ Ⓒ		☐	366	Ⓐ Ⓑ Ⓒ	
☐	271	Ⓐ Ⓑ Ⓒ		☐	303	Ⓐ Ⓑ Ⓒ		☐	335	Ⓐ Ⓑ Ⓒ		☐	367	Ⓐ Ⓑ Ⓒ	
☐	272	Ⓐ Ⓑ Ⓒ		☐	304	Ⓐ Ⓑ Ⓒ		☐	336	Ⓐ Ⓑ Ⓒ		☐	368	Ⓐ Ⓑ Ⓒ	
☐	273	Ⓐ Ⓑ Ⓒ		☐	305	Ⓐ Ⓑ Ⓒ		☐	337	Ⓐ Ⓑ Ⓒ		☐	369	Ⓐ Ⓑ Ⓒ	
☐	274	Ⓐ Ⓑ Ⓒ		☐	306	Ⓐ Ⓑ Ⓒ		☐	338	Ⓐ Ⓑ Ⓒ		☐	370	Ⓐ Ⓑ Ⓒ	
☐	275	Ⓐ Ⓑ Ⓒ		☐	307	Ⓐ Ⓑ Ⓒ		☐	339	Ⓐ Ⓑ Ⓒ		☐	371	Ⓐ Ⓑ Ⓒ	
☐	276	Ⓐ Ⓑ Ⓒ	p. 044	☐	308	Ⓐ Ⓑ Ⓒ	p. 048	☐	340	Ⓐ Ⓑ Ⓒ	p. 052	☐	372	Ⓐ Ⓑ Ⓒ	p. 056
☐	277	Ⓐ Ⓑ Ⓒ		☐	309	Ⓐ Ⓑ Ⓒ		☐	341	Ⓐ Ⓑ Ⓒ		☐	373	Ⓐ Ⓑ Ⓒ	
☐	278	Ⓐ Ⓑ Ⓒ		☐	310	Ⓐ Ⓑ Ⓒ		☐	342	Ⓐ Ⓑ Ⓒ		☐	374	Ⓐ Ⓑ Ⓒ	
☐	279	Ⓐ Ⓑ Ⓒ		☐	311	Ⓐ Ⓑ Ⓒ		☐	343	Ⓐ Ⓑ Ⓒ		☐	375	Ⓐ Ⓑ Ⓒ	
☐	280	Ⓐ Ⓑ Ⓒ		☐	312	Ⓐ Ⓑ Ⓒ		☐	344	Ⓐ Ⓑ Ⓒ		☐	376	Ⓐ Ⓑ Ⓒ	
☐	281	Ⓐ Ⓑ Ⓒ		☐	313	Ⓐ Ⓑ Ⓒ		☐	345	Ⓐ Ⓑ Ⓒ		☐	377	Ⓐ Ⓑ Ⓒ	
☐	282	Ⓐ Ⓑ Ⓒ		☐	314	Ⓐ Ⓑ Ⓒ		☐	346	Ⓐ Ⓑ Ⓒ		☐	378	Ⓐ Ⓑ Ⓒ	
☐	283	Ⓐ Ⓑ Ⓒ		☐	315	Ⓐ Ⓑ Ⓒ		☐	347	Ⓐ Ⓑ Ⓒ		☐	379	Ⓐ Ⓑ Ⓒ	
☐	284	Ⓐ Ⓑ Ⓒ	p. 045	☐	316	Ⓐ Ⓑ Ⓒ	p. 049	☐	348	Ⓐ Ⓑ Ⓒ	p. 053	☐	380	Ⓐ Ⓑ Ⓒ	p. 057
☐	285	Ⓐ Ⓑ Ⓒ		☐	317	Ⓐ Ⓑ Ⓒ		☐	349	Ⓐ Ⓑ Ⓒ		☐	381	Ⓐ Ⓑ Ⓒ	
☐	286	Ⓐ Ⓑ Ⓒ		☐	318	Ⓐ Ⓑ Ⓒ		☐	350	Ⓐ Ⓑ Ⓒ		☐	382	Ⓐ Ⓑ Ⓒ	
☐	287	Ⓐ Ⓑ Ⓒ		☐	319	Ⓐ Ⓑ Ⓒ		☐	351	Ⓐ Ⓑ Ⓒ		☐	383	Ⓐ Ⓑ Ⓒ	
☐	288	Ⓐ Ⓑ Ⓒ		☐	320	Ⓐ Ⓑ Ⓒ		☐	352	Ⓐ Ⓑ Ⓒ		☐	384	Ⓐ Ⓑ Ⓒ	

	No.	ANSWER A B C	ページ		No.	ANSWER A B C	ページ		No.	ANSWER A B C	ページ		No.	ANSWER A B C	ページ
☐	385	Ⓐ Ⓑ Ⓒ		☐	417	Ⓐ Ⓑ Ⓒ		☐	449	Ⓐ Ⓑ Ⓒ		☐	481	Ⓐ Ⓑ Ⓒ	
☐	386	Ⓐ Ⓑ Ⓒ		☐	418	Ⓐ Ⓑ Ⓒ		☐	450	Ⓐ Ⓑ Ⓒ		☐	482	Ⓐ Ⓑ Ⓒ	
☐	387	Ⓐ Ⓑ Ⓒ		☐	419	Ⓐ Ⓑ Ⓒ		☐	451	Ⓐ Ⓑ Ⓒ		☐	483	Ⓐ Ⓑ Ⓒ	
☐	388	Ⓐ Ⓑ Ⓒ	p. 058	☐	420	Ⓐ Ⓑ Ⓒ	p. 062	☐	452	Ⓐ Ⓑ Ⓒ	p. 066	☐	484	Ⓐ Ⓑ Ⓒ	p. 070
☐	389	Ⓐ Ⓑ Ⓒ		☐	421	Ⓐ Ⓑ Ⓒ		☐	453	Ⓐ Ⓑ Ⓒ		☐	485	Ⓐ Ⓑ Ⓒ	
☐	390	Ⓐ Ⓑ Ⓒ		☐	422	Ⓐ Ⓑ Ⓒ		☐	454	Ⓐ Ⓑ Ⓒ		☐	486	Ⓐ Ⓑ Ⓒ	
☐	391	Ⓐ Ⓑ Ⓒ		☐	423	Ⓐ Ⓑ Ⓒ		☐	455	Ⓐ Ⓑ Ⓒ		☐	487	Ⓐ Ⓑ Ⓒ	
☐	392	Ⓐ Ⓑ Ⓒ		☐	424	Ⓐ Ⓑ Ⓒ		☐	456	Ⓐ Ⓑ Ⓒ		☐	488	Ⓐ Ⓑ Ⓒ	
☐	393	Ⓐ Ⓑ Ⓒ		☐	425	Ⓐ Ⓑ Ⓒ		☐	457	Ⓐ Ⓑ Ⓒ		☐	489	Ⓐ Ⓑ Ⓒ	
☐	394	Ⓐ Ⓑ Ⓒ		☐	426	Ⓐ Ⓑ Ⓒ		☐	458	Ⓐ Ⓑ Ⓒ		☐	490	Ⓐ Ⓑ Ⓒ	
☐	395	Ⓐ Ⓑ Ⓒ		☐	427	Ⓐ Ⓑ Ⓒ		☐	459	Ⓐ Ⓑ Ⓒ		☐	491	Ⓐ Ⓑ Ⓒ	
☐	396	Ⓐ Ⓑ Ⓒ	p. 059	☐	428	Ⓐ Ⓑ Ⓒ	p. 063	☐	460	Ⓐ Ⓑ Ⓒ	p. 067	☐	492	Ⓐ Ⓑ Ⓒ	p. 071
☐	397	Ⓐ Ⓑ Ⓒ		☐	429	Ⓐ Ⓑ Ⓒ		☐	461	Ⓐ Ⓑ Ⓒ		☐	493	Ⓐ Ⓑ Ⓒ	
☐	398	Ⓐ Ⓑ Ⓒ		☐	430	Ⓐ Ⓑ Ⓒ		☐	462	Ⓐ Ⓑ Ⓒ		☐	494	Ⓐ Ⓑ Ⓒ	
☐	399	Ⓐ Ⓑ Ⓒ		☐	431	Ⓐ Ⓑ Ⓒ		☐	463	Ⓐ Ⓑ Ⓒ		☐	495	Ⓐ Ⓑ Ⓒ	
☐	400	Ⓐ Ⓑ Ⓒ		☐	432	Ⓐ Ⓑ Ⓒ		☐	464	Ⓐ Ⓑ Ⓒ		☐	496	Ⓐ Ⓑ Ⓒ	
☐	401	Ⓐ Ⓑ Ⓒ		☐	433	Ⓐ Ⓑ Ⓒ		☐	465	Ⓐ Ⓑ Ⓒ		☐	497	Ⓐ Ⓑ Ⓒ	
☐	402	Ⓐ Ⓑ Ⓒ		☐	434	Ⓐ Ⓑ Ⓒ		☐	466	Ⓐ Ⓑ Ⓒ		☐	498	Ⓐ Ⓑ Ⓒ	
☐	403	Ⓐ Ⓑ Ⓒ		☐	435	Ⓐ Ⓑ Ⓒ		☐	467	Ⓐ Ⓑ Ⓒ		☐	499	Ⓐ Ⓑ Ⓒ	
☐	404	Ⓐ Ⓑ Ⓒ	p. 060	☐	436	Ⓐ Ⓑ Ⓒ	p. 064	☐	468	Ⓐ Ⓑ Ⓒ	p. 068	☐	500	Ⓐ Ⓑ Ⓒ	p. 072
☐	405	Ⓐ Ⓑ Ⓒ		☐	437	Ⓐ Ⓑ Ⓒ		☐	469	Ⓐ Ⓑ Ⓒ		☐	501	Ⓐ Ⓑ Ⓒ	
☐	406	Ⓐ Ⓑ Ⓒ		☐	438	Ⓐ Ⓑ Ⓒ		☐	470	Ⓐ Ⓑ Ⓒ		☐	502	Ⓐ Ⓑ Ⓒ	
☐	407	Ⓐ Ⓑ Ⓒ		☐	439	Ⓐ Ⓑ Ⓒ		☐	471	Ⓐ Ⓑ Ⓒ		☐	503	Ⓐ Ⓑ Ⓒ	
☐	408	Ⓐ Ⓑ Ⓒ			440	Ⓐ Ⓑ Ⓒ		☐	472	Ⓐ Ⓑ Ⓒ		☐	504	Ⓐ Ⓑ Ⓒ	
☐	409	Ⓐ Ⓑ Ⓒ		☐	441	Ⓐ Ⓑ Ⓒ		☐	473	Ⓐ Ⓑ Ⓒ		☐	505	Ⓐ Ⓑ Ⓒ	
☐	410	Ⓐ Ⓑ Ⓒ		☐	442	Ⓐ Ⓑ Ⓒ		☐	474	Ⓐ Ⓑ Ⓒ		☐	506	Ⓐ Ⓑ Ⓒ	
☐	411	Ⓐ Ⓑ Ⓒ		☐	443	Ⓐ Ⓑ Ⓒ		☐	475	Ⓐ Ⓑ Ⓒ		☐	507	Ⓐ Ⓑ Ⓒ	
☐	412	Ⓐ Ⓑ Ⓒ	p. 061	☐	444	Ⓐ Ⓑ Ⓒ	p. 065	☐	476	Ⓐ Ⓑ Ⓒ	p. 069	☐	508	Ⓐ Ⓑ Ⓒ	p. 073
☐	413	Ⓐ Ⓑ Ⓒ		☐	445	Ⓐ Ⓑ Ⓒ		☐	477	Ⓐ Ⓑ Ⓒ		☐	509	Ⓐ Ⓑ Ⓒ	
☐	414	Ⓐ Ⓑ Ⓒ		☐	446	Ⓐ Ⓑ Ⓒ		☐	478	Ⓐ Ⓑ Ⓒ		☐	510	Ⓐ Ⓑ Ⓒ	
☐	415	Ⓐ Ⓑ Ⓒ		☐	447	Ⓐ Ⓑ Ⓒ		☐	479	Ⓐ Ⓑ Ⓒ		☐	511	Ⓐ Ⓑ Ⓒ	
☐	416	Ⓐ Ⓑ Ⓒ		☐	448	Ⓐ Ⓑ Ⓒ		☐	480	Ⓐ Ⓑ Ⓒ		☐	512	Ⓐ Ⓑ Ⓒ	

No.	ANSWER A B C	ページ	No.	ANSWER A B C	ページ	No.	ANSWER A B C	ページ	No.	ANSWER A B C	ページ
513	A B C	p. 074	545	A B C	p. 078	577	A B C	p. 082	609	A B C	p. 086
514	A B C		546	A B C		578	A B C		610	A B C	
515	A B C		547	A B C		579	A B C		611	A B C	
516	A B C		548	A B C		580	A B C		612	A B C	
517	A B C		549	A B C		581	A B C		613	A B C	
518	A B C		550	A B C		582	A B C		614	A B C	
519	A B C		551	A B C		583	A B C		615	A B C	
520	A B C		552	A B C		584	A B C		616	A B C	
521	A B C	p. 075	553	A B C	p. 079	585	A B C	p. 083	617	A B C	p. 087
522	A B C		554	A B C		586	A B C		618	A B C	
523	A B C		555	A B C		587	A B C		619	A B C	
524	A B C		556	A B C		588	A B C		620	A B C	
525	A B C		557	A B C		589	A B C		621	A B C	
526	A B C		558	A B C		590	A B C		622	A B C	
527	A B C		559	A B C		591	A B C		623	A B C	
528	A B C		560	A B C		592	A B C		624	A B C	
529	A B C	p. 076	561	A B C	p. 080	593	A B C	p. 084	625	A B C	p. 088
530	A B C		562	A B C		594	A B C		626	A B C	
531	A B C		563	A B C		595	A B C		627	A B C	
532	A B C		564	A B C		596	A B C		628	A B C	
533	A B C		565	A B C		597	A B C				
534	A B C		566	A B C		598	A B C				
535	A B C		567	A B C		599	A B C				
536	A B C		568	A B C		600	A B C				
537	A B C	p. 077	569	A B C	p. 081	601	A B C	p. 085			
538	A B C		570	A B C		602	A B C				
539	A B C		571	A B C		603	A B C				
540	A B C		572	A B C		604	A B C				
541	A B C		573	A B C		605	A B C				
542	A B C		574	A B C		606	A B C				
543	A B C		575	A B C		607	A B C				
544	A B C		576	A B C		608	A B C				

☑ **001.** Should we work late tonight, or can we do this next week?
(463)
    (A) Let's finish it today.
    (B) They had a really great time together.
    (C) All right, see you later.

☑ **002.** Are you going to swim with your colleagues this Saturday?
(170)
    (A) They need to get in shape.
    (B) Not as good as I used to.
    (C) I'll do it on Sunday.

☑ **003.** Can I get you anything from the pharmacy?
(539)
    (A) We finally found a new partner.
    (B) I went there this morning.
    (C) Some coupons should be useful.

☑ **004.** Is Ms. James retiring next week?
(179)
    (A) You should give it a try.
    (B) She's already left.
    (C) Next to my room.

☑ **005.** Where is the request form I received yesterday?
(138)
    (A) Didn't you give it to me?
    (B) A new advertising campaign.
    (C) Are you still holding the receiver?

☑ **006.** Aren't the new cars being delivered to our garage?
(277)
    (A) They're on vacation.
    (B) Yes, every worker's excited.
    (C) An overnight delivery.

☑ **007.** Is Mr. Fox traveling to New York next week?
(202)
    (A) That's not what I heard.
    (B) At the stadium.
    (C) Does he have your number?

☑ **008.** Do you want to share a taxi to the station?
(601)
    (A) I'm in the mood to walk.
    (B) Stay alert while driving here.
    (C) No, I want to share a big meal.

001 (A)   **002** (C)   **003** (B)   **004** (B)   **005** (A)   **006** (B)   **007** (A)   **008** (A)

☐ **009.** What do I need to bring for the next gathering?
(131)
(A) Yes, it's a national holiday.
(B) Just your portfolios.
(C) Margaret will work at home next week.

☐ **010.** When do I need to register for the management workshop?
(583)
(A) Attendance is very low.
(B) It must be useful.
(C) I did it for you.

☐ **011.** Does this dealer sell a variety of cars or just one?
(356)
(A) I want to rent a small van.
(B) A lot of different models.
(C) Dan will deal with the problem.

☐ **012.** I think I lost my car key.
(241)
(A) I saw it in the garage.
(B) For the keynote speaker.
(C) He's the door repairman.

☐ **013.** Who can I talk to about the revision of our poster design?
(443)
(A) I did it this morning.
(B) You can buy postage stamps here.
(C) Here is the list of experts.

☐ **014.** Why were you at the station this morning?
(108)
(A) The airport service would be better.
(B) I've cleaned the workstation.
(C) To meet some new employees.

☐ **015.** Who'll be getting the old heater fixed?
(136)
(A) Will there be an additional charge?
(B) The oil price is rising.
(C) A new one has been bought.

☐ **016.** I'll help Ralph with his luggage.
(322)
(A) Nice to meet you.
(B) I've never been there.
(C) That would be really helpful.

009 (B)　010 (C)　011 (B)　012 (A)　013 (C)　014 (C)　015 (C)　016 (C)

☑ **017.** Where can I see the details of the shipment?
(047)
(A) Didn't I specify them on the order form?
(B) Let me get the bill.
(C) See you next time.

☑ **018.** Did you try to get the flight ticket through the Internet?
(169)
(A) Yes, it wasn't complicated.
(B) Order a new one.
(C) The online ticket is available now.

☑ **019.** Are you familiar with this neighborhood?
(506)
(A) I've met them several times.
(B) Do you want to look around.
(C) My family buys them.

☑ **020.** How did the new play this afternoon go?
(152)
(A) Some of the actors were nervous.
(B) Did you buy the present?
(C) Pamela did.

☑ **021.** Who's going to give the presentation tomorrow?
(040)
(A) I'll show you the gift.
(B) Please count me in.
(C) Could I ask you to do it?

☑ **022.** Will you turn off the office lights or should I?
(426)
(A) Let's go back to the office.
(B) Don't get anything here.
(C) That's the security clerk's job.

☑ **023.** Shall I give you the address?
(317)
(A) I'll address the problem.
(B) Great, I'll write it down.
(C) Please pay attention to the customers.

☑ **024.** Where should these cardboard boxes be placed?
(567)
(A) It's round-shaped.
(B) Please have a seat.
(C) Let's wait for Tanya to come.

| 017 (A) | 018 (A) | 019 (B) | 020 (A) | 021 (C) | 022 (C) | 023 (B) | 024 (C) |

☑ **025.** Could you tell me how to get to the open-air market?
⑶¹⁸⁾
  (A) Please keep the door closed.
  (B) Do you have your own car?
  (C) It's still in the air.

☑ **026.** The work crew has gathered on the second floor.
⑵⁶⁹⁾
  (A) Install the carpet, then.
  (B) When is the assignment due?
  (C) Some social gathering activities.

☑ **027.** What's for dinner tonight?
⑷⁷⁸⁾
  (A) The lunch menu's been changed.
  (B) Pedro prefers tomorrow night.
  (C) Do you like seafood?

☑ **028.** When will you come back from your trip?
⑼⁷⁷⁾
  (A) Here is the technical report.
  (B) I'm going back to my office.
  (C) After my presentation's finished.

☑ **029.** Do you know where the nearest post office is?
⑴⁶⁶⁾
  (A) Buy some stamps, first.
  (B) Nothing around here, sorry.
  (C) Yes, you are.

☑ **030.** Will Scott stay in this office?
⑴⁵⁵⁾
  (A) Yes, I will.
  (B) No, he'll be transferred.
  (C) Just in front of the table.

☑ **031.** Do you have another information packet for the training seminar?
⑹⁰⁶⁾
  (A) Julia has extras.
  (B) I'd like to make it bigger.
  (C) In the packaging department.

☑ **032.** Who do you usually work with when designing our annual catalog?
⑼¹⁰⁾
  (A) By our manager.
  (B) This software will work.
  (C) Actually, I work alone.

---

025 (B)   **026** (A)   **027** (C)   **028** (C)   **029** (B)   **030** (B)   **031** (A)   **032** (C)

☑ **033.** Who will be coming to our museum as a guest next week?
(535)
　　(A) As our way of thanking you.
　　(B) They're among local artists.
　　(C) Ms. William is using it now.

☑ **034.** How was the graduation party last night?
(020)
　　(A) We'll congratulate him tomorrow.
　　(B) Did it last about three hours?
　　(C) I wasn't there, actually.

☑ **035.** Shouldn't we provide the questionnaire to all the branches?
(294)
　　(A) Another provider needs to be used.
　　(B) Not until the board members approve it.
　　(C) Most voters say it's natural.

☑ **036.** When will the joint venture begin in Malaysia?
(453)
　　(A) Have a good business trip.
　　(B) After the members have been collected.
　　(C) At the end of the hallway.

☑ **037.** Why is the personnel department getting together in the meeting room?
(436)
　　(A) There's going to be an important announcement.
　　(B) Yes, they're having fun.
　　(C) It will start at 10 A.M.

☑ **038.** When will the corporate fund-raiser take place?
(573)
　　(A) It's about to be determined.
　　(B) I took the boat already.
　　(C) At the Fairmont Hotel.

☑ **039.** Where can I get a copy of the old version?
(393)
　　(A) I'll get some cookies.
　　(B) Wait a minute, I think we're lost!
　　(C) Let me send you the link.

☑ **040.** The new tables and chairs have arrived.
(270)
　　(A) OK. I'll order them.
　　(B) Where should we put them?
　　(C) They're still alive.

| 033 (B) | 034 (C) | 035 (B) | 036 (B) | 037 (A) | 038 (A) | 039 (C) | 040 (B) |

☑ **041.** Are you traveling to Paris for your vacation?
(157)
    (A) The agency's not being relocated.
    (B) Travel time is important.
    (C) No, to Nairobi.

☑ **042.** Why was the flight to Denver canceled?
(419)
    (A) I'm here on business.
    (B) Today's weather made it difficult.
    (C) She's been there several times.

☑ **043.** Have you made a decision about your vacation?
(212)
    (A) At the right hand corner.
    (B) The travel agent will e-mail you.
    (C) I'm considering it now.

☑ **044.** Where is the company going to construct their new office building
(483) in South Africa?
    (A) It was released in today's paper.
    (B) The bill's being processed.
    (C) Before we get permission.

☑ **045.** It's getting colder these days.
(239)
    (A) Same as yours.
    (B) I brought my sweater today.
    (C) The old one was better.

☑ **046.** You've operated this power tool before, haven't you?
(276)
    (A) I have, but not recently.
    (B) All of the operators know how it works.
    (C) Power was restored in about two hours.

☑ **047.** Where did you buy the office stationery?
(516)
    (A) From a new supplier.
    (B) In the morning.
    (C) Mr. Hale did.

☑ **048.** Will this envelope fit into your inside pocket?
(198)
    (A) Use this rope for it.
    (B) In a fitting room.
    (C) Let me see if it does.

| 041 (C) | 042 (B) | 043 (C) | 044 (A) | 045 (B) | 046 (A) | 047 (A) | 048 (C) |

☐ **049.** Are you coming to the graduation?
(470)
  (A) Yes, I am.
  (B) In Granville Hall.
  (C) Tomorrow afternoon.

☐ **050.** How can we communicate with each other?
(137)
  (A) Yes, they're complicated.
  (B) The Internet service is very slow.
  (C) Call me at my extension number.

☐ **051.** Can you make a reservation at the Riverside Hotel?
(482)
  (A) I won't make it in time.
  (B) Do you know their contact information?
  (C) Are you talking about the product release?

☐ **052.** Could you inform us of any change of your address?
(529)
  (A) I don't think that's a problem.
  (B) It's a very informative material.
  (C) Keep the change, please.

☐ **053.** Should we narrow down the final candidates today or tomorrow?
(374)
  (A) I didn't apply for it.
  (B) The former is convenient for me.
  (C) Did you make it on time?

☐ **054.** Why hasn't Mr. Wade finished putting together all of the data?
(282)
  (A) At your earliest convenience.
  (B) Some figures appeared vague.
  (C) Could you follow the instruction?

☐ **055.** Don't you have an appointment with your client?
(298)
  (A) My flight was delayed.
  (B) He's been appointed to sales manager.
  (C) That was mine.

☐ **056.** Would you fill out this booking form, please?
(558)
  (A) I did it online.
  (B) That book is out of stock.
  (C) Please format the document.

| 049 (A) | 050 (C) | 051 (B) | 052 (A) | 053 (B) | 054 (B) | 055 (A) | 056 (A) |

057. When will you install the new Vulga software?
(460)
 (A) Not until several checks are finished.
 (B) Lynn will ask you for that uniform.
 (C) Room C on the upper floor.

058. Do you think Charlotte did her best in time for the deadline?
(217)
 (A) Her works are very popular.
 (B) It won't take long.
 (C) She was too busy to do it.

059. Who is cleaning the cafeteria?
(129)
 (A) I'm leaving in a few minutes.
 (B) It's mine, thank you.
 (C) Our team already did it.

060. Betty, where's the washing machine?
(019)
 (A) I'm not in the mood.
 (B) I'd like mashed potatoes.
 (C) It's being repaired.

061. Our train's been delayed for at least three hours.
(498)
 (A) We could push our meeting back.
 (B) Yes, it left from platform three.
 (C) I heard the announcer said no.

062. I won't renew my newspaper subscription this time.
(255)
 (A) Any problems with our content?
 (B) Do you need another bike?
 (C) The number is increasing.

063. When will this fitness center close?
(135)
 (A) Buy the clothes online.
 (B) How did they all fit together?
 (C) You should stop by the information center.

064. Do you mind if I use this tablet for a while?
(314)
 (A) It's not sold yet.
 (B) Not at all.
 (C) What's the pricing?

| 057 (A) | 058 (C) | 059 (C) | 060 (C) | 061 (A) | 062 (A) | 063 (C) | 064 (B) |

065. Who negotiated the contract at the client's office?
(050)
(A) Isn't it still ongoing?
(B) A basic study is being conducted.
(C) Send it to the recipient.

066. Could you replace the light bulbs in the storage room?
(458)
(A) Right across from the building.
(B) Sure, but not now.
(C) Well, you could use mine.

067. What would you like to drink?
(107)
(A) Mike will send you the drill.
(B) Didn't you order any yet?
(C) There'll be enough ink.

068. The restaurant doesn't serve onion soup anymore.
(248)
(A) Please cut it in half then.
(B) They'll open at nine starting next month.
(C) Has the chef gone somewhere else?

069. Well, I'd better leave now.
(457)
(A) Leave it on the table.
(B) What time is it?
(C) Could I get some butter?

070. Where should we discard the documents after the project?
(114)
(A) Please sign this card.
(B) You should do it within a week.
(C) That's Martin's responsibility.

071. When will the chairs be fixed?
(472)
(A) You should change your airline ticket.
(B) Some more light fixtures will be necessary.
(C) Doesn't the statement say the time?

072. Are you in charge of the marketing promotion?
(178)
(A) Please return it to me.
(B) We need more paper to print.
(C) No, Eduardo is.

---

065 (A)　　**066** (B)　　**067** (B)　　**068** (C)　　**069** (B)　　**070** (C)　　**071** (C)　　**072** (C)

☐ **073.** Do you know when we should submit the article to the editor in chief?
(577)
    (A) I'm not working on that.
    (B) Please say hello to the artist.
    (C) All the submissions are acceptable.

☐ **074.** Mr. Marshall, do you have time to discuss how we deliver our next presentation?
(596)
    (A) We already talked it over, didn't we?
    (B) It was probably a long meeting.
    (C) It seems like a fast delivery service.

☐ **075.** Should I order the tickets by phone, or visit the box office?
(375)
    (A) The order should arrive in a minute.
    (B) You can do it anytime online.
    (C) Please write it down.

☐ **076.** When's the next train leaving?
(016)
    (A) What's your destination?
    (B) It's a good training for Mr. Lee.
    (C) At the next stage.

☐ **077.** Do you feel like going to a café with us?
(418)
    (A) If I finish a task on time.
    (B) Not as much as I do.
    (C) Forty euros each.

☐ **078.** Do you think Ms. Barnes would like the French restaurant by the water?
(196)
    (A) I'm afraid that's been closed.
    (B) I haven't reserved any tables yet.
    (C) She's watering the plants.

☐ **079.** What should I talk about concerning the enterprise, Matthew?
(569)
    (A) Any information will be welcomed.
    (B) An e-mail should be sent to all.
    (C) I look forward to seeing you soon.

☐ **080.** When are you leaving for Brazil?
(013)
    (A) By plane.
    (B) Please sweep up the leaves.
    (C) Ronald is going instead.

| 073 (A) | 074 (A) | 075 (B) | 076 (A) | 077 (A) | 078 (A) | 079 (A) | 080 (C) |

☐ **081.** Who's been selected to create cost-effective plans?
(625)
    (A) Select the best answer.
    (B) They're using quality concrete.
    (C) It's still being deliberated.

☐ **082.** Why did Mr. McDaniel go to Osaka last Wednesday?
(579)
    (A) I missed handing it to him.
    (B) He was interviewed for marketing manager.
    (C) Use this mobile phone during the trip.

☐ **083.** Did you look at the results of the research?
(160)
    (A) About what?
    (B) Some search engines.
    (C) When will we meet?

☐ **084.** Are there any rooms available in your hotel?
(416)
    (A) I'm afraid we're fully booked.
    (B) What kind of food do you like?
    (C) It's from another country.

☐ **085.** Who has been working under your supervision?
(033)
    (A) A television set was installed.
    (B) It's beyond repair.
    (C) William's team.

☐ **086.** What does Mr. Jones do for a living?
(057)
    (A) He's a famous chef.
    (B) George should join your team.
    (C) No, he already left.

☐ **087.** I heard there's a coffee shop nearby.
(265)
    (A) You should shop at the store.
    (B) Yes, I'm the owner.
    (C) Is the size correct?

☐ **088.** How should we use this digital media to our benefit?
(388)
    (A) Some popular media agencies.
    (B) They're made for a fitness club.
    (C) Let's discuss the matter tomorrow.

| **081** (C) | **082** (B) | **083** (A) | **084** (A) | **085** (C) | **086** (A) | **087** (B) | **088** (C) |

☐☐☐

☐ **089.** How far is the botanical garden from here?
(118)
(A) It's far bigger than I expected.
(B) Just a few minutes walk away.
(C) We were stopped by the border guard.

☐ **090.** Why has the vice president decided to retire?
(134)
(A) How did you know about that?
(B) They're sitting side by side.
(C) I'm not tired.

☐ **091.** Why were you in Chicago?
(124)
(A) To enroll at a college.
(B) Where have you been?
(C) Yes, I like the play.

☐ **092.** How many people will appear at the city event?
(122)
(A) Please wait at the pier.
(B) Ms. Moreno should let us know tomorrow.
(C) The mayor didn't show up after all.

☐ **093.** How often do you teach classes in this school?
(446)
(A) For 90 minutes.
(B) Only on weekends.
(C) I don't like classical music.

☐ **094.** Can you speak at the monthly sales meeting?
(465)
(A) Who was attending to the customer side?
(B) Can I postpone a task then?
(C) The sales are getting better.

☐ **095.** Who'll make the final presentation then?
(094)
(A) OK, you keep it.
(B) I have a list of questions.
(C) That hasn't been decided yet.

☐ **096.** You want this confidential agreement copied, don't you?
(430)
(A) Please send it by Friday.
(B) With some milk, please.
(C) I'm confident in my team members.

089 (B) **090** (A) **091** (A) **092** (B) **093** (B) **094** (B) **095** (C) **096** (A)

097. Rafael's going to San Diego next Monday, isn't he?
(563)
  (A) On some occasions.
  (B) We had to check his expense report.
  (C) He's still waiting for the approval.

098. You have submitted the expense report, haven't you?
(302)
  (A) I'll do it in an hour.
  (B) But I can do it for you.
  (C) A key place on my desk.

099. Have you posted the notice about the library renovation?
(181)
  (A) Haven't you taken a look at it?
  (B) The poster must be replaced.
  (C) I think that's a good deal.

100. When will the project team start measuring the site?
(488)
  (A) They've already begun.
  (B) Not very often.
  (C) On a mountainside.

101. Where can I place an order?
(469)
  (A) Every other Tuesday.
  (B) In order to have it in stock.
  (C) What kind of merchandise would you like?

102. It looks like all the copies of the book are gone.
(237)
  (A) Mr. Ghosn came here to talk to us.
  (B) Do you really need them now?
  (C) A new route should be taken.

103. Next year's budget is under review.
(562)
  (A) Oh, are they still discussing it?
  (B) At the end of this year.
  (C) Check the reimbursement policy.

104. Will you take the project members to Atomic Café for a luncheon?
(477)
  (A) It's much bigger than projected.
  (B) I think it's a bit noisy there.
  (C) No, Vernon did an excellent job.

---

097 (C)   **098** (A)   **099** (A)   **100** (A)   **101** (C)   **102** (B)   **103** (A)   **104** (B)

☐ **105.** Why did you make a detour?
(607)
    (A) Since the tour guide was chosen.
    (B) There is construction being done on Elm Street.
    (C) From this morning.

☐ **106.** When should I write the prescription for medication?
(035)
    (A) Can you do it today?
    (B) Let's develop a new plan.
    (C) No, we shouldn't.

☐ **107.** We should revise the brochure with the new pictures.
(486)
    (A) Will our budget cover the expense?
    (B) You edited a long sentence, didn't you?
    (C) Yes, the filmmaker is very famous.

☐ **108.** Should we give Mellisa a lift from the airport or just wait for her?
(357)
    (A) Our office has been renovated.
    (B) She said she'll come here soon.
    (C) Have you considered doing it?

☐ **109.** Your gym membership will expire next month.
(435)
    (A) What are you subscribing to, then?
    (B) It's on the back of the can.
    (C) Yes, I won't renew it this time.

☐ **110.** Aren't there any parking lots near here?
(475)
    (A) Two blocks away from here.
    (B) Do you want to play the lottery?
    (C) It's nearing completion.

☐ **111.** Weren't you excited with his presentation?
(288)
    (A) I like that kind of music.
    (B) There was nothing new.
    (C) I'll give a presentation next month.

☐ **112.** OK, let's walk to the client's office from here.
(553)
    (A) Where should I get some drinks?
    (B) But, taxis are very cheap around here.
    (C) I'm looking forward to seeing you soon.

| 105 (B) | 106 (A) | 107 (A) | 108 (B) | 109 (C) | 110 (A) | 111 (B) | 112 (B) |

☐ **113.** Do you mind watering my plants while I'm away?
(521)
    (A) Someone is sitting there.
    (B) No, but I have some questions.
    (C) Yes, I'm not going to the pool.

☐ **114.** Do I have to donate money here now?
(175)
    (A) Yes, we'll sell them nationwide.
    (B) The information needs to be kept confidential.
    (C) You can do it electronically.

☐ **115.** Do you have any ideas about celebrating Timothy's retirement?
(619)
    (A) He worked harder than expected.
    (B) I have an appointment at four.
    (C) A party would be nice.

☐ **116.** Who'll escort the guests to the Wang Hotel?
(502)
    (A) The escalator is on the west side.
    (B) Why don't I handle that?
    (C) They like the offer.

☐ **117.** Do you have more copies of the newsletter?
(200)
    (A) The news will cover that topic.
    (B) How many do you need?
    (C) Can you do it yourself?

☐ **118.** Should I get a new monitor for the presentation?
(167)
    (A) The current one was bought last month.
    (B) Present your ID at the security desk.
    (C) He'll register by himself.

☐ **119.** Can I help you find your registration number?
(346)
    (A) I already have, thanks.
    (B) Please go straight down the hall.
    (C) Enrollment is limited.

☐ **120.** Why was the quality audit date changed?
(410)
    (A) The assembly line shut down suddenly.
    (B) Did you change your hairstyle?
    (C) Both in quality and quantity.

---

113 (B)   **114** (C)   **115** (C)   **116** (B)   **117** (B)   **118** (A)   **119** (A)   **120** (A)

☐ **121.** Why isn't the Chinese restaurant open?
(291)   (A) For all departments.
         (B) It's moved to Linden Street.
         (C) Let's go to China.

☐ **122.** Could you please take notes instead of Javiel?
(424)   (A) OK, let's take a walk.
         (B) No, I haven't.
         (C) Is there any reason?

☐ **123.** When's the teacher coming back?
(123)   (A) She doesn't come here today.
         (B) She's highly recognized for the job.
         (C) It's taught by Dr. Davidson.

☐ **124.** Where will Mr. Lee's retirement party be held?
(405)   (A) Irene will send us the invitation.
         (B) The entire budget will be approved tomorrow.
         (C) Because of bad weather.

☐ **125.** Which contract should I sign?
(441)   (A) Please carry it out immediately.
         (B) A signed copy would be acceptable.
         (C) All of them.

☐ **126.** Did you already finish writing the article for tomorrow's
(197)   newspaper?
         (A) No, you should complete the deal.
         (B) I missed looking at the art collection.
         (C) I'm still working on it.

☐ **127.** How much will it cost to replace the machine?
(007)   (A) Do you place it on your desk?
         (B) I'll get you an estimate.
         (C) On the second floor.

☐ **128.** Why did the company decide to go on a picnic this time?
(489)   (A) The organizer must love outdoors.
         (B) Next Sunday morning.
         (C) I hope you're going there.

121 (B)   **122** (C)   **123** (A)   **124** (A)   **125** (C)   **126** (C)   **127** (B)   **128** (A)

☐ **129.** Why isn't the cell phone working properly?
(491)
    (A) It's out of its coverage area.
    (B) Right, I'll phone you.
    (C) White and blue.

☐ **130.** I think we could make the sign much larger.
(404)
    (A) This was our director's recommendation.
    (B) The only thing we can do is sign here.
    (C) The team will work on the merger.

☐ **131.** The event coordinator postponed the annual fashion show, didn't he?
(616)
    (A) That comes as a shock.
    (B) We should contact her soon.
    (C) Could you show me the prototype?

☐ **132.** When do you think the construction will be finished?
(528)
    (A) Due to delays.
    (B) Some chairs will be furnished tomorrow.
    (C) Didn't some newspapers say it's uncertain?

☐ **133.** Does Young-Jun work in sales or marketing?
(354)
    (A) That's the sales manager's job.
    (B) It'll be on the market soon.
    (C) Neither, she works in the IT department.

☐ **134.** Who'll take over for Ms. Blair when she retires?
(385)
    (A) It'll take a little time.
    (B) Food has been prepared.
    (C) That has yet to be decided.

☐ **135.** Do we pick up the guests from the airport or ask them to take public transportation?
(609)
    (A) You can pick one up.
    (B) Please drop it off.
    (C) I'll call them later.

☐ **136.** Have you decided to purchase this black sofa?
(620)
    (A) It should be side by side.
    (B) I need to take some measurements.
    (C) I'd rather paint it in blue.

| 129 (A) | 130 (A) | 131 (A) | 132 (C) | 133 (C) | 134 (C) | 135 (C) | 136 (B) |

137. The new inventory system we started using isn't very efficient.
(417)
(A) To invent something new.
(B) Effective immediately.
(C) Why is that?

138. There seems to be a leaky faucet in the kitchen.
(232)
(A) Have you seen the hose?
(B) We have to enhance the security system.
(C) Should I contact a plumber?

139. I can't believe you're here in the gallery.
(587)
(A) Some of the artists are friends of mine.
(B) Do you need this paintbrush?
(C) I'm responsible for the order.

140. The special mission seems a bit complicated.
(261)
(A) Please sign in at the front desk.
(B) Some documents have been missed.
(C) Much easier than I thought.

141. Would you mind sending me the replacement item by airmail?
(389)
(A) There should be in the cabinet.
(B) Certainly not.
(C) Yes, I am.

142. Could I use the scale for a while?
(580)
(A) Yes, I could.
(B) Absolute scale of temperature.
(C) Please return it later.

143. What time is Dr. Santos supposed to check out?
(066)
(A) His assistant has the itinerary.
(B) Do you accept this credit card?
(C) It's been opposed.

144. Will you use this computer this time?
(326)
(A) Please show me how to log in.
(B) It's almost noon.
(C) The consumers were very surprised.

---

137 (C)   **138** (C)   **139** (A)   **140** (C)   **141** (B)   **142** (C)   **143** (A)   **144** (A)

☐ **145.** Why has the audition been delayed?
(071)
  (A) Please lay it down.
  (B) Some singers weren't there.
  (C) Anytime from nine to five.

☐ **146.** When are you going to talk at the small-business forum?
(603)
  (A) There is the program on my desk.
  (B) They are talking to each other.
  (C) It takes place in Berlin.

☐ **147.** Have you seen my scissors?
(585)
  (A) Sure, I'll have some.
  (B) There're some in the computer room.
  (C) She's buying a new one.

☐ **148.** Isn't the assignment due next week?
(301)
  (A) Please sign the form.
  (B) By this Friday, I heard.
  (C) I'll be rescheduling the appointment.

☐ **149.** I'd like to change my dental appointment.
(352)
  (A) The rental system is working now.
  (B) No preparation time is provided.
  (C) My assistant will check our availability.

☐ **150.** Today's discussion was great, wasn't it?
(598)
  (A) Sure, that'll be greatly done.
  (B) After long deliberation.
  (C) Now we're in good hands.

☐ **151.** Ms. Schmidt has been promoted to store manager.
(271)
  (A) It's getting better.
  (B) In a minute.
  (C) We'll see.

☐ **152.** Hasn't the medical plan been approved already?
(272)
  (A) No, it has to be slightly altered.
  (B) It's a proven clinic, so there's no problem.
  (C) I have a dentist appointment.

145 (B) **146** (A) **147** (B) **148** (B) **149** (C) **150** (C) **151** (C) **152** (A)

☐ **153.** How do you get to work?
⑤⓪③
    (A) With some professors.
    (B) The bus leaves every thirty minutes.
    (C) I sometimes carpool.

☐ **154.** Could you tell me the results of the test?
③②⓪
    (A) Why do you need them?
    (B) I'll tell you the history.
    (C) The test has several forms.

☐ **155.** When will you be able to talk with me tomorrow?
①④⑧
    (A) Anytime after eleven.
    (B) Just send it to me.
    (C) About the summary.

☐ **156.** Are you going to use this copy machine?
②②⑤
    (A) Nothing on the ground.
    (B) Yes, but I can wait.
    (C) Can you buy it now?

☐ **157.** Do you have this sweater in black?
①⑨②
    (A) We don't carry any.
    (B) Yes, we have it in a larger size.
    (C) It's cold outside.

☐ **158.** What did you ask about in the job interview?
⓪⑧③
    (A) Let's ask Charles for that.
    (B) Yes, I'm new here.
    (C) His previous job experience.

☐ **159.** Why's this cinema so busy?
④②②
    (A) The play was outstanding, too.
    (B) A new film has been released.
    (C) I visited my family last week.

☐ **160.** When will the renovation of the building be approved?
①③⓪
    (A) We have a proven supplier.
    (B) The proposal is still under review.
    (C) A great innovation.

| 153 (C) | 154 (A) | 155 (A) | 156 (B) | 157 (A) | 158 (C) | 159 (B) | 160 (B) |

☐ **161.** Our assistant director should've stopped the production line.
(267)
  (A) She didn't know what to do.
  (B) The proper assistance is important.
  (C) Why don't we buy one?

☐ **162.** Isn't there a company picnic this year?
(311)
  (A) I heard someone's planning it.
  (B) Nick didn't come to the event.
  (C) Will you be there?

☐ **163.** Did Edward play in the baseball game, or direct it?
(363)
  (A) Follow the directions.
  (B) Is your name on it?
  (C) He did both.

☐ **164.** Why did you meet with the new director, Ms. Rodriguez?
(098)
  (A) To talk about her special assignment.
  (B) You should follow the directions.
  (C) It's the old version.

☐ **165.** That's a shoe store, isn't it?
(408)
  (A) Oh, you've never been there?
  (B) It comes with a shoe bag.
  (C) I've already tried it on.

☐ **166.** I want to look at the survey results first before discussing our plan.
(447)
  (A) I'll get my computer, then.
  (B) Look at that mirror.
  (C) She's picking one up.

☐ **167.** Did that new DVD get good reviews?
(213)
  (A) I didn't make it online.
  (B) Please get a new copy.
  (C) Most are favorable.

☐ **168.** Excuse me, is this chair available?
(165)
  (A) My friend's coming soon.
  (B) The chairman will talk in a few minutes.
  (C) Every morning.

161 (A)　　**162** (A)　　**163** (C)　　**164** (A)　　**165** (A)　　**166** (A)　　**167** (C)　　**168** (A)

☑ **169.** When will the auditors arrive?
(522)
    (A) A small audio speaker should be good.
    (B) By the time the initial construction's complete.
    (C) At the production area.

☑ **170.** How much did you spend on the company training course?
(089)
    (A) One year contract.
    (B) Near the vending machine.
    (C) Here's the expense report.

☑ **171.** MIC Electronics will close their branch in Zurich next year, won't they?
(289)
    (A) Yes, it's closed on Sundays.
    (B) How did you know about that?
    (C) They're not going for lunch today.

☑ **172.** How can I enter the business center?
(407)
    (A) Use this access card.
    (B) Check the number carefully.
    (C) There is no room for that.

☑ **173.** How do I organize the annual fund-raising party?
(061)
    (A) The registration fee is getting higher.
    (B) Who coordinated it last year?
    (C) At the community center.

☑ **174.** How did your sales go last month?
(049)
    (A) They couldn't have gone better.
    (B) In the marketing department.
    (C) It'll last until next year.

☑ **175.** Should I bring some salad, or get some drinks from a supermarket?
(362)
    (A) In the produce section.
    (B) Ask the coordinator first.
    (C) It's not on the market yet.

☑ **176.** Why has the new-employee orientation been delayed?
(021)
    (A) The weather was inclement.
    (B) I think it should be good.
    (C) Please record it onto DVD.

169 (B)　170 (C)　171 (B)　172 (A)　173 (B)　174 (A)　175 (B)　176 (A)

177. You have met Dr. Hoffman, haven't you?
(273)
 (A) Always wear your helmet here.
 (B) I don't think we've met before.
 (C) Can you come with me?

178. Where is the new tablet?
(022)
 (A) Just put it over there.
 (B) The crew will be here in a minute.
 (C) Maggie is using it now.

179. Why don't we start the interview immediately after the meeting?
(401)
 (A) An art museum or historical site.
 (B) I always keep my diary.
 (C) The president is out sick today.

180. Why has the wrapping been removed?
(560)
 (A) I needed to use it immediately.
 (B) Please take all of them.
 (C) Extra bubble wrap packaging.

181. I'd like to see the results of the negotiation about the union's demands.
(242)
 (A) So would I.
 (B) Me neither.
 (C) Is that a roundabout?

182. Where should I get a copy of the schedule?
(100)
 (A) I'll print one out.
 (B) At the end of this week.
 (C) In a few minutes.

183. Do you still need some envelopes?
(493)
 (A) Yeah, could you place an order?
 (B) No, it's on the left.
 (C) How many do you need?

184. Who does the new recruit report to?
(126)
 (A) Some products stay at the port.
 (B) Mr. Batista, director of operations.
 (C) I'll call the recruiting agency.

177 (B)   178 (C)   179 (C)   180 (A)   181 (A)   182 (A)   183 (A)   184 (B)

☑ **185.** Are you returning to your office now?
(203)
    (A) Just turn left at the corner.
    (B) I need to talk to the client first.
    (C) Thirty liters will be fine.

☑ **186.** The manuscript for the movie was really impressive.
(256)
    (A) He worked at a manufacturing company.
    (B) I haven't read it yet.
    (C) That's OK. I'll take the camera.

☑ **187.** Which table are you buying, this round one or that rectangular one?
(361)
    (A) To reserve a table.
    (B) At a right angle.
    (C) Either is fine.

☑ **188.** Why were so many engineers hired by this company?
(395)
    (A) Does the engine need repair?
    (B) For some new projects.
    (C) The newly constructed building.

☑ **189.** Why are our machine parts running low?
(524)
    (A) Raw materials will be needed.
    (B) Over there on the left.
    (C) Our inventory policy has been changed.

☑ **190.** Aren't you buying a new house in the countryside?
(306)
    (A) Housing Construction and Improvement Division.
    (B) I like the city area.
    (C) The sales representative from a car dealership.

☑ **191.** Are there any seats available for tomorrow's concert?
(402)
    (A) Yes, but there's only one left.
    (B) Are you playing the violin?
    (C) Let's get together tomorrow.

☑ **192.** Shall I call the restaurant to see if there's a concert tonight?
(564)
    (A) Do I need to wait in line?
    (B) I already have.
    (C) The service is not the best.

| 185 (B) | 186 (B) | 187 (C) | 188 (B) | 189 (C) | 190 (B) | 191 (A) | 192 (B) |

193. By when should I turn in the proposal to our supervisor?
(413)
(A) No later than next Tuesday.
(B) Nearly ten days.
(C) Did you make it clear?

194. Aren't you flying to Alaska next week?
(307)
(A) It'll last two hours.
(B) So am I.
(C) Tracy is.

195. What do you need for your break?
(072)
(A) Yes, it broke down.
(B) It's not necessary this time.
(C) Get me some tomato juice.

196. I'll move these crates to the warehouse.
(338)
(A) The mover will come soon.
(B) Thank you very much.
(C) In the mail room.

197. Can you meet with Raymond before noon?
(332)
(A) Yes, I'm free all afternoon.
(B) That doesn't work for me.
(C) Ahead of schedule.

198. Why hasn't all of the data been gathered yet?
(304)
(A) It's almost finished.
(B) With a great social gathering.
(C) Not until all the information comes.

199. Which do you think is the best color for our new logo design?
(485)
(A) You'd better take the green one.
(B) I haven't read them yet.
(C) It's the official sign of our company.

200. Haven't we chosen a person to do our cover illustrations?
(610)
(A) We're still narrowing it down.
(B) He finally decided to design costumes.
(C) It was covered in local newspapers.

| 193 (A) | 194 (C) | 195 (C) | 196 (B) | 197 (B) | 198 (A) | 199 (A) | 200 (A) |

☐ **201.** When will I be informed of the details of the blueprint?
(006)
    (A) Just keep the information.
    (B) The print shop is downstairs.
    (C) I think you've already been.

☐ **202.** Who will be the new director at the main office?
(555)
    (A) Oh, has Mr. Jacobs left?
    (B) A very interesting film!
    (C) I'll check them carefully.

☐ **203.** Haven't we sent the new catalog to our clients yet?
(414)
    (A) Please count me in.
    (B) For all of my colleagues.
    (C) I'm about to do that.

☐ **204.** Where is the microscope?
(139)
    (A) The microwave oven is sold out.
    (B) By Tuesday.
    (C) In the meeting room.

☐ **205.** I wonder what kind of food Dr. Owens likes.
(233)
    (A) It's near the restaurant.
    (B) I asked him to write an article.
    (C) Why not touch base with his secretary?

☐ **206.** Where shall we get a bite to eat tonight?
(065)
    (A) I couldn't eat another bite.
    (B) What about a new Korean restaurant?
    (C) We went there last Friday.

☐ **207.** Why has Andrew canceled the competition?
(032)
    (A) Based on his competency.
    (B) Is there another cancellation fee?
    (C) There was an urgent matter.

☐ **208.** Where is the most famous touring attraction in town?
(028)
    (A) Let me get a map for you.
    (B) The chocolate factory will be relocated.
    (C) Yes, it's the best in town.

201 (C)   **202** (A)   **203** (C)   **204** (C)   **205** (C)   **206** (B)   **207** (C)   **208** (A)

☐ **209.** How about joining me for lunch today?
(341)
    (A) What's for dinner?
    (B) That sounds good to me.
    (C) At twelve o'clock.

☐ **210.** How was your stay at the hotel?
(433)
    (A) None, why would you ask?
    (B) Maybe some other time.
    (C) A fitness facility would've been nice.

☐ **211.** How much does the one-way ticket to Hawaii cost?
(523)
    (A) Same as the last time.
    (B) Your credit card is accepted.
    (C) Unless a cancellation has come up.

☐ **212.** Aren't you going to travel to Athens today?
(594)
    (A) No, I need to redesign a layout.
    (B) What will you do then?
    (C) Yes, I used to support the team.

☐ **213.** Why hasn't the sales projection been prepared?
(036)
    (A) The data is not ready yet.
    (B) It's finally been bought.
    (C) Yes, I'd like some beans.

☐ **214.** Which of these music players is Mr. Holton's?
(593)
    (A) I didn't play tennis at that time.
    (B) His name is put on the back.
    (C) One of our accountants.

☐ **215.** Would you like to have a small break before or after the talk?
(368)
    (A) The mall has been demolished.
    (B) Let's have a chat before lunch.
    (C) I need to take a rest now.

☐ **216.** Who's taking part in the regional sales meeting?
(102)
    (A) I have a list of the members.
    (B) I've never been to the region.
    (C) The sales are declining these days.

| 209 (B) | 210 (C) | 211 (A) | 212 (A) | 213 (A) | 214 (B) | 215 (C) | 216 (A) |

☑ **217.** Don't you need to reserve a table for dinner?
(309)
    (A) I'll clean the table.
    (B) Emily is taking care of it.
    (C) I have a hotel reservation tonight.

☑ **218.** Shall we hold an employee appreciation dinner?
(316)
    (A) We purchased the online application.
    (B) MHK Holdings should let us know.
    (C) I don't mind planning it.

☑ **219.** Why hasn't the guidance started?
(305)
    (A) A guided tour for the attendees.
    (B) The agenda hasn't been finalized.
    (C) The annual dance party.

☑ **220.** How much will we need for the retirement party?
(037)
    (A) There's a growing need for it.
    (B) I'm not involved.
    (C) Oh, are you tired?

☑ **221.** Who wrote these minutes of the meeting?
(097)
    (A) In a few minutes.
    (B) Could we take this route?
    (C) I think Maria did.

☑ **222.** Are you free to join me for a lunch meeting today?
(448)
    (A) It's very reliable.
    (B) As a medical coordinator.
    (C) I have a schedule conflict.

☑ **223.** Where do I pay for this black T-shirt?
(076)
    (A) The tag says it's medium.
    (B) You'd better not change the color.
    (C) How would you like to pay?

☑ **224.** Do you have time to review the screenplay?
(211)
    (A) I'm going to have a conference call.
    (B) There's a nice view of the ocean.
    (C) Do you also need a projector?

217 (B)   **218** (C)   **219** (B)   **220** (B)   **221** (C)   **222** (C)   **223** (C)   **224** (A)

☑ **225.** Do you have time to look over this month's expense report?
(570)
    (A) Please review more reports.
    (B) I'm free after lunch.
    (C) Ms. Lawson will be out of the office.

☑ **226.** Why did Paul stop visiting Italy for the exposition?
(119)
    (A) He's reconsidering it now.
    (B) But I'm going to Germany.
    (C) In a relatively good position.

☑ **227.** Our recording will take place in the new studio.
(228)
    (A) Show me the music player.
    (B) When will that be finished?
    (C) It broke the previous sales record.

☑ **228.** Where is the closest bank?
(104)
    (A) It starts from 9 A.M.
    (B) Check the closet.
    (C) There's one on Lincoln Street.

☑ **229.** Will the council election be held next week?
(215)
    (A) It's the day after tomorrow.
    (B) Don't mention it.
    (C) Are you finished?

☑ **230.** How did the speech go yesterday?
(017)
    (A) Yes, I like the fruit.
    (B) The audience was so excited.
    (C) We need to speed up.

☑ **231.** Where does the special meeting take place?
(392)
    (A) Tomorrow afternoon.
    (B) The food is especially good.
    (C) Bobby reserved Room B.

☑ **232.** The employee handbook is helpful for new recruits, isn't it?
(286)
    (A) You did?
    (B) Sure is.
    (C) For now.

225 (B)   **226** (A)   **227** (B)   **228** (C)   **229** (A)   **230** (B)   **231** (C)   **232** (B)

233. Have you ever operated this machine?
(207)
(A) It's in good condition.
(B) No, you don't.
(C) I'm new here.

234. It looks like some trains have not yet resumed operations.
(266)
(A) Did you look at his résumé?
(B) It's due to a signal problem.
(C) It's a long training course.

235. What kind of drink would you like, coffee or tea?
(371)
(A) Is it all set?
(B) I'm fine, thanks.
(C) At the coffee shop.

236. May I talk to everyone before the daily meeting starts?
(353)
(A) It starts at ten in the morning.
(B) For just two hours.
(C) Please keep it brief.

237. Do you usually go to the gym after work?
(224)
(A) It depends on how busy I am.
(B) It worked out perfectly.
(C) Please ask the manager.

238. Could you show me around this new lab?
(442)
(A) On Carson Avenue.
(B) I think I did before.
(C) Try this jacket on. It's new.

239. Shall I call the architectural firm to make an appointment?
(345)
(A) He's a great architect.
(B) Could you review the blueprint?
(C) I'd really appreciate it.

240. Are all of the seats occupied?
(549)
(A) I like seafood.
(B) Yes, we are.
(C) No, you can get one.

---

233 (C)   234 (B)   235 (B)   236 (C)   237 (A)   238 (B)   239 (C)   240 (C)

☐ **241.** Shall we take a taxi to the station?
(334)
    (A) All the tickets are sold out.
    (B) It's hard to get one around here.
    (C) Because of the weather.

☐ **242.** Have you examined the final edition of the magazine?
(168)
    (A) I just tried to add it.
    (B) Always keep proof of purchase.
    (C) I have. Here you are.

☐ **243.** Is Monica still taking inventory, or has she left for the day?
(365)
    (A) I'll take a day off tomorrow.
    (B) She's finished with it.
    (C) Neither, they choose John.

☐ **244.** When will the travel expense be reimbursed?
(091)
    (A) I always keep the receipts.
    (B) The travel agency will refund your money.
    (C) You need approval from your manager.

☐ **245.** Where are you going for dinner after the sports convention?
(015)
    (A) I think Jane was there.
    (B) Any recommendations?
    (C) Once you've been promoted.

☐ **246.** Don't you need to order more food for the party?
(293)
    (A) Heap more food onto my plate.
    (B) A few people have canceled.
    (C) Let's buy the equipment then.

☐ **247.** Whose turn is it to order our office supplies this time?
(628)
    (A) Turn right at the intersection.
    (B) Is that free of charge?
    (C) Vanessa did it last time.

☐ **248.** Do we have to bring our own food?
(476)
    (A) They're complimentary.
    (B) You'd better take something healthy.
    (C) No, some refreshments will be served.

| **241** (B) | **242** (C) | **243** (B) | **244** (C) | **245** (B) | **246** (B) | **247** (C) | **248** (C) |

☑ **249.** What task shall we start with?
(480)
    (A) Janet asked me for that.
    (B) That's not our facility.
    (C) I'll e-mail the details to you.

☑ **250.** Are you visiting the advertising agency, or going to the press
(378)   conference?
    (A) The agent did an excellent job.
    (B) The press machine is being repaired.
    (C) I'll be tied up with paperwork.

☑ **251.** Hasn't the property been sold yet?
(300)
    (A) It's being processed.
    (B) He's operating the boat properly.
    (C) I'll use a travel agent.

☑ **252.** How often do you buy office supplies?
(011)
    (A) At the entrance.
    (B) On a monthly basis.
    (C) Twenty pencils, please.

☑ **253.** Harold, you have a call from Ms. Reynolds on line three.
(517)
    (A) Tell her I'm tied up with a meeting.
    (B) Oh, is it that cold?
    (C) Can I have a message?

☑ **254.** You'll be interviewed by the hotel clerk next week, won't you?
(284)
    (A) Are you checking out now?
    (B) I'm meeting him today.
    (C) A great internship program.

☑ **255.** I need to set a time and place for a meeting.
(227)
    (A) Who's made them?
    (B) I'm excited to watch the race.
    (C) I hope everything goes smoothly.

☑ **256.** I'm interested in your art gallery.
(608)
    (A) I'll show you around.
    (B) No, it's in the garage.
    (C) Cut in interest rates.

249 (C)   **250** (C)   **251** (A)   **252** (B)   **253** (A)   **254** (B)   **255** (C)   **256** (A)

☐ **257.** Where's the next trade show?
(432)
 (A) In Beijing next February.
 (B) I don't feel like switching the items.
 (C) Let me show you the data.

☐ **258.** We're going to be late for the staff meeting.
(439)
 (A) Why don't we take a taxi?
 (B) The staff waiting at the airport.
 (C) We haven't met lately

☐ **259.** Do you have any suggestions for this contract?
(223)
 (A) The contractor will come tomorrow.
 (B) Did you have some experts proofread it?
 (C) The reporter suggests it will be improved.

☐ **260.** What if you are asked to arrange a business trip for the vice
(492) president?
 (A) In my opinion, the item is reasonable.
 (B) Could you book an earlier flight?
 (C) I would consult Mr. Page.

☐ **261.** What region is the company building a new factory in?
(048)
 (A) There were some buildings.
 (B) In a less populated area.
 (C) Can't you tell me the reason?

☐ **262.** I think more copies of the handouts have to be ready.
(403)
 (A) That's OK——we can share.
 (B) At a café nearby.
 (C) Don't keep them anymore.

☐ **263.** Where is the updated online request form?
(044)
 (A) Near the reception desk.
 (B) I'll send you the link.
 (C) Yes, you can do it online.

☐ **264.** Wasn't Ms. Collins on a TV program yesterday?
(479)
 (A) Yes, it was so exciting.
 (B) No, she is a project manager.
 (C) She used some in the past.

| 257 (A) | 258 (A) | 259 (B) | 260 (C) | 261 (B) | 262 (A) | 263 (B) | 264 (A) |

☑ **265.** Do you want to use a catering service?
(420)
(A) The flower would be nice.
(B) That would be easier.
(C) You can do it yourself.

☑ **266.** Who knows the status of the merger negotiation?
(154)
(A) At the maximum level.
(B) I heard the plan fell apart.
(C) Every state has its own income.

☑ **267.** Do you know where I can find the manual?
(156)
(A) Yes, I am.
(B) It should be in the top drawer.
(C) Gerald gave me a ride this morning.

☑ **268.** What's the problem with the new music player?
(054)
(A) There's an issue with that.
(B) Some of the buttons don't work.
(C) That's why I chose a pink one.

☑ **269.** The company's elevators are being inspected.
(235)
(A) Who's working on it?
(B) Through the main exit.
(C) Everyone was present.

☑ **270.** Could you drive me to the station?
(333)
(A) Beth will drive there in a moment.
(B) At what time is he arriving?
(C) No, it's on Mateo Drive.

☑ **271.** How should I keep you informed?
(116)
(A) Just keep it until the next meeting.
(B) Some information has been provided.
(C) Would the online chat work for you?

☑ **272.** Can I get you something from the supermarket?
(323)
(A) There's something wrong with the invoice.
(B) I'm good for now, thanks.
(C) Craig will fix it for you.

---

265 (B) **266** (B) **267** (B) **268** (B) **269** (A) **270** (A) **271** (C) **272** (B)

273. Who was the guest speaker at the dinner party?
(A) A party of three, please.
(B) A select member.
(C) I spoke with him on Friday.

274. Who'll be teaching the math class instead of Ms. Shelton?
(A) I took the class five years ago.
(B) Didn't she ask you to?
(C) I think the venue will be changed.

275. Do you have extra forms for other attendees?
(A) Yes, you can.
(B) It's on the Internet.
(C) Shall I revise them?

276. Why did Kevin come to our studio this morning?
(A) Please use my study.
(B) It lasts until the afternoon.
(C) That's what I'm wondering.

277. Where are my glasses?
(A) We bought some plates this time.
(B) Have you checked the stockroom?
(C) Mike will do that now.

278. Have you heard about the new internship program?
(A) The manager told me about it.
(B) In the telephone directory.
(C) No, I didn't make them.

279. How did you find out about that shampoo?
(A) Did you have trouble finding our office?
(B) Yes, it's like bamboo.
(C) Just a suggestion from my doctor.

280. Weren't all of the documents shipped to the contractor's office?
(A) She's sipping some coffee.
(B) We can do it without them.
(C) We actually sent them by e-mail.

273 (B) **274** (B) **275** (B) **276** (C) **277** (B) **278** (A) **279** (C) **280** (C)

☑ **281.** Where is Donald now?
(082)
    (A) He likes that movie.
    (B) He's left for the day.
    (C) It doesn't take so long.

☑ **282.** Who helped Ms. Garcia with the fund-raising campaign?
(144)
    (A) Organic food is terrific.
    (B) Didn't you see the e-mail?
    (C) The pain is getting worse.

☑ **283.** Can we modify the business proposal first, or should we do it later?
(373)
    (A) Hasn't Chris already done it?
    (B) It must be handed in.
    (C) Extend the deadline.

☑ **284.** Would you happen to have some time after work?
(508)
    (A) I usually go to work by train.
    (B) Then what happened to him?
    (C) No, why do you ask?

☑ **285.** How many people are going to come to your opening ceremony?
(429)
    (A) There is a strict dress code policy.
    (B) It was great last year.
    (C) Here's the attendance sheet.

☑ **286.** Where should I put my laptop bag?
(559)
    (A) It's not that bad.
    (B) Accessories must be kept safe.
    (C) Did you talk to a security guard?

☑ **287.** Where do you think we should get a table, outdoors or indoors?
(366)
    (A) I'm on your side.
    (B) It looks like rain.
    (C) It's a bit bitter, isn't it?

☑ **288.** How long do you think the reception will last?
(096)
    (A) Think back over the last five years.
    (B) It's been canceled.
    (C) Please check the receiver carefully.

281 (B)   **282** (B)   **283** (A)   **284** (C)   **285** (C)   **286** (C)   **287** (B)   **288** (B)

☑ **289.** I have some announcements to make.
(605)
  (A) So, I don't need to make a reservation.
  (B) Regarding personnel changes or something?
  (C) Yes, we definitely are.

☑ **290.** When should I file all of the documents?
(554)
  (A) After some rules have been revised.
  (B) Always in the top drawer.
  (C) We need more tiles from the supplier.

☑ **291.** What time does the final performance end?
(042)
  (A) We performed it last night.
  (B) I'll tell you later.
  (C) It's just a start.

☑ **292.** Do you want to replace your laptop?
(431)
  (A) Jessie placed it on your desk.
  (B) No, mine is working fine.
  (C) I'll show you representative examples.

☑ **293.** Are you having any problems with your new computer?
(183)
  (A) How much is the newest version?
  (B) Some basic software hasn't been installed.
  (C) It's not going to be easy.

☑ **294.** Should we proofread the manuscript tomorrow or sometime next week?
(377)
  (A) I'd like to get the reading material.
  (B) Just mark the date on the calendar.
  (C) Will next Monday fit into your schedule?

☑ **295.** Do you have the time?
(496)
  (A) In a timely manner.
  (B) It's around noon.
  (C) I think you will.

☑ **296.** You'll be reimbursed at the end of the month.
(538)
  (A) Paid vacation?
  (B) From another department.
  (C) I'll keep that in mind.

| 289 (B) | 290 (A) | 291 (B) | 292 (B) | 293 (B) | 294 (C) | 295 (B) | 296 (C) |

☑ **297.** Mr. Cole arranged for the travel request form.
(234)
 (A) The range is not so wide.
 (B) He's already been reimbursed.
 (C) Could I see it?

☑ **298.** Who's taking over Ms. Chen's position?
(060)
 (A) Oh, don't bother her.
 (B) Mr. Powell, the quality assurance director.
 (C) Always on Saturdays.

☑ **299.** Do you know how long it will take to Johnson Airport from here?
(218)
 (A) Twenty minutes by car.
 (B) Most people should do it.
 (C) Along this street.

☑ **300.** Excuse me, can you tell me what kind of tea this is?
(440)
 (A) You're welcome.
 (B) Sure, I'll have some.
 (C) There's a list on the wall.

☑ **301.** We should wear formal attire while at the ceremony, right?
(280)
 (A) The prize is formally awarded.
 (B) He's a suitable person, I believe.
 (C) Isn't casual dress accepted?

☑ **302.** We have some parking spaces for visitors.
(561)
 (A) No, I haven't my own.
 (B) We'll be visiting by car next time.
 (C) Please do this at your own pace.

☑ **303.** Who is welcoming Ms. Olson at the airport?
(445)
 (A) It's terminal A, not B.
 (B) They called a taxi instead.
 (C) The human resources department.

☑ **304.** Why are there so many changes to the program?
(128)
 (A) It's out of stock right now.
 (B) Please count the number.
 (C) Some managers asked for them.

| 297 (C) | 298 (B) | 299 (A) | 300 (C) | 301 (C) | 302 (B) | 303 (C) | 304 (C) |

305. What if two of us go on a business trip?
(A) Every other week.
(B) Some manuals would be needed.
(C) Please say hello to him.

306. The negotiations are taking longer than initially anticipated.
(A) Why is that?
(B) So am I.
(C) You could?

307. We have to order the theater tickets as soon as possible.
(A) Check their Web site.
(B) No, it's three.
(C) Yes, I certainly have.

308. Sonia, is this your coat?
(A) Yoko is in our office.
(B) I didn't bring mine.
(C) An autumn festival.

309. How many copies do you need?
(A) I'll make double-sided copies.
(B) A wide variety of items.
(C) Five ought to do it.

310. Have you applied for the restaurant supervisory position?
(A) You'd better take some fruit.
(B) We need to order some plates.
(C) I'm about to do it.

311. Could you lead the aerobic session tomorrow morning?
(A) Boots should be allowed, I think.
(B) One financial analyst at a leading firm.
(C) I have to work the night shift tonight.

312. What is the price of these pants?
(A) They should be cleaned soon.
(B) Let me see the list.
(C) Slice the meat.

| 305 (B) | 306 (A) | 307 (A) | 308 (B) | 309 (C) | 310 (C) | 311 (C) | 312 (B) |

☐ **313.** Who'll be reserving the baseball tickets?
(146)
(A) I'm going to do it.
(B) Send it by e-mail.
(C) I'd like two, please.

☐ **314.** Why was the annual audit postponed at the last minute?
(532)
(A) I'll stop by a music practice studio.
(B) There seemed to be a mechanical issue.
(C) Don't worry — I'm coming tomorrow.

☐ **315.** Why hasn't the shipment arrived?
(519)
(A) We didn't order any.
(B) For a live music concert.
(C) I don't think we're late.

☐ **316.** Where can I get some coupons for the stationary store?
(427)
(A) I received some from Mr. Ruiz.
(B) It's overnight delivery.
(C) Next month is fine with me.

☐ **317.** Is there anything I can get for you?
(189)
(A) Where are you going?
(B) I think I can get some.
(C) All that she wants is some food.

☐ **318.** The hotel where you'll stay is far from the airport, isn't it?
(295)
(A) Please follow the sign.
(B) I thought you did it already.
(C) There's a shuttle bus.

☐ **319.** What color should we choose for our new logo?
(612)
(A) Bruce goes there now.
(B) Everything's ready.
(C) Why don't we take a poll?

☐ **320.** Cynthia is going to talk to you about the new procedure, isn't she?
(303)
(A) Sheila will stand in for her.
(B) I'm thinking of a new project.
(C) The old one is better.

313 (A)   314 (B)   315 (A)   316 (A)   317 (A)   318 (C)   319 (C)   320 (A)

321. Would you prefer an earlier flight or a later one?
(A) No thanks, I'm full.
(B) Either is fine with me.
(C) It's a little bit tight.

322. Don't forget to water the flowers while I'm away.
(A) That's a generous offer.
(B) I like dry conditions.
(C) Jamie will handle that.

323. What else is necessary to complete this task?
(A) Yes, he will be missed.
(B) Why'd you go to the interview?
(C) An expert at hiring people.

324. Have you seen my stapler?
(A) When did you submit them?
(B) I've never seen the new client.
(C) I think Joe was using it.

325. Why is Nancy leading the training session?
(A) It's great reading material.
(B) Some trainees said so.
(C) Ted is on vacation.

326. How long have you worked at this pharmacy?
(A) I don't think it takes long.
(B) For quite a while.
(C) Twenty-minute drive.

327. Did Everett visit your office to take measurements yesterday?
(A) He said he wanted to make it wider.
(B) His assistant did.
(C) More light bulbs would be needed.

328. How long does the show last?
(A) I haven't been there in a while.
(B) Near the playhouse.
(C) Which show are you talking about?

---

321 (B)   **322** (C)   **323** (C)   **324** (C)   **325** (C)   **326** (B)   **327** (B)   **328** (C)

329. Why don't we go out for lunch today?
(A) No, I don't mind waiting.
(B) Mind if I check my schedule?
(C) I had a big fish last night.

330. When will the union members come to Melbourne?
(A) Five employees in total.
(B) A detailed timeline is being drafted.
(C) It's located on the east coast.

331. When will the training workshop start?
(A) It's going on now.
(B) The store's open until eight.
(C) Will the company start its new policy?

332. Who'll be able to deal with the malfunction?
(A) Multiple items will be needed.
(B) I'll call the technician for you.
(C) Oh, ahead of schedule?

333. Should I wear a tie, or can I wear a T-shirt?
(A) I like the design on it.
(B) Formal attire should be acceptable.
(C) It's much too cold outside.

334. Have you seen Tony today?
(A) He's a good writer.
(B) OK. I'll show you around.
(C) He's out of the office.

335. My company announced plans to close its facility in Indonesia.
(A) Yes, it's time to plant a garden.
(B) Ms. Kinsley let us know about that.
(C) They'll need some new clothes.

336. Your job is developing new software products, isn't it?
(A) My priority is beauty.
(B) I am new here.
(C) I changed careers last year.

329 (B) 330 (B) 331 (A) 332 (B) 333 (B) 334 (C) 335 (B) 336 (C)

☐ **337.** Should we buy more color toner for the photocopier?
(174)
  (A) Bye for now.
  (B) The paper craft is great.
  (C) There's plenty at the moment.

☐ **338.** Can I call Ms. Baldwin later, or do I need to wait here?
(355)
  (A) I think she'll be back shortly.
  (B) There're at least eight copies.
  (C) Some new office equipment is necessary.

☐ **339.** Are tickets for the workshop still available?
(173)
  (A) It worked a lot.
  (B) Please send it to me.
  (C) It concluded this morning.

☐ **340.** I'm here to meet with Ms. Austin at 2 P.M.
(254)
  (A) The meat's been sold out.
  (B) Well, just go straight down that hallway.
  (C) Here they are.

☐ **341.** How much will our departmental budget increase next year?
(618)
  (A) Yes, a fifteen percent decrease.
  (B) It's subject to our sales results.
  (C) The lease contract must be renewed.

☐ **342.** Our lunch break is approaching.
(252)
  (A) Why don't I call a caterer?
  (B) Yeah, let's go.
  (C) No, try this shirt instead.

☐ **343.** We need to establish a relationship with the new supplier.
(468)
  (A) In relation to the cultural properties.
  (B) Oh, is it surprising?
  (C) Why don't you join their factory tour?

☐ **344.** How much does the special order cost?
(584)
  (A) It depends on your deadline.
  (B) As much as you can.
  (C) Let me see if I have the number.

---

337 (C)　　**338** (A)　　**339** (C)　　**340** (B)　　**341** (B)　　**342** (A)　　**343** (C)　　**344** (A)

☑ **345.** Will there be a company banquet this year?
(208)
    (A) He was accompanied by his secretary.
    (B) Yes, I've been there many times.
    (C) I was asked to lead it.

☑ **346.** What are your plans for your vacation time?
(074)
    (A) Please wait to be seated.
    (B) Maybe some other time.
    (C) Nothing particular so far.

☑ **347.** Do you want to give your presentation first?
(171)
    (A) For a few seconds.
    (B) I'd rather do it later.
    (C) Here's my identification badge.

☑ **348.** When can we contact Ms. White?
(085)
    (A) Her flight will arrive at 10 A.M.
    (B) We need another contract.
    (C) What about the airport gate?

☑ **349.** Did you read the article on Frank's concert?
(220)
    (A) In a business journal.
    (B) His advertisement is amazing.
    (C) I think I missed it.

☑ **350.** Didn't you bring your own raincoat?
(444)
    (A) Yes, they are.
    (B) It's too close.
    (C) No, I didn't.

☑ **351.** Do you feel like going to a Thai restaurant tonight?
(216)
    (A) The soup and appetizer.
    (B) I went there for lunch today.
    (C) Those machines work a lot.

☑ **352.** How long does it take to get to your office?
(514)
    (A) Twice a week.
    (B) What would you use?
    (C) About a dozen.

| 345 (C) | 346 (C) | 347 (B) | 348 (A) | 349 (C) | 350 (C) | 351 (B) | 352 (B) |

353. How much was your white shirt?
  (A) We only have some in blue.
  (B) It was a gift from my parents.
  (C) Did you check your address?

354. We should turn in the cost estimate to our client by five o'clock, shouldn't we?
  (A) It's the most cost-effective approach.
  (B) More price competition will occur.
  (C) I think you're right.

355. Why has the bakery been closed?
  (A) Some coffee and pastries.
  (B) It's currently under renovation.
  (C) I'd like soup instead.

356. Why are you going to take tomorrow off?
  (A) Take off your shoes at the entrance.
  (B) Could I try them on now?
  (C) I've been invited to a party.

357. The film festival's finished much earlier than we expected.
  (A) Could we change our flight?
  (B) We still have plenty of paper.
  (C) I think you will.

358. When do we start drafting the new safety standards?
  (A) There's a locksmith near here.
  (B) How long do you think it will take?
  (C) It should be safer.

359. Ms. Perry updated the lunch menu, didn't she?
  (A) She will join us after work.
  (B) Yes, she didn't change any.
  (C) She's still waiting for the price list.

360. Why are you adding more stores to the shopping mall?
  (A) Don't you build up a closer connection?
  (B) In addition to the restoration.
  (C) To extend our services.

353 (B) 354 (C) 355 (B) 356 (C) 357 (A) 358 (B) 359 (C) 360 (C)

☐ **361.** Would you like me to order some refreshments?
(325)
    (A) Let's get some fresh air.
    (B) The luncheon finished just one hour ago.
    (C) I'd rather walk alone, thanks.

☐ **362.** What are your business hours?
(034)
    (A) From nine to five.
    (B) I'm an engineer.
    (C) I just changed careers.

☐ **363.** Who was assigned to the marketing position?
(568)
    (A) As far as I know, no one.
    (B) Mr. Morgan moved into a new house.
    (C) Your name and signature, please.

☐ **364.** Why did we make the modification to the design?
(059)
    (A) It was a request from the client.
    (B) The advertising agency.
    (C) I'll take the minutes of the meeting.

☐ **365.** Shall we board the shuttle bus to the airport?
(349)
    (A) That would be cheaper.
    (B) At the board meeting.
    (C) It's good exercise.

☐ **366.** What is the advantage of this credit card?
(053)
    (A) Some discounts are available.
    (B) You can stay in touch.
    (C) Do you have another car key?

☐ **367.** I've learned how to use the software.
(268)
    (A) Oh, are you familiar with it?
    (B) Look at the hardware store.
    (C) Where did you install it?

☐ **368.** What was today's meeting about?
(541)
    (A) Updates on an upcoming event.
    (B) On a daily basis.
    (C) That's about it.

361 (B)   362 (A)   363 (A)   364 (A)   365 (A)   366 (A)   367 (A)   368 (A)

☐ **369.** How many laptops will the new team need?
(467)
 (A) I don't have the exact number.
 (B) Two weeks should be enough.
 (C) The keypads were replaced this morning.

☐ **370.** When does the new product campaign begin?
(542)
 (A) Let's go camping.
 (B) It's finished.
 (C) To boost sales.

☐ **371.** Do you think it would take less time if we used the courier service?
(188)
 (A) Our budget is very tight, I'm afraid.
 (B) A taxi is the fastest option.
 (C) The service will be extended next year.

☐ **372.** Where did Anthony obtain the new clothing materials?
(497)
 (A) It will rain in some areas.
 (B) His assistant found them in Brazil, actually.
 (C) The celebration was held last night.

☐ **373.** Have you heard the new printer procedure?
(574)
 (A) When was it put in place?
 (B) Familiarize ourselves with the old one.
 (C) On the second floor, meeting room A.

☐ **374.** What's the fastest way to get to the town hall?
(031)
 (A) I'm on my way.
 (B) Take the test first.
 (C) By subway.

☐ **375.** Would you like to write up the press release, or shall I?
(590)
 (A) Light it up with decorations.
 (B) I don't mind doing it.
 (C) By Wednesday, if possible.

☐ **376.** How far away is the location of the social event?
(052)
 (A) I've never been there.
 (B) The social activity will cost a lot.
 (C) You should use caution here.

369 (A) 370 (B) 371 (A) 372 (B) 373 (A) 374 (C) 375 (B) 376 (A)

☐ **377.** Is there anything I can do for you?
(222)
    (A) Should it be done by the deadline?
    (B) Everything we need has been arranged.
    (C) On the back of the table.

☐ **378.** Will the monthly inspection happen this Wednesday?
(204)
    (A) Every other week.
    (B) Yes, at 10 A.M.
    (C) Nice to meet you.

☐ **379.** How are you going to get to the concert hall?
(075)
    (A) Could you give me a lift?
    (B) To arrange some of the songs.
    (C) We're certain he would come.

☐ **380.** Raymond is still looking for some new sunglasses.
(615)
    (A) Why don't you recommend these?
    (B) I've been there recently.
    (C) It can cause skin damage.

☐ **381.** Where is the financial summary I made this morning?
(111)
    (A) We cut down on the expense.
    (B) I handed it to my manager.
    (C) I think it's on a weekly basis.

☐ **382.** Have you been to the new Italian restaurant?
(530)
    (A) Some coffee beans could be bought.
    (B) You really need to get a rest.
    (C) Has it already opened?

☐ **383.** When does the last bus depart?
(012)
    (A) In front of Gordon Station.
    (B) There's the timetable in the station.
    (C) You need a deposit on it.

☐ **384.** Are you coming to the annual charity marathon?
(158)
    (A) The city hosts the event annually.
    (B) The winner should get an award.
    (C) I wish I could.

377 (B)   **378** (B)   **379** (A)   **380** (A)   **381** (B)   **382** (C)   **383** (B)   **384** (C)

☐ **385.** Where's the best spot to take a picture around here?
(510)
　　(A) Do you want a view of the ocean?
　　(B) I potted a plant yesterday.
　　(C) It's the best meal I've ever had.

☐ **386.** How were the finalists for the design competition selected?
(627)
　　(A) Their portfolios were evaluated.
　　(B) There is a special dinner.
　　(C) Yes, they are.

☐ **387.** What color uniform should we order?
(101)
　　(A) Did you order already?
　　(B) It was much older.
　　(C) Blue looks nice.

☐ **388.** Do you sell batteries here?
(172)
　　(A) I can buy it now.
　　(B) We don't have any more in stock.
　　(C) Your credit card seems to have been accepted.

☐ **389.** Who won the contract to build the bridge?
(143)
　　(A) Near city hall?
　　(B) With a load of bricks.
　　(C) It's still under consideration.

☐ **390.** Are you going out for lunch, or ordering some food?
(376)
　　(A) They're getting older.
　　(B) I have my own, thanks.
　　(C) Someone from the restaurant.

☐ **391.** Are there any tickets for tonight's play?
(434)
　　(A) Yes, he's a good actor.
　　(B) It's likely to happen.
　　(C) They're all sold out.

☐ **392.** Why is Terry traveling to New York?
(113)
　　(A) It's not available today.
　　(B) To spend time with his relatives.
　　(C) Tell me your new findings.

385 (A)　　**386** (A)　　**387** (C)　　**388** (B)　　**389** (C)　　**390** (B)　　**391** (C)　　**392** (B)

☐ **393.** Did you have a chance to review this blueprint with your team?
(547)
(A) I've been busy recently.
(B) We had budget problems.
(C) A good opportunity.

☐ **394.** It's supposed to rain, isn't it?
(455)
(A) Some raincoats are being displayed.
(B) I didn't check the weather report.
(C) Jim's pausing to cross the street.

☐ **395.** Why are we running out of copy paper?
(099)
(A) It breaks down a lot lately.
(B) It's beyond repair.
(C) There should be some in the supply cabinet.

☐ **396.** I'll talk to Ms. Wagner about reorganizing the filing system.
(243)
(A) Can I ask her for the organization?
(B) She's away on a business trip.
(C) In chronological order.

☐ **397.** I'll contact some advertising agencies to set up job interviews.
(231)
(A) Could you set the table?
(B) I don't think they are hiring now.
(C) It'll be a good promotion.

☐ **398.** All of the presentations were really informative, weren't they?
(274)
(A) We learned a lot from them.
(B) I'll speak first instead.
(C) Yes, it was.

☐ **399.** There're enough promotional materials, aren't there?
(312)
(A) They've been made of wood.
(B) Their motion's so quick.
(C) There were, but not anymore.

☐ **400.** Why don't you download the latest application?
(347)
(A) Later in the morning.
(B) In an appliance store.
(C) Where can I get it?

393 (A)　**394** (B)　**395** (C)　**396** (B)　**397** (B)　**398** (A)　**399** (C)　**400** (C)

☑ **401.** Is Mr. Mills still working on the GHI project, or finished?
(A) It was a great start.
(B) The finishing line has been moved.
(C) I already received the final report.

☑ **402.** There's enough information in this year's fashion show pamphlet, isn't there?
(A) I can show you around.
(B) There's plenty of time.
(C) It was useful.

☑ **403.** How long will the panel discussion last?
(A) This cushion can be bought here.
(B) The piece of wood must be removed.
(C) You should read the program.

☑ **404.** Could you give me some feedback on the prototype?
(A) My car is back on the road.
(B) It's at four o'clock.
(C) If I drop everything, I can.

☑ **405.** How long did the candidate work at the retail store?
(A) Her résumé is in that cabinet.
(B) I often work out at the gym.
(C) You can decide the date of use.

☑ **406.** What do you think about Mr. Jones's résumé?
(A) I will be out of the office.
(B) It's pleasant to walk in the sand.
(C) He's highly qualified.

☑ **407.** Should we go to your office directly or stop by a restaurant for lunch?
(A) It's in the directory.
(B) My schedule is wide-open.
(C) Whichever you prefer.

☑ **408.** How soon will the park improvements be finished?
(A) Let's have a quick lunch.
(B) I'll be back soon.
(C) Look at the notice in the newspaper.

---

401 (C)　**402** (C)　**403** (C)　**404** (C)　**405** (A)　**406** (C)　**407** (C)　**408** (C)

☑ **409.** Where will the art exhibition take place?
(002)　(A) The same place as last year.
　　　(B) Next Monday.
　　　(C) Please bring your portfolio.

☑ **410.** Can you tell me how to get to the second floor of the south wing?
(336)　(A) Yes, you can.
　　　(B) I think it's in the east wing.
　　　(C) Just use the elevator over there.

☑ **411.** Why did you change the color of the design?
(504)　(A) I'll keep that in mind.
　　　(B) The yellow was terrible.
　　　(C) Don't let it go.

☑ **412.** Tom's train was delayed because of inclement weather.
(473)　(A) How soon will he show up?
　　　(B) They will be laid on the ground.
　　　(C) Did he take some training courses?

☑ **413.** Can I try on the glasses now?
(339)　(A) On the grass.
　　　(B) Yes, it's snowing.
　　　(C) Which color do you want?

☑ **414.** Do you know when the lecture will start?
(193)　(A) The lecturer was a little late.
　　　(B) It's from half past ten.
　　　(C) At a room facing the sea.

☑ **415.** The flight to Denver has already left.
(245)　(A) I'm ready to leave now.
　　　(B) Yes, he is a dentist.
　　　(C) When is the next one?

☑ **416.** Could you deliver the TV to the supplier for repair?
(499)　(A) I thought you were going to.
　　　(B) The number of supplies needs to be reduced.
　　　(C) Use another retailer.

409 (A)　**410** (C)　**411** (B)　**412** (A)　**413** (C)　**414** (B)　**415** (C)　**416** (A)

☐ **417.** Who designed this sculpture for the company's celebration?
(069)
    (A) Is there a problem?
    (B) Congratulations on your success.
    (C) Sam was asked to visit the office.

☐ **418.** When will Mr. Woods be back in the office?
(105)
    (A) Please come to my office.
    (B) Every piece of wood.
    (C) Not until 3 P.M.

☐ **419.** Could you tell me the details of your company policy?
(351)
    (A) You can download them online.
    (B) It has a lot of data.
    (C) The retailer should arrive soon.

☐ **420.** How can I take part in the trade show in Hong Kong?
(024)
    (A) You could change your flight.
    (B) I'm afraid it's finished.
    (C) Are you thinking of moving somewhere?

☐ **421.** Does anyone want to help Mr. Becker return these tables?
(176)
    (A) The one by the window.
    (B) Our team has some time.
    (C) I appreciate that.

☐ **422.** How about stopping by a coffee shop after work?
(340)
    (A) It's a serious concern.
    (B) Sure thing.
    (C) I'll make a copy of it.

☐ **423.** Do you have some time now?
(184)
    (A) Sometime next week.
    (B) OK, see you around.
    (C) I'm available in the afternoon.

☐ **424.** You work at this food-processing company, don't you?
(382)
    (A) Yes, I was hired two years ago.
    (B) No, the process is a bit tricky.
    (C) The company acquired a restaurant.

| 417 (A) | 418 (C) | 419 (A) | 420 (B) | 421 (B) | 422 (B) | 423 (C) | 424 (A) |

☑ **425.** How do I renew my password?
(544)
    (A) My train pass has expired.
    (B) The technician will tell us the procedure.
    (C) No, it's not new.

☑ **426.** Where do we keep the revised document?
(055)
    (A) Housekeeping.
    (B) I'm not sure.
    (C) I just realized that.

☑ **427.** Are you responsible for welcoming the new employees, or is someone else?
(370)
    (A) That's the human resource department's job.
    (B) He didn't respond to my e-mail.
    (C) Unemployment rate is declining.

☑ **428.** Weren't all the employees informed of the changed schedule?
(292)
    (A) It was on the company bulletin board.
    (B) They were scheduled to leave early.
    (C) Some training courses should be arranged.

☑ **429.** Why can't I access this computer?
(283)
    (A) Here's the assessment data.
    (B) Didn't you receive the new password?
    (C) In the IT department.

☑ **430.** I can't find the document I wrote this morning.
(251)
    (A) I'm still working on it.
    (B) Did you check around your desk?
    (C) Could you write another story?

☑ **431.** Mr. Watkins is being promoted to division director.
(260)
    (A) Please input a promotion code.
    (B) I wonder who told you that.
    (C) There'll be a meeting tomorrow.

☑ **432.** What is the opening time of Penny's Flower Shop on Thursdays?
(149)
    (A) It's closing soon.
    (B) Do you run a new shop?
    (C) Same as the weekends.

| 425 (B) | 426 (B) | 427 (A) | 428 (A) | 429 (B) | 430 (B) | 431 (B) | 432 (C) |

☐ **433.** Where should I obtain a parking permit?
(073)
(A) Talk to the person in charge.
(B) It has to be paid only in cash.
(C) It's open 24 hours a day.

☐ **434.** Are you coming to today's workshop?
(205)
(A) I'll be on a trip then.
(B) Yes, you are.
(C) Please come to my office.

☐ **435.** When will you send an invitation card to Mr. King?
(030)
(A) I've been invited, too.
(B) In our laboratory.
(C) Haven't you sent it out yet?

☐ **436.** Our vice president is stepping down next year.
(258)
(A) Yes, let's keep the price down.
(B) Please stay alert at all times.
(C) It's hard to be replaced, isn't it?

☐ **437.** Why not take your unneeded books to a library?
(421)
(A) I worked there before.
(B) That's a good idea.
(C) Check out the books now.

☐ **438.** Did you hear that our president is going to be interviewed tonight?
(162)
(A) Yes. Do you know when it is?
(B) Let's look at the view.
(C) Usually on weekends.

☐ **439.** Are you going to the beach tomorrow morning?
(501)
(A) Please talk to each other.
(B) No, because it's too cold.
(C) Could you give me the tool?

☐ **440.** Shall I give you a ride?
(313)
(A) I have my own, thanks.
(B) I'll give you my bike.
(C) Not very often.

| 433 (A) | 434 (A) | 435 (C) | 436 (C) | 437 (B) | 438 (A) | 439 (B) | 440 (A) |

☐ **441.** Did Dr. Griffin join the dinner last night?
(201)
    (A) We had a great time together.
    (B) There's something wrong with the oven.
    (C) All of us will be there by six.

☐ **442.** Didn't you used to work on the construction project?
(550)
    (A) It's better than projected.
    (B) I read it for work.
    (C) That was Mr. Bell.

☐ **443.** When do I need to go to the reception room?
(092)
    (A) Mr. Goto needs a copy of it.
    (B) Please keep the receipt.
    (C) As soon as possible.

☐ **444.** What field are you familiar with?
(090)
    (A) My main background is sales.
    (B) I lived in Japan for two years.
    (C) His friends and family.

☐ **445.** Haven't you seen my scarf in this room?
(512)
    (A) It's starting to snow.
    (B) What does it look like?
    (C) I heard he'll check the number.

☐ **446.** Whose idea was finally chosen for next year's event?
(543)
    (A) We don't know yet.
    (B) Just chop the vegetables.
    (C) I'm seriously thinking of the idea.

☐ **447.** Where do you think is the best place for the new factory?
(589)
    (A) A couple of locations should be considered.
    (B) It houses almost five hundred people.
    (C) In fact, Ernest and I were awarded.

☐ **448.** When are the rest of the machine parts supposed to arrive?
(611)
    (A) Could you call the supplier?
    (B) Across from the apartment.
    (C) We'll arrive a little earlier.

| 441 (A) | 442 (C) | 443 (C) | 444 (A) | 445 (B) | 446 (A) | 447 (A) | 448 (A) |

☐ **449.** How soon will the opening ceremony start?
(121)
    (A) Can I join it?
    (B) Not too much longer, I think.
    (C) At the eating area.

☐ **450.** Are you putting a new addition on your premises?
(159)
    (A) Putting on a mask is prohibited here.
    (B) Yes, it will be done next year.
    (C) It's very conveniently located.

☐ **451.** Who's assigned to the new setup?
(087)
    (A) A sign should be here.
    (B) Barbara is one of the members.
    (C) A record profit will be projected.

☐ **452.** Why did Angela decline the offer?
(081)
    (A) When's the offering date?
    (B) She's not interested in changing careers.
    (C) Climb all the way to the top.

☐ **453.** Who's that woman stationed at the counter?
(462)
    (A) It can be done over the counter.
    (B) Actually, it's not mine.
    (C) I believe she is Mr. Meyer's secretary.

☐ **454.** Some of us started a social activity last month.
(586)
    (A) Any chance I could join it?
    (B) Yes, he volunteered to do it.
    (C) Admission is free.

☐ **455.** When is the assignment due?
(078)
    (A) Please sign your name.
    (B) You can find it very easy.
    (C) By the end of the month.

☐ **456.** Who will be the backup speaker if Kathy is sick?
(058)
    (A) I've seen it many times.
    (B) We'd postpone the presentation.
    (C) Sure, just take a look at it.

| 449 (B) | 450 (B) | 451 (B) | 452 (B) | 453 (C) | 454 (A) | 455 (C) | 456 (B) |

457. Tonight's swimming class has been canceled.
 (A) I'm about to do that now.
 (B) How can I get a refund?
 (C) I wanted to win the contract.

458. We need to take inventory by the end of today.
 (A) It's an innovative invention.
 (B) Let me check the backyard.
 (C) Then, we must focus on that.

459. Mr. Allen was promoted to division director in just one year.
 (A) Will more proceeds be needed?
 (B) He deserves it.
 (C) Congratulations on your promotion!

460. It looks like we're out of paper for the printer.
 (A) What should we do then?
 (B) I'm going out of town.
 (C) Toners are in stock.

461. There're two entrances to this building, aren't there?
 (A) Through the emergency exit.
 (B) It has them at either side.
 (C) By getting a temporary badge.

462. Is this seat taken?
 (A) As far as I know, no one.
 (B) Everyone's using the vehicle.
 (C) Yes, you can eat one.

463. How do we visit the Royal Museum?
 (A) Please change your appointment.
 (B) Carpooling would be ideal.
 (C) To the dentist office.

464. You are sending the letter to Florence, aren't you?
 (A) Please send me a ladder.
 (B) No, Silvia is.
 (C) Ahead of schedule.

---

457 (B)   **458** (C)   **459** (B)   **460** (A)   **461** (B)   **462** (A)   **463** (B)   **464** (B)

☐ **465.** Who'll teach the English class after Patricia leaves?
(025)
 (A) She decided not to resign.
 (B) You and I are taking the class, right?
 (C) He sweeps leaves every morning.

☐ **466.** Could you tell me how I should landscape this area?
(520)
 (A) The landscaping company is in Dallas.
 (B) In preparation for landing.
 (C) Obtain a permit from the city first.

☐ **467.** Why doesn't Michael agree to speak at the banquet?
(287)
 (A) He's tied up in a press conference.
 (B) You should use blue and green.
 (C) At the peak of the rush.

☐ **468.** Would you mind me sitting in the seat next to you?
(343)
 (A) They're sitting opposite.
 (B) No, try another time.
 (C) Sorry, my friend is coming soon.

☐ **469.** Most of the tables are very dirty, aren't they?
(533)
 (A) We're not able to do it.
 (B) I reserved a room for tonight.
 (C) Do you need a cloth?

☐ **470.** Where should I file the manual for the microwave oven?
(461)
 (A) From the bookshelf.
 (B) I'll take it.
 (C) Where should we meet?

☐ **471.** The company will open a new branch in China next year.
(500)
 (A) Then you need a ticket?
 (B) Where are you moving?
 (C) That's not what the CEO said.

☐ **472.** The cooking program was really helpful.
(263)
 (A) That man is resourceful.
 (B) I'll need to get some help.
 (C) Oh, was it?

| 465 (A) | 466 (C) | 467 (A) | 468 (C) | 469 (C) | 470 (B) | 471 (C) | 472 (C) |

☑ **473.** The food festival is scheduled to start soon.
(262)
    (A) We need to take Claire Street, then.
    (B) Many people will go see the movie.
    (C) At the supermarket.

☑ **474.** What about playing baseball this weekend?
(330)
    (A) It's based on a true story.
    (B) I have plans, sorry.
    (C) We can get balcony seats.

☑ **475.** How frequently should I publish articles in the academic journal?
(396)
    (A) At least five pages.
    (B) On a bimonthly basis.
    (C) It's a strict rule.

☑ **476.** Would you like to buy one large van or several small cars for our company?
(372)
    (A) OK, see you there.
    (B) I'll take this one, not that one.
    (C) Multiple vehicles would be more convenient.

☑ **477.** Why don't you call an electrician?
(348)
    (A) Phillip already did.
    (B) Do you have my phone number?
    (C) We elected a new mayor.

☑ **478.** Which team won the contract to build the new bridge?
(602)
    (A) Teamwork is the most important thing.
    (B) We've never met the contractor.
    (C) The planning committee is still deciding.

☑ **479.** Excuse me, can I get you something to drink?
(624)
    (A) I turned it off.
    (B) That's the special announcement.
    (C) Is there an additional charge?

☑ **480.** How can we quickly address the safety issue?
(399)
    (A) Hiring a consultant is one plan.
    (B) The inclement weather will affect things.
    (C) The dress arrived safely.

---

473 (A)   **474** (B)   **475** (B)   **476** (C)   **477** (A)   **478** (C)   **479** (C)   **480** (A)

481. Let's take some time to review the environment concerns.
(A) Do you have a break?
(B) Ian should be involved.
(C) It's approximately 10 kilograms.

482. Are the tables and chairs in the storeroom?
(A) That's what I really wanted.
(B) I returned them a few days ago.
(C) Yes, by the store.

483. I left my jacket in the locker of the gym I usually use.
(A) It's good exercise, isn't it?
(B) Don't forget to lock it.
(C) Why don't you call them?

484. Haven't you finished writing the second quarterly financial report?
(A) Please call me after work.
(B) The form is available online.
(C) I'm waiting for some figures.

485. What is this coat made of?
(A) It's made in Japan.
(B) How about cutting the cotton in half?
(C) Look at the tag.

486. Has the training report already been sent?
(A) I think you received the e-mail.
(B) In the auditorium.
(C) It's practical, isn't it?

487. When will the floor of the lobby be cleaned?
(A) I thought you did it.
(B) The legal department.
(C) On the second floor.

488. Where are you going to stay when you go to Boston for the trade show?
(A) The baseball game will be interesting.
(B) My trip was canceled.
(C) Could you trade seats?

---

481 (B)   482 (B)   483 (C)   484 (C)   485 (C)   486 (A)   487 (A)   488 (B)

☐ **489.** Howard, where is the schedule for next week's production?
⑤⑬　(A) The next week is fine.
　　(B) The original one is in Taro's drawer.
　　(C) Please get some flyers from the receptionist.

☐ **490.** When are you scheduled to join the fitness club?
⓪⑱　(A) Let's reschedule the appointment.
　　(B) I did it already.
　　(C) It fits very well.

☐ **491.** Did you confirm your reservation with the travel agent?
⑤⑱　(A) Could you reserve a table?
　　(B) I'm planning to travel abroad.
　　(C) Yes, I did.

☐ **492.** Could I borrow the troubleshooting video?
③③⑦　(A) The travel agent will call you later.
　　(B) Check the middle of the cabinet.
　　(C) If it's not too much trouble.

☐ **493.** I thought you were out of the office today.
④⑮　(A) I don't mind it at all.
　　(B) My trip needed to be rescheduled.
　　(C) It's out of order again.

☐ **494.** What's the next presenter going to talk about?
⑤⓪⑦　(A) Some of the usual topics this time.
　　(B) They're representatives from the participating nations.
　　(C) Go on to the next item.

☐ **495.** Should I wear casual clothes or a suit?
③⑤⑨　(A) I don't know the dress code.
　　(B) There is a nice shop downtown.
　　(C) You can get anything here.

☐ **496.** Do you know how much it will cost to relocate our office?
③⑧⓪　(A) Yes, on the shelving unit.
　　(B) Address and phone number.
　　(C) How many employees do you have?

489 (B)　490 (B)　491 (C)　492 (B)　493 (B)　494 (A)　495 (A)　496 (C)

497. Who's going to be our teacher?
(A) In Tokyo, I believe.
(B) Mr. Crawford.
(C) Peach is my favorite.

498. When do you expect the final proposal to be completed?
(A) It's done.
(B) He's expected to show up soon.
(C) Any questions so far?

499. I'm going to the International Game Expo in Sydney next month.
(A) Could you share a ride instead?
(B) Let's switch seats then.
(C) I didn't know about that event.

500. It looks like many employees have been stuck for hours in a traffic jam.
(A) Look at the other picture.
(B) They are being hired.
(C) That's why attendance is low.

501. Why are you checking the estimate again?
(A) Cathy found a wrong number.
(B) Gain a brilliant success.
(C) You mean, my checking account?

502. Where are you visiting for your next trip?
(A) That's something to consider.
(B) Starting next year.
(C) You'll be busy at that time.

503. How was the consumers' response to the new game software?
(A) It couldn't have been better.
(B) He didn't respond to the client.
(C) I think that's a good idea.

504. What kind of club does Pamela belong to?
(A) For more than six years.
(B) She is the captain of a football team.
(C) They're recognized on campus.

---

497 (B)   498 (A)   499 (C)   500 (C)   501 (A)   502 (A)   503 (A)   504 (B)

☐ **505.** What is in the packet?
  (A) Pack them all.
  (B) I haven't opened it.
  (C) There is no pocket on it.

☐ **506.** When should we set up the next meeting?
  (A) Next to Steve's house.
  (B) That's not surprising.
  (C) The sooner, the better.

☐ **507.** Your next meeting is here at 3 P.M.
  (A) Thanks for reminding me.
  (B) Here you are.
  (C) Late this morning.

☐ **508.** What's the best way to Green Park?
  (A) A monthly pass will be sold soon.
  (B) The hotel clerk has a map.
  (C) Fast food's very useful.

☐ **509.** Do you sell mobile phones?
  (A) What type are you looking for?
  (B) He moved to another branch.
  (C) I can give you a lift.

☐ **510.** Do you play volleyball often?
  (A) The court's clean.
  (B) Use new bike lanes.
  (C) I used to.

☐ **511.** Who's responsible for ordering these parts?
  (A) We usually take turns.
  (B) Actually it's rechargeable.
  (C) They aren't in order.

☐ **512.** Why haven't they received a copy of the report?
  (A) The receipt should be processed.
  (B) They have, actually.
  (C) See you at the port.

505 (B)   506 (C)   507 (A)   508 (B)   509 (A)   510 (C)   511 (A)   512 (B)

513. It's time we considered buying a new vacuum cleaner.
(384)
(A) What time is it?
(B) I'm seriously considering, too.
(C) It's already been repaired.

514. Can I access the database?
(335)
(A) Not until you're officially hired.
(B) It's based on the feedback.
(C) That's a great success.

515. Do you think the cover illustration looks good?
(464)
(A) Please look at the guidelines.
(B) The final chapter is interesting.
(C) More blue should be used.

516. The landscape company will be here at 3 P.M.
(238)
(A) We need to finish this meeting by then.
(B) I found my broken watch.
(C) Why did you change careers?

517. Do you have more plates for food?
(180)
(A) Should we have more?
(B) Food for a healthy diet.
(C) I'd like some salad please.

518. What kind of bread do you want?
(142)
(A) Is it free?
(B) Bread and butter.
(C) I read it before.

519. Why don't we distribute these flyers nationwide as quickly as possible?
(321)
(A) We can't afford it.
(B) Those distributors will arrive tomorrow.
(C) You can get frequent flyer miles.

520. Johnny is responsible for the company event, isn't he?
(494)
(A) The sponsor will cover the cost.
(B) Peter took over last month.
(C) That's the great company.

---

513 (B)　　514 (A)　　515 (C)　　516 (A)　　517 (A)　　518 (A)　　519 (A)　　520 (B)

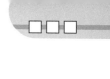

☑ **521.** What kind of drink do you like?
(425)
(A) I'm good, thanks.
(B) A paper cup would be nice.
(C) Due to heavy use of red ink.

☑ **522.** What should I put on for the party?
(038)
(A) There is a dress code.
(B) The invoice must have been delivered.
(C) Next to the fitting room.

☑ **523.** When's your next business trip?
(527)
(A) It's costlier than I thought.
(B) The class takes place in Dublin.
(C) I have no plans for one.

☑ **524.** How many manuals should we print for the new employees?
(039)
(A) Only for the renewal charge.
(B) You can print from the Web site.
(C) I don't know the exact number.

☑ **525.** Where is the new price list?
(546)
(A) The menu will be changed regularly.
(B) Oh, I thought you made it.
(C) Could I get a discount?

☑ **526.** Where can the attendees of the event get programs?
(151)
(A) Shall I call the organizer?
(B) After I speak to my director.
(C) Attendance is optional.

☑ **527.** How many plates do we need for the cooking class?
(079)
(A) I'm vegetarian.
(B) There're plenty in the kitchen.
(C) Where are you going?

☑ **528.** Can we extend the deadline for artwork submissions?
(319)
(A) Invitations to a gallery opening.
(B) Is there any reason why?
(C) Mr. Brooks tends to follow others.

521 (A)   522 (A)   523 (C)   524 (C)   525 (B)   526 (A)   527 (B)   528 (B)

☐ **529.** Could you pick up my client on Maple Street?
(331)
   (A) A busy harvest season.
   (B) You dropped it back there.
   (C) I'm kind of in a hurry.

☐ **530.** Who should I contact to lease the mower?
(120)
   (A) Ed usually does it.
   (B) The order will arrive soon.
   (C) Feel free to have this voucher.

☐ **531.** Should I move the desk first, or clean this room?
(525)
   (A) Whichever you prefer.
   (B) It's been provided.
   (C) They're running fast.

☐ **532.** Where are we planning to hold the party for new employees?
(548)
   (A) Harvey selected three hotels.
   (B) Some time next month.
   (C) It was newly planted yesterday.

☐ **533.** Who'll be the new vice president of operations?
(070)
   (A) The change would be nice.
   (B) Yes, he is operating a machine.
   (C) John will be promoted.

☐ **534.** Why is this item out of stock?
(041)
   (A) It's very affordable.
   (B) They've stacked the boxes.
   (C) Let's get out of here.

☐ **535.** When did Mr. Ramsey join the golf club?
(411)
   (A) I was happy to place the order.
   (B) Oh, did he start playing golf?
   (C) In a local country club.

☐ **536.** Who's preparing for the trip to Korea?
(381)
   (A) Did you buy travel insurance?
   (B) I've just finished the arrangements.
   (C) There're some coupons available.

| 529 (C) | 530 (A) | 531 (A) | 532 (A) | 533 (C) | 534 (A) | 535 (B) | 536 (B) |

☑ 537. There are a lot of supermarkets in this area, aren't there?
(290)
    (A) There is a growing need for them.
    (B) It's still vacant.
    (C) It's been closed for five years.

☑ 538. Why are some of the tables being moved?
(474)
    (A) The new ones are coming tomorrow.
    (B) In front of the cupboard.
    (C) Do you have any extra?

☑ 539. When will the company van be returned?
(613)
    (A) To a designated space.
    (B) The updated schedule will be sent soon.
    (C) Please return the business card.

☑ 540. Why was the store closed?
(080)
    (A) A number of openings.
    (B) Just close your eyes.
    (C) It's being renovated.

☑ 541. Did you get a ticket for your next business trip?
(214)
    (A) She's a business partner.
    (B) A meal coupon will be provided.
    (C) Yes, I'm traveling starting next week.

☑ 542. Do you want to try our new desserts?
(342)
    (A) I'll make it on time.
    (B) No, just the bill please.
    (C) Great! See you next time.

☑ 543. What color should we paint the bathroom?
(582)
    (A) I like your picture.
    (B) White needs to be avoided.
    (C) OK, let's take a bus.

☑ 544. Has the place for our dinner been decided yet?
(164)
    (A) Mainly for an advertisement.
    (B) It's a special in town.
    (C) It's still to be determined.

537 (A)   538 (A)   539 (B)   540 (C)   541 (C)   542 (B)   543 (B)   544 (C)

☑ **545.** You are going to evaluate the research with Mr. Simmons, aren't you?
(297)
(A) There're some search engines.
(B) He's out sick today.
(C) I know him very well.

☑ **546.** When will Dr. Erickson begin the investigation?
(581)
(A) At the National Convention Hall.
(B) Two years.
(C) He's still sick.

☑ **547.** Could you ask Mr. Snydel to make some changes to the schedule?
(386)
(A) Let me see if he's able to.
(B) Change the route at the intersection.
(C) I've never heard about that.

☑ **548.** Is Mr. Wells leaving our firm next month?
(209)
(A) Let's go to the farm.
(B) Yes, he'll be missed.
(C) Tomorrow would be better.

☑ **549.** Why don't you take a walk on the beach after dinner?
(350)
(A) I need some exercise.
(B) Tell me about what you can do.
(C) Let's clean up with all of us.

☑ **550.** The executives from our partner company have just arrived.
(515)
(A) We need to let the manager know.
(B) I'm from Australia.
(C) The hotel should be nicer.

☑ **551.** Is Ms. Romano on vacation right now, or already back in the office?
(557)
(A) Where is her schedule?
(B) Please return it to me.
(C) You need a permit.

☑ **552.** Do you like the sushi shop across the street?
(177)
(A) Please cut in half.
(B) Let's do it ourselves.
(C) How about you?

---

545 (B) **546** (C) **547** (A) **548** (B) **549** (A) **550** (A) **551** (A) **552** (C)

☑ **553.** When will you order your business cards?
(536)
(A) Once my title's been changed.
(B) Just one hundred, please.
(C) It'll begin on Highway 12.

☑ **554.** When do I have to pick up Dorothy from the airport?
(068)
(A) Near city hall.
(B) Her flight has been changed.
(C) I do have some time.

☑ **555.** Which road should I take to get to the Roger Stadium?
(552)
(A) Go straight down that hallway.
(B) All of the players have just arrived.
(C) You'd better take the metro.

☑ **556.** Who is going to do the laundry this week?
(454)
(A) I suppose you will.
(B) To buy this detergent.
(C) I'll respond to the e-mail.

☑ **557.** Do you know if Mr. Burns will come to the party?
(195)
(A) Yes, I'm good at dancing.
(B) He had trouble coming to my office.
(C) All of us are expecting him.

☑ **558.** Could you please finish the report as soon as possible?
(617)
(A) I'll do it now.
(B) So am I.
(C) Yes, you could.

☑ **559.** What kind of ink cartridges should we get?
(109)
(A) Do you know my phone number?
(B) We're running out of black.
(C) Put the food item on the cart.

☑ **560.** Which bus is Mr. Cruz going to board?
(505)
(A) I heard Olivia will drive him.
(B) Only one and a half hours.
(C) Over the border.

553 (A)   554 (B)   555 (C)   556 (A)   557 (C)   558 (A)   559 (B)   560 (A)

☐ **561.** You got a message from Mr. Kelly while you were out.
(A) Yes, this is a memo for you.
(B) Where is it?
(C) I'll make some charts then.

☐ **562.** The photography competition starts next week, doesn't it?
(A) No, tomorrow.
(B) Is there any musical performance?
(C) Just leave it next door.

☐ **563.** How did you know the new employee?
(A) Yes, I know you very well.
(B) He should've bought the property.
(C) We worked at the same company.

☐ **564.** When is Stacey's birthday party?
(A) Did she buy a gift for you?
(B) She's overseeing the event.
(C) I'll have a look in my planner.

☐ **565.** Can you help me out with these boxes?
(A) Aisle or window?
(B) Yes, you can.
(C) A ladder would be needed.

☐ **566.** Who will be meeting with Ms. Fields?
(A) Some auditors, I heard.
(B) She's a nice person.
(C) Do you want something to eat?

☐ **567.** How do you think the weather will be tomorrow?
(A) It rained a lot.
(B) It'll be perfect for the outdoor market.
(C) Sales will drop sharply.

☐ **568.** Aren't you going to call a taxi for the client?
(A) Did you have a good time?
(B) Please keep the appointment.
(C) She said she's going to walk to the theater.

---

561 (B)   562 (A)   563 (C)   564 (C)   565 (C)   566 (A)   567 (B)   568 (C)

☑ **569.** I e-mailed you the latest catalog.
(556)
    (A) It looks like there's no attachment.
    (B) I'll show you how to log in.
    (C) Did Mr. Gray test the sample?

☑ **570.** How can I attend today's session?
(125)
    (A) Attendance is mandatory.
    (B) No advance booking is necessary.
    (C) Ms. Henderson said so.

☑ **571.** The broken equipment will be replaced this weekend.
(249)
    (A) In the automobile race course.
    (B) It's fully functional.
    (C) Who will be working at that time?

☑ **572.** Who developed the company's marketing plan?
(588)
    (A) Yes, I did.
    (B) Jeffrey was in a meeting.
    (C) A consulting firm.

☑ **573.** Would you mind giving me your opinion on the quotation?
(571)
    (A) Information technology department.
    (B) We changed them based on the feedback.
    (C) Leave it on the table.

☑ **574.** When were those pamphlets sent out?
(391)
    (A) Yes, in the center.
    (B) They seem to be damaged.
    (C) Wendy will inform us immediately.

☑ **575.** Did Kevin repair the microwave oven or buy a new one?
(367)
    (A) A pair of jeans is necessary.
    (B) He's comparing the cost of each.
    (C) How much are you asking for it?

☑ **576.** You haven't talked to the supervisor about your vacation, have you?
(299)
    (A) Under supervision of the teacher.
    (B) Do you think I need to?
    (C) I'll come back tomorrow.

| 569 (A) | 570 (B) | 571 (C) | 572 (C) | 573 (C) | 574 (C) | 575 (B) | 576 (B) |

☐ **577.** Do you want me to call the travel agency now or visit them in person?
(364)
    (A) It's being cleaned.
    (B) I'd prefer the latter.
    (C) They're in alphabetical order.

☐ **578.** I don't know how to get to the nearest station from here.
(226)
    (A) At the gas station.
    (B) The target date is approaching.
    (C) I'll show you on the map.

☐ **579.** Where is the best café in town?
(086)
    (A) In the cabinet.
    (B) The café is ver cozy for me.
    (C) The one in Mary's Shopping Mall.

☐ **580.** I need the whole content of the directory.
(526)
    (A) A direct flight is not available.
    (B) I'm unsure of its location.
    (C) Place it in numerical order.

☐ **581.** Who sent out the package?
(067)
    (A) It's for advertising.
    (B) We should unpack it.
    (C) I think you did.

☐ **582.** When will the music concert be held?
(132)
    (A) In the city auditorium.
    (B) Please keep in mind.
    (C) Check it on the calendar.

☐ **583.** Who arranged for the testing samples to be shipped last week?
(412)
    (A) It was written beforehand.
    (B) Is there something wrong?
    (C) A wide range of tools.

☐ **584.** Would you mind taking notes during the meeting?
(344)
    (A) Yes, you can.
    (B) I'll be giving a presentation then.
    (C) Where is my notebook?

577 (B)   **578** (C)   **579** (C)   **580** (B)   **581** (C)   **582** (C)   **583** (B)   **584** (B)

☑ **585.** Are there any comments or opinions about the new magazine?
(163)
    (A) What a nice compliment!
    (B) Both of the magazines.
    (C) Generally very positive.

☑ **586.** Are you coming to the celebration?
(597)
    (A) There're many celebrity attendees.
    (B) It will be held on March 25.
    (C) I didn't hear about that.

☑ **587.** What kind of food should we order for the annual luncheon?
(046)
    (A) Who did it last year?
    (B) There is no plate in the cupboard.
    (C) Why don't we have the picture printed?

☑ **588.** Why has the deadline been extended?
(147)
    (A) It's still tomorrow.
    (B) Try my extension number.
    (C) Here are today's headlines.

☑ **589.** Is Alex still talking with his client, or has he started making copies?
(358)
    (A) Is the projector being repaired?
    (B) I saw him around the coffee machine.
    (C) It just started last week.

☑ **590.** What's the weather forecast for next week?
(051)
    (A) It was very crowded.
    (B) I heard it's supposed to rain.
    (C) At the next forecast meeting.

☑ **591.** Our rival company has acquired a favorable reputation in Mumbai.
(244)
    (A) It's my favorite leisure activity.
    (B) I read about that online.
    (C) You can do it tomorrow.

☑ **592.** Are you going to examine the document first, or shall we have a break somewhere?
(369)
    (A) OK, I'll speak first.
    (B) Yes, it's fragile.
    (C) There's a nice café across the street.

---

585 (C)   586 (C)   587 (A)   588 (A)   589 (B)   590 (B)   591 (B)   592 (C)

☐☐☐

☑ **593.** Who's going to inspect the telephone system?
(093)
    (A) Try not to use them today.
    (B) You'll be surprised to hear the name.
    (C) There's an additional charge.

☑ **594.** How soon can I get some refreshments?
(003)
    (A) We'll get some comments soon.
    (B) They're complimentary.
    (C) Right after the session.

☑ **595.** All of us need to reset our passwords, don't we?
(600)
    (A) Only new members.
    (B) They're not allowed to access the database.
    (C) I'm excited to hear that.

☑ **596.** I want to wait a bit before we order a new refrigerator.
(264)
    (A) It's hard to read.
    (B) I think that's smarter.
    (C) A generator can be bought here.

☑ **597.** Do you know what time it is?
(409)
    (A) I don't have my wristwatch now.
    (B) Our time is limited.
    (C) We're in a hurry, actually.

☑ **598.** Why are we out of notebooks?
(014)
    (A) Someone forgot to order more.
    (B) Could you take notes this time?
    (C) Just keep it safe.

☑ **599.** All of us have finished our tasks.
(397)
    (A) Call customer service.
    (B) Let's see what happens.
    (C) Janis is asked to do that.

☑ **600.** Denis, you've been an event coordinator before, haven't you?
(576)
    (A) Haven't you done it yet?
    (B) I used to be.
    (C) He has a lot of experience.

593 (B)   **594** (C)   **595** (A)   **596** (B)   **597** (A)   **598** (A)   **599** (B)   **600** (B)

☑ **601.** Won't you go to the stadium for the game?
(296)
    (A) I'd rather stay home.
    (B) How many tickets do you need?
    (C) Just outside the main gate.

☑ **602.** Does Jenny work in the legal or public relations department?
(452)
    (A) Your agreement is still valid.
    (B) Patrick knows which one.
    (C) In the first apartment.

☑ **603.** How many business cards will you order this time?
(428)
    (A) Are there any discounts?
    (B) Two hundred people.
    (C) Cash or credit card.

☑ **604.** How about a price change starting next week?
(450)
    (A) OK. Place the order now.
    (B) How many do you want to buy?
    (C) A discount would help a lot.

☑ **605.** Do you think we can make it in time for the monthly meeting?
(182)
    (A) In a timely manner.
    (B) Why don't we catch a taxi?
    (C) The meeting should start on time.

☑ **606.** Where will this document be delivered?
(095)
    (A) By Friday at the latest.
    (B) To the client's office.
    (C) Be sure to keep this file.

☑ **607.** Who has the hotel information?
(004)
    (A) Debbie made the reservation.
    (B) The items have been replaced.
    (C) It was very informative.

☑ **608.** How much did you spend on renovation of the research lab?
(626)
    (A) Not too hurried.
    (B) I spent time with my relatives.
    (C) All of the documentation is in my drawer.

| 601 (A) | 602 (B) | 603 (A) | 604 (C) | 605 (B) | 606 (B) | 607 (A) | 608 (C) |

☐ **609.** Why don't you get some help?
(328)
    (A) Please help yourself.
    (B) I can do it myself.
    (C) Don't mention it.

☐ **610.** Where were you while in Okinawa?
(140)
    (A) On a cold night.
    (B) An aisle seat would be nice for me.
    (C) With my cousin.

☐ **611.** Do you want to make donations to the city library?
(329)
    (A) It's spreading rapidly nationwide.
    (B) The mayor will make an announcement soon.
    (C) I was going to discard some books.

☐ **612.** What part of the information do we have to revise?
(084)
    (A) Please keep me informed.
    (B) That's what I need to know.
    (C) Yes, it's always with ice.

☐ **613.** Aren't you planning to organize the annual shareholder meeting?
(390)
    (A) Is there any room available?
    (B) That's Amy's duty.
    (C) OK, just keep it.

☐ **614.** Aren't you supposed to visit the drugstore?
(308)
    (A) He's supposedly doing well.
    (B) Yes, at 5 P.M.
    (C) Where is the prescription?

☐ **615.** When will we make a decision on selling the property?
(451)
    (A) At the real estate agency.
    (B) It's not running properly.
    (C) Why are you in such a hurry?

☐ **616.** Where are you staying in Boston?
(566)
    (A) Please stay in touch.
    (B) With one of my relatives.
    (C) The hotel was wonderful.

| 609 (B) | 610 (C) | 611 (C) | 612 (B) | 613 (B) | 614 (B) | 615 (C) | 616 (B) |

☐ **617.** Weren't you using the boardroom early this morning?
(471)
    (A) I used it until 10:30 A.M.
    (B) There's a fund-raising event next month.
    (C) Through the online booking system.

☐ **618.** What time does the maintenance shop open?
(026)
    (A) They're also offering a car washing service.
    (B) I think it's been closed permanently.
    (C) The estimate will be issued tomorrow.

☐ **619.** Who'll be the project leader next year?
(103)
    (A) Yes, the project leader should be decided.
    (B) Dr. Davis will, as long as she's approved.
    (C) It was rejected after all.

☐ **620.** Do I have to carry out a safety inspection?
(191)
    (A) Just the way you are.
    (B) He was an authorized inspector.
    (C) It's mandatory.

☐ **621.** When should we put together the second quarterly report?
(063)
    (A) On the third floor.
    (B) As soon as you receive the figures.
    (C) In the meeting room.

☐ **622.** The English teacher is coming today, isn't she?
(423)
    (A) Yes, and there's going to be a monthly test.
    (B) A great teaching skill.
    (C) I heard he's from another country.

☐ **623.** What is the pile of paper on the table?
(062)
    (A) Some staff will do it later.
    (B) It seems to be some data.
    (C) It's in a black box.

☐ **624.** Wasn't Mr. Taylor's keynote speech so great?
(310)
    (A) It was very inspiring to me.
    (B) Do you need another key?
    (C) I'll have Fred take notes.

| 617 (A) | 618 (B) | 619 (B) | 620 (C) | 621 (B) | 622 (A) | 623 (B) | 624 (A) |

625. How often do you submit reports to your mentor?
(A) I did it yesterday.
(B) Just leave it on my desk.
(C) Every other week.

626. Where can I take a yoga class?
(A) Please put some yogurt for me.
(B) I heard it's taught by Mr. Parks.
(C) The community center has night courses.

627. When are you supposed to have a meeting next week?
(A) It will be announced soon.
(B) Mmm, I can manage to do it.
(C) In the usual location.

628. Our plans to improve the advertisement have been approved.
(A) Just turn down the volume.
(B) Let's talk to our agent soon.
(C) You will need your manager's approval first.

625 (C)   **626** (C)   **627** (A)   **628** (B)